全国高等教育自学考试指定教材
教育学专业（独立本科段）

# 教育管理原理
Jiaoyu Guanli Yuanli

（含：教育管理原理自学考试大纲）

（2017年版）

全国高等教育自学考试指导委员会　组编

主编　孙绵涛

高等教育出版社·北京

扫描微信二维码
关注自考教材服务

**图书在版编目(CIP)数据**

教育管理原理 / 孙绵涛主编；全国高等教育自学考试指导委员会组编. -- 北京：高等教育出版社，2017.11（2021.6重印）
 ISBN 978-7-04-048803-6

Ⅰ.①教… Ⅱ.①孙… ②全… Ⅲ.①教育管理学-高等教育-自学考试-教材 Ⅳ.①G40-058

中国版本图书馆 CIP 数据核字（2017）第 266997 号

| 策划编辑 | 雷旭波 | 责任编辑 | 雷旭波 | 版式设计 | 范晓红 | 插图绘制 | 邓 超 |
| 责任校对 | 吕红颖 | 责任印制 | 存 怡 | | | | |

| 出　　版 | 高等教育出版社 | 网　　址 | http://www.hep.edu.cn |
| 社　　址 | 北京市西城区德外大街 4 号 | | http://www.hep.com.cn |
| 邮政编码 | 100120 | 网上订购 | http://www.hepmall.com.cn |
| 印　　刷 | 北京市大天乐投资管理有限公司 | | http://www.hepmall.com |
| 开　　本 | 787mm×1092mm　1/16 | | http://www.hepmall.cn |
| 印　　张 | 17.5 | | |
| 字　　数 | 410 千字 | 版　　次 | 2017 年 11 月第 1 版 |
| 购书热线 | 010-58581118 | 印　　次 | 2021 年 6 月第 4 次印刷 |
| 咨询电话 | 400-810-0598 | 定　　价 | 37.00 元 |

本书如有缺页、倒页、脱页等质量问题，请到所购图书销售部门联系调换
版权所有　侵权必究
物 料 号　48803-00

# 组编前言

21世纪是一个变幻难测的世纪,是一个催人奋进的时代。科学技术飞速发展,知识更替日新月异。希望、困惑、机遇、挑战,随时随地都有可能出现在每一个社会成员的生活之中。抓住机遇,寻求发展,迎接挑战,适应变化的制胜法宝就是学习——依靠自己学习、终身学习。

作为我国高等教育组成部分的自学考试,其职责就是在高等教育这个水平上倡导自学、鼓励自学、帮助自学、推动自学,为每一个自学者铺就成才之路。组织编写供读者学习的教材就是履行这个职责的重要环节。毫无疑问,这种教材应当适合自学,应当有利于学习者掌握和了解新知识、新信息,有利于学习者增强创新意识,培养实践能力,形成自学能力,也有利于学习者学以致用,解决实际工作中所遇到的问题。具有如此特点的书,我们虽然沿用了"教材"这个概念,但它与那种仅供教师讲、学生听,教师不讲、学生不懂,以"教"为中心的教科书相比,已经在内容安排、编写体例、行文风格等方面都大不相同了。希望读者对此有所了解,以便从一开始就树立起依靠自己学习的坚定信念,不断探索适合自己的学习方法,充分利用自己已有的知识基础和实际工作经验,最大限度地发挥自己的潜能,达到学习的目标。

欢迎读者提出意见和建议。

祝每一位读者自学成功。

全国高等教育自学考试指导委员会
2017年1月

# 目 录

## 教育管理原理自学考试大纲

出版前言 …………………………… 2
Ⅰ 课程性质与课程目标 …………… 3
Ⅱ 考核目标 ………………………… 4
Ⅲ 课程内容与考核要求 …………… 5
 第一章 教育管理学概述 ………… 5
 第二章 教育管理的原理与职能 … 7
 第三章 教育管理的一般原则与
    方法 ……………………… 8
 第四章 教育政策与教育法规 …… 9
 第五章 教育预测与教育规划 …… 10
 第六章 教育体制 ………………… 13
 第七章 教育人事行政 …………… 14
 第八章 教育财务行政 …………… 16
 第九章 教育行政信息及其
    管理 ……………………… 18
 第十章 教育督导与教育评价 …… 19
 第十一章 学校管理目标 ………… 22
 第十二章 学校管理内容 ………… 23
 第十三章 学校管理过程 ………… 26
 第十四章 教育领导 ……………… 28
 第十五章 教育领导效能 ………… 29
Ⅳ 关于大纲的说明与考核实施
 要求 …………………………… 32
附录 题型举例 …………………… 34
后记 ………………………………… 35

## 教育管理原理

编者的话(2017年版) …………… 38
编者的话(1999年版) …………… 40
**第一编 总论** …………………… 43
第一章 教育管理学概述 ………… 44
 第一节 管理与教育管理 ……… 44
 第二节 教育管理学的研究对象
    及学科体系 …………… 48
 第三节 教育管理学的产生与
    发展 …………………… 53
 思考题 …………………………… 60
第二章 教育管理的原理与职能 … 61
 第一节 教育管理原理 ………… 61
 第二节 教育管理职能 ………… 64
 思考题 …………………………… 67
第三章 教育管理的一般原则与
   方法 ……………………… 68
 第一节 教育管理原则 ………… 68
 第二节 教育管理方法 ………… 73
 思考题 …………………………… 78
**第二编 宏观教育管理论** ……… 79
第四章 教育政策与教育法规 …… 80
 第一节 教育方针与教育政策 … 80
 第二节 教育法规与教育行政
    执法 …………………… 86
 思考题 …………………………… 96
第五章 教育预测与教育规划 …… 98

第一节　教育预测 …………………… 98
　　第二节　教育规划 …………………… 103
　　思考题 ………………………………… 107
第六章　教育体制 ……………………… 108
　　第一节　教育体制概述 ……………… 108
　　第二节　我国现行教育行政
　　　　　　机构的职责及管理 ……… 121
　　思考题 ………………………………… 130
第七章　教育人事行政 ………………… 131
　　第一节　教育人事行政概述 ……… 131
　　第二节　我国主要的教育人事
　　　　　　制度 ……………………… 135
　　思考题 ………………………………… 142
第八章　教育财务行政 ………………… 144
　　第一节　教育财务行政概述 ……… 144
　　第二节　教育经费及其管理 ……… 147
　　思考题 ………………………………… 151
第九章　教育行政信息及其管理 ……… 152
　　第一节　教育行政信息概述 ……… 152
　　第二节　教育行政信息的管理 …… 154
　　思考题 ………………………………… 158
第十章　教育督导与教育评价 ………… 159
　　第一节　教育督导 …………………… 159
　　第二节　教育评价 …………………… 164
　　思考题 ………………………………… 173
**第三编　微观教育管理论** ……………… 174
第十一章　学校管理目标 ……………… 175

　　第一节　学校管理目标概述 ……… 175
　　第二节　学校目标管理 ……………… 181
　　思考题 ………………………………… 191
第十二章　学校管理内容 ……………… 192
　　第一节　学校人事管理 ……………… 192
　　第二节　教学管理 …………………… 199
　　第三节　德育管理 …………………… 205
　　第四节　体育卫生工作管理 ……… 212
　　第五节　总务后勤工作管理 ……… 218
　　思考题 ………………………………… 227
第十三章　学校管理过程 ……………… 229
　　第一节　学校管理过程概述 ……… 229
　　第二节　学校管理过程的基本
　　　　　　环节 ……………………… 235
　　思考题 ………………………………… 243
**第四编　教育领导与效能论** …………… 244
第十四章　教育领导 …………………… 245
　　第一节　教育领导概述 ……………… 245
　　第二节　教育咨询与决策 ………… 249
　　第三节　教育领导艺术 ……………… 256
　　思考题 ………………………………… 259
第十五章　教育领导效能 ……………… 261
　　第一节　教育领导效率 ……………… 261
　　第二节　教育领导效益 ……………… 265
　　思考题 ………………………………… 267
**主要参考文献** …………………………… 268
**后记** ……………………………………… 273

全国高等教育自学考试指定教材
教育学专业(独立本科段)

# 教育管理原理自学考试大纲

全国高等教育自学考试指导委员会　制定

# 出版前言

为了适应社会主义现代化建设事业的需要，鼓励自学成才，我国在20世纪80年代初建立了高等教育自学考试制度。高等教育自学考试是个人自学、社会助学和国家考试相结合的一种高等教育形式。应考者通过规定的专业课程考试并经思想品德鉴定达到毕业要求的，可获得毕业证书，并按照国家规定享有与普通高等学校毕业生同等的有关待遇。经过30多年的发展，高等教育自学考试为国家培养造就了大批专门人才。

课程自学考试大纲是国家规范自学者学习范围、要求和考试标准的文件。它是按照专业考试计划的要求，具体指导个人自学、社会助学、国家考试、编写教材、编写自学辅导书的依据。

随着经济社会的快速发展，新的法律法规不断出台，科技成果不断涌现，原大纲中有些内容过时、知识陈旧。为更新教育观念，深化教学内容和方式、考试制度、质量评价制度的改革，更好地提高人才培养的质量，全国考委各专业委员会按照专业考试计划的要求，对原课程自学考试大纲组织了修订或重编。

修订后的大纲，在层次上，专科参照一般普通高校专科或高职院校的水平，本科参照一般普通高校本科的水平；在内容上，力图反映学科的发展变化，增补了自然科学和社会科学近年来的研究成果，对明显陈旧的内容进行了删减。

全国考委教育类专业委员会组织制定了《教育管理原理自学考试大纲》，经教育部批准，现颁发施行。各地教育部门、考试机构应认真贯彻执行。

全国高等教育自学考试指导委员会  
2017年9月

# Ⅰ 课程性质与课程目标

### 一、课程性质和特点

教育管理原理这门课程以教育管理现象及其规律为研究对象,论述了教育管理的基本理论,阐述了宏观教育管理、微观教育管理、教育领导方面的知识。它在教育管理专业本科课程和教育学专业本科课程中列为必修科目,是教育管理专业的基础理论课,也是教育学专业的专业课之一。

### 二、课程目标

本课程应达到的总体目标是:理解教育管理的基本原理,掌握宏观教育管理和微观教育管理以及教育领导的基本内容,为日后在本职工作中开展教育管理工作和教育管理研究奠定知识基础和能力基础。

### 三、课程与相关课程的关系

教育管理专业的考生学习本课程应具备管理学和一定的教育行政、学校管理方面的知识,该专业这门课程的先修课程是管理学、教育行政学和学校管理学。教育学专业的考生学习本课程应具备教育学、管理学方面的知识,该专业这门课程的先修课程是教育学和管理学。上述这些课程从内容上奠定了教育管理原理的知识基础。对于已具备教育管理专业专科水平的考生来说,本课程的重点是总论(第一章至第三章)和教育领导与效能论(第十四、十五章)两部分,难点是教育管理学的研究对象和学科体系。对于已具备教育学专业专科水平的考生来说,本课程的重点是宏观教育管理论(第四章至第十章)、微观教育管理论(第十一章至第十三章)、教育领导与效能论三部分,难点是总论部分。

# Ⅱ 考核目标

为使考试内容具体化和考试要求标准化,本大纲在列出考试内容的基础上,对各章规定了考核目标,包括考核知识点和考核要求。明确考核目标,使考生能够进一步明确考试内容和要求,更有目的地系统学习教材;使考试命题能更加明确命题范围,更准确地安排试题的知识能力层次和难易度。

本大纲在考核目标中,按照文科类专业课程自学考试的识记、领会、简单应用、综合应用四个层次规定其应达到的能力层次要求。四个能力层次是递进等级关系。各能力层次的含义是:

识记:要求能知道本课程中有关的名词、概念、原理、知识的含义,并能正确认识和表述,是初级层次的要求。

领会:要求在识记的基础上,能全面把握本课程中的基本概念、基本原理、基本方法,能掌握有关概念、原理、方法的区别与联系,是较高层次的要求。

简单应用:在领会的基础上,能运用本课程中的基本概念、基本原理、基本方法中的少量知识点分析和解决有关的理论问题和实际问题。

综合应用:是要求在简单应用的基础上,能用学过的本课程的多个知识,综合分析和解决比较复杂的问题,是最高层次的要求。

# Ⅲ 课程内容与考核要求

## 第一章 教育管理学概述

**一、学习目的和要求**

通过本章的学习,牢固掌握管理的含义、特点,教育管理的含义、特点、产生及发展趋势,深入理解教育管理现象及教育管理规律,了解教育管理学的著作体系及教材体系,领会教育管理学产生的标志及原因,西方教育管理学的理论源流,我国教育管理学的产生与发展及当代教育管理学的发展趋势。

**二、课程内容**

第一节 管理与教育管理

（一）关于管理

管理的含义;管理的属性;管理的特点。

（二）关于教育管理

教育管理的含义;教育管理的产生;教育管理的特点;教育管理的发展趋势。

第二节 教育管理学的研究对象及学科体系

（一）教育管理学的研究对象

教育管理现象;教育管理的规律。

（二）教育管理学的学科体系

教育管理学的著作体系:作为一门学科的著作体系和作为一门学科群的著作体系。

教育管理学的教材体系:作为一门学科的教材体系和作为一门学科群的教材体系。

第三节 教育管理学的产生与发展

（一）西方教育管理学的产生与发展

教育管理学产生的标志及原因;西方教育管理学的理论源流。

（二）我国教育管理学的产生与发展

我国教育管理学的产生;我国教育管理学的发展。

（三）当代教育管理学的发展趋势

教育管理研究理论基础的发展趋势;教育管理研究内容的发展趋势;教育管理研究思潮、研究方法及手段的发展趋势;教育管理研究理论层次的发展趋势。

### 三、考核知识点

（一）管理

（二）教育管理

（三）教育管理学的研究对象

（四）教育管理学的学科体系

（五）西方教育管理学的产生与发展

（六）我国教育管理学的产生与发展

（七）当代教育管理学的发展趋势

### 四、考核要求

（一）管理

1. 识记：管理的含义。

2. 领会：管理的属性及特点。

3. 综合应用：管理的政治属性和非政治属性之间的关系。

（二）教育管理

1. 识记：教育管理的含义。

2. 领会：(1) 教育管理的产生；(2) 教育管理的特点。

3. 综合应用：教育管理的发展趋势。

（三）教育管理学的研究对象

1. 识记：教育管理现象的种类。

2. 领会：如何理解教育管理现象。

3. 简单应用：教育管理规律的主要内容。

4. 综合应用：如何理解教育管理的规律。

（四）教育管理学的学科体系

1. 识记：(1) 教育管理学著作体系的含义；(2) 教育管理学教材体系的含义。

2. 领会：作为一门学科的著作体系和作为一门学科群的著作体系。

3. 简单应用：作为一门学科的教材体系和作为一门学科群的教材体系。

（五）西方教育管理学的产生与发展

1. 识记：教育管理学产生的标志。

2. 领会：(1) 教育管理学产生的原因；(2) 西方教育管理学的理论源流。

3. 综合应用：西方教育管理理论流派简析。

（六）我国教育管理学的产生与发展

1. 识记：我国教育管理学产生的特点。

2. 领会：我国教育管理学产生与发展的过程。

3. 综合应用：在我国教育管理学产生与发展过程中分析教育管理学的特点。

（七）当代教育管理学的发展趋势

1. 识记：当代教育管理学发展趋势表现的几个方面。

2. 领会：当代教育管理学发展趋势的主要内容。

3. 综合应用:当代教育管理学的发展趋势对教育管理学科建设的影响。

## 第二章　教育管理的原理与职能

**一、学习目的和要求**

通过本章的学习,掌握教育管理原理的含义、特征,教育管理系统原理、人本原理、动态原理及效益原理的主要内容,教育管理职能的含义及类型;理解中国教育管理职能的主要特点。

**二、课程内容**

第一节　教育管理原理
(一)教育管理原理概述
教育管理原理的含义;教育管理原理的主要特征。
(二)教育管理的基本原理
系统原理;人本原理;公共性原理;动态原理;效益原理。
第二节　教育管理职能
(一)教育管理职能概述
教育管理职能的定义;教育管理职能的类型。
(二)不同体制国家教育管理职能的特点
世界各主要国家教育管理职能的特色;中国教育管理职能的主要特点。

**三、考核知识点**

(一)教育管理原理的含义及特征
(二)教育管理的基本原理
(三)教育管理职能的含义及类型
(四)不同体制国家教育管理职能的特点

**四、考核要求**

(一)教育管理原理概述
1. 识记:教育管理原理的含义。
2. 领会:教育管理原理的特征。
3. 简单应用:教育管理特征之间的关系。
(二)教育管理的基本原理
1. 识记:教育管理基本原理的种类及含义。
2. 领会:每一种教育管理原理的主要内容。
3. 简单应用:教育管理原理之间的关系。
(三)教育管理职能的含义及类型
1. 识记:(1)教育管理职能的含义、类型;(2)计划职能、法治职能、监督职能、经营职能、指导职能、服务职能的含义。

2. 领会：(1)教育管理职能的意义；(2)教育管理基本职能的内容。

3. 简单应用：教育管理职能之间的关系。

（四）不同体制国家教育管理职能的特点

1. 识记：世界主要国家教育管理职能的特色。

2. 领会：中国教育管理职能的主要特点。

3. 综合应用：中国教育管理职能与世界主要国家教育管理职能之间的关系。

## 第三章 教育管理的一般原则与方法

一、学习目的和要求

通过本章的学习，着重掌握教育管理一般原则的含义及要求，领会教育管理原则与教育管理原理的关系。掌握实施教育管理主要方法的要求，领会教育管理主要方法的内容。

二、课程内容

第一节 教育管理原则

（一）教育管理原则概述

教育管理原则的含义及意义；教育管理原则与教育管理原理的关系。

（二）我国教育管理的基本原则

方向性原则；科学性原则；公共性原则；规范性原则；综合性原则；权变性原则；有效性原则。

第二节 教育管理方法

（一）教育管理方法概述

教育管理方法的含义；教育管理方法的特点。

（二）我国教育管理的基本方法

法治的方法；预测规划的方法；组织调度的方法；经济的方法；激励的方法。

三、考核知识点

（一）教育管理原则的含义

（二）我国教育管理的基本原则

（三）教育管理方法的含义

（四）我国教育管理的基本方法

四、考核要求

（一）教育管理原则概述

1. 识记：教育管理原则的含义。

2. 领会：教育管理原则的定义。

3. 简单应用：教育管理原则与教育管理原理的关系。

（二）我国教育管理的基本原则
1. 识记：每一种教育管理原则的含义。
2. 领会：贯彻每一种教育管理原则的基本要求。
3. 综合应用：我国教育管理原则之间的关系。
（三）教育管理方法概述
1. 识记：教育管理方法的含义。
2. 领会：教育管理方法的特点。
3. 综合应用：教育管理方法特点之间的关系。
（四）我国教育管理的基本方法
1. 识记：每一种教育管理方法的含义。
2. 领会：每一种教育管理方法的主要内容。
3. 综合应用：教育管理方法之间的关系。

## 第四章 教育政策与教育法规

### 一、学习目的和要求

通过本章的学习，掌握教育方针与教育政策的含义；了解教育方针的历史沿革，教育政策的表现形式，教育政策的制定与贯彻；掌握教育法规的概念、体系，明确教育法规的地位；掌握教育行政执法的含义，明确教育行政执法的地位，理解教育行政执法的要求，了解教育行政执法的内容及方式。

### 二、课程内容

第一节 教育方针与教育政策
（一）教育方针
教育方针的含义；教育方针的历史沿革；教育方针的特点。
（二）教育政策
教育政策的概念；教育政策的类型及构成要素；教育政策的表现形式；教育政策的制定与贯彻。
第二节 教育法规与教育行政执法
（一）教育法规
教育法规的概念及本质；教育法规的体系与地位。
（二）教育行政执法
教育行政执法的概念和特征；教育行政执法的地位；教育行政执法的原则；教育行政执法的内容与方式。

### 三、考核知识点

（一）教育方针
（二）教育政策

（三）教育法规

（四）教育行政执法

### 四、考核要求

（一）教育方针

1. 识记：教育方针的含义。

2. 领会：教育方针的历史沿革。

3. 综合应用：教育方针的特点。

（二）教育政策

1. 识记：教育政策的概念。

2. 领会：教育政策的类型及构成要素。

3. 简单应用：教育政策的制定与贯彻。

（三）教育法规

1. 识记：教育法的概念及本质。

2. 领会：教育法的体系。

3. 简单应用：教育法的地位。

（四）教育行政执法

1. 识记：教育行政执法的概念与特征。

2. 领会：教育行政执法的地位。

3. 简单应用：教育行政执法的原则。

4. 综合应用：教育行政执法的内容与形式。

## 第五章　教育预测与教育规划

### 一、学习目的和要求

通过本章的学习，理解教育预测与规划的基本原理，了解教育预测与规划的类型，熟悉常用教育预测与规划方法的特性和实施步骤，掌握教育预测与规划的一般程序。

### 二、课程内容

第一节　教育预测

（一）教育预测的意义

预测的概念；教育预测的含义；教育预测的作用；教育预测的原理：延续性原理、相关性原理和相似性原理。

（二）教育预测的分类

宏观教育预测与微观教育预测；定性教育预测与定量教育预测；短期教育预测、中期教育预测和长期教育预测；单一法教育预测与综合法教育预测；单对象教育预测与多对象教育预测。

（三）教育预测的方法

教育专家个人预测法;教育专家协商预测法;德尔菲预测法;回归预测法;马尔柯夫预测法。

（四）教育预测的程序

明确预测的目的;搜集预测所需要的数据和资料;选取合适的预测方法;实施预测;分析和报告预测的结果。

第二节 教育规划

（一）教育规划的含义和特点

规划的概念;教育规划的含义;教育规划的特点:系统性、预见性、客观性。

（二）教育规划的分类

既可以依据教育层次、类型分类,也可以依据教育规划对象涉及的时间长短分类,还可以依据教育规划范围的不同来分类。

（三）教育规划的方法

系统动力学方法的含义与步骤;计划评审技术的含义与步骤;数学规划法的含义和类型。

（四）教育规划的步骤

明确教育规划的任务;组织和领导规划工作;搜集和研究规划素材;拟订规划方案和撰写初稿;论证规划;审批和调整规划。

### 三、考核知识点

（一）教育预测的含义

（二）教育预测的分类

（三）教育预测的原理

（四）教育预测的方法

（五）教育预测的程序

（六）教育规划的含义

（七）教育规划的特点

（八）教育规划的分类

（九）教育规划的方法

（十）教育规划的步骤

### 四、考核要求

（一）预测

1. 识记:预测的概念。

2. 领会:教育预测在教育决策中的作用。

3. 简单应用:教育预测在教育规划中的作用。

（二）教育预测

1. 识记:教育预测的概念。

2. 领会:教育预测的功能。

3. 综合应用:教育预测的用途。

（三）教育预测的类型

1．识记：(1)宏观教育预测；(2)微观教育预测；(3)定性教育预测；(4)定量教育预测；(5)短期教育预测；(6)中期教育预测；(7)长期教育预测；(8)单一法教育预测；(9)综合法教育预测；(10)单对象教育预测；(11)多对象教育预测。

2．领会：各种教育预测的特点。

3．简单应用：各种教育预测的作用。

（四）教育预测的原理

1．识记：(1)延续性原理；(2)相关性原理；(3)相似性原理。

2．领会：教育预测的三条基本原理在教育预测中的意义。

3．简单应用：各种教育预测原理的运用。

4．综合应用：三条教育预测基本原理的运用。

（五）教育预测的方法

1．识记：(1)教育专家个人预测法；(2)教育专家协商预测法；(3)德尔菲预测法；(4)回归预测法；(5)马尔柯夫预测法。

2．领会：各种教育预测方法的特点。

3．综合应用：德尔菲预测法、回归预测法和马尔柯夫预测法的步骤。

（六）教育预测的程序

1．识记：教育预测的一般步骤。

2．领会：(1)明确预测的目的和作用；(2)数据资料的完整性、有效性和正确性；(3)选取合适预测方法的相关因素；(4)分析与报告预测结果的内容。

3．综合应用：实施预测的过程。

（七）教育规划

1．识记：规划。

2．领会：教育规划。

3．简单应用：教育规划的作用。

（八）教育规划的特点

1．识记：(1)系统性；(2)预见性；(3)客观性。

2．领会：教育规划三个特点之间的关系。

3．简单应用：教育规划三个特点在教育规划中的作用。

（九）教育规划的分类依据

1．识记：(1)国家教育规划；(2)地区教育规划；(3)学校教育规划。

2．领会：(1)依据教育层次与类型的规划分类；(2)依据时间长短的规划分类；(3)依据范围不同的规划分类。

3．简单应用：教育规划的综合分类。

（十）教育规划的方法

1．识记：(1)系统动力学方法；(2)计划评审技术；(3)数学规划法。

2．领会：数学规划法的含义和类型。

3．简单应用：系统动力学方法的步骤；计划评审技术的步骤。

（十一）教育规划的步骤

1. 识记:教育规划的基本步骤。
2. 领会:(1)明确规划任务的意义;(2)组织和领导规划工作的意义;(3)搜集和研究规划素材的方法;(4)拟订规划方案和撰写初稿的内容;(5)论证规划的内容;(6)审批和调整规划的含义。
3. 综合应用:教育规划基本步骤的运用。

# 第六章 教育体制

### 一、学习目的和要求

通过本章的学习,牢固掌握教育体制的概念,理解教育体制的含义,明确教育体制改革的基本内容和教育行政机关管理的基本内容,了解我国现行各级教育行政机关的职责和权限。

### 二、课程内容

第一节 教育体制概述

(一)教育体制的含义及其分析

教育体制含义的文字表述;教育体制含义的图解说明;教育体制含义的理论分析;教育体制含义的意义。

(二)教育机构与教育规范

教育机构及其改革;教育规范及其改革。

(三)学校教育体制与教育管理体制

学校教育体制及其改革;教育管理体制及其改革。

第二节 我国现行教育行政机构的职责及管理

(一)我国现行教育行政机构的职责

教育行政组织机构的一般概述;我国现行的教育行政组织机构及其职责。

(二)教育行政机构管理

教育行政机构管理的含义;教育行政机关管理的内容。

### 三、考核知识点

(一)教育体制的含义及其分析
(二)教育机构与教育规范
(三)学校教育体制与教育管理体制
(四)我国现行教育行政机构的职责
(五)教育行政机构管理

### 四、考核要求

(一)教育体制的含义及其分析
1. 识记:教育体制的含义。

2. 领会:教育体制含义的图解说明;教育体制含义的理论分析。

3. 综合应用:认识教育体制含义的意义。

(二)教育机构与教育规范

1. 识记:(1)教育机构的种类;(2)教育规范的种类。

2. 领会:(1)教育机构改革的基本内容;(2)教育规范改革的基本内容。

3. 综合应用:教育机构改革与教育规范改革的关系。

(三)学校教育体制与教育管理体制

1. 识记:(1)学校教育体制的含义;(2)教育管理体制的含义;(3)教育行政体制的含义;(4)学校管理体制的含义。

2. 领会:(1)学校教育体制改革的基本内容;(2)教育管理体制改革的基本内容。

3. 综合应用:学校教育体制改革与教育管理体制改革的关系。

(四)教育行政机构管理

1. 识记:(1)教育行政机构的含义;(2)教育行政机关管理的含义;(3)空间管理、环境管理、文书管理、机关人员的工作管理的含义。

2. 领会:教育行政机关管理的基本内容。

3. 简单应用:教育行政机关管理的要求。

## 第七章 教育人事行政

**一、学习目的和要求**

通过本章的学习,明确教育人事行政在教育行政中的地位和作用,了解教育人事行政的业务范围,深刻理解教育人事行政的基本原则,掌握教育人事行政的各项制度,特别是求才、用才、约束等方面的制度。

**二、课程内容**

第一节 教育人事行政概述

(一)教育人事行政的意义

教育人事行政的含义;教育人事行政与教育人事管理的区别;教育人事行政在教育行政中的地位和作用。

(二)教育人事行政的业务范围与基本原则

中央教育行政机构的人事行政业务;地方各级教育行政机构的人事行政业务范围;因事择人原则的含义、理由和贯彻要求;任人唯贤原则的含义、理由和贯彻要求;论功行赏原则的含义、理由与贯彻要求;合理流动原则的含义、理由与贯彻要求。

第二节 我国主要的教育人事制度

(一)求才方面的制度

实施考试录用制度的意义;考试录用的标准和原则;考试录用的程序;报考人员的资格。

(二)用才方面的制度

建立用才制度的意义;考核制度的作用;考核的内容与重点;考核成绩的等次;奖励的条

件;奖励的种类;惩处的条件与种类;升职的原则;升职的资格条件;升职的程序;降职的条件。

（三）养才方面的制度

培训制度的意义与类型;交流的形式:调任、转任、挂职锻炼;工资制度的内容;福利制度的内容;保险的种类。

（四）退出方面的制度

辞职的概念与规定;辞退的概念与条件;退休的含义与种类;退休的条件。

（五）约束方面的制度

国家公务员的义务;国家公务员的纪律;回避制度的概念;回避的种类;任职回避的内容;公务回避的内容;地区回避的内容。

三、考核知识点

（一）教育人事行政的意义
（二）教育人事行政的业务范围
（三）教育人事行政的原则
（四）求才方面的制度
（五）用才方面的制度
（六）养才方面的制度
（七）退出方面的制度
（八）约束方面的制度
（九）保障方面的制度

四、考核要求

（一）教育人事行政的意义
1. 识记:教育人事行政的含义。
2. 领会:教育人事行政的地位与作用。
3. 简单应用:教育人事行政对人力资源开发的作用。
（二）教育人事行政的业务范围
1. 识记:中央教育行政机构人事行政业务。
2. 领会:地方教育行政机构人事行政业务。
3. 综合应用:地方教育人事行政业务范围。
（三）教育人事行政原则
1. 识记:教育人事行政原则的含义。
2. 领会:教育人事行政原则的种类。
3. 综合应用:各教育人事行政原则的含义、依据与贯彻的要求。
（四）求才方面的制度
1. 识记:考试录用的标准原则。
2. 领会:报考人员的资格条件。
3. 简单应用:实施考试录用制度的意义;考试录用的程序。

（五）用才方面的制度
1. 识记:(1)考核的内容与重点;(2)考核成绩的等次;(3)奖惩的条件与种类。
2. 领会:建立用才制度的意义。
3. 简单应用:升职与降职的条件。
（六）养才方面的制度
1. 识记:(1)培训的类型;(2)工资制度的内容;(3)保险的种类。
2. 领会:培训的意义。
3. 简单应用:交流的形式。
（七）退出方面的制度
1. 识记:辞职的含义与规定。
2. 领会:辞退的含义与条件。
3. 简单应用:退休的种类与条件。
（八）约束方面的制度
1. 识记:(1)国家公务员的义务;(2)国家公务员的纪律。
2. 领会:回避的种类。
3. 简单应用:回避制度的具体规定。
（九）保障方面的制度
1. 识记:公务员的权利。
2. 领会:保障制度的意义。
3. 简单应用:申诉与控告的内容。

## 第八章 教育财务行政

### 一、学习目的和要求

通过本章的学习,掌握教育财务行政和教育经费的含义,明确教育财务行政的基本制度,了解筹措教育经费的规则及教育经费管理的原则。

### 二、课程内容

第一节 教育财务行政概述
（一）教育财务行政的含义
广义的教育财务行政;狭义的教育财务行政;教育财务行政的内容。
（二）教育财务行政的职能
筹措教育经费的职能;配置教育经费的职能;提高教育投资效益的职能。
（三）教育财务行政的基本制度
预算制度;会计制度;决算制度;审计制度;国家教育经费执行情况监测制度。
第二节 教育经费及其管理
（一）教育经费概述
教育经费的含义;教育经费的构成。

（二）多渠道筹措教育经费的规则

国家教育财政拨款；征收教育费附加；学校勤工俭学和社会服务收入；企事业办学投资；捐资助学；金融、信贷手段的运用。

（三）教育经费的管理原则

健全规章，依法办事；从实际出发，量入为出；面向基层，服务教学；勤俭办学，讲求效益；经济公开，民主管理。

### 三、考核知识点

（一）教育财务行政的含义

（二）教育财务行政的职能

（三）教育财务行政的基本制度

（四）教育经费概述

（五）多渠道筹措教育经费的规则

（六）教育经费的管理原则

### 四、考核要求

（一）教育财务行政的含义

1. 识记：狭义教育财务行政的概念。

2. 领会：广义教育财务行政的概念。

3. 简单应用：教育财务行政的内容。

（二）教育财务行政的职能

1. 识记：筹集充足教育经费的职能。

2. 领会：合理配置教育资源的职能。

3. 简单应用：提高教育投资效益的职能。

（三）教育财务行政的基本制度

1. 识记：各种教育财务行政制度的含义。

2. 领会：各种教育财务行政制度的主要内容。

3. 简单应用：预算制度和决算制度的内容。

（四）教育经费概述

1. 识记：教育经费的含义。

2. 领会：教育经费的构成。

3. 简单应用：预算内的资金和预算外的资金。

（五）多渠道筹措教育经费的规则

1. 识记：筹措教育经费渠道的种类。

2. 领会：各渠道筹措教育经费的主要内容。

3. 简单应用：国家教育财政拨款。

（六）教育经费的管理原则

1. 识记：教育经费管理原则的种类。

2. 领会：各种教育经费管理原则的主要内容。

3. 简单应用：健全规章、依法办事的教育经费管理原则。

# 第九章　教育行政信息及其管理

### 一、学习目的和要求

通过本章的学习，掌握教育行政信息的含义，明确教育行政信息的类型、内容、特征及作用，了解教育行政信息处理的程度、要求，熟悉教育行政信息沟通的形式、途径及如何有效地利用教育行政信息。

### 二、课程内容

第一节　教育行政信息概述
（一）教育行政信息释义
教育行政信息的含义；教育行政信息的类型及内容；教育行政信息的特征。
（二）教育行政信息的作用
教育行政信息与教育行政过程的关系。
第二节　教育行政信息的管理
（一）教育行政信息的处理
教育行政信息处理的程序；教育行政信息处理的要求。
（二）教育行政信息的沟通
教育行政信息沟通的意义；教育行政信息沟通的形式；教育行政信息沟通的途径。
（三）教育行政信息的有效利用
注意输入信息的广泛性；注意指令信息的方向性；注意反馈信息的可靠性；注意评价信息的准确性。

### 三、考核知识点

（一）什么是教育行政信息
（二）教育行政信息的作用
（三）教育行政信息的处理
（四）教育行政信息的沟通
（五）教育行政信息的有效利用

### 四、考核要求

（一）教育行政信息释义
1. 识记：教育行政信息的含义。
2. 领会：教育行政信息的特征。
3. 简单应用：教育行政信息的类型及内容。
（二）教育行政信息的作用
1. 识记：教育行政环节。

2. 领会:教育行政决策。
3. 简单应用:教育行政信息与教育行政过程的关系。
(三)教育行政信息的处理
1. 识记:教育行政信息处理的程序。
2. 领会:教育行政信息处理的要求。
3. 简单应用:教育行政信息的收集。
(四)教育行政信息的沟通
1. 识记:教育行政信息沟通的形式。
2. 领会:教育行政信息沟通的意义。
3. 简单应用:教育行政信息沟通的途径和有效性。
(五)教育行政信息的有效利用
1. 识记:教育行政信息有效利用的基本要求。
2. 领会:教育行政信息的输入。
3. 简单应用:教育行政信息的反馈。

# 第十章 教育督导与教育评价

## 一、学习目的和要求

通过本章的学习,着重掌握教育督导和教育评价的含义、内容与形式、原则与方法,理解教育评价模式、标准的含义与意义,明确教育督导和教育评价的职能(功能)及过程,了解教育督导机构的设置与人员的建设。

## 二、课程内容

第一节 教育督导
(一)教育督导的定义
(二)教育督导的职能
监督职能的含义与意义;评价职能的含义与意义;指导职能的含义与意义;反馈职能的含义与意义;四个职能的相互关系。
(三)教育督导的内容与形式
几种常规督导的内容要点;几种基本的教育督导形式。
(四)教育督导机构与人员
教育督导机构的含义;四级教育督导机构;各级教育督导机构的职责;督导人员的构成;督学队伍建设的原则;督学的任职基本条件;督学的职权。
(五)教育督导的过程
教育督导过程的三个阶段;各阶段的具体工作。
(六)教育督导的原则
各条教育督导原则的含义及其相互关系。
第二节 教育评价

（一）教育评价概述

教育评价的含义；教育评价的分类。

（二）教育评价的功能

选拔功能的含义及其表现；管理功能的含义及其表现；教育功能的含义及其表现。

（三）教育评价的对象与内容

学校评价、教师评价、学生质量评价的含义与主要内容。

（四）教育评价的模式

教育评价的模式及其意义；教育评价的主要模式。

（五）教育评价的标准

教育评价的标准及其意义；教育评价标准的结构；设计教育评价标准的原则和程序。

（六）教育评价的过程

教育评价过程的环节；教育评价过程的基本程序。

（七）教育评价的原则

方向性原则的含义及其要求；发展性原则的含义及其要求；客观性原则的含义及其要求；有效性原则的含义及其要求。

（八）教育评价的方法

教育评价的方法及其特点；教育评价的基本方法；教育评价方法的选择。

## 三、考核知识点

（一）教育督导的定义

（二）教育督导的职能

（三）教育督导的内容与形式

（四）教育督导的组织机构与人员

（五）教育督导的过程

（六）教育督导的原则

（七）教育评价的概念

（八）教育评价的功能

（九）教育评价的对象与内容

（十）教育评价的模式

（十一）教育评价的标准

（十二）教育评价的过程

（十三）教育评价的原则

（十四）教育评价的方法

## 四、考核要求

（一）教育督导的概念

1. 识记：教育督导的含义。

2. 领会：教育督导的特点。

（二）教育督导的职能

1. 识记:各教育督导职能的含义。
2. 领会:各种教育督导职能的意义。
3. 简单应用:教育督导的监督与评价职能。

(三)教育督导的内容与形式

1. 识记:(1)对县域义务教育均衡发展督导;(2)对学前教育督导评估;(3)对学校专项督导和经常性检查的主要内容。
2. 领会:教育督导的基本形式。
3. 简单应用:对地方政府教育工作的督导。

(四)教育督导组织机构与人员

1. 识记:(1)教育督导机构的含义;(2)四级教育督导组织机构;(3)督导人员配备和督导队伍建设的原则;(4)督学的任职基本条件。
2. 领会:(1)各级教育督导组织机构的基本职责;(2)督学的职权。
3. 简单应用:教育督导机构设置的改革。

(五)教育督导的过程

1. 识记:教育督导过程的三个阶段。
2. 领会:教育督导的准备和处理。
3. 简单应用:教育督导的实施。

(六)教育督导的原则

1. 识记:教育督导的导向性原则和依法督导的原则。
2. 领会:教育督导的科学性原则。
3. 简单应用:教育督导的民主性原则。

(七)教育评价的概念

1. 识记:教育评价的含义。
2. 领会:教育评价的特点。
3. 综合应用:教育评价的类型。

(八)教育评价的功能

1. 识记:选拔功能的含义。
2. 领会:管理功能的含义。
3. 简单应用:教育功能。

(九)教育评价的对象与内容

1. 识记:学校评价的含义。
2. 领会:教师评价的含义。
3. 综合应用:学生质量评价。

(十)教育评价的模式

1. 识记:教育评价模式的含义。
2. 领会:教育评价模式的意义。
3. 综合应用:教育评价的主要模式。

(十一)教育评价的标准

1. 识记:(1)教育评价标准的含义及意义;(2)教育评价标准的内容结构。

2. 领会:教育评价标准的形式结构。
3. 综合应用:设计教育评价标准的原则与程序。

(十二)教育评价的过程
1. 识记:教育评价的环节。
2. 领会:教育评价过程的六个步骤。
3. 简单应用:教育评价过程的三个阶段。

(十三)教育评价的原则
1. 识记:(1)方向性原则的含义;(2)发展性原则的含义;(3)客观性原则的含义;(4)有效性原则的含义。
2. 领会:各个教育评价原则的特点。
3. 综合应用:各个教育评价原则的贯彻要求。

(十四)教育评价的方法
1. 识记:(1)教育评价方法的含义;(2)观察法、访谈法。
2. 领会:教育评价方法的选择。
3. 综合应用:问卷法和测验法。

# 第十一章 学校管理目标

## 一、学习目的和要求

通过本章的学习,掌握目标、管理目标、学校管理目标及目标管理的含义,明确学校目标管理的过程及基本要求。

## 二、课程内容

第一节 学校管理目标概述
(一)目标与管理目标
目标的含义;管理目标的含义。
(二)学校管理目标
学校管理目标的含义;学校管理目标的作用;学校管理目标的类型。
第二节 学校目标管理
(一)关于目标管理
目标管理的含义;目标管理的特点;目标管理的理论基础。
(二)学校目标管理的过程
目标的制定与展开;学校管理目标的实施;学校管理目标的考评。
(三)学校管理目标与目标管理的关系

## 三、考核内容

(一)目标与管理目标
(二)学校管理目标

（三）关于目标管理
（四）学校目标管理的过程
（五）学校管理目标与目标管理的关系

**四、考核要求**

（一）目标与管理目标
1. 识记：目标的含义。
2. 领会：管理目标的含义。
3. 简单应用：管理目标的基本观点及特性。
（二）学校管理目标
1. 识记：学校管理目标的含义。
2. 领会：学校管理目标的类型。
3. 简单应用：学校管理目标的作用。
（三）关于目标管理
1. 识记：目标管理的含义。
2. 领会：目标管理的理论基础。
3. 简单应用：目标管理的特点。
（四）学校目标管理的过程
1. 识记：学校目标管理过程的基本环节。
2. 领会：学校目标管理过程环节的基本内容。
3. 简单应用：学校目标管理的实施。
（五）学校管理目标与目标管理的关系
1. 识记：学校管理目标与目标管理的区别。
2. 领会：学校管理目标与目标管理的联系。
3. 综合应用：学校管理目标与目标管理。

## 第十二章 学校管理内容

**一、学习目的和要求**

通过本章的学习,明确学校管理中各项具体工作的内容,重点理解和掌握各项工作的方式步骤和要求,并能运用管理工作的规律对实践中出现的一般问题进行判断、解释和提出改进建议。

**二、课程内容**

第一节 学校人事管理
（一）教师管理
教师的特点；教师管理的原则；教师管理的内容。
（二）学生管理

学生管理的主要内容;学生管理的基本要求。

第二节 教学管理

(一)教学工作的地位及教学工作管理的任务

教学工作的地位;教学管理工作的任务。

(二)教学过程管理

教师教的过程管理;学生学的过程管理。

(三)教学业务管理

制订学校教学业务管理计划;加强学校教学业务管理组织系统的建设;提高教师的业务水平。

(四)教学质量管理

树立全面的教学质量管理观;建立健全教学质量管理制度。

第三节 德育管理

(一)德育管理的内容和任务

学校德育管理的概念;学校德育管理的主要内容;学校德育管理的根本任务;学校德育管理的具体任务。

(二)德育管理的组织与方法

德育管理的组织;德育管理的方法。

第四节 体育卫生工作管理

(一)体育卫生工作管理的含义及任务

体育卫生工作管理的含义;体育卫生工作管理的任务。

(二)体育卫生工作管理的基本内容和方法

体育工作管理的基本内容和方法;卫生工作管理的基本内容和方法。

(三)体育卫生工作管理的基本原则

科学性原则;共性与个性相结合的原则;三育并重原则;体卫结合原则。

第五节 总务后勤工作管理

(一)总务后勤工作的内容

总务后勤工作的任务;学校财务管理;学校教学设备管理;学校资产管理;学校生活管理;校园环境管理。

(二)总务后勤工作的组织与管理

学校财务工作的组织与管理;学校教学设备的组织与管理;提高总务后勤职工的素质。

三、考核知识点

(一)教师管理

(二)学生管理

(三)教学工作的地位及教学管理的任务

(四)教学过程管理

(五)教学业务管理

(六)教学质量管理

(七)德育管理的内容和任务

（八）德育管理的组织与方法
（九）体育卫生工作管理的含义及任务
（十）体育卫生工作管理的基本内容和方法
（十一）体育卫生工作管理的基本原则
（十二）总务后勤工作的内容
（十三）总务后勤工作的组织与管理

### 四、考核要求

（一）教师管理
1. 识记：教师管理原则的种类。
2. 领会：教师的特点、教师管理的内容。
3. 简单应用：教师管理的要求。

（二）学生管理
1. 识记：学生管理的主要内容。
2. 领会：学生管理的基本要求。
3. 简单应用：学生的自我管理。

（三）教学工作的地位及教学管理工作的任务
1. 识记：教学管理工作的任务。
2. 领会：教学工作的地位。
3. 简单应用：开展教学研究活动。

（四）教学过程管理
1. 识记：教师教的过程管理的要求。
2. 领会：学生学的过程管理的要求。
3. 简单应用：上课管理。

（五）教学业务管理
1. 识记：教学业务管理的基本要求。
2. 领会：教学业务管理要求的内容。
3. 简单应用：制订学校教学业务管理计划。

（六）教学质量管理
1. 识记：教学质量管理的含义。
2. 领会：教学质量管理的基本要求。
3. 综合应用：教学质量管理要求的内容。

（七）德育管理的内容和任务
1. 识记：学校德育管理的概念。
2. 领会：学校德育管理的主要内容。
3. 综合应用：学校德育管理的根本任务和具体任务。

（八）德育管理的组织与方法
1. 识记：德育管理的组织。
2. 领会：德育管理的方法。

3. 简单应用:思想教育法。

(九)体育卫生工作管理的含义及任务
1. 认识:体育卫生工作管理的含义。
2. 领会:体育卫生工作管理的任务。
3. 简单应用:对体育卫生人员的管理。

(十)体育卫生工作管理的基本内容和方法
1. 识记:体育工作管理的基本内容。
2. 领会:卫生工作管理的基本内容。
3. 综合应用:体育工作管理和卫生工作管理的方法。

(十一)体育卫生工作管理的基本原则
1. 识记:体育卫生工作管理原则的种类。
2. 领会:体育卫生工作管理原则的要求。
3. 简单应用:体育卫生结合的原则。

(十二)总务后勤工作的内容
1. 识记:总务后勤工作的内容。
2. 领会:各种总务后勤工作的种类。
3. 简单应用:总务后勤工作的任务。

(十三)总务后勤工作的组织与管理
1. 识记:学校财务工作的组织与管理。
2. 领会:学校教学设备的组织与管理。
3. 简单应用:如何提高总务后勤职工的素质。

## 第十三章 学校管理过程

**一、学习目的和要求**

通过本章的学习,掌握学校管理过程的概念,并了解其特点;熟悉学校管理的基本环节和内容,能分析学校管理过程的现状,并提出问题和对策。

**二、课程内容**

第一节 学校管理过程概述
(一)学校管理过程的含义
西方现代管理理论对管理过程的理解;系统论、控制论、信息论对管理过程的理解;从各项具体管理工作的角度对管理过程的理解;从一般管理过程的角度对学校管理过程的理解。
(二)学校管理过程的特点
以育人为中心的目的性;以阶段为标志的有序性;以目标为前提的控制性。
(三)学校管理过程的构成要素
学校管理的主体;学校管理的客体;学校管理的中介。
(四)学校管理过程的优化

学校管理过程的结构优化;学校管理过程各个环节的优化;学校管理过程环境的优化。

第二节 学校管理过程的基本环节

（一）计划

计划的含义及作用;计划的制订步骤;计划的种类和内容。

（二）执行

执行的含义及作用;执行环节的主要内容。

（三）检查

检查的含义及作用;检查的种类;检查的基本要求。

（四）总结

总结的含义及作用;总结的种类;总结的基本要求。

### 三、考核知识点

（一）学校管理过程的含义

（二）学校管理过程的特点

（三）学校管理过程的构成要素

（四）学校管理过程的优化

（五）计划

（六）执行

（七）检查

（八）总结

### 四、考核要求

（一）学校管理过程的含义和特点

1. 识记:学校管理过程的特性。

2. 领会:从不同的角度理解学校管理过程的含义。

3. 简单应用:学校管理过程特性的主要内容。

（二）学校管理过程的构成要素

1. 识记:学校管理过程的管理要素。

2. 领会:学校管理过程要素的主要内容。

3. 简单应用:学校管理过程的中介。

（三）学校管理过程的优化

1. 识记:学校管理过程优化的含义。

2. 领会:学校管理过程优化的主要内容。

3. 简单应用:学校管理过程的结构优化。

（四）计划

1. 识记:计划的含义。

2. 领会:计划的种类、内容及作用。

3. 简单应用:制订计划的步骤。

（五）执行

1. 识记:执行的含义。
2. 领会:执行的作用。
3. 简单应用:执行环节的主要内容。

(六)检查
1. 识记:检查的含义及种类。
2. 领会:检查的作用。
3. 简单应用:检查的基本要求。

(七)总结
1. 识记:总结的含义及种类。
2. 领会:总结的作用。
3. 简单应用:总结的基本要求。

## 第十四章 教育领导

### 一、学习目的和要求

通过本章的学习,掌握教育领导艺术、教育咨询与决策的含义,明确教育领导班子的结构及教育领导干部的素质要求,熟悉教育咨询的特性、种类、程序、方法、机构及咨询人员的要求,熟悉教育决策的特性、类型、要素、原则及程序,理解教育领导艺术的特性及基本内容。

### 二、课程内容

第一节 教育领导概述
(一)教育领导的概念
领导的含义;教育领导的含义。
(二)教育领导班子的结构及领导干部
教育领导班子的结构;教育领导干部。
第二节 教育咨询与决策
(一)教育咨询
教育咨询概述;教育咨询的程序与方法;教育咨询机构与人员。
(二)教育决策
教育决策概述;教育决策的原则与程序。
第三节 教育领导艺术
(一)教育领导艺术的含义及特征
教育领导艺术的含义;教育领导艺术的特征。
(二)教育领导艺术的基本内容
领导的"三技";领导者的"七艺"。

### 三、考核知识点

(一)教育领导的概念

（二）教育领导班子的结构及领导干部

（三）教育咨询

（四）教育决策

（五）教育领导艺术的含义及特征

（六）教育领导艺术的基本内容

### 四、考核要求

（一）教育领导的概念

1. 识记：教育领导的含义。

2. 领会：领导的含义。

3. 简单应用：领导的影响力。

（二）教育领导班子的结构及领导干部

1. 识记：教育领导班子结构的要素；领导干部素质的种类。

2. 领会：教育领导班子结构的主要内容。

3. 简单应用：领导干部素质的主要内容。

（三）教育咨询

1. 识记：教育咨询的含义；教育咨询机构与人员的要求。

2. 领会：教育咨询的特性。

3. 简单应用：教育咨询的程序与方法。

（四）教育决策

1. 识记：教育决策的含义；教育决策的要求。

2. 领会：教育决策的特性。

3. 简单应用：教育决策的原则与程序。

（五）教育领导艺术的含义及特征

1. 识记：教育领导艺术的含义。

2. 领会：教育领导艺术的特征。

3. 简单应用：教育领导艺术的创造性。

（六）教育领导艺术的基本内容

1. 识记：领导的"三技"；领导者的"七艺"。

2. 理解：领导的"三技"及领导者的"七艺"的主要内容。

3. 简单应用：交往的艺术。

## 第十五章　教育领导效能

### 一、学习目的和要求

通过本章的学习，掌握教育领导效率、教育领导效益、教育领导效能的概念，理解教育领导效率的含义，明确教育领导效率和效能的评价以及如何提高教育领导效率和教育领导效能。

## 二、课程内容

第一节　教育领导效率

（一）什么是教育领导效率

教育领导效率的含义；教育领导效率的意义。

（二）教育领导效率的评价

评价的必要性与可行性；评价的内容；评价的方法；评价的要求。

（三）教育领导效率的提高

影响教育领导效率的因素；提高教育领导效率的途径。

第二节　教育领导效益

（一）教育领导效益概述

教育领导效益的含义；教育领导效益的内容。

（二）教育领导效能

教育领导效能的意义；教育领导效能评价的作用；提高教育领导效能的必要条件。

## 三、考核知识点

（一）教育领导效率概述

（二）教育领导效率的评价

（三）教育领导效率的提高

（四）教育领导效益概述

（五）教育领导效能

## 四、考核要求

（一）什么是教育领导效率

1. 识记：教育领导效率的含义。

2. 领会：如何理解教育领导效率。

3. 综合应用：教育领导效率的作用。

（二）教育领导效率的评价

1. 识记：教育领导效率评价的内容。

2. 领会：教育领导效率评价的必要性与可行性。

3. 简单应用：教育领导效率评价的方法与要求。

（三）教育领导效率的提高

1. 识记：影响教育领导效率的因素。

2. 领会：提高教育领导效率的途径。

3. 简单应用：教育领导科学化。

（四）教育领导效益

1. 识记：教育领导效益的含义。

2. 领会：教育领导效益的内容。

3. 简单应用：考察教育管理结果中全局利益与局部利益的关系。

（五）教育领导效能
1. 识记:教育领导效能的含义。
2. 领会:教育领导效能评价的作用。
3. 综合应用:提高领导效能的必要条件。

# Ⅳ 关于大纲的说明与考核实施要求

为了使本大纲的规定在个人自学、社会助学和考试命题中得到贯彻和落实,特对有关问题做如下说明,并提出具体实施要求。

## 一、《自学考试大纲》的目的和作用

课程《自学考试大纲》是根据专业自学考试计划的要求,结合自学考试的特点而确定,其目的是对个人自学、社会助学和课程考试命题进行指导和规定。

课程《自学考试大纲》明确了课程学习的内容及其深度和广度,规定了课程自学考试的范围和标准。因此,它是编写自学考试教材和辅导书的依据,是社会助学组织进行自学辅导的依据,是自学者学习教材、掌握课程内容知识范围和程度的依据,也是进行自学考试命题的依据。

## 二、课程《自学考试大纲》与教材的关系

课程《自学考试大纲》是进行学习和考核的依据,而教材是用于学习和掌握课程知识基本内容与范围的材料,教材的内容是大纲所规定的课程知识和内容及其扩展与发挥。

## 三、关于自学教材

《教育管理原理》,全国高等教育自学考试指导委员会组编,孙绵涛主编,高等教育出版社,2017年版。

推荐参考教材:《教育管理学》(第三版),陈孝彬主编,北京师范大学出版社,2008年版。

## 四、关于自学要求和自学方法的指导

1. 本课程由总论(第一章至第三章)、宏观教育管理论(第四章至第十章)、微观教育管理论(第十一章至第十三章)和教育领导与效能论(第十四、十五章)四部分组成。这四部分有着严密的逻辑关系,每部分各章、每章中的各节之间也有着紧密的联系。考生在学习本门课程时,首先要从总体上把握其框架,弄清楚各部分之间的逻辑关系,然后去掌握基本概念和基本理论。记忆应当识记的基本概念、名词,弄懂其基本内涵,深入领会基本理论,切忌在没有弄清本门课程知识框架的情况下去学习一些具体的概念和理论。

2. "教育管理原理"这门课是教育学本科和教育管理本科两个专业的必修课。对于教育学专业的考生来说,应全面学习总论、宏观教育管理论、微观教育管理论、教育领导与效能

论的内容,重点应掌握宏观教育管理论和微观教育管理论两部分的内容。由于教育管理专业的考生要学习教育行政学和学校管理学等课程,学习重点则应放在总论和教育领导与效能论两部分上。

3. 重视理论联系实际,结合教育管理的实践进行学习。本课程阐述的内容来源于教育管理实践,与国家教育管理的改革发展密切相关。考生应将课程的内容与教育管理实践和自己的本职工作联系起来,以增加感性认识,更深刻地理解教材内容,提高自己提出问题和解决问题的能力。

**五、对社会助学的要求**

1. 社会助学者应根据本大纲规定的考试内容和考核目标,认真钻研指定教材,明确本课程与其他课程不同的特点和学习要求,对考生进行切实有效的辅导,引导他们防止自学中的各种偏向,把握社会助学的正确导向。

2. 要正确处理基础知识和应用能力的关系,努力引导考生将识记、领会同应用联系起来。有条件的助学者应适当组织考生开展科研实践,学会把基础知识和理论转化为应用能力,在全面辅导的基础上,着重培养和提高考生提出问题和解决问题的能力。

3. 要正确处理重点和一般的关系。课程内容有重点与一般之分,但考试内容是全面的,而且重点与一般是相互联系,不是截然分开的。社会助学者应指导考生全面系统地学习教材,掌握全部考试内容和考核知识点,在此基础上再突出重点。总之,应把重点学习同兼顾一般结合起来,切勿孤立地抓重点,把考生引向猜题押题。社会助学者还应根据教育学本科和教育管理本科两个专业的不同要求,对辅助的内容应有所偏重。一般来说,对于教育学本科专业的考生,除全面理解本课程的四个部分外,重点应放在二、三两部分上,对于教育管理本科专业的考生,重点应为本课程的一、四两部分。

**六、关于命题考试的若干要求**

1. 本课程的命题考试,应根据本大纲规定的考试内容和考试目标来确定考试范围和考核要求,不要任意扩大或缩小考试范围,提高或降低考核要求。考试命题要覆盖到各章,并适当突出重点章节,体现本课程的重点内容。

2. 本课程在试题中对不同能力层次要求的比例一般为:识记占15%;领会占30%;简单应用占35%;综合应用占20%。

3. 试题要合理安排难度结构。试题难易度可分为易、较易、较难、难四个等级。每份试卷中,不同难易度试题的分数比例一般为:易占20%;较易占30%;较难占30%;难占20%。必须注意,试题的难易度与能力层次不是一个概念,在各能力层次中都会存在不同难度的问题,切勿混淆。

4. 本课程考试试卷采用的题型一般有:单项选择题、简答题、论述题、案例分析题等。各种题型的具体形式可参见本大纲附录。

# 附录 题型举例

**一、单项选择题**

在每小题列出的四个备选项中只有一项是最符合题目要求的,请将其选出。

1. 教育管理学产生于

   A. 20世纪初　　　　　　B. 19世纪末

   C. 19世纪中期　　　　　D. 20世纪中期

2. 教育管理属于

   A. 工程管理　　　　　　B. 行政管理

   C. 企业管理　　　　　　D. 公共事业管理

**二、简答题**

1. 什么是教育预测的延续性原理、相关性原理和相似性原理?

2. 简述学校管理过程。

**三、论述题**

1. 论我国教育体制改革。

2. 谈谈你对提高教育管理效能的看法。

**四、案例分析题**

举例略。

# 后 记

《教育管理原理自学考试大纲》是根据全国高等教育自学考试教育学专业（独立本科段）考核要求编写的。2017年6月教育类专业委员会召开审稿会议，对本大纲进行讨论评审，修改后，经主审复审定稿。

本大纲由沈阳师范大学孙绵涛教授主持编写。

本大纲经由北京师范大学高鸿源教授主审，北京师范大学刘淑兰教授和内蒙古师范大学朱颜杰副教授参加审稿并提出改进意见。

本大纲最后由全国高等教育自学考试指导委员会审定。

本大纲编审人员付出了辛勤劳动，特此表示感谢。

全国高等教育自学考试指导委员会
教育类专业委员会
2017年9月

全国高等教育自学考试指定教材
教育学专业(独立本科段)

# 教育管理原理

全国高等教育自学考试指导委员会　组编

主编　孙绵涛

# 编者的话(2017年版)

《教育管理原理》这本全国高等教育自学考试教育学专业(独立本科段)指定教材,1999年出版至今已近20年。为适应这些年教育管理的理论、政策和实践发生的变化,根据全国高等教育自学考试指导委员会的要求,我们对本教材进行了修订。

这次修订,我们遵循了原教材科学性、系统性和针对性的原则,保留了原教材的体系,只是根据教育管理理论、政策和实践发生的变化,对有关内容进行了修改。遵循原教材的科学性、系统性和针对性的原则,是因为遵循这三个原则出版的原教材,在教材内容的科学性、系统性和针对性上都做得比较好,这次修订这本教材,也必须要遵循这三个原则,才能保证修订教材的科学性、系统性和针对性。本次修订基本保持原教材的体系,是因为原教材总论部分所包括的教育管理学和教育管理的基本理论,宏观教育管理部分包括的国家宏观教育管理的教育政策与教育法规、教育预测与教育规划、教育体制、教育人事行政、教育财务行政、教育行政信息、教育督导与教育评价等方面的基本内容,微观教育管理部分包括的学校管理中的学校管理目标、学校管理内容、学校管理过程等内容,以及教育领导与教育效能部分中的教育领导与教育效能等内容,不仅体系上构成了一个教育管理学的完整体系,而且这些内容是作为教育学专业中教育管理方向的学生所必须要学习和掌握的。教材总论、宏观教育管理部分及微观教育管理部分之间的逻辑关系,以及每一部分各个组成部分之间的逻辑关系,在第一版的前言中做了比较详细的分析说明,这里就不赘述了。当然,由于时间的变化,这一体系中的具体内容会有些不同,这也是我们这次对这一体系中的具体内容要加以修订的原因。

一般来说,教育管理学的著作或教材,是对教育管理理论、教育管理政策和教育管理实践的总结和提炼,必须要反映这三个方面最新的成果。正因为如此,这次我们主要是围绕教育管理理论、教育管理政策和教育管理实践三个方面的新变化来修订这本教材。所谓根据教育理论的变化进行修订,就是我们收集了近20年来出版的教育管理的著作和有关论文,对教育管理学的发展现状和教育管理学的研究趋势,以及教育领导与教育效能部分进行了修改。在教育管理学的发展现状中,增加了新出版的教育管理学的著作,在教育管理的研究趋势中,对教育管理学的理论基础、内容、研究方法、研究层次等方面增加了一些新的内容。所谓根据教育政策的变化进行修订,是指近十几年来,我国颁布了一些重要的政策法规,比如,2006年修订颁布的《中华人民共和国义务教育法》,2010年颁布的《国家中长期教育改革与发展规划纲要(2010—2020年)》,2015年修订颁布的《中华人民共和国高等教育法》,2015年修订颁布的《中华人民共和国教育法》,2000年颁布的《国务院办公厅关于解决民办教师问题的通知》,2000年颁布的《教师和教育工作者考核奖励规定》,2006年颁布的《中华人民共和国公务员法》、2008年颁布的《公务员奖励规定(试行)》、2012年颁布的《县域义务教育均衡发展督导评估暂行办法》、2016年颁布的《教育系统内部审计工作规定》等一批新的政策法规文件精神,对原教材宏观教育管理中教育方针政策、教育人事行政、教育财务行政、教育督导,以及微观教育管理中的学校管理的内容等进行了相应的修改。所谓根据教育管理实践的变化进行修订,是指根据这些年来,我国在教育体制改革、义务教育、高中教育、高等教育、职业教育、继续教育等领域改革的新情况、新问题和新成就,对教材中的有关教育体制改革政策,以及各级各类教育改革的政策、现状、数据、年份、提法等都一一进行了修改。最后根据上面的修改,对文中的注释和参考文献也做了修订。

这次教材的修订,由沈阳师范大学特聘教授、教育经济与管理研究所所长兼管理学院院长孙绵涛负责,沈阳师范大学教育经济与管理研究所硕士研究生杜雨佳、尚志华、苗美惠、李根参与了修改。孙绵涛教授负责提出全书修改的指导思想和原则、撰写前言,负责修改《教育管理原理自学考试大纲》并对全书进行统稿;杜雨佳负责修改第一编中的第一章、第二章、第三章,第二编中的第六章;尚志华负责修改第二编中的第五章、第八章、第九章、第十章;苗美惠负责修改第二编中的第四章、第七章,第四编中的第十四章、第十五章;李根负责修改第三编中的第十一章、第十二章、第十三章。

感谢全国高等教育自学考试指导委员会对这次修订《教育管理原理》教材的具体指导,感谢原《教育管理原理》教材的主编、华中师范大学教育科学学院的孙绵涛教授,参与编写的该学院的李晓燕教授、徐虹教授、余学锋教授、胡晓芳教授,以及研究生祁型雨和郭凯等为本教材的修订打下的良好基础。借此机会,也想感谢北京师范大学陈孝彬教授、高洪源教授和北京教育学院贺乐凡教授对1999年版《教育管理原理》教材进行评审时的指导,感谢北京师范大学高洪源教授、刘淑兰教授、内蒙古师范大学朱颜杰副教授对2017年版《教育管理原理》教材进行评审时的指导。这次修订也引用了一些专家学者的观点和资料,在这里也一并致以诚挚的谢意。由于作者修改这类教材的经验不足,恳请方家提出宝贵的意见。

孙绵涛
2017年9月

# 编者的话(1999年版)

《教育管理原理》一书,是全国高等教育自学考试指导委员会教育类专业委员会和全国高等教育自学考试办公室委托编写的教材,供教育学专业和教育管理专业本科自学考试使用。

编写这本书,我们注意了以下几个问题:首先,注意了教材的科学性。在编写过程中,我们广泛搜集、查阅了国内外有关管理、教育管理方面的文献,力求反映教育管理的最新科研成果,比较准确地反映教育管理界普遍公认的一般理论。

其次,注意了教材的系统性。作为教育管理专业的教材,要力求比较系统地反映教育管理学各个领域的知识。以一个什么样的体系去比较全面地反映这一领域的知识呢?目前国内外尚无统一的认识。西方(以美国为例)的教育管理学(Educational Administration)体系大体上有两种类型:一种是从宏观的角度论述美国教育行政制度的体系;另一种是运用一般的管理理论,包括古典的管理理论、行为科学的理论、决策理论、社会系统理论等现代管理理论研究教育管理的体系。日本没有统一的教育管理学体系,日本的学者一般是将教育管理学分为教育行政和学校经营两个学科加以论述的。我国1949年前以教育管理学命名的教育管理学学科较为少见,教育管理学多以教育行政命名。1949年后至"文化大革命"结束,也未见单独的教育管理学的著作和教材。"文化大革命"后,有几本教育管理学的教材面世。1990年陈孝彬主编的一本高校文科教材《教育管理学》就是代表。这本《教育管理学》把教育管理学的体系分为总论、教育行政与学校管理三部分,这为我们探讨本教材的体系提供了有益的启示。可以说,这本教材的体系,就是在分析国内外教育管理学体系的基础上形成的。本教材分四部分:第一部分为总论,论述了教育管理学及教育管理的基本理论问题。在教育管理学的基本理论方面,论述了教育管理现象及教育管理的基本规律;教育管理学的著作体系及教材体系;教育管理学的产生与发展;当代教育管理学的发展趋势。在教育管理的基本理论方面,论述了宏观教育管理和微观教育管理中普遍存在的原理、职能、原则与方法。第二部分为宏观教育管理论,着重论述了国家教育管理中教育方针与教育政策、教育预测与教育规划、教育体制、教育人事、教育财务、教育行政信息、教育督导与教育评价等领域的问题。第三部分为微观教育管理论,着重论述了学校管理目标、学校管理的内容和学校管理过程的理论问题。第四部分为领导与效能论,着重论述了教育管理中的领导问题与效能问题,包括教育领导的含义、教育领导班子及结构、教育咨询与决策、教育领导艺术、教育领导的效率与效益等。由上述四个部分的内容介绍,我们不难看出这四部分之间的逻辑关系。总论从总体上论述了教育管理的基本理论问题,而这些基本理论问题分别体现在宏观和微观两大教育管理领域之中,或者说,这些基本理论又是从宏观和微观教育管理的活动中抽象出来的,所以在论述了教育管理的基本理论以后,还必须对宏观和微观教育管理的理论问题分别加以论述。教育管理问题,也是一个教育领导问题,如果把"领导"和"管理"加以区别的话,教育管理中也存在着一个领导问题,而任何管理都要追求一种最大的效率和最好的效益,即获得理想的教育管理效能。可以说,教育领导与效能问题贯穿于宏观及微观教育管理的全过程,它是教育管理的保证和落脚点,所以本书在论述了宏观和微观教育管理之后,接着以领导与效能论来讨论教育管理的领导与效能问题。由上述四部分内容的介绍,我们也不难看出,四部分中每一部分的各章之间也是有一定逻辑关系的。第一部分分三章,第一章论述了教育管理学的基本理论,第二、三章论述了教育管理的原理、职能、原则与方法。第一章在论述管理与教育管理的基础上,分析了教育管理学的研究对象及学科体系,第二、三章的几个问题也是按一定的理论层次逻辑展开的。第二部分的内容安排,符合国家宏观教育管理的实际。国家管理教育,就是在制定教育方针、政策、法规,进行教育预测的基础上,去构建一个国家的教育体制,从而开展各项教育行政活动,包括开展教育人事行政、教育财务行政、教育业务行政(指对各级各类教育及学校的教学、德育、体育卫生工作,学生的招生、升学及就业指导等)、教育督导与评估等行政活动,最后对这些工作进行督导和评价。关于教育业务行政,本书没有直接论述具体业务行政工作,而以教育行政信息的管理代之。这样处理,是因为各项业务工作的管理,从信息论的角度来说,实际上是信息的处理问题。第三部分内容的逻辑关系是,学校首先要制定管理目标,再通过充分而合理地利用各种管理资源,开展各项管理工作和通过具体管理过程及环节去实现这些目标。第四部分先对什么是教育领导作一般介绍,接着论述了教育咨询与决策。因为教育领导离不开教育咨询和决策,而教育领导的目标是提高整个教育管理效能,所以这部分最后论述了教育领导效能问题。

再次,注意了针对性。本书是为教育学及教育管理两个专业的考生而编写的,也是为教育类专科毕业的学生和非教育类专科毕业的学生而编写的。对于教育管理专业的学生,他们需要比较全面系统地掌握教育管理的理论;而对于教育学专业的学生来说,他们只需掌握教育管理学的一些基本理论。对于教育类专业的学生,特别是这类学生中的教育管理专业毕业的学生,他们已学过教育行政和学校管理方面的理论,如若再学习教育管理学,则需要提高理论层次和拓宽知识面;而对于非教育类毕业的学生,教育行政和学校管理的知识对他们来说又是需要学习和掌握的。基于上述情况,本书内容所包括的范围及理论的层次应尽可能地适应不同专业、不同知识背景的学生的需要。这也是本书之所以分总论、宏观教育管理论、微观教育管理论、领导与效能论来全面论述教育管理理论的原因所在。本书虽被命名为《教育管理原理》,却没有全部论述原理问题,只在有些部分加深了理论的层次,在有些地方还保留了教育管理的一般理论层次。

本书由孙绵涛任主编。全书由主编提出编写思路,拟定编写提纲并最后修改定稿。各部分执笔人是:孙绵涛,前言、第一章、第二章、第三章、第六章、第七章、第十四章、第十五章;李晓燕,第四章、第八章、第十二章第五节;徐虹,第五章;余学锋,第七章;胡晓芳,第十章;郭方,第十一章第一节、第十二章第一、二节、第十三章;祁型雨、郭凯参加了第十一章第二节、

第十二章第三、四节的撰写工作。

　　本书参考、引用了一些专家学者的观点和资料，这里向原作者致以诚挚的谢意。由于时间仓促，作者编写这类教材的经验不足，恳请大家提出宝贵意见。

孙绵涛

1998 年 10 月

# 第一编 总 论

# 第一章 教育管理学概述

**内容提要** 本章包括管理与教育管理、教育管理学的研究对象和学科体系及教育管理学的产生与发展三部分。第一部分论述了管理的含义、属性、特点;教育管理的含义、产生、特点及发展趋势。第二部分论述了教育管理现象及教育管理规律;教育管理学的著作体系及教材体系。第三部分论述了教育管理学产生的标志及原因、西方教育管理学的理论源流、我国教育管理学的产生与发展及当代教育管理学的发展趋势。

## 第一节 管理与教育管理

### 一、关于管理

#### (一) 管理的含义

从字面理解,管理有管辖、处理之意。从管理学的角度理解,管理则有多种界说:有的从过程的角度,认为管理是为实现目标而组织和使用各种资源的过程;有的从职能的角度,认为管理就是计划、组织、指挥、调节和控制;有的从决策的角度,认为管理就是决策;有的从人的角度,认为管理是人的一项特殊的实践活动。上述对管理的理解都只从一个方面揭示了管理的属性或特点,存在着不同程度的片面性。研究管理的含义,既要注意管理中人的因素,也要注意管理的其他因素;既要注意管理的职能,也要注意管理的目标和过程。只有这样才能全面地理解管理的含义。依据这一考虑,人们对管理的一般理解是:管理是管理者运用一定的原理与方法,在特定的条件下,对资源进行合理配置,引导、组织被管理者实现组织目标的一种活动。

#### (二) 管理的属性

管理具有两重性,它是非政治性与政治性的统一。管理的非政治性是指管理与生产力和社会化大生产相联系的属性。管理之所以具备这种属性,首先是因为它是劳动过程的一般要求,凡是共同的劳动都需要管理,这在任何生产方式下都是相同的,与生产关系的性质和社会制度没有直接联系。其次是因为管理可以把劳动过程中的各种要素组合成为有机体,使之发挥应有的作用,管理的这种职能也与生产关系、社会制度没有直接联系。管理的政治性是指管理与生产关系和社会制度相联系的属性。管理的这种属性,表现在管理必须也只能在一定的社会历史条件下和一定的社会关系中进行,社会生产关系的性质不同,生产劳动的结合方式不同,管理的社会性质也不同。

#### (三) 管理的特点

第一,管理总是指向一定的目标,为实现一定目标服务的。目标有组织的目标,也有组织内成员的目标,管理所实现的目标应是组织的整体目标,而不是组织内成员的具体目标。组织的目标的形成应集中组织成员的智慧,尽可能反映组织成员的要求,只有这样才能激发组织成员实现组织目标的热情。

第二,管理是对人、财、物、信息、时空的管理。管理就是要对这些资源进行分析、利用,使这些资源得到合理有效的配置,力求以最小的资源获取最大的经济效益和社会效益。

第三,管理是一个计划、实施、检查、总结的过程。任何管理从环节上来说,都要先有规划或计划,然后实施计划,再对实施的情况进行检查和总结。管理这一过程的完成,离不开决策、组织、协调和控制活动。决策是从众多的方案中选出满意方案;组织是一个动态的概念,它指的是对管理中的各要素做出安排;协调指的是在统一指挥下,采取各种措施使组织的各方面形成合力;控制是指采取措施纠正偏离组织目标的活动。管理就是依靠这些活动,才使整个管理过程得以完成。

第四,每一种管理活动都是管理的主体和管理的客体相互影响、相互作用的过程。管理作为一种活动,离不开管理的主体和客体。管理的主体是指管理者,管理的客体是指管理主体作用的对象,包括人(被管理者)、财、物、信息、时空等,但通常是指被管理者。管理者的影响力来自管理者的职位及管理者自身的素质和修养。要发挥管理者的影响力,管理者应尊重、爱护被管理者,支持被管理者的工作,为被管理者的发展创造各种条件。

被管理者的影响力大小决定于其素质的高低及对管理活动参与程度的高低。被管理者的素质高,积极参与管理,会对管理者产生积极的影响;否则会对管理者产生消极的影响。

在管理者与被管理者相互影响和相互作用的过程中,管理者处于主导地位,因而管理者要正确地运用自己的影响力和影响方式。

## 二、关于教育管理

### (一)教育管理的含义

管理是一个大的专业门类,它包括工程管理、行政管理、企业管理、公共事业管理等。教育管理属于公共事业管理的一种。

由于人们对管理的理解不同,所以人们对教育管理的理解也不相同。根据对管理的一般理解,我们可以认为,教育管理是教育管理者运用一定的理论与方法,在特定的条件下,合理配置教育资源,引导、组织教育人员完成教育任务,实现教育目标的一种活动。这种教育管理活动一般分为宏观的教育管理——教育行政和微观的教育管理——学校管理两方面。

教育行政就是国家对教育的管理。从教育行政机关方面而言,主要是指教育行政机关的活动;从教育行政层次方面而言,它既指中央的教育行政,也指地方的教育行政;从教育行政范围方面而言,大到方针、政策、法规和教育体制的构建,小到具体规章制度及其实施,都应包括在教育行政之中。

学校管理是学校管理者采用一定的措施和手段,充分利用学校的有限资源,引导和组织师生员工实现学校育人目标的一种活动。教育行政和学校管理是教育管理的两个有机组成部分。教育管理离不开国家对教育的管理。管理教育首先要对全国教育的发展有一个规划。为此,要制定教育方针政策,加强教育法制建设,开展教育人事、教育财政、教育业务行政活动等。教育管理也离不开学校管理教育的活动,学校管理将国家的教育方针、政策加以具体实施,从而完成国家的教育任务和实现国家的培养目标。

### (二) 教育管理的产生

在教育管理中,学校管理的产生早于教育行政。可以说,在人类的教育活动中,自从产生了学校教育这种形式就有了学校管理。中国古代中央官学由朝廷直接管理,对入学对象、学习内容和要求等都有明确规定。如明代国子监的"监规"对学生的要求有明文规定,言行越轨者要"杖一百",并"充军"。地方官学由地方官府管理,如唐代的地方官学规定,按学生人数规定师资名额,制定了学生毕业升学(指升中央官学之四门学)的标准等。古希腊的斯巴达学校有严密的组织管理制度,规定以体育和军事在"教练所"与"青年军训团"中训练统治阶级的子弟。在雅典,既有国家主办的"体育馆"和"青年军训团",也有私立的和收费的学校,此外还有柏拉图等人创办的哲学学校。这些学校对入学对象、学习内容、学习方式等都有一定要求。如官员可参与国家主办学校的教育活动,哲学学校一般采用对话及研讨的方式组织学习。

教育行政虽然是国家对教育的管理,但并非与国家同时产生,它是国家发展到一定阶段的产物,是以国家一级教育行政机构的产生为标志的。19世纪以前,世界各国的教育管理活动,多处于无系统、无组织的状态。进入19世纪,各国纷纷设立了比较系统的教育行政制度,建立了国家一级的教育行政机构。1817年,普鲁士的教育部脱离了内政部而独立;1828年法国设立了教育部;1905年中国设立了学部,后改称教育部。

这一时期各国纷纷建立教育行政制度,有以下几方面的原因:

从需求方面来说,在政治上,19世纪是资本主义发展的兴盛时期。资产阶级为了巩固自己的统治,迅速发展资本主义,增强其自由竞争的能力,不得不重视人才的培养问题。他们希望通过学校教育,培养他们所需要的各级官吏和大批的熟练劳动者。为了达到这一政治目的,教育不能再任由私人或私人团体经营,应由国家制定统一的标准,由国家统筹支配,于是国家教育制度成立,系统的教育行政制度也就应运而生了。在经济上,教育是一种投资的事业,国家花大量钱财办教育,究竟效果如何,理应有所回馈,所以为增进教育投资的效益,政府有必要对教育进行统筹计划。就教育本身而言,自资本主义国家实施公共教育后,教育的范围日益扩大,教育事业日渐复杂,由此产生的问题也层出不穷。如学制的制定、标准的确立、课程的编制、教育人员的认定、教育视导、经费的支配、校舍的建筑和公文的处理等,就需要有专门的人和机构来管理,于是建立国家管理教育的制度就势在必行了。

从可能性方面来说,在政治上,资产阶级的国家机器,无论是从组织机构还是从其管理职能上,较之以前都有了较大的发展,这就为国家管理教育在政治和组织上提供了保证。在经济上,一方面,国家办教育需要一定的经济实力,资本主义工商业的发展为国家办教育提供了一定的财力;另一方面,18世纪产业革命以后,各国工商业发达,工厂林立,大都市兴起,各国在企业和城市管理中积累了不少经验。为了提高教育管理效率,各发达国家纷纷将工商业的管理应用于教育行政,这对促成有组织的高效率的教育行政具有重要作用。另外,由于教育本身规模的不断扩大,管理事务日益复杂,教育管理本身在组织和管理上也初步积累了一些经验,这对国家实行有组织的、高效率的教育管理起了重要作用。

### (三) 教育管理的特点

首先,教育管理,归根结底总是为国家中占统治地位的阶级的政治路线和阶级政策服务的。教育管理活动的目的和内容、工作机构和方式,都是以执行国家既定政策为目的的。有些西方学者鼓吹"教育管理中立",实践证明,这种不介入任何政党的政治活动是行不通的。

其次,教育管理是与其他各种社会活动以及产生和制约这些活动的社会历史条件密切关联、相互依存的。教育管理是国家对教育的管理,因此,它必然与国家管理的其他方面的活动发生关系,必然受制于影响这些活动的各种条件。一个国家的政治、经济、法律、道德、文化等因素都会对教育行政发生影响。对一个国家的教育管理,只有从对其发生影响的各种因素做出综合的、整体的考察,才有可能正确揭示它的性质,理解它的职能和活动规律。教育管理,也只有不断地适应社会的变革和发展对于教育的需要,更好地与社会政治、经济和科学文化发展的状况相适应,才能真正做到为国家的政治经济服务。

最后,教育管理也是一种管理活动。它除了具有管理活动的一般规律以外,还具有教育管理的特殊规律。我们在研究和从事教育管理活动时,既要注意它作为管理活动的一般规律的方面,也要注意它作为教育管理的特殊规律的方面,只有这样才能更有效地提高教育管理的效率。

**(四)教育管理的发展趋势**

综观世界各国,现代教育管理的发展趋势主要表现在以下几个方面:

1. 民主化

教育管理民主化的趋势,表现为某些国家对教育的控制呈现出分权化的趋向,以及在学校内部的教育管理上呈现出民主参与的趋向。对于前者,例如有的国家强调要削弱中央控制地方教育的权力,扩大地方办教育的自主权,政府颁布的教育法令并不强制地方一律执行,有的在各级教育行政机关中成立各种审议机构,对当局的教育政策实行审议和监督。如法国为防范中央集权对教育所带来的危害,在中央教育行政机关成立教育审议会,对一些教育政策进行审议,以限制中央教育部的某些权利。对于后者,例如有些国家强调在学校内部的教员有参与管理的机会,学校负责人应以民主的态度对待其下属,认真听取下属的意见。如日本的中小学、设立"教员意见登记簿",鼓励教员对学校管理工作提出意见,到期末,须对教员的意见给予答复,意见采纳了的要予以表扬,未被采纳的要说明原因。

2. 均权化

为了加强中央对国家教育事业的统一领导和管理,同时又充分发挥和调动地方办教育的积极性和主动性,实行中央集权制教育管理的国家正在采取措施,加强地方的管理权和学校的自主权,同时赋予地方更多的权限;而实行地方分权制教育管理的国家也在采取措施,将涉及全国利益的教育事业归由中央统一管理,逐步加强中央的权限。也就是说,实行教育管理中央集权制和地方分权制的国家正在相互靠拢、相互协调,逐渐趋于均权化。在均权制度下,中央教育行政负责制定教育方针和政策、各级教育制度、全国教育规划等,地方则遵照既定的全国目标和标准,根据地方的需要,拟定具体计划并付诸实施。综上,教育管理的均权化具体表现为国家干预教育事务和地方教育行政权限都在不断加强。

3. 科学化

教育管理科学化的趋势在世界各国表现尤为明显。这种科学化的趋势主要表现在两个方面:一是注重运用现代科学理论,如"老三论"(信息论、系统论、控制论)、"新三论"(耗散结构论、协同论、突变论)、行为科学等理论对教育管理进行研究,探寻教育管理的规律,或运用这些理论,直接指导教育管理活动,以提高教育行政的效率。如美国的不少学者运用行为科学的理论,研究教育组织的特性及教育人员的激励问题;日本的教育管理,强调学校校长要熟练掌握现代管理知识,在校长的任职考试试题中,除专业知识外,大部分都是管理科学方面的试题。二是注重在教育管理中运用现代科学技术提高管理效能,如将现代信息技术运用于管理已普遍受到世界各国的重视。

4. 专业化

教育管理专业化的趋势主要表现在两个方面:一是教育管理机构的专业化;二是教育管理人员的专业化。各国教育行政的发展,无论是中央还是地方,都设有一个主管教育行政的专门机构。只是由于各国的社会、历史不同,教育行政的渊源有别,有的国家教育行政从属于一般行政,有的国家教育行政独立于一般行政。但是,各国在教育发展的过程中,都尽量维持教育行政专业部门的适度独立。美国受历史传统及地理环境的影响,直到现在仍然保持学区独立的状态,不受一般行政的干涉。随着教育事业和教育科学的发展,现在各国都十分重视教育管理人员的专业化发展,在教育管理原则、现代管理技术以及教育发展的基本原理方面对教育管理人员进行专业训练。接受训练的人员必须对管理理论、管理过程、行政管理的权限有充分的认识,并及时了解教育方面的新理论、新观点,从而在教育管理的过程中更好地发挥作用。其中以美国最为显著,目前在美国的各大学普遍设有教育管理专业,培养教育管理方面的专业人员,此外,还制定了完善的在职进修体制,为教育管理人员提供进修的机会。

## 第二节 教育管理学的研究对象及学科体系

### 一、教育管理学的研究对象

教育管理学是研究教育管理的现象,揭示教育管理规律的科学。教育管理学以教育管理现象和教育管理规律作为自己的研究对象。

#### (一) 关于教育管理的现象

教育管理学首先要研究教育管理的现象。把握纷繁复杂的教育管理现象可以从教育管理的活动、教育管理的体制、教育管理的机制、教育管理的观念四个方面去研究。[①]

教育管理活动按层次结构可分为宏观的教育管理活动、中观的教育管理活动和微观的教育管理活动。宏观的教育管理活动是指管理全国教育的活动。它是一种宏观有序的管理活动。国家管理教育,首先要制定教育方针,根据教育方针制定教育政策,在教育政策具体化、条文化、定型化的基础上制定教育法规,在教育法规的基础上构建一个国家的教育体制,在一定的教育体制下开展教育人事、教育财政、教育业务行政(包括各级各类教育的管理,教学、德育、体育卫生工作的管理,招生及学生就业工作的管理等)以及教育督导等活动。中观的教育管理活动是指国家对某一层次和某一方面教育管理的活动。微观的教育管理活动是指教育行政机关内部和学校内部的教育管理。教育管理按构成要素可分为人、财、物、信息、时空的管理。按教育管理活动过程一般可分为计划、执行、监督、检查、总结反馈等几个环节。针对不同的教育工作,教育管理又可分为教学工作管理、思想政治工作管理、科研工作管理、体育卫生工作管理、科技开发工作管理、后勤工作管理等。上述几种类型的管理

---

① 关于对教育管理现象范畴的划分.参见孙绵涛.教育管理学.北京:人民教育出版社,2007:54.

活动是相互联系、相互渗透的。教育管理体制是教育管理机构与教育管理规范的结合体或统一体。① 它包括教育行政体制和学校管理体制两部分。教育行政体制要处理的是中央与地方的关系,政府与教育行政部门的关系,教育行政部门与教育行政部门的关系以及教育行政部门与学校的关系。学校管理体制要处理的是学校内部领导体制、执行体制、咨询体制、监督反馈体制之间的关系。教育管理机制是指教育管理各部门之间的相互关系及其运作方式。从层次来说,它包括宏观、中观、微观的运作机制;从形式来说,它包括行政—计划式的运行机制,指导—服务式的运作机制,监督—服务式的运行机制;从功能来说,它包括激励机制和制约机制。教育管理观念是人们在实践的基础上对教育管理的一种系统的理性的认识。其中,对各级各类教育管理的认识而形成的各级各类教育管理观,我们称之为广义的教育管理观;对教育管理的共同问题或核心问题的认识而产生的教育管理观,我们称之为狭义的教育管理观。狭义的教育管理观包括在对教育管理是什么的认识的基础上形成的教育管理本质观,在对教育管理作用的认识的基础上形成的教育管理价值观,在对如何发挥教育管理作用的认识的基础上形成的教育管理实践观及在对教育管理作用结果的认识的基础上形成的教育管理质量观。②

### (二)关于教育管理的规律

辩证唯物主义认为规律是事物内部存在的一种稳定的必然的联系,在认识教育管理规律时,要分析教育管理现象中存在哪些关系,以及这些关系中稳定的必然联系。只有将这些关系及其联系弄清楚,才能更好地认识教育管理的规律。教育管理的规律包括教育管理的基本规律和特殊规律。教育管理的基本规律是从总体上把握教育管理的现象各部分之间的相互关系。这种规律是指,在教育管理的现象中,教育管理的活动,教育管理的体制,教育管理的机制,教育管理的观念,它们相互联系、相互影响,共同构成了教育管理的整体。因此,要管理好教育,必须全面把握这四个层面之间的关系,不可顾此失彼。

教育管理的特殊规律是从教育管理现象各层面内部诸因素之间的相互关系总结而来。因此我们也可以把教育管理的特殊规律称为教育管理的具体规律。具体规律包括四个方面:教育管理活动的规律、教育管理体制的规律、教育管理机制的规律和教育管理观念的规律。教育管理活动的规律是教育管理活动的各因素之间内在的必然联系,要按教育管理活动的规律办事,就要正确处理好这些因素之间的关系。如我们管理全国的教育,就要保持一种有序的运作状态,否则就没有按管理活动的规律办事,其效果自然不会理想。在人、财、物、信息、时空等各要素的管理中,要以人为中心,充分发挥各要素的功能。教育管理体制的规律是指教育管理体制的各因素之间内在的必然的联系,要按教育管理体制的规律办事,也要处理好这些因素之间的关系。如管理一个国家的教育,如果不处理好中央与地方、政府与教育行政部门、教育行政部门与教育行政部门、教育行政部门与学校的关系,就很难理顺教育管理的体制。教育管理机制的规律是指教育管理机制的各因素之间内在的必然的联系,要按教育管理机制的规律办事,不仅要处理好层次机制、形式机制与功能机制之间的关系,还要处理好各层次机制、各形式机制、各功能机制之间的关系,否则将很难充分发挥教育管

---

① 关于教育体制是教育机构与教育规范的结合体或统一体的观点.参见孙绵涛.教育管理学.北京:人民教育出版社,2007:54.

② 参见孙绵涛.教育管理学.北京:人民教育出版社,2007:354.

理机制的作用。教育管理观念的规律是指教育管理各观念之间存在着一种内在的必然的联系,要按教育管理观念的规律办事,就要处理好人与物、集权与分权、严格与宽松之间的关系,用科学的观念去管理国家的教育。

## 二、教育管理学的学科体系

### (一)教育管理学的著作体系

#### 1.作为一门学科的教育管理学的著作体系

作为一门学科的教育管理学的著作体系是有着严密的逻辑范畴的理论体系。这种体系是由著作者的认识逻辑而展开的。范畴是人们从事物的理性认识中产生的最基本的概念,范畴与范畴之间的层次递进关系构成了范畴的逻辑,沿着这种范畴的逻辑展开就形成了一定逻辑的范畴。《资本论》的体系是一种著作体系,它的基本范畴是商品、价值、使用价值、剩余价值、资本等。这些都是反映资本主义经济的最基本的范畴,这些范畴与范畴之间有着严密的递进关系,形成了严密的范畴逻辑。《资本论》就是沿着这种范畴间的逻辑展开、形成的一套逻辑范畴的经济学的宏篇巨著。因此,要构建教育管理学的著作体系,就要找到能揭示教育管理现象的基本范畴及其逻辑关系。运用历史与逻辑统一的方法,我们发现教育管理现象是由教育管理活动、教育管理体制、教育管理机制、教育管理观念四个范畴组成,对这四个范畴的理论进行研究,就构成了教育管理学的活动、体制、机制、观念四个理论范畴。[①] 据此,我们认为教育管理学的著作体系是由教育管理活动、教育管理体制、教育管理机制、教育管理观念这四个范畴所组成的体系。它包括六论:第一论为教育管理学概论,主要论述教育管理学的研究对象、教育管理学的学科体系、教育管理学的产生和发展、教育管理的含义、教育管理的产生和发展及当代教育管理学的发展趋势;第二论为教育管理活动论,主要论述教育管理活动的职能、内容、过程及方法;第三论为教育管理体制论,主要论述教育管理体制的含义、内容及结构、教育管理组织机构及其职责权限、教育管理体制改革等;第四论为教育管理机制论,主要论述教育管理机制的含义、类型及教育管理机制的改革;第五论为教育管理观念论,主要论述教育管理观的含义、教育管理观在整个教育观中的地位和作用、教育管理观的结构、传统的教育管理观及现代的教育管理观;第六论为教育管理人论,主要论述教育管理中的人性与研究教育管理中基于人性基础上所采取的管理措施、人的求生存和求发展的本性与教育管理之间的关系。

#### 2.作为一门学科群的教育管理学的著作体系

作为一门学科群的教育管理学的著作体系称为教育管理学的著作层次体系。

所谓著作层次体系是指由严密的学科范畴所组成的体系。学科范畴是指一门学科在其产生和发展过程中,标志着这门学科由低级到高级的发展,从而区分这门学科不同层次发展水平的那些范畴。一门学科的产生是有一个过程的。路甬祥在《科学的历史与未来》一文中提到,一门学科的创立要经过有重大意义的新物种、新现象、新规律的发现;有重大影响的研究的提出;一种新的科学理论的创建这样一个过程。[①]一门学科创立后,在它以后的发展过程中,是否有一个反映该学科发展阶段及其水平的范畴呢?答案是肯定的。不同的学科,

---

① 关于教育管理现象范畴的划分及教育管理学理论范畴划分的观点.参见孙绵涛.教育管理学.北京:人民教育出版社,2007:90.

在其发展过程中,其理论的性质及形态总是有差别的,因而就会产生反映这些学科理论的性质及形态的学科范畴。如在西方教育理论界,依据教育理论性质与形态的不同,将教育学科区分为"教学艺术"和"教育科学",后来谓之"实践的教育学"和"理论的教育学"。德国当代研究元教育学的学者布雷岑卡在教育学科范畴两分法的基础上,进一步提出了教育学科理论范畴的三分法,他认为教育学是由教育科学、教育哲学及教育行为学或称实践的教育学三个层次的学科组成;我国学者陈桂生在教育学科范畴三分法的基础上,提出了教育学科理论范畴的四分法,他认为教育学是由教育技术理论、教育科学、教育价值理论和教育规范理论四个层次的学科组成。作为一门学科群的教育学在其产生和发展过程中,依据其不同的理论性质和形态形成了不同的学科范畴,教育管理学作为一门学科创立以后,在其发展过程中,依据其不同的性质及形态,也会形成不同的学科范畴。教育管理学的学科层次范畴依次为现象学层次的教育管理学、元学层次的教育管理学和方法学层次的教育管理学。这三个层次的教育管理学依次称为教育管理现象学、教育管理元学和教育管理方法学。

教育管理现象学是研究教育管理现象所得出的学问,以客观存在的教育管理现象为研究对象。教育管理元学是研究教育管理现象学所得出的学问,以教育管理现象学为研究对象。教育管理方法学是从方法论的角度,在研究教育管理现象学和教育管理元学过程中所形成的学问。教育管理方法学不是以教育管理现象和教育管理理论为研究对象,而是以在研究教育管理现象和教育管理理论过程中所使用的方法作为研究对象,同时,比较这些方法的同异、优劣,发现规律,并将这些发现加以系统化。[1]

### 三、教育管理学的教材体系

1. 作为一门学科的教育管理学的教材体系

教育管理学的教材体系也是由在范畴的逻辑基础上展开而形成的具有一定逻辑范畴的理论体系。它与教育管理学的著作体系有所不同,这种体系的构建除考虑教育管理理论自身的逻辑以外,还需考虑施教者和受教者的认识逻辑,以便施教者的教和受教者的学。目前,美国高校通常将教育管理学称为 School Administration 或 Educational Administration,其内容多讲的是如何运用科学的管理理论、行为科学理论和现代管理理论研究教育管理问题。[2]日本没有统一的教育管理学,而是通过教育行政学和学校经营学两个学科分别阐述教育管理问题。在 20 世纪三四十年代,我国也没有教育管理学。这可能是受美国的影响,那时的教育管理学一般称为教育行政学。在教育行政学中不仅论述国家宏观的教育管理问题,也论述微观的学校管理问题。[3] 20 世纪 80 年代以后,我国出版了几本可供高校使用的教育管理学教材,其体系一般由三部分组成。第一部分为总论,第二部分为教育行政论,第三部分为学校管理论。总论主要研究教育管理学的研究对象及学科体系,教育管理学的产生与发展以及教育管理的职能、原则与方法。教育行政论首先研究的是教育行政的组织与运作,包

---

[1] 对教育管理学学科体系的详细论述.参见孙绵涛.教育管理学.北京:人民教育出版社,2007:93.
[2] 如由霍伊(Wayne K. Hoy)及米斯格(Ceci G. Miskel)著,1978 年出版的 Educational Administration:Theory,Research,and Practice 就是以行为科学理论及社会系统理论研究教育行政问题的代表作.该书已由王家通博士等人译成了中文,由台湾复文图书出版社 1983 年出版.
[3] 20 世纪 40 年代,我国高校使用的有代表性的教育管理学教材是由罗廷光著,1943 年商务印书馆出版的《教育行政》,其内容分为教育行政与学校管理两大部分就是一例.

括教育方针、政策与教育法规、教育预测与教育规划、教育体制、教育人事行政、教育财务行政、教育业务行政(包括对各级各类教育的管理,如教学管理、德育管理、招生、学生升学就业的指导等)、教育督导与教育评价。其次研究的是教育行政的领导与效能,包括教育行政领导、教育行政咨询与决策、教育行政效率与效益。学校管理论主要研究学校管理目标、学校管理内容、学校管理过程、学校管理体制。

2. 作为一门学科群的教育管理学的教材体系

作为一门学科群的教育管理学的教材体系分为教育管理学的教材层次体系和专业教材体系。教材层次体系是在著作层次体系基础上产生的,因此,教材层次体系包括现象学的教材、元学的教材和方法学的教材。专业教材体系是根据专业培养目标的需要,依据人才培养的规格,在一门学科的教材和教材层次体系的教材中加以选择而构成的体系。这种专业教材体系目前一般分为基础学科、专业基础学科和专业学科三个层次。这三个层次应由哪些学科组成呢?要回答这个问题,首先要明确教育管理是姓"教"还是姓"管",抑或既姓"教"又姓"管"。教育管理的"姓"不同,它的专业教材体系也是不同的。其实,教育管理无论姓什么,它都要受"教育"与"管理"的影响。因而教育管理学的专业教材体系既要体现管理的要求,也要体现教育的要求。按照这种理解,教育管理专业的基础学科一般有政治学、经济学、法学、社会学、行政学、教育学、心理学、教育史、管理学、管理心理学、管理史等。教育管理的专业基础学科有教育行政学、学校管理学、教育评价学、教育统计与测量、教育管理史、比较教育管理学、教育管理心理学、教育政治学、教育经济学、教育管理哲学等。教育管理专业的专业学科可以从两个方面展开说明。从教育行政学(研究宏观教育管理的学问)方面说,有教育政策学、教育法学、教育财政学、教育人事行政、教育规划、教育督导等。从学校管理学(研究微观教育管理的学问)方面看,可以从多个层次进行阐述。从学校教育层次来说,有学前教育管理学、中小学学校管理学、高等学校管理学;从学校教育内容看,有普通学校管理学、职业技术学校管理学;从学校主办单位看,有私立学校管理学和公立学校管理学;从教育的对象看,有成人学校教育管理学、青少年儿童学校教育管理学和特殊学校管理学;从地域看,有农村学校管理学和城市学校管理学;从形式看,有正规学校管理学和非正规学校管理学;从学校管理的内容看,有学校教学管理、学校德育管理、学校人事管理、学校后勤管理、学校教师管理、学校学生管理等。

以上内容探讨了教育管理学的著作体系,包括一门学科和一门学科群的著作体系;探讨了教育管理学的教材体系,包括一门学科的教材体系及一门学科群的教材体系,并对这几类学科体系之间的关系进行了分析。我们可以用一简图对它们之间的关系作一概括性的说明,如图1-1所示。

由图1-1可以看出,学科体系包括著作体系与教材体系两类。一般来说,先有著作体系再有教材体系。在著作体系中,包括一门学科的著作体系和一门学科群的著作层次体系,著作层次体系通常是在一门门著作体系的基础上形成的。在教材体系中,包括一门学科的教材体系和一门学科群的教材层次体系和专业教材体系。一门学科的教材体系是在一门学科的著作体系及一门学科群的著作层次体系基础之上形成的;一门学科群的教材层次体系是在一门门教材体系基础之上形成的;而专业教材体系则是在一门学科的教材体系和教材层次体系基础上而产生的。

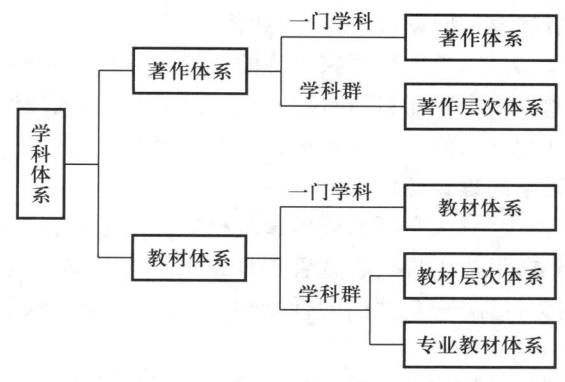

图 1-1　学科体系结构图

## 第三节　教育管理学的产生与发展

### 一、西方教育管理学的产生与发展

#### （一）教育管理学产生的标志及原因

如果以最早提出教育管理问题为标志,有人认为教育管理学最早产生于19世纪末的德国。著名的行政学家、法学家施泰因①在他1868年出版的《行政学》及1884年出版的《行政》中论述了他对教育行政的看法,他被誉为"现代行政学的创始人"②。如果以单独论述教育管理学的论著出版为标志,有人认为教育管理学最早产生于美国,以美国的达顿（Dutten）和斯奈登（Snedden）合著的《美国的教育行政》（1908年）一书的出版为标志。③ 也有人以1954年美国教育行政会议在丹佛市召开,决定将威斯康星大学教授郭立（Rusell T. Gregg）及康伯（Roald F.Campbell）等所著的《教育行政》一书在1957年出版为标志。④ 如果以单独论述教育管理学的论著为标志,教育管理学最早应产生于19世纪末的美国,以美国学者佩恩（Payne,W.H.）在1875年出版的第一本《学校行政》的著作为标志。⑤ 可见,无论是以最早提出教育管理问题为标志,还是以单独的教育管理论著出版为标志,教育管理学大概产生于19世纪末。

教育管理学产生于19世纪末有其客观必然性。在古代,虽然也有教育活动,但由于教育的规模不大,不可能产生管理国家教育的相对独立的教育行政系统。那时的教育行政活动是和一般的行政活动混杂在一起的,加之古代经济不发达,国家也没有研究如何管理教育,只是用一般的行政手段去管理教育,就可以培养满足国家所需要的人才。因此,在古代,既没有研究学校管理的理论,也没有单独把教育行政作为研究对象的教育行政理论。到了近现代,教育规模的扩大,产生了相对独立的教育行政系统,国家要培养满足国家需要的人

---

① 施泰因（1815—1890年），德国法学家、国家学家、历史学家,著有《行政学》《国家体系》等.
② ［日］久下荣志郎著,李兆田等译.现代教育行政学.北京:教育科学出版社,1981:21.
③ 刘付忱,刘树范.教育管理学,国外教育科学概述.北京:教育科学出版社,1987:22.
④ 林文达.教育行政学.台湾:三民书局,1986:11-12.
⑤ Culberston, J.A.A Century's Quest for a knowledge Base. In Boyan, N. J.（Ed.）,Handbook of Research on Educational Administration, 1998.

才,不仅要研究如何发展教育的问题,还要研究如何管理教育的问题,于是近现代国家产生了研究教育管理的需要。另外,近现代国家经济的发展,也为一部分人分门别类地研究各类问题,包括教育管理问题提供了可能;近现代企业管理理论及行政理论的产生和发展也对教育管理研究产生了积极的影响,使教育管理成为一个相对独立的研究领域。

### (二) 西方教育管理学的理论源流

现代教育管理学有两大特征,它既研究国家政权如何干预教育行政活动,又研究教育管理本身的技术和效率问题,形成了现代教育管理理论的两大流派。现代教育管理学的这两大特征和理论流派有两大源流,一是德国的行政学,二是美国的行政学。①

1. 德国的行政学

德国的行政学是着眼于国家和国家的特性,研究如何通过法律手段来管理国家的科学。这样的行政学一般称为国家学的行政学或法学的行政学。德国的教育行政学,就是依据其行政学的理论,探讨国家如何干预国民教育的原理和方法的科学。

最初,德国的行政学被称为"官房学"。这种学说认为,行政是为国民的福利而存在的,国家的权力是用来监护国民生活的。为实现这个目的,有必要建立君主的官房财政。这种学说把行政只局限在财政问题上,因此,从严格意义上讲,它还不是德国成熟的行政理论。

1871年4月德意志帝国建立,俾斯麦公布了宪法,不少学者开始从法学的角度研究行政问题,德国法学的行政学理论开始建立。这时德国的教育行政学,基本上属于法学的行政学体系的范畴,在建立公共教育制度和用法律限制行政活动的背景中,它所研究的重点问题,是如何用法律来约束教育行政活动,以克服教育行政中任意行使权力的现象。

德国行政学者施泰因,以自己独立的见解对德国初期的"官房学"和19世纪后半期发展起来的法学行政学进行了批判,并把行政学的研究对象从考察一般的行政职能发展到教育行政的特性。

下面从两个方面对施泰因的理论作简要介绍。

第一,市民社会与国家的理论。

施泰因关于市民社会与国家的理论,是他在运用黑格尔的哲学及其方法论,了解德国国家与市民社会的现实,分析德国社会主义和社会运动的情况,以及通过亲自参加各种政治活动的体验的基础上形成的。他在1850年发表的《自1789年迄今的法国社会运动史》(全三卷)的序言"社会的概念及其运动规律"中阐述了这一理论。

施泰因认为,人类为了生存,就会聚集起来,互相依存而成为共同体。在共同体中,有人格的一方面,也有非人格的一方面,国家是从具有人格的——自律的因素,通过自我、意志和行为而体现的共同体。社会是由一些非人格方面所组成的统一体,通过需求的体系、财物分配、劳动的有机组织以及家庭及其法律,结成的世代相传的人类生活。社会是统治和隶属关系得以维持的共同体,而国家是旨在克服由此而产生的各种矛盾的共同体。在非人格的社会里,会出现物质财富分配不均的现象,而在人格化的国家里,则可以通过精神的陶冶改变这种状况。

施泰因的市民社会与国家的理论,从抽象的人出发,脱离一定社会的生产力和生产关系来考察现代社会及国家,这是不符合马克思主义观点的。他认为通过精神的陶冶就能改变

---

① [日]久下荣志郎著,李兆田等译.现代教育行政学.北京:教育科学出版社,1981:19—20.

社会贫富不均的现象,这是改良主义的表现。但是,施泰因把社会和国家看作两个互相联系和互相对立的范畴,这对人们正确认识社会和国家有一定帮助。他把国家当作消灭对立和贫富不均的工具,也使人们认识到国家行政的意义。

第二,行政学和教育行政学。

施泰因在《行政学》(1865—1868年)、《行政学及行政法纲要》(1870年)及《行政》(1883—1884年)等著作中对行政学及教育行政学的理论作了阐述。

施泰因的行政学是探讨、研究宪政和行政相互作用的过程及规律的学问。他认为,宪政同行政是不同的。宪政体现国家的意志,行政是为体现宪政的意志而开展的活动。宪政赋予行政以限度和秩序,没有行政活动,宪政就失去了内容;没有宪政,行政就失去了力量。行政的领域包括财政、司法、内务、外务、军事五个方面,教育行政包括在内务行政之中。施泰因的行政学包括三个方面,第一是关于行政组织原理的学说,第二是关于行政命令的研究,第三是关于行政法的研究。

施泰因认为,教育行政学就是探讨国家如何干预教育的学问,研究如何用法律去规定国家对教育的干预。他指出,教育学研究的是如何陶冶个人共同体,而教育行政学则是研究人类共同体使之更适应于教育。

施泰因对行政和教育行政学的见解有着重要意义。他第一次区别了宪政与行政,第一次划分了行政和行政学的领域,第一次研究了教育与教育行政、教育学与教育行政学之间的关系。这些观点对行政及教育行政学的发展产生了深远的影响。

2. 美国的行政学

美国的行政学和德国的行政学不同。美国的行政学并不研究国家政权怎样通过法律干预行政,而是着重研究行政工作的合理性和效率性的问题。所以,人们称美国的行政学为技术性的行政学、职能主义的行政学或组织论的行政学。

美国教育行政学的发展大体受到了如下几种理论的影响。

一是科学管理理论对教育行政学的影响。美国的科学管理理论,以泰勒(F.W.Taylor)的科学管理原理为代表。泰勒在大量调查和研究的基础上,于1910年出版了《科学管理原理》一书,奠定了他作为"科学管理之父"的历史地位。他提出了著名的定额原理、标准化原理和计件工资制,提高了工厂的生产效率。受科学管理理论的影响,美国教育界也开始注重研究教育管理中的效率问题。这一时期的代表人物是卡伯利(E.F.Cubberly),他在1916年出版了《公立学校的行政》一书。本书把科学的管理理论引进了教育行政,论述了高效率地处理行政业务的方法,促进了美国行政的科学化,但同时也把行政工作推向了机械化和非人化。

二是人际关系的理论、行为科学的理论对教育行政学的影响。人际关系理论,是梅奥(E.Mayo)和雷斯利斯伯格(F.J.Roethlisberger)等在霍桑工厂里通过实验而创立的理论。人际关系理论认为,人的组织是由不同背景的个人所构成的社会组织,这种组织既有正式的也有非正式的。在管理中,人们不仅应注意由效率、费用、薪金、地位等所支配的正式组织,而且还应注意由心理和社会条件所支配的非正式组织。因为,非正式组织的一些行为规范,也会影响人的劳动热情。在人际关系理论基础之上发展起来的行为科学理论,包括个体行为理论、组织行为理论以及领导行为理论等。受人际关系理论和行为科学理论的影响,美国的一些学者研究了教育行政中的人际关系问题、学校管理中的民主化问题,研究了教育活动中人的需要、动机及教育领导的行为方式。格利费斯(O. E. Griffiths)在1956年发表的《学校行政上的人的关系论》是这一时期研究的代表作。作者在书中不仅研究了教师参与管理的问题,还运用组织行为理论,研究了学校行政问题。

三是现代管理理论对教育行政学的影响。如果说美国的教育行政理论在科学管理时期和行为科学时期的研究分别是运用科学管理理论和人际关系及行为科学理论的话,到现代时期,美国的教育行政研究则注重综合运用科学管理理论和人际关系及行为科学的理论,这是美国的教育行政学在现代研究中的第一个显著特点。在这方面,希阿兹(J. B. Sears)受法约尔(H. Fayol)的影响,运用行政学及管理学的研究成果,开展了动态的教育行政学的研究活动,并于1950年出版了《行政过程的本质》一书,论述了行政过程中的计划、组织、指挥、调整、控制等过程。这一时期的第二个特点是巴纳德(C. I. Barnard)和西蒙(H. A. Siman)的理论对教育行政学的影响。巴纳德和西蒙分别于1938年和1947年出版了行政管理界的经典著作《经营者的任务》和《经营行动》,他们综合了传统的组织理论及人际关系理论,提出了决策理论、组织均衡理论、社会系统理论等新理论。瓦尔通(J. Walton)在1959年出版的《教育行政与政策形成》中,重视决策或确定政策,既注重决策过程问题,也注重解释一般行政过程的规律性问题。格利费斯在1963年发表了年报《行为科学与教育行政》,年报汇集了运用系统理论、巴纳德的均衡理论和西蒙的决策理论研究教育行政问题的论文。盖柴尔斯(J. W. Getzels)、李普哈姆(J. M. Lipham)、康贝尔(R. F. Cambell)在1968年出版了《作为社会过程的教育行政》,本书运用社会学的模型,探讨了教育组织中任务与人格的形成。此外,由于新兴学科不断涌现,跨学科研究的教育政治学、教育经济学、教育政策学也日渐繁荣。

## 二、我国教育管理学的产生与发展

### (一)我国教育管理学的产生

一门学科的产生,通常是以这门学科独立形态的产生为标志。教育管理学在我国作为独立形态的学科始于19世纪末20世纪初。

教育管理学在我国作为独立形态的学科以前,我国古代的文献中就有关于教育管理的论述,不过这种论述是和一般教育的论述混杂在一起的。如《学记》中就有关于招生、考核及学年的要求和标准,也论述了关于开学仪式、校内规则、校内活动和时间安排等内容。在书院的教规中,对学习的要求,对主持人的任命、教师的聘请、学舍及财务管理、生活的守则等都有过明确的规定。在19世纪末20世纪初,我国开始翻译介绍外国教育管理方面的论著并将教育管理学科作为独立课程在师范学校开设,这也标志着在我国教育管理学开始成为一门具有独立形态的学科。在清末开办新式学堂过程中,外国传教士译出了一些涉及教育管理方面的论著,如《泰西学校论略》《七国新学备要》等。我国学者也翻译了一些教育管理方面的论著,例如山田邦彦著的《日本普通教育行政》,木场贞长著的《教育行政》,吉林寅太郎纂译的《视学纲要》,田中敬一编的《学校管理法》等。1903年,清政府颁布《奏定学堂章程》,其中《奏定初级师范学堂章程》中规定,设置"教育法令"为通习学科,列"教育制度""教育政令机关"为加习学科。另外,在《学务纲要》中还将教育管理的学科知识列为教育管理人员的研修内容。

## （二）我国教育管理学的发展

教育管理学在我国作为正式学科设置以后，我国学者又陆续翻译了一批国外教育管理方面的论著。据统计，在1900年至1911年间，我国学者翻译有关教育管理方面的论著40种，如商务印书馆出版的《日本教育行政法》《日本教育行政述要》，东亚公司出版的《日本现行教育制度》等①。在民国初年、北洋军阀和国民党统治时期，教育管理学一直被列为师范学校的课程。如1913年公布的《课程标准》规定，在两级师范中，分别设置学校管理、教育制度、学校卫生、教育法令等必修课程。1925年，全国教育联合会拟定的学校课程纲要，将过去的各种教育管理学科合并为"小学校行政"一科。1930年颁布的《高中师范课程暂行标准》，将"小学校行政"改为"小学行政"。1938年，在师范学院的规程中，设有关于中学管理内容的"中等教育"一科。1941年，在《修改师范学校教育科目标准》中，将"小学行政"改为"教育行政"。以后师范院校教育管理学科的名称统一改为"教育行政"。中国共产党领导下的各级师范学校和各类教员培训班也将"小学管理法""教育行政略论""教育行政"等作单独的课程开设。

教育管理学作为一门独立学科产生以后，由我国学者自己撰写、出版的教育管理学的著作逐步增多，这也成为我国教育管理学发展的一个最显著的特点。据统计，从1919年起到新中国成立前，教育管理学的各类专门著作约200余种，发表在报刊上的有关论文也近2 000篇②。其中影响较大的有杜佐周著的《教育与学校行政原理》，罗廷光著的《教育行政》，程湘帆著的《中国教育行政》，夏承枫著的《现代教育行政》，张季信编著的《中国教育行政大纲》，邵鸣九著的《地方教育行政》以及杨鸿烈著的《教育行政》等。这些教育管理方面的论著，也从另一方面研究了我国的一些实际问题。其观点主要包括三个方面：第一，主张用哲学的历史的比较的和实验的科学方法研究教育管理。第二，提倡科学化、民主化、专业化的管理思想。在科学化上，主张以科学的程序管理教育，对管理进行定量和定性的研究，合理利用人、财、物等资源，以提高教育管理效率。在民主化上，主张教员及学生参与管理，民众受教育机会均等。在专业化上，认为教育管理是一种专门业务，教育管理人员应接受专门的训练。第三，以当时政府颁布的政令为研究教育问题的依据。③

新中国成立至"文化大革命"结束这一时期，在师范院校中，未独立开设教育管理学的课程。除新中国成立初期的苏联教育管理的课本和我国50年代末至60年代初北京师范大学、华东师范大学、华中师范大学编著的几本教育管理学的油印稿以外，未见我国学者自己撰写的教育管理学论著问世。1976年"文化大革命"结束后，教育管理学又重新在师范院校单独设置，我国专家和学者翻译和撰写了一批教育管理学方面的论著。在译著方面，李兆田等1981年翻译的日本久下荣志郎等著的《现代教育行政学》、孙绵涛1986年主译的美国罗伯特·欧文斯著的《教育组织行为学》等有较大影响。在论著方面，刘问岫1987年主编的《普通教育行政学概论》，朱颜杰1988年编著的《学校管理论》，孙绵涛1989年编著的《教育行政学概论》(1998年修订为《教育行政学》)、1992年主编的《地方教育行政系列研究》、1998年主编的《教育管理原理》以及1991年至1996年主编的《当代教育管理科学丛书》15

---

① 张济正等.教育行政学通论.上海：华东师范大学出版社，1992：21.
② 张复荃.教育行政学在我国的历史回顾.沈阳：教育丛刊，辽宁师院，1983(3).
③ 陈孝彬.教育管理学.北京：北京师范大学出版社，1990：26—27.

部著作,沈培新等1989年编的《普通教育行政》,萧宗六1988年著的《学校管理学》,陈孝彬1990年主编的《教育管理学》,张济正1990年主编的《学校管理学导论》和1992年主编的《教育行政学通论》,孙灿成1993年主编的《学校管理学概论》,萧宗六、贺乐凡1996年主编的《中国教育行政学》,高洪源、刘淑兰1997年主编的《庙算之道:教育管理的理论与方法》,孙绵涛1999年主编的《教育管理原理》(全国高等教育自学考试教育学专业和教育管理学专业本科教材),吴志宏2000年主编的《新编教育管理学》,黄志成、程晋宽2001年主编的《教育管理论》,杨颖秀2002年主编的《教育管理学》,黄崴2002年主编的《教育管理学——概念与原理》,张新平2006年主编的《教育管理学导论》,孙绵涛2007年著的《教育管理学》,郅庭瑾2008年主编的《教育管理伦理研究》,杨天平2010年主编的《教育管理现象学》,顾书明2012年主编的《教育管理理论与实践研究》,张继亮2014年主编的《教育管理原理》,曾天山、褚宏启2015年主编的《现代教育管理学》等是这一时期具有代表性的教材与专著。这一时期,为创立有中国特色的教育管理学,我国学者在教育管理学的研究对象、学科体系及研究内容上进行了可喜的探索,取得了一定的成果。

### 三、当代教育管理学的发展趋势

#### (一)教育管理研究理论基础的发展趋势

如果说,教育管理学产生初期受德国行政学和美国管理学的理论影响较大,那么,当代则表现出两种理论融合,共同影响教育管理研究的趋势。如果说美国管理理论最初是受泰勒为代表的古典管理理论的影响,而后受人际关系理论和行为科学理论的影响,那么,当代美国教育管理的研究则不仅受以上三种理论的影响,而且还受当代的许多新的管理理论,诸如社会系统理论、决策理论等理论的影响。这些都使当代教育管理研究处于以多元理论为支撑的状态。

#### (二)教育管理研究内容的发展趋势

如果说教育管理学在产生初期主要是总结教育管理的实践经验及运用一般的管理理论研究教育管理问题的话,那么,当代教育管理学则注重对教育管理的全方位多元化的研究。具体表现为:一是注重教育管理学的历史研究,从对教育管理学的历史回顾中分析其方法论的异同;二是注重教育管理学的理论研究,有学者从哲学的角度,探讨了教育管理哲学的问题;①三是注重研究教育研究与教育决策的关系,探讨教育研究与教育决策的互动模式;②四是注重研究教育政策,探讨教育政策的价值观,对发达国家之间的教育政策进行比较;③五是注重学校效能的研究,与此有关的是研究了校本管理(School-based management)和校长研究(Principalship),探讨学校效能的标准、因素、模型、校本管理与外控管理(External

---

① [Ⅰ]孙绵涛.教育管理学.北京:人民教育出版社,2007:126.
  [Ⅱ]Thomas Greenfield & Peter Ribbins. Greenfield on Educational Administration. Loudon:Routledge,1993.
  [Ⅲ]Tony Bush. Theories of Educational Management. New York:Routledge,1986.
② T Husen and Maurice Kogan (1984):Educational Research and Policy:How do they relate pergamon press, New York.
③ [Ⅰ]J.K.Hough(1984):Educational policy:An international Survey,ST. Martm's Press, New York.
  [Ⅱ]Msurice Kogan (1975):Educational Policy-making:A Study of Interest Groups and Parliament, London George Allen&Unwinltd Ruskin House,Museum Street.

contral management）的区别、校长的领导行为等；①六是注重研究后现代主义、建构主义、女性主义对教育管理的影响；②七是注重研究教育管理思潮，美国教育管理研究自从开始注重运用泰勒的科学管理理论后，便体现出一种理性主义或科学主义思潮，后由于人际关系理论及行为科学理论的出现，教育管理研究中开始注重运用这些理论，注重人的问题的研究，体现出人文主义或反理性主义的思潮。

### （三）教育管理研究方法及手段的发展趋势

从研究方法看，在教育管理学产生初期（19世纪末），一些学者信奉思辨哲学，注重用演绎的方法研究教育管理问题。在教育管理学产生后的一段时间（20世纪初），由于受孔德（Comte,H.）和斯宾塞（Spencer,H.）科学观的影响，教育管理研究又颇看重归纳的方法。归纳的研究方法一直持续到20世纪50年代。到了20世纪60年代，由哲学家石里克（Schlick,M.）倡导的维也纳学派把孔德的旧实证主义和罗素（Russell,B.）、怀特海（Whitehead,A.H.）的符号逻辑结合起来，兴起了逻辑实证主义。逻辑实证主义把数理逻辑作为一种工具，使研究更具演绎性，更看重理论，更强调数量，概念也更为结构化和标准化。从20世纪60年代至80年代末，逻辑实证主义遭到批判，批判者认为逻辑不可能是探究问题的唯一起源。库恩（Kuhn,T.S.）提出了"范式"的概念，不主张用数学概念来阐述理论，而是借助历史材料来构建理论。"范式"的概念开始出现在教育管理的文献中。至此，多元化的教育管理研究方法盛行。

从研究手段看，由于近现代科学技术的发展，教育管理研究手段愈来愈先进。信息通信技术，使得教育管理研究的空间和时间发生了很大变化，研究人员可在有限的时间和空间里进行高效率、高水平的研究工作。人—机系统的出现，不仅会对教育管理研究对象发生影响，而且对教育管理本身的研究也会发生影响。

### （四）教育管理研究理论层次的发展趋势

从横向来说，教育管理的理论将由只注重规范理论向注重科学理论（陈述理论）和价值理论发展。最初教育管理理论多是规范理论，即教育管理应该如何做的理论。为使这种规范理论更科学、更具有说服力，人们会在注重教育管理的科学理论和价值理论的基础上来探讨教育管理的规范理论。从纵向来说，教育管理理论将由只注重现象学的层次，向注重元学及方法学的层次发展。最初的教育管理学，多是对教育管理现象进行研究所得出的学问。近年来，出现了不少对教育管理对象理论即教育管理现象学进行研究的论著，也有学者从方法论的角度对教育管理现象学及元学进行探讨，形成了教育管理元学的雏形。随着教育管理研究的深入，教育管理理论的层次将会同时在现象学、元学及方法学三个层次上扩大和加深，从而形成一个相对独立的、具有一定理论色彩的、全新的教育管理学的学科体系。

---

① ［Ⅰ］Jaap schecrence(1996):Effective Schooling:Research,Theory and Practice,Cassell,New York.
［Ⅱ］Clive Dimmock(1993):School-Based Managemant and School Effectiveness,Routledge,London.
［Ⅲ］Joel L.burdin(1989):School Leadership,Sage publication,London.
［Ⅳ］Brian J.Caldwell and Jim M.Spinks(1998):The Self-Management School The Falmer Press.
［Ⅴ］Thomas Sergiovanm(1995):Principalship,Allyn and Bacon,London.
② ［Ⅰ］Roberot G.Owens(1995):Organizational Behavior in Education,Allyn and Bacon,London.
［Ⅱ］Waynek.Hoy & Cecik G. Misckel(1996):Educational Administration:Theory, Research and Practice, McGraw-Hill, Inc, New York.

## 思 考 题

1. 解释下列概念：
管理　教育管理　教育行政　学校管理
2. 管理的属性与特点有哪些？
3. 简述教育管理的产生、特点及发展趋势。
4. 谈谈你对教育管理现象和教育管理规律的看法。
5. 简述作为一门学科和一门学科群的教育管理学的著作体系。
6. 简述作为一门学科和一门学科群的教育管理学的教材体系。
7. 简述教育管理学产生的标志及原因。
8. 简述西方教育管理学的理论源流。
9. 简述我国教育管理学的产生与发展。
10. 简述当代教育管理学的发展趋势。

# 第二章 教育管理的原理与职能

**内容提要** 本章包括教育管理原理与教育管理职能两部分。第一部分论述了教育管理原理的含义、特征,教育管理的系统原理、人本原理、公共性原理、动态原理及效益原理。第二部分论述了教育管理职能的意义、主要类型及具有中国特色的教育管理职能。

## 第一节 教育管理原理

### 一、教育管理原理概述

#### (一)教育管理原理的含义

原理是指客观事物的实质及其运动的基本规律。教育管理原理是指教育管理的实质及其运动的基本规律,它是在对教育管理现象进行科学分析的基础上总结而形成的,是管理思想的集中反映,对各种教育管理活动具有普遍的指导意义。

#### (二)教育管理原理的主要特征

1. 客观性

教育管理原理是教育管理的实质及规律的反映,而教育管理的实质及规律是客观存在的,所以反映这种实质和规律的原理也是客观存在的,是不以人们的意志为转移的。

2. 概括性

教育管理原理虽然涉及教育管理的方方面面,但它不是这些方面的简单罗列,而是以抽象的形式,概括地反映出这些方面所共同具有的东西。教育管理原理也不是一时一事具体工作经验的总结,而是在总结大量经验基础上综合概括而得出的具有普遍性的结论,是一种对各项具体管理工作都起指导作用的普遍真理。

3. 稳定性

所谓稳定性是指教育管理原理是随着教育管理实践的发展而不断发展的,它虽然不是一成不变的,但也不是变化多端的,而是具有相对的稳定性。教育管理原理反映的是教育管理现象中所固有的、相对稳定的东西,这些东西并不会随着教育管理现象的变化而发生根本的改变,即使会发生根本的变化,也得有一个过程。因此,教育管理原理是相对确定的。正因为如此,教育管理原理才能被人们所认识和利用,从而指导教育管理实践并取得成效。

4. 系统性

系统性是指教育管理原理本身并不是杂乱无章的,而是一个有机的整体。教育管理原理既然是教育管理实质与规律的反映,而这种实质与规律所反映的又是教育管理内部事物间的稳定的必然的联系,那么这种联系就是有规律可循的,而不是互不相干的,因而反映这种联系的教育管理原理本身就组成了一个逻辑体系。以下论述的系统原理、人本原理、公共性原理、动态原理、效益原理是一个相互联系的整体。因为教育管理就是在一定的系统内,以人为本,通过动态的管理过程,而取得一定的管理效益。

### 二、教育管理的基本原理

#### (一)系统原理

教育管理的系统原理可以表述为:教育管理活动的每一个基本要素,都不是孤立存在的,它既存在于自己的系统之内,又与其他系统发生各种形式的联系。为了达到教育管理优化的目的,必须对教育管理的对象进行系统分析,从整体着眼,使部分服从整体。同时,还必须明确,教育这个系统还是一个更大系统的构成部分,因此,必须摆正教育系统同其他系统的关系。

系统原理认为,世间一切事物都是以系统的形式存在的。系统由若干相互联系、相互作用的部分组成。系统具有集合性,即一个系统至少由两个或两个以上的子系统构成。系统具有层次性,即系统内部的子系统是有层次的,分别处于不同的地位。系统具有相关性,即系统内各要素之间是相互依存、相互制约的关系。为此,在教育管理中运用系统原理,首先要把教育当作一个系统看待,并注意从如下几方面对教育系统进行分析:

(1)了解教育系统的要素,即了解教育系统是由哪些子系统组成。

(2)分析教育系统的结构,即分析教育系统内部组织结构,系统与子系统、子系统与子系统间的联系,教育系统内各要素相互作用的方式。

(3)研究教育系统的联系,即研究教育系统与其他系统在纵向和横向方面的联系,教育系统在大系统中的地位和作用。

(4)弄清教育系统的功能,即弄清教育系统及其各要素的功能,教育系统的功能与其子系统功能之间的关系。

(5)把握教育系统的历史与发展,即掌握教育系统产生与发展所经历的主要阶段。

在教育管理中运用系统原理,其次要了解运动系统的三个原理:

其一,目的性原理。每个系统都有自己明确的目的,教育系统也不例外。要根据教育系统的目的和功能设置各子系统,建立多子系统之间的联系,在组织、建立、调整教育系统的结构时,要强调子系统服从系统的目的。

其二,整体性原理。系统原理强调整体性能,但并不抹杀子系统的性能。系统分析主要研究单元的性能怎样通过合理的结构安排从而转变成系统的性能。任何系统都有结构,结构就是系统内部各要素的排列组合方式。在一个系统中,每个子系统只有通过系统结构才能表现出自己的性能。因此,必须用系统的思想、方法、组织、教育的各个子系统,建立合理的系统结构,提高整个系统的可靠性和效率。当改善某个子系统的性能时,必须考虑它对整个系统的影响,必须有利于整个教育系统性能的改善。

其三,层次性原理。任何复杂系统都有一定的层次结构,教育系统也不例外。系统间的运动是否有效,效率的高低,很大程度上取决于层次是否清楚,每一层次的功能是否明确。在考虑教育系统的层次性时,应明确规定各个层次的任务、职责及权利范围,要注意同一层次各个子系统之间的横向联系。

## （二）人本原理

教育管理的人本原理是指教师是学校的主体,教师的参与是学校有效管理的关键;使教职员工和学生人性得到最完美的发展是现代教育管理的核心;为教职员工和学生的发展服务是教育管理的根本目的。

在管理的诸要素中,人始终处于主体地位。然而人们对人在管理中的主体地位的认识是逐步明确的。从最初把人当作机器的附属品到后来认识到人在管理活动中发挥着重要作用,以人为中心的管理理论逐渐形成。这种理论认为,在学校中,教师不仅是教育活动的主体,也是管理活动的主体。只有把教职工特别是教师摆在主体地位,使他们参与到学校管理中来,才能有效地调动他们的积极性,提高教育质量。在教育管理过程中,管理者的行为反映了管理者人性的特点,这种特点又直接影响着被管理者人性的发展。因此,只有管理者的人性达到完美的境界,才能使学校教职工、学生的人性得到完美的发展,而且只有当管理者、被管理者——教职工和学生的人性都得到较好的发展,高效率的教育管理工作和高质量的教育水平才会有根本保障。要使学校教职工、学生的人性得到发展,管理工作就要为人的发展服务。有人认为,管理是约束人的,是不利于人发展的,这种理解是片面的。管理所约束的只是人身上那些不利于人健康发展的东西,其目的是去创造一种有利于人自身和他人发展的环境和条件。管理要为人的发展服务,就要尊重人、依靠人。只有既尊重人又依靠人,教职工才能真心实意地投入到教育教学工作中去,从而使自身和教育的对象——学生得到发展。

人本原理要求在教育管理中应以调动人的积极性、做好人的工作为根本。每一个教育管理者都要努力提高自身的素质,在教育管理工作中,要努力做好人的工作,使全体教职工明确学校教育目标和自己的职责,能主动地参与到学校管理中来,积极地、创造性地完成自己的任务。在学校管理中,特别要重视发挥教师的力量,既要使教师明确整体目标和自己所担负的职责,也要为教师创造良好的工作条件,只有这样才能达到调动教师积极性、提高教育质量的目的,从而使教师自身和学生的素质得到发展。

## （三）公共性原理

教育管理的公共性原理是指在教育管理过程中,教育组织要以其所提供的公共物品和公共服务去推进、实现和维护教育公共利益的最大化。这样的公共利益是指所有公民的共同利益,既包括所有公民共同的根本利益和长远利益,也包括每一个公民个体的合法利益诉求。

公共性是教育的基本性质之一,教育不是为任何一个特定的阶层、阶级或群体服务的,而是要为所有人服务。教育管理要维护教育的公共性,使每个人都能及时接受好的教育。

公共性原理要求在教育管理中以教育管理主体（教育行政官员、政府政策制定者、社区人士、校友代表、家长、校长、教职员工、学生）为核心,以公共服务理念为指导,以新公共教育制度的创设、公共政策的决策与执行、公共教育权力的配置与监督、公共教育资源的分配与运用等为内容,来实现教育的公平与公益、效能与责任、民主与法治的价值追求。

## （四）动态原理

动态原理是指教育管理者要明确管理的对象和目标都是在发展变化的,要用发展的眼光看待它们;要根据教育内部和外部情况的变化,及时调节,保持充分的弹性,有效地实现动态管理。

一般来说,教育系统及其子系统的正常运转,不但受系统本身条件的限制和制约,还要受其他有关系统的影响和制约,而且,各个系统的状况,随着不同的时间、地点及人们不同的努力,都是不断发展变化的。系统目标的制定与选择,也是随着情况的变化而更新和变换的。所以,教育系统的管理工作,是绝对运动与相对静止的统一。

动态原理要求教育管理者关注现代教育管理的动态性,在动态中做好领导工作。首先,教育管理者应注意教育系统外部的变化,使教育系统不断适应外部的变化。其次,教育管理者要不断注意教育系统内部的变化,包括管理对象的变化,制定出相应的教育目标和学校管理目标。再次,要注意教育的各项工作的发展变化,采取切实有效的管理措施,保证各项教育工作的正常运行。最后,还要注意管理工作自身的变化,及时纠正管理中的偏差,使管理工作取得好的效果。

### (五)效益原理

效益原理,就是要在教育管理中讲究实效,使教育管理创造出更多的经济效益与社会效益,为社会的发展做出贡献。

教育管理和其他管理一样,最终的结果总是通过一定的效益体现出来的,有高效益与低效益之分。效益是管理的永恒主题,只有追求高效益,组织才能生存和发展。

效益原理要求教育管理者首先要确立管理的效益观,使教育管理以提高效益为中心;其次,要提高工作效率,为办好教育努力创造条件,为社会主义建设培养高质量的人才。为此,教育管理者要采用先进的科学方法和手段,建立合理的管理机构和制度,明确管理人员的职、责、权、利,处理好局部效益与全局效益的关系、长期效益与短期效益的关系,始终把培养高质量的人才作为高效益的根本。

## 第二节 教育管理职能

### 一、教育管理职能概述

#### (一)教育管理职能的意义

教育管理的职能,是指管理教育的职责和功能。教育管理的职能对国家教育的发展,有着极其重要的意义。教育管理的职能是否明确,直接影响到教育管理机构的设置和教育工作的开展,从而影响到教育能否有效地提高教育质量,更好地为人的发展和社会发展服务。正因为如此,当今世界各国,在认识到教育在经济发展中的重大作用的同时,也充分认识到了教育管理职能的重要性。

教育管理实行地方分权制的国家,不再认为管理教育只是地方的事,而开始将其列入国家职能范围。如美国,过去不设部一级的教育管理机构,教育由地方教育管理当局进行管理,中央不予干预,其结果是全国教育发展不平衡,没有适应当今世界政治经济形势的发展。20世纪中期以后,美国认识到,国家不管教育是不适宜的,必须将管理教育的职能列入国家职能范围。1979年,美国成立了中央一级的教育部,并相应扩大中央教育管理的权限,这是分权制国家加强国家直接管理教育的重要标志。

教育管理实行中央集权制的国家,也纷纷改变传统的国家管理教育的体制。如法国等国家,已认识到集权制的教育管理,使国家对地方教育和学校内部事务干预太多,不同程度地阻碍了教育事业的发展。他们已采取措施,调整国家管理教育的职能,松动集权模式。法国在中央教育行政机关之外,还建立了各种审议机构,以限制中央的教育管理权限,并于1968年颁布了《高等教育方向指导法案》,将国家管理教育的部分职能交给学校。

由上分析可知,在管理教育职能的问题上,分权制和集权制国家呈现出了两种相反的趋势。传统的分权制国家,注重加强国家管理教育的职能,呈现出集权化的趋势;传统的集权制国家,注重改善国家管理教育的职能,呈现了非集权化的趋势。然而尽管趋势不同,但反映的主题却是一致的,即世界各国对教育管理职能的高度重视。

**(二)教育管理职能的类型**

1. 计划职能

计划职能是指教育管理者在教育计划方面所承担的职责和所发挥的作用。它要求教育管理部门制订教育发展计划,并依据计划对教育进行管理。计划职能是一个重要的职能,它可以保证教育事业稳步、协调发展。计划分指令性计划和指导性计划。无论是中央集权制国家、地方分权制国家,还是中央与地方合作制国家,无论是宏观管理,还是中观或微观管理,计划职能在教育管理活动中都占有一定的地位,只是有的偏重于指令性计划,有的偏重于指导性计划。

2. 法治职能

法治职能是指教育管理者在教育立法和教育执法方面所承担的职责及所发挥的作用。它不仅要求国家制定完备的教育法规,并依法对教育进行管理,还要求学校依法治校。

法治职能是使教育管理活动正规化的一个重要职能。通过立法手段对教育的目的和方针、社会教育和学校教育、教职员工的资格和待遇以及教育管理活动等予以法律上的规定,并依法行事,这是管理教育的最强有力的措施。

3. 监督职能

监督职能是指教育管理者在教育的监督方面所承担的职责和所发挥的作用。监督职能包括:自上而下的监督、自下而上的监督、横向的监督、舆论监督、法律监督和行政监督等。就法律监督和行政监督而言,不同类型教育管理体制的国家,具有不同的特点,中央集权制的国家强调行政监督的职能,如法国为保证中央教育部的指令得以贯彻,建立了从中央到地方的较为完备的教育行政监督机构。地方分权制的国家则强调法律监督的职能,如美国,其监督职能基本是通过法律机关履行的。中央与地方合作制的国家既强调法律监督,也注重行政监督,如日本,其监督职能是通过法律和教育行政机关的指令来保障实施的。

4. 经营职能

经营职能是指教育管理者在教育的经营方面所承担的职责和所发挥的作用。从宏观来说,它是指国家对学校特别是高等学校的内部事务直接进行的管理;从微观来说,是指学校管理者对学校事务所进行的管理。由于管理者对地方和学校内部的教育事务负责,这类似于企业的经营权,所以称之为经营职能。教育管理实行中央集权制的国家,这项职能特别突出。例如,法国教育部可以直接经营全国的初等和中等教育,就是这种经营职能的典型例证。至于学校管理者对学校内部事务的直接经营活动就更为普遍了。

5. 指导职能

指导职能是指教育管理者在教育管理的指导方面所承担的职责和所发挥的作用。具体来说,它包括国家对地方教育行政部门和学校,就地方教育发展的规模、人才培养的数量和规格、教学内容的确定、课程的设置和课时的安排以及教学方法的选择等基本属于地方和学校内部的事务,提供指导和建议,间接地影响地方和学校的经营方向与经营活动,使之与国家宏观的教育目标和教育活动相一致。教育行政实行地方分权制和中央与地方合作的国家,对这一职能都比较重视。如美国强调中央教育行政对地方只起指导和建议的作用。日本的《文部省设置法》,把中央对地方关于教育行政的指导和建议列入文部省五大职能之首。

6. 服务职能

服务职能是指教育管理者在为教育服务方面所承担的职责和所发挥的作用。它既包括国家为地方和学校提供诸如信息、咨询、协调、资助等项目,以此作为教育宏观控制的重要手段,也包括学校管理者为被管理者提供的服务。不少国家注重建立庞大的信息咨询中心,为地方教育提供丰富的统计数据和教育资料,进行各种教育咨询。许多国家的中央教育主管部门经常组织地方与地方之间、学校与学校之间的协作。为了更好地为地方教育服务,不少国家建立起独立的教育财政,鼓励地方和学校兴办一些国家急需的教育项目,为落后地区提供资助。由于美国重视服务职能,所以,有的学者称美国的教育行政为服务型行政。

## 二、不同体制国家教育管理职能的特点

教育管理虽然有六种职能,但一个国家管理教育职能特色的形成,通常是强化其中一些而弱化另一些的结果。有的学者把世界各国管理教育的职能划分为监督型和指导型(或服务型)两大类,认为每一类都有自己的特色。监督型职能是以指令性计划职能、经营职能、行政监督职能为主;指导型职能则是以指导性计划职能、指导服务职能、法律监督职能为主。[①]

一个国家教育管理职能所具有的特点,是与这个国家的政治经济制度、经济文化发展水平、历史传统以及人口地域等因素相适应的。具有中国特色的教育管理职能,也应与中国的国情相适应。

新中国成立以来,我国教育管理以监督型的职能为主。这套职能片面强调行政监督,把应该属于地方和学校的许多职能全部由国家包揽过来。在学校内部,管理者也更为注重对被管理者的监督和控制,而忽视了指导与服务。实践证明,这种职能,阻碍了我国教育事业的进一步发展,不符合我国的国情,改革我国监督型的职能势在必行。

我国是社会主义国家,显然,要改革我国监督型的职能,完全照搬美国等国家的指导型职能也是行不通的。我国实行的是民主集中制,美国实行的是建立在地方分权基础之上的分权制。我国各族人民共同的政治经济文化生活,决定了我国在教育方针、教育政策、教育发展规模、教育内容等方面,必须加强宏观控制,而不能像美国那样,由地方自行决定。要有效地实行宏观控制,必须在实行指导性计划的同时,适度地实行指令性计划;在实行非强制性指导服务的同时,也要适度地实行强制性的行政命令。在我国当前教育立法不健全的情况下,仅仅依靠法律监督是不够的,还必须有一定的行政监督。可见,实行单一的指导型的教育行政,也是不符合我国国情的。

我国是一个经济欠发达的社会主义国家,现在处于并将长期处于社会主义的初级阶段,

---

① 许晓平.浅论国家管理教育的职能,教育研究,1986(5).

缺乏把全国教育事业包揽下来,实行统一管理的物质基础。我国幅员广大,沿海内地、城市农村、平原山区,以及不同民族地区经济文化发展不平衡,中央实行统一管理,难以适应不同地区的实际情况。我国人口众多,教育本身又是一个非常复杂的系统,中央要想从微观上对全国教育全面管理也是不可能的。特别是随着经济体制改革的全面展开,地方和企业的经济自主权扩大。一方面地方经济和企业发展的不平衡将强化教育要求的多样性与中央划一管理的矛盾;另一方面,随着劳务市场的建立和扩大,市场机制也会渗透到学校教育中来,国家要想对全国教育实行统一的行政控制也是不现实的。为了适应这种新形势,国家在教育行政活动中,应提供更多的指导和服务,减少不必要的行政命令和行政监督。我国虽然实行的是市场经济,却不能否认某些行业人才培养的计划性。因此,在培养人才方面,不能一味强调市场机制而否认国家在宏观上实行控制的必要性。

可见,具有中国特色的教育管理的职能,既不是单一的监督型,也不是单一的指导型,而应是以指导性计划为主,指令性计划为辅;以指导服务为主,经营管理为辅;以法律监督为主,以行政监督为辅的"指导—监督"型职能。

要完成从传统的监督型职能向"指导—监督"型职能转变,第一,要强化立法职能。完备的教育法规,能保证全国教育的正确方向,保证在减少指令性计划、行政命令和行政监督的情况下做到有条不紊,完备的立法是进行法律监督的依据。第二,要强化指导服务职能。领导机关既是指挥部,又是服务部。要强化服务职能,首先要树立领导就是服务的思想,其次要完善领导机关的内部机制,建立和加强信息机构、研究机构、咨询机构,从而更好地提高服务效果。

## 思 考 题

1. 什么是教育管理原理?它有哪些特征?
2. 简述教育管理的系统原理、人本原理、动态原理及效益原理。
3. 什么是教育管理职能?当今世界主要国家教育管理职能的主要趋势是什么?
4. 教育管理职能的类型有哪些?简述每一种职能的基本内容。
5. 试述中国教育管理的职能。

# 第三章 教育管理的一般原则与方法

**内容提要** 本章包括教育管理原则与教育管理方法两部分。第一部分阐述了教育管理原则的含义及意义,教育管理原则与教育管理原理的关系,论述了我国教育管理的方向性原则、科学性原则、规范性原则、公共性原则、综合性原则、权变性原则和有效性原则。第二部分阐述了教育管理方法的含义及特点,介绍了法治的方法、预测规划的方法、组织调度的方法、经济的方法、激励的方法等教育管理的主要方法。

## 第一节 教育管理原则

### 一、教育管理原则概述

#### (一) 教育管理原则的含义及意义

教育管理原则是管理教育活动所必须遵循的准则和基本要求。任何管理活动都是在一定的原则指导下进行的,教育管理活动也不例外。在进行教育管理活动时,若要实现教育的目标,提高管理效率,就必须把教育管理活动置于正确的原则指导之下,否则,就不能保证教育管理活动的正常进行,教育管理工作的有效性也就无从谈起。

#### (二) 教育管理原则与教育管理原理的关系

教育管理原则与教育管理原理既有联系又有区别。其联系是指,教育管理原则应以教育管理原理为基础,它是教育管理原理的体现。其区别在于,教育管理原理是客观的,而教育管理原则是人的一种主观选择,两者既有可能统一,也有可能不一致。一般来说,教育管理活动本质上是国家意志和教育管理活动客观规律的体现。国家意志和教育管理活动的规律既有统一的一面,也有矛盾的一面。在我国,中国共产党代表了广大人民的利益,国家意志反映了广大人民的要求,国家意志和教育管理规律在我国是基本统一的。因此,我国教育管理的基本原则,不仅要以辩证唯物主义为指导,以党和国家领导管理教育的方针政策为依据,而且应反映教育规律特别是教育管理活动的规律,应概括和总结我国社会主义教育管理活动的实践经验,吸取有益的历史经验和国外现代管理科学的研究成果。

### 二、我国教育管理的基本原则

我国教育管理的基本原则有:方向性原则、科学性原则、规范性原则、公共性原则、综合性原则、权变性原则和有效性原则。

#### (一) 方向性原则

方向性原则是指我国的教育管理活动必须以国家的教育方针、政策为依据,使我国的教育为建设富强、民主、文明、和谐的社会主义现代化国家服务。

国家的教育方针政策,是党的路线在教育领域中的具体体现。作为体现国家意志的教育管理活动,必须以党的路线为指针,贯彻国家的教育方针和政策,从而保证教育更好地为社会主义现代化建设服务。

教育管理活动贯彻方向性原则要注意以下几点:

1. 要坚持四项基本原则

坚持四项基本原则是我国的立国之本,是进行教育管理活动的基本政治依据。坚持四项基本原则,首要的是坚持党的领导。坚持党对教育管理活动的领导,并非由党去包办一切。党的领导属于政治领导,即对教育活动的政治方向、重大决策的领导和向教育管理机关推荐重要干部。党的教育方针政策的实现,是通过教育行政机关的活动来实现的。因此,坚持党的领导,必须坚持党政分开的原则,充分发挥教育行政机关的职能,克服党政不分、以党代政的现象。

2. 要进行教育改革

坚持四项基本原则和坚持教育改革,是建立有中国特色社会主义教育管理体系的两个方面。不能以僵化的观点看待四项基本原则,也不能以自由化的观点看待教育改革。只有在教育管理活动中既坚持四项基本原则,又坚持教育改革,才能建立有中国特色的社会主义教育行政体系。要认真学习外国先进的管理思想和教育管理制度,并结合我国的实际情况进行消化和吸收;要认真总结我国的教育管理实践,吸取我国古代、现代的教育思想、教育管理思想及教育管理制度中合理的东西,抛弃不利于我国现代政治、经济和教育发展的旧的教育思想、教育管理思想及教育管理制度。简言之,进行教育改革,要坚持四项基本原则;学习外国经验,要保持自己的特色;改革旧的东西,要发扬传统文化中的优秀成果。

3. 要坚持教育为社会主义现代化建设服务的方针

教育为社会主义现代化建设服务,归根结底,是为社会主义现代化建设培养合格的人才。从根本上说,科技的发展、经济的振兴,乃至整个社会的进步,都取决于劳动者素质的提高和大量合格人才的培养。可见,合格人才的培养,对于我国社会主义现代化建设具有决定性意义。

为社会主义现代化建设培养合格人才,首先要抓好普通教育。当前在普通中等教育中,要保证培养人才的质量,就要克服片面追求升学率的现象。在社会主义初级阶段片面追求升学率的现象是必然存在的,要采取相应措施来限制这种现象的蔓延,减少其危害性。在普通高等教育中,要注意调整专业设置和课程结构,注重培养大学生的适应能力和动手能力,以适应当前产业结构调整及用人单位对大学毕业生就业选择性增强的趋势。其次,要抓好职业教育。重视职业教育的发展,使学生在就业前能够接受好的职业训练,同时要关注就业后的形势变化。

(二) 科学性原则

科学性原则是指教育管理活动要按客观规律办事,要采用新的管理理论和管理方法,使教育管理活动建立在科学的基础之上。

教育管理活动既是一种教育现象,也是一种管理现象,它既受教育规律的制约,也受管理规律的制约,是一项科学性很强的管理活动,诸如制定教育政策和规划,进行教育预测,调整教育结构,等等,都需要科学的理论和方法作指导。因此,教育管理活动必须遵循教育规

律和管理规律,运用科学的理论和方法指导实践。贯彻这一原则需做到以下几点:

1. 教育管理活动必须按教育规律办事

教育有两条基本的规律:一是教育必须与社会的政治经济发展相适应。遵循这一规律,就要求教育发展的规模和速度、教育的结构、培养人才的数量和质量能够适应一个国家政治经济发展的需要,同时,教育事业发展的规模和速度,又要受一个国家政治经济发展所能提供的条件的制约。二是教育必须同受教育者身心发展的特点相适应。遵循这一规律,就要求教育的内容和方法能够适应受教育者身心发展的特点,同时要积极发挥教育在受教育者身心发展中的主导作用,使受教育者在德、智、体、美、劳诸方面都能得到生动活泼的健康发展,成为有理想、有道德、有文化、有纪律、体魄健全的社会主义新人。

国家管理教育的活动,还必须按教育管理的规律办事。在教育管理的基本规律方面,要正确处理好活动、体制、机制、观念四个层面之间的关系;在教育管理的特殊规律方面,要正确处理好活动、体制、机制、观念四个层面中各个因素之间的关系。具体内容已在第一章第一节中作了阐述。

2. 要采用新的管理理论,特别是系统论的原理和方法

在教育管理活动中应用系统论,首先要树立整体最优化的观点。系统科学的着眼点是从系统的总体出发,在发挥各分系统、小系统的效能的基础上,统一协调计划,使整体系统的效能达到最优状态。对于教育管理活动来说,应该避免重普通教育、轻职业技术教育,重高等教育、轻基础教育,重重点学校、轻一般学校,重城市学校、轻农村学校等这些缺乏整体最优化观念的现象,对教育的各子系统进行统筹规划和协调,促进整个教育事业的健康发展。其次,要有合理的结构。系统论的一个重要思想是,系统的功能和属性来源于其结构,改变事物内部的结构,可以引起整个事物功能的变化。在我国当前的教育结构中,基础教育比较薄弱,职业技术教育没有得到应有的发展,高等教育的系科、专业和层次比例失调,妨碍了教育整体功能的实现。要改变这种状况,就应该切实加强基础教育,大力发展职业技术教育,调整高等教育结构的比例关系,使教育系统内部结构合理,比例恰当,协调发展,以充分发挥教育培养人的功能和为经济建设、为社会发展服务的功能。再次,要讲究教育管理活动的层次性。系统管理要求层次间职责分明,权力分工。总的来说,这就要求教育管理活动在宏观上要管住管好,在微观上要放开搞活。宏观上要实行分级办学、分级管理,把基础教育的责任和权力交给地方;微观上要真正实行校长负责制,扩大学校办学的权力,使教育系统各层次职、责、权相符,使教育系统的潜力和活力得到充分发挥。

(三) 规范性原则

规范性原则是指教育管理活动要依照国家制定的教育法律、法令来指导和调节自己的管理行为,从而使教育管理活动规范化、制度化,以保证和促进教育事业的健康发展。

教育法规是国家意志在教育方面的具体体现,是现代国家教育执法和守法的基本依据。依据法规进行管理是教育管理的重要手段之一,是保证教育管理活动规范化的重要条件。

贯彻规范性原则,首先要重视和加强教育立法。要充分认识到在教育管理活动中进行法制建设的必要性。行政和法规,有着密切的联系。现代教育管理活动离不开法律,不能把教育管理和教育法规割裂开来。在教育管理中,如果只重视教育管理的作用,轻视和否定教育法规的作用,甚至以言代法,以权代法,那么教育管理活动就不能有效地组织和运行。只有把教育管理活动纳入法制的轨道,才能在处理问题时真正做到有法可依,有章可循,使按

照客观规律办事的活动得到法律上的保障,从而更好地推动教育事业的发展。其次,要加强法制宣传教育,提高法制观念,逐步做到依法治教。当前,要使全体人民特别是教育工作者和青少年学生熟悉各项教育法令,模范遵守教育法规。要特别强调行政执法、守法,政府及教育行政部门要严格执行教育法规,自觉接受人民的监督,做到有法必依,执法必严,违法必究。再次,要建立健全实施教育法规的纪律检查监督机构,保证教育法规的贯彻执行。教育立法后,要建立相应的执行、监督、检查、仲裁机构,认真执行教育法规。

（四）公共性原则

公共性原则是指教育管理活动必须遵循教育的共有性和公用性,强调对公共利益的实现和维护,从而实现教育事业的普遍性发展。

《中华人民共和国教育法》中规定,教育的公共性原则是指教育活动必须符合国家和社会公共利益。教育管理作为推进教育事业发展的活动过程,必须要维护教育的公共性原则。随着社会的多元化发展,公众意识不断加强,权利意识不断深化,和谐诉求不断增长,教育管理必须结合时代背景,弘扬教育管理的公共性。强化教育管理的实质公共性,注重教育管理的有效性、责任性、中立性、平等性、公益性,突显教育管理的形式公共性,注重教育管理过程中的参与性、公开性、可选择性。

贯彻规范性原则,首先要以教育管理主体为核心,即对教育管理的主体,不仅要关注常规主体(教师和学生),关注常规主体中的优秀分子,还应关注其他利益主体,关注常规主体中的弱势群体;其次,教育管理研究的公共性体现在"以公共服务的理念"为指导这一基本行为准则上。教育管理学作为一门理论应用性学科的定位也要求研究者不能仅以自己学术共同体的旨趣作为研究的标尺,还应以公众的教育利益、社会的教育责任为研究的基本指向,形成广泛的问题意识,使自身的研究立足现实并服务现实;再次,教育管理研究的对象应是公共教育制度问题,如政府、市场、公民社会与学校的关系,市场对教育的有限介入,政府教育责任及其绩效,教育政策的制定、执行、评估模式及相关问题,教育立法的公众参与,教育资源配置的类型与机制等问题。这些"教育的公共治理"话题,形成了教育管理研究的新的话语及知识体系,它将使教育管理成为一门具有教育性、管理品位和公共理性交融的复合应用型学科,从而更好地指导教育事业。

（五）综合性原则

综合性原则是指教育管理活动必须科学地组织和调动教育系统内外各方面办学的积极性,从而更好地推动教育事业向前发展。

教育本身是一个有组织、有层次的复杂结构,它们彼此间是紧密相连、相互影响与制约的。同时,教育系统又处在社会这个总系统之中,要受到其他系统中诸如社会政治经济的发展、社会各个时期的教育理论与思潮、学校所在区域的环境,以及各级领导对教育的重视程度等多种因素的影响。因此,要有效地进行教育管理,不仅要了解教育内部各因素的相互关系对教育事业发展的影响,还要认识教育系统外部因素对教育事业发展的影响,使各种力量相互配合,达到更好促进教育事业发展的目的。

贯彻这一原则首先要从整体出发,认真研究学前教育与小学、小学与初中、初中与高中、高中与大学的衔接关系,不能只把注意力局限于某一阶段的教育。中小学教育是基础教育,职业技术教育和高等教育的发展有赖于基础教育的普及和提高。为了发展基础教育,实行九年制义务教育,又必须把各级师范教育办好,培养大量的合格师资。总之,学前教育,学校教育中的普通中等教育、高等教育、职业教育等都很重要,在教育事业的管理中,不能顾此失彼。每一时期办教育有其重点,但在抓重点的同时要顾及一般,否则,很难促进整个教育事业协调、稳步地向前发展。其次,不能把教育看成是与外界隔绝的封闭系统。现代教育的一个重要特征是开放性。教育组织本身就是一个开放系统,它不断地与外界进行物质、能源及信息的交流,总是处在与环境的相互作用之中。各级各类学校所处的社会环境及自然环境,诸如居民职业、文化水平、经济状况、道德习俗、宗教信仰、民族分布、人口情况、自然条件等,都不同程度地影响着教育活动。所以,教育管理活动必须从全局出发,充分估计外部因素对教育事业发展带来的有利和不利影响,积极采取措施,扩大有利影响,消除不利影响。同时,还要充分利用各种社会力量办学,在教育事业的发展上,实行中央与地方合作,国家办学与各种社会力量办学相结合,充分调动地方和部门办教育、管教育的积极性。再次,在教育系统内部,要协调好各种因素,充分调动各方面的积极性,提高教育质量。

### (六)权变性原则

权变性原则是指教育管理活动必须根据不同的情况确定和采取不同的措施、方法,实行动态调节,使教育管理具有针对性和适应性。

教育事业的发展与千差万别、千变万化的外界因素和自身因素有着紧密的联系。因此,要发展教育事业,必须认识与适应这种差别,根据不同情况制定不同方略,实行动态管理。贯彻这一原则需做到:

#### 1. 要根据地区的不同情况进行管理

我国幅员广大,经济文化发展很不平衡,教育的要求和内容应该因地制宜。以义务教育的要求和内容来说,就应根据不同的情况区别对待。《教育部关于进一步推进义务教育均衡发展的若干意见》中指出,省级教育行政部门要根据国家有关规定和当地实际情况,制定或完善本地区义务教育阶段学校办学条件基本要求。各县(市、区)对办学条件低于本地基本要求的薄弱学校,要制订限期改造计划,集中力量加快薄弱学校改造进程,尽快使辖区内薄弱学校数量逐年减少。要充分发挥具有优质教育资源的公办学校的辐射、带动作用,采取与薄弱学校整合、重组、教育资源共享等方式,促进薄弱学校的改造。省级教育行政部门要会同有关部门,进一步调整教育经费支出结构,重点支持农村地区、贫困地区、少数民族地区的义务教育发展,加大对经济困难地区的教育专项转移支付,督促辖区内中小学生均公用经费基本标准和预算内生均公用经费拨款标准的落实。同时,县级教育行政部门要加强对各项教育经费的统筹,千方百计地加大对农村学校和城镇薄弱学校的投入,切实改善农村学校和城镇薄弱学校的办学条件。

#### 2. 在充分认识客观事物变化发展的基础上确定对策

当今世界已由农业经济时代、工业经济时代进入了全球化知识经济时代。这一时代"是主要依靠知识创新、知识创造性应用和知识广泛传播发展的经济"[①]的时代。适应知识经济时代的要求,教育观念、教育机制、教育体制、教育内容和方法及人才培养的规格等都必须进行改革。如在教学内容上,由于计算机网络和多媒体技术将成为大学教育和科学研究中重要的基础平台和学习手段,成为跨越校园、利用全球资源、提供全球性教育服务的渠道和方式,并有可能由此迎来全球性资源共享的教育合作和全球网络大学的新时代。因此,现

---

① 路甬祥.知识经济、创新体系与教育改革.教学与教材研究,1998(4).

代微电子技术、计算机技术、多媒体技术和全球化网络技术将成为学校教育特别是大学各学科教育的必修课。重视信息科学与技术将是当代教育改革的一个重要特征。

### (七)有效性原则

有效性原则是指教育管理活动中要合理地组织和利用人、财、物、时间等资源,从而获得较高的效率和较好的效益。

人、财、物和时间既是管理的对象,也是管理的重要资源。在教育行政活动中,只有充分利用和合理组织这些因素,才能获得较高的管理效率。目前我国教育事业效率、效益不高的现象很多,因此强调贯彻这一原则很有现实意义。如大学专业设置重复现象比较严重,有些专业极度稀缺,而有些专业供过于求。近些年,虽然我国高等教育进行了改革,但上述情况并没有根本好转。这些情况说明在教育事业管理中贯彻有效性原则是当务之急,为此必须做到:

1. 提高用人的效益

首先要提高教育行政人员的素质。随着国家公务员制度的贯彻执行,教育管理干部的录用采用考试的方式,这使教育管理干部都成为懂得教育管理理论和方法的行家,变"经验型"的管理为"科学型"的管理。要科学地安排干部,知人善任,用人之长;要尊重和信任人才,用人不疑,疑人不用;要把目标、职务、权力、责任四位一体地分派给合适的干部;要关心人,注意协调人际关系,激励士气,充分调动人的积极性。

2. 提高对财物的利用率

近几年,我国教育经费投入逐年增高,到2012年国家财政性教育经费支出占国内生产总值的比例高达4%,但对财物的有效利用率仍相对较低。一方面,教育经费的时间和空间配置不匹配,导致利用效率低下。在教育经费的配置中,国家倾向于集中优势资源发展优势教育,某种程度上造成急需教育经费的领域或地域无法获得必要的资源配置,而拥有充足的教育经费来源的领域或地域,容易造成教育经费本身的闲置。另一方面,教育经费的流转过程偏长,使得经费利用时间通常较长,尤其是大额教育经费的使用,使资金需求点与经费投入点时间错位,资金本身没能发挥更好的功效。[①]

3. 提高时间利用率

时间是管理效率高低的重要标志和尺度。教育管理领导必须合理控制和使用时间。领导者要把主要时间花在最重要的事情上,拒绝将时间耗费在不必要办的事情上。另外,领导者要把最重要、最困难的工作放在功效最高的时间去做。

上述7条原则是互相联系的,教育行政领导应善于将它们结合起来,全面加以贯彻,以取得最佳的管理效果。

## 第二节 教育管理方法

### 一、教育管理方法概述

#### (一)教育管理方法的含义

教育管理方法是指教育管理者为完成一定的教育任务和实现一定教育目的所采取的手

---

[①] 田野.当前教育经费管理的问题与应对.商,2015,(08):61.

段和措施。教育管理方法在整个教育管理活动的运行机制中有着重要作用。在教育管理活动中,采用正确的教育管理方法对教育事业的发展具有促进作用。

教育管理方法包括国家管理教育的方法——教育行政方法和教育管理具体方法——学校管理方法。两者既有区别又有联系。其区别在于前者的涉及面广、层次高,而后者仅指教育管理工作中一些具体的方法,涉及面窄、层次较低。其联系在于,国家管理教育虽然主要是由教育行政方法推进的,但教育行政所采取的方法须通过具体方法去实施才能完成一定的教育任务。正确认识这两种方法之间的关系至关重要。我们不能把国家管理教育的方法混同于教育管理工作的具体方法,同时在实施国家管理教育方法时,也要注意运用教育管理工作的具体方法,以保证国家管理教育方法的顺利实施。这里讲的教育管理方法既包括国家宏观管理教育的教育行政方法,也包括学校具体的教育管理工作方法,它们是教育行政和学校管理经常采用的一般方法。

### (二) 教育管理方法的特点

教育管理方法也是一种管理方法,它同一般的管理方法一样,既有反映生产力发展水平的一面,也有反映生产关系发展水平的一面。从反映生产力发展水平方面来说,教育管理方法在不同时期和不同国家,有其共性的一面;从反映生产关系发展水平方面来说,教育管理方法总要与一定社会的管理制度相关。

不同的国家有着不同的管理体制,有着适应于该管理体制的教育管理体制,不同的教育管理体制会产生不同的教育管理方法。同时,由于社会生产力与生产关系总是不断发展变化的,因而反映一定生产力与生产关系发展水平的教育管理方法也不会一成不变。因此,如果从生产力与生产关系的发展变化角度来考察教育管理方法,它又具有差异性和发展性。

上述教育管理方法所具有的特性,要求我国在确立现阶段教育管理方法时,要正确处理好继承和革新、借鉴和发展的关系。一方面,要继承我国在长期的教育实践基础上形成的行之有效的教育管理方法,合理地借鉴外国先进的教育管理方法;另一方面,又要将这些传统的方法在新形势下加以发展,将国外的先进方法同我国的具体实践结合起来,建立一套适合我国国情的教育管理的方法体系。

## 二、我国教育管理的基本方法

### (一) 法治的方法

法治的方法是指教育管理者运用教育法令、决定、命令、指示、规章,对教育活动予以强有力的指导、调节和影响。

法治的方法对于保证教育管理的规范化、制度化,保障我国教育事业健康稳定地向前发展有着重要的作用。新中国成立以来,随着社会主义革命和建设事业的发展,党和国家及时颁布了有关方针、政策、法令、法规,国务院和教育部也及时颁布了包括决定、命令、指示、规程等的行政法规或具有法规性的文件,及时端正教育工作方向,调整行政活动中各个方面的关系,从而推动了教育工作的全面开展。当前,为适应政治体制改革的需要,我们要更好地运用法治的方法,以法律为武器,推动我国教育事业不断发展。

运用法治的方法,首先要加强教育立法工作,健全教育法规。依法进行管理的重要前提是有法可依。新中国成立以来,我国制定了一些教育法规,对这些教育法规我们要进行整理,废除过时了的法规,修订不完备的法规,同时还要借鉴国外教育立法的先进经验。在学习国外先进经验时,要将若干模式加以比较,博采众长,并结合我国自己的情况,认真加以研究,建立一套适合我国国情的教育法规体系。

运用法治的方法,其次要做到依法办事。有了一套教育法规后,如果不依法办事,再好的教育法规也是一纸空文。例如,《中华人民共和国教师法》颁布以后,教师应认真履行教师的权利和义务,社会各界要维护教师的合法权益,只有这样,才能充分发挥教师的作用。

### (二) 预测规划的方法

预测规划的方法是指一个国家在对其政治、经济、文化、教育等方面的发展前景做出综合分析的基础上,依据国民经济发展的客观规律和教育规划本身的特点,对教育事业的发展作出规划。

预测规划的方法包括两个方面,首先是进行预测,然后是在预测的基础上进行规划。预测是规划的基础,是为制定规划服务的。

进行教育预测,要确定影响教育发展的因素,然后选择恰当的预测方法对这些因素进行预测。进行教育规划,也要运用一些规划的技术手段,按一定的程序进行。

### (三) 组织调度的方法

组织调度的方法是建立在权力和责任基础上由上级对下级下达且必须遵照执行的任务、要求和命令的方法。

建立在不同等级的职位、权力和责任界限上的组织调度方法,是所有管理工作不可缺少的方法,它有力地保证着整体意志的统一和行动的统一。强调组织调度的方法同当前改革中提倡的民主方法并不矛盾。认为强调民主就不需要组织调度的方法,这是对民主的误解。例如,西方的民主比较注重权力的结构、程序、规则,在人民主权的前提下,注重法治,注重规矩。有人认为民主不需要纪律,不需要约束,这样的观点不仅与西方的民主格格不入,更与无产阶级所主张的民主精神相违背。民主与集中是统一的,民主本身需要一定的程序和规则来保证。可见,虽然在教育管理活动中要强调民主的方法,却不能以民主的方法来代替组织调度的方法。

正确实行组织调度的方法,要建立领导与被领导者、上级和下级之间的正确关系。中国共产党的组织原则之一是下级服从上级。这一原则是实行组织调度方法的有力保证。运用这一原则,对于领导者或上级来说,要了解、体察下情,及时与下级沟通,使下级心悦诚服地接受领导。对于被领导者或下级来说,应积极与领导者或上级合作,只有这样,才能有利于上级或领导的决策和指示得以顺利地贯彻执行。

正确地运用组织调度的方法,首先要注意建立和健全各项教育管理活动的规章制度,从制度上保证组织领导的渠道畅通。要明确各级组织机构的权力和责任,制定各级机构工作人员的岗位责任制,制定各种教育管理工作的工作制度。要认真落实各项教育管理活动的规章制度,遏制不按制度办事的倾向。

### (四) 经济的方法

经济的方法是从经济的角度或方面指导、调节和影响教育活动的方法。其中制定合理的教育经费政策来促进教育的发展是最主要的方法。

办教育需要经费,巧妇难为无米之炊。当今世界,无论是发达国家,还是发展中国家,无不重视运用经济的方法来发展本国教育。或增加教育投资,或制定合理的工资政策及奖励制度。这些措施,在促使教育发展的过程中发挥了重大作用。近年来,我国也开始重视运用经济的方法发展教育,并已初步取得成效。为了更好地运用经济的方法推动我国教育事业的发展,要认真总结这几年的经验,制定更合理的教育经费政策。

运用经济的方法,最重要的是要有较充足的教育经费,从经济上提高教师的待遇。谈到增加教育经费和提高教师的经济待遇,人们会认为只要国家有了钱,教育经费就会增加,教师的待遇就会提高;在目前国家财政比较紧张的情况下,办教育的经费和教师的待遇就不会提高。其实不然,金钱和政策相比,关键是政策,好政策自然会使教育战线这个"清水衙门"富起来。关于教育经费政策,目前至少有两点可以考虑,第一,在有关的教育法规中以法律条文的形式规定教育经费在国民生产总值和国家财政支出中的比例,国家有关部门必须按规定的比例拨款,否则就是违法。以法律保证教育经费的拨款,会在一定程度上限制教育经费预算中的随意性。第二,目前国家总的财政状况比较紧张,即使规定了一定比例的教育经费,也难满足教育事业的发展。国家可以允许学校特别是高等学校搞创收,这对于缓解我国高校办学经费不足以及大学教师收入低的矛盾,将会起一定的作用。

运用经济的方法,还要注意建立健全教育财务管理制度,提高教育经费的使用效益。

### (五) 激励的方法

激励的方法是指在教育管理活动中运用思想政治工作和行为科学的激励理论,激发、调动教育工作人员积极性的方法。

所谓人的积极性,是指人在自觉能动心理状态下的行为表现。它体现在人的认识活跃程度、情感兴奋水平和意志努力程度及人的一言一行上。人的积极性的本质特点是它的自觉性和主动性,因此,调动教育工作人员的积极性,能使他们对教育工作在社会主义现代化建设中的巨大作用有一个正确的认识,对教育事业产生炽热的情感,从而自觉地、创造性地进行工作。只有调动教师的积极性,教育的各项工作才能得到更好开展,教育质量才能得到提高。

运用激励的方法,首先要运用我国思想政治工作的激励理论来调动教育工作人员的积极性。

思想政治工作激励理论的主要特点是从提高人的思想认识入手,把社会的需要、进步的理论、党的政策转化为广大群众的思想观念与信念,变为群众的自觉行动来调动人的积极性。运用思想政治工作调动教育工作人员的积极性,一般采取如下途径:

第一,提高教育工作人员的思想认识,使他们树立共产主义的人生观和世界观。采用这一途径,最重要的是要使教育工作人员掌握马克思列宁主义、毛泽东思想、邓小平理论、三个代表重要思想、科学发展观及习近平总书记的系列讲话,当他们的思想认识与党和社会的要求不一致时,要以民主讨论和说服教育的方式加以解决。

第二,通过把做深入细致的思想工作与满足教育工作人员的合理物质需要结合起来,从而调动教育工作人员的积极性。采用这个途径,一要注意发挥满足教育工作人员物质生活需要对形成其高尚的精神需要中的作用。毛泽东在《关心群众生活,注意工作方法》一文中指出,要调动群众的积极性,就得关心群众的痛痒,切实解决群众的衣食住行问题;真正解决了群众的这些生活问题,群众就会拥护革命,把革命当作他们自己的生命。可见,配合思想工作,合理地满足教育工作人员的物质生活需要,可以使他们最大程度受到激励。二是注意满足教育工作人员的精神需要,并发挥它对物质需要的调节作用。毛泽东多次强调在红军中实行政治、军事、经济三大民主在动员广大士兵战胜艰苦环境取得斗争胜利中的作用。毛泽东所强调的实际上是人在获得尊重、平等和民主的需要以后，对物质生活需要所起到的调节作用。我国的广大教育工作者，生长在社会主义条件下，受着党的教育和培养，他们热爱自己的专业，以勤奋好学、艰苦奋斗为荣，渴望在自己所从事的领域里做出贡献。若能抓住教育工作者这一根本的职业特点，激发、引导和满足教育工作者事业成就的需要，就一定能为教育工作者积极性的发挥带来强大的动力。特别是在当前，我国经济还不很发达，在生活上还不能完全满足人们对物质条件的追求时，更应该注意发挥精神需要的调节作用来调动教育工作者的积极性。

运用激励的方法来调动教育工作者的积极性，还要注意运用行为科学的激励理论。

行为科学的激励理论是从人的需要入手探讨如何调动人的积极性的理论，它的一个重要特点是通过满足个人的需要来达到激励人积极性的目的。运用行为科学的激励理论，要关注以下几点：

第一，要重视需要在人积极性中的作用。行为科学的激励理论认为，人的积极性是由人的需要引起的，需要是人的积极性的源泉，要调动人的积极性，就必须研究和满足人的需要。行为科学的激励理论从需要入手来探讨人的积极性的激励是符合人的心理规律的，是科学的。这种观点对调动教育工作人员的积极性有一定的指导意义，它使我们认识到，要调动教育工作人员的积极性，就必须以了解、引导和满足他们的需要为基础，只有这样才能抓住教育工作人员积极性的根本，从而做好激励工作。

第二，要对教育工作人员当前的需要有一个总的估计，正确看待教育工作人员，采取积极措施，使激励收到预期的效果。

行为科学的激励理论不仅强调了需要在调动人积极性中的作用，而且用需要来解释人的本性。在对人性的探讨中，最为典型的是管理心理学家雪恩（E. Hschein）提出的人性假说理论。他在总结近现代管理实践的基础上提出，在管理中，对人的需要、对人性的看法以及采取的相应管理措施大致经历四个阶段。起初，人们认为，人以物质需要为主，人是"经济人"，因此应当采取物质刺激的措施对人进行管理。后来，人们认为人以社会交往的需要为主，人是"社会人"，在管理上应采取改善人际关系等措施，以满足人的社会心理需要进行激励。之后，人们又进一步认识到，人以自我实现的需要为主，人是"自我实现的人"，要对人进行激励，应采取措施创造一种适宜的工作环境与条件，使人的才能得以充分发挥。经过长期研究，现在，许多人都认识到，人的需要是复杂的，人是"复杂人"，因此，要根据不同情况而采取不同的激励措施。行为科学的人性假说理论，把对人的看法由"经济人"发展为"社会人""自我实现的人"和"复杂人"，在相应的管理措施上，也由只注意物质刺激发展为满足人的多方面的社会性需要以及根据不同的情况采取不同的激励措施。这些都反映了人们对人性的看法和管理思想的不断进步，这对于调动教育工作人员的积极性有积极意义。因此，在调动教育工作人员的积极性时，只有对教育工作人员当前的需要有一个总的估计，并采取相应的激励措施，才能收到预期的激励效果。

第三，要认真分析教育工作人员的需要，并针对这些需要采取不同的激励措施。行为科学的激励理论认为人的需要是有一定层次结构的。马斯洛的需要层次理论认为，人的需要是由生理、安全、社交、自尊和自我实现五种需要所组成的一个由低到高的层次结构。人在一定时间内会有多种需要，而人的行动是由优势需要支配的。马斯洛的观点是符合人的需要发展规律的，也是符合实际的。它告诉我们，要使教育工作人员收到好的激励成效，不仅要了解、分析教育工作人员的需要,还要掌握他们某一时期的优势需要,只有这样才能有针对性地做好工作;要使教育工作人员保持旺盛的斗志,就要使他们不断有所追求,既要重视满足他们的基本生理需要,又要满足他们的精神需要,从而保证教育工作人员的积极性具有稳定、持久的力量。

第四,运用行为科学的激励理论调动教育人员的积极性,还必须利用目标的作用,以及在满足教育工作人员的需要时使他们具有公平感。

行为科学的激励理论认为,由需要引起的行为总要指向一定的目标。人们选择某一目标,与人们对这一目标价值的认识以及对这种目标实现的可能性的估计有关。因此,对目标的价值及实现目标可能性的估计,也成了激发人的动机、调动人的积极性的重要条件。这一理论告诉我们,在激发教育工作人员积极性的动机时,必须利用目标的作用,使教育工作人员认清这一目标的意义,帮助他们分析实现目标的可能性,使教育工作人员树立起信心。

行为科学的激励理论还认为,人们对需要的满足感,不仅与自己付出劳动后所取得的报酬有关,而且还与同等情况下和他人相比较是否感到公平有关。如果主观上觉得公平,人就会产生一种满足感,从而有利于激发人的积极性;反之,则会阻碍积极性的发挥。行为科学的激励理论在一定程度上反映了人的心理活动规律。根据这一理论,要激发教育工作人员的积极性,就必须真正做到按劳取酬,改变教育工作人员中平均主义的现象,以及教育工作人员的收入普遍低于其他行业的现象。

## 思 考 题

1. 什么是教育管理原则与教育管理方法?
2. 教育管理的一般原则与方法有哪些?
3. 简述教育管理的方向性原则、科学性原则、规范性原则、公共性原则、综合性原则、权变性原则及有效性原则。
4. 简述教育管理的法治的方法、预测与规划的方法、组织调度的方法、经济的方法与激励的方法。

# 第二编　宏观教育管理论

# 第四章 教育政策与教育法规

**内容提要** 本章包括教育方针与教育政策、教育法规与教育行政执法两部分。第一部分介绍了教育方针的含义和教育方针的历史沿革;论述了教育政策的概念及表现形式。第二部分论述了教育法规的概念、本质及教育法规的体系与地位;介绍了教育行政执法的概念和特征,分析了教育行政执法的地位,论述了教育行政执法的原则。

## 第一节 教育方针与教育政策

### 一、教育方针

教育方针是教育政策的最高表现形式。教育方针作为党和国家对一定历史阶段教育事业发展的总方向的规定,是教育基本政策的总概括。

教育方针具有很强的社会历史性,不同历史时期,社会政治经济发展的要求不同,甚至政治领导集团的教育意愿不同,都会产生不同的教育方针。由于教育的特殊社会作用,各个历史阶段的执政者都很重视教育方针的制定。

根据我国近代教育史文献记载,自清末颁布新学堂章程到国民党统治时期,各当政统治者提出的教育宗旨,实际上就是教育方针。1903年制定的《奏定学堂章程》之《学务纲要》第一条"全国学堂总要"中提出:"京外大小文武各学堂均应钦遵谕旨,以端正趋向,造就通才为宗旨。"[1]1906年,学部在《奏请宣示教育宗旨折》中进一步把所谓"通才"的标准具体化为"忠君、尊孔、尚公、尚武、尚实",并奏请光绪皇帝批准作为教育宗旨。这五项宗旨体现了当时"中体西用"的政治理想精神,受到光绪皇帝的赞赏,随即发出《上谕》指示:"五项宗旨尚为扼要,著该部即照所奏各节通饬遵行",要求"切实提倡、认真查核"[2]。由于1906年教育宗旨的发布有其特定的程序与形式,因此有人认为这是我国近代教育史上第一次提出的教育宗旨[3]。

辛亥革命以后,中华民国时期的三个政权都分别提出或正式制定过教育宗旨。1912年9月,南京临时政府教育部颁布的教育宗旨为:"注重道德教育,以实利教育、军国民教育辅之,更以美感教育完成其道德。"这一教育宗旨是在当时的教育总长蔡元培的主持下制定

---

[1] 舒新城.中国近代教育史资料.上册.北京:人民教育出版社,1961.
[2] 萧宗六,贺乐凡.中国教育行政学.北京:人民教育出版社,1996:282.
[3] 高叔平.蔡元培哲学论著.石家庄:河北教育出版社,1985.

的,体现了蔡元培"兼容并包"的教育理想,他还专门发表了《对教育方针之意见》论述之①。但这一具有资产阶级色彩的教育宗旨,在1915年1月被袁世凯废除,取而代之的是袁世凯颁布了《颁定教育宗旨》,即"爱国、尚武、崇实、法孔孟、重自治、戒贪争、戒躁进"。袁世凯倒台后,1919年4月,教育调查会组织的以教育专家为成员的教育行政咨询委员会在北京召开第一次会议,曾提出将"养成健全人格,发展共和精神"作为教育宗旨,但未被当时政府认可。直到1928年5月15日,当时南京政府的中央教育行政机关中华民国大学院在南京召集第一次全国教育工作会议,通过了以"三民主义教育"为中华民国的教育宗旨。1929年3月15日,在国民党第三次全国代表大会上正式确立了国民党政府的教育宗旨为:"中华民国之教育,根据三民主义,以充实人民生活,扶植社会生存,发展国民生计,延续民族生命为目的,务期民族独立,民权普遍,民生发展,以促进世界大同。"这一教育宗旨以后还为台湾当局延用②。

中国共产党领导的新民主主义革命时期的不同阶段,也制定了为新民主主义革命服务的文化教育方针,并分别在土地革命时期、抗日战争时期和解放战争时期指导革命根据地和解放区的教育实践。土地革命时期的教育方针又称为苏维埃文化教育总方针,"在于以共产主义精神来教育广大的劳苦民众,在于使文化教育为革命战争与阶级斗争服务,在于使教育与劳动联系起来,在于使广大中国民众都成为享受文明幸福的人"③。在抗日战争时期则提出了"无产阶级领导的人民大众的反帝反封建的文化"作为文化教育方针。在解放战争时期,随着解放战争形势的发展,根据把教育为新民主主义革命服务,教育同生产劳动相结合的原理,逐步调整和充实教育方针,使学校教育从主要培养革命和战争人才逐步转向培养建设人才④。

新中国成立以后,曾有过几次对教育方针的论述和讨论。1950年5月,当时的教育部副部长钱俊瑞在《当前教育建设的方针》一文中指出,"为工农服务,为生产建设服务,这就是当前实行新民主主义教育的中心方针。"1957年2月,毛泽东在关于《正确处理人民内部矛盾问题》一文中指出:"我们的教育方针,应该使受教育者在德育、智育、体育几个方面都得到发展,成为有社会主义觉悟的有文化的劳动者。"1958年9月,中共中央、国务院发布《关于教育工作的指示》,其中正式提出"党的教育工作方针,是教育为无产阶级政治服务、教育与生产劳动相结合",后来被概括为"两个必须",即"教育必须为无产阶级政治服务,必须同生产劳动相结合"。1978年以后开始的思想解放运动中,对我国在社会主义建设时期究竟应制定什么样的教育方针进行了较为深入的讨论,教育方针也一度出现多种提法,1990年以后逐步趋向统一。1990年12月中共中央在《关于制定国民经济和社会发展十年规划和"八五"计划的建议》中提出,我国现时期的教育方针是"教育必须为社会主义现代化建设服务,必须与生产劳动相结合,培养德、智、体等方面全面发展的社会主义建设者和接班人"。在1991年4月召开的全国第七届人大第四次全体会议上,李鹏总理在所做的《政府工作报告》中重申了这一方针。1993年2月13日,中共中央、国务院联合印发的《中国教育

---

① 司琦.中国国民教育发展史.香港:三友书局,1981.
② 王铁.中国教育方针的研究.上册.北京:教育科学出版社,1982.
③ 中国共产党中央委员会关于建国以来若干历史问题的决议.转引自萧宗六.中国教育行政学.第230-238.
④ 中国共产党中央委员会关于建国以来若干历史问题的决议.转引自萧宗六.中国教育行政学.第284.

改革和发展纲要》中再次指出,各级各类学校要认真贯彻上述方针。这意味着我国对教育方针的讨论告一段落。1995年3月18日通过并颁布的《中华人民共和国教育法》中,将这一教育方针以法律的形式固定了下来(《中华人民共和国教育法》第五条)。2015年12月27日根据第十二届全国人民代表大会常务委员会第十八次会议《关于修改〈中华人民共和国教育法〉的决定》第二次修正的《中华人民共和国教育法》第五条,颁布的教育方针为"教育必须为社会主义现代化建设服务、为人民服务,必须与生产劳动和社会实践相结合,培养德、智、体、美等方面全面发展的社会主义建设者和接班人。"

从上述发展历程可知,教育方针具有如下特点:

第一,教育方针所概括的内容通常包括教育性质、教育目的以及实现教育目的的基本途径等。由于教育目的是关于把受教育者培养成为什么样的人的规定,因此教育目的是教育方针中最重要的内容,教育的性质也是通过它来体现的。

第二,教育方针表述方式的确立,是随着制定者对教育与社会发展关系的认识深化而逐步完善的。教育方针必须能够适应社会发展需要,才能发挥正确指导教育实践发展方向的作用。

第三,当教育方针的内容(尤其是教育目的)为社会现实所证明在一定历史时期是必须坚持的,还需要以法律的形式规定下来,才能保证其一贯性和稳定性。我国当前的教育方针首先由中国共产党提出,之后由国家认可,由政策形式向法律形式转化,从而对全党乃至全社会都具有了普遍的约束力。各级教育行政部门应当指导各级各类学校认真贯彻落实教育方针。

## 二、教育政策

### (一)教育政策的概念

教育政策是国家政策体系中的一个分支,是国家为完成一定历史时期的任务所确定的关于教育工作的方针、策略和行动准则。

从教育政策的制定主体来看,教育政策可以区分为政党的教育政策和国家的教育政策两种。在我国,中国共产党是社会主义建设事业的领导核心。党通过制定和执行正确的路线、方针和政策实现这一领导。因此,制定教育政策,并使之在教育领域得到贯彻,是党对教育事业领导的主要方式。中国共产党的教育政策是以马克思列宁主义、毛泽东思想和邓小平理论、"三个代表"重要思想、科学发展观以及习近平总书记系列讲话为指导思想,根据教育发展的客观规律,把握社会政治、经济对教育提出的要求,在总结教育实践经验的基础上提出和制定的。因为中国共产党是代表人民利益的,所以,党的教育政策反映了以工人阶级为领导的全国人民的共同意志,同时也反映了我国社会政治、经济发展对教育工作提出的客观要求。中国共产党的教育政策对我国教育事业发展起着极为重要的指导作用。国家在制定教育政策时必须以党的教育政策为依据。国家教育政策主要是由国家行政机关制定的教育政策。除了中央政府制定的全国性教育政策之外,还有地方各级政府和部门制定的地方性教育政策和部门性教育政策。

从教育政策的内容及其作用看,教育政策可以分为方针、策略和行动准则等不同层次。教育方针已如上所述。教育策略是党和国家为了更好地为一定历史时期的政治任务服务而提出的对策,通常是针对较为重大的问题提出的,并具有比较原则的特点。教育策略是教育政策的重要组成部分。如中共中央在1985年做出的《关于教育体制改革的决定》中，提出"把发展基础教育的责任交给地方，有步骤地实行九年制义务教育""调整中等教育结构，大力发展职业技术教育""改革高等学校的招生计划和毕业生分配制度，扩大高等学校办学自主权""加强领导，调动各方面积极因素，保证教育改革的顺利进行"等，就是党在改革开放时期发展教育事业的基本策略，其目的在于促使教育更好地发挥作用，为社会主义现代化建设事业服务。自那以来，我国的教育改革基本上是沿着这个思想进行的。教育政策中的教育行动准则是教育政策实施的具体措施，通常体现在国家机关制定的政策性行政措施文件中，在实施过程中具有规范性特点，因而其实施往往具有法律性后果，即要承担一定行政责任，在教育管理实践中，与教育法规的实施起着互补的作用。

从教育政策的构成要素看，教育政策包括政策对象、政策目标和实现政策的手段三个要素。任何一项教育政策都必须具备这三个要素。教育政策对象是教育政策所要调动或约束的与教育事业或教育活动有关的力量。任何一项政策都有自身要约束或调动的对象，有的教育政策对象是不同范围的教育关系主体，包括各种与教育发生关系的自然人、法人和其他各种社会团体或组织；有的教育政策对象则主要是各种物质力量或者教育事业自身。教育政策目标是指教育政策实施所要达到的结果或者要完成的任务。任何一项教育政策，都必须有明确的政策目标，至于是单一目标，还是多重目标，这要根据具体情况和需要来确定。一般来讲，带有决策性的教育政策方案都是多重目标的。教育政策手段是指实现教育政策目标所必须采取的措施和方法。确定教育政策目标后，还必须研究其实现所需要的内容条件和外部环境，提出切实可行的教育政策手段。这是使教育政策目标得以实现的保证。在制定教育政策手段时，要对实现目标的指导思想、中心、重点、原则、条件、步骤、措施、方法等做出明确的政策性规定，便于教育工作者在行动中遵循。

教育政策的构成要素是保证教育政策方案完整性必须考虑的问题，尤其是作为行动准则的教育政策，对象、目标、手段三个要素更是缺一不可。

### （二）教育政策的表现形式

党和国家的教育政策主要是由党的最高领导机关即党的全国代表大会及其所产生的中央委员会和中央国家机关制定的，通常以通知、决定、决议、批示等文件形式为载体，有时也通过党和国家领导人的讲话来表达。据《中国共产党章程》第十五条规定，"有关全国性的重大政策问题，只有党中央有权做出决定，各部门、各地方的党组织可以向中央提出建议，但不得擅自作出决定和对外发表主张"，所以，党的教育政策主要体现在党中央的有关文件中。党和国家的教育政策具体有以下几种表现形式：

1.《中国共产党章程》

党章规定了党的最基本的政治纲领和组织纲领。党章中有关教育的内容是最根本的教育政策，也是制定其他教育政策的根本依据。《中国共产党章程》只有党的代表大会才有权制定和进行修改。

2. 中国共产党全国代表大会的决议

中国共产党全国代表大会及其产生的中央委员会是党的最高领导机关，其所做出的有关教育工作的决议是党的重要教育政策。

3. 党的中央委员会制定和批准的文件，以及党的主要领导人代表中央发表的讲话

党的中央委员会是由党的全国代表大会选举产生的。在党的全国代表大会闭会期间，

中央委员会执行代表大会的决议,领导党的全部工作,对外代表中国共产党。在党的中央委员会全体会议闭会期间,由中央政治局及其常务委员会行使中央委员会职权。为了落实贯彻全国代表大会的决议,中央委员会要制定和批准有关文件,其中也包括教育方面的文件,或者包括教育内容的文件。

4. 党的地方各级领导机关的决议

党的地方各级领导机关主要是党的各级代表大会和党的各级委员会。党的地方代表大会有权对本地区范围内的重大问题进行讨论并作出决议。党的地方各级委员会(简称地方党委)在代表大会闭会期间,负责执行上级党组织的指示和同级党的代表大会的决议,领导本地方的工作。为了执行这一职能,它们有必要根据中央的政策和本地方的实际情况,制定和批准有关文件,其中也包括教育方面的文件,视为地方性教育政策文件。

党的基层组织(党支部)负责宣传和执行党中央、上级党委组织的决议,但不能制定政策。

5. 党中央和国务院联合发布的决议、指示

在我国,还存在着党中央和国务院联合发布文件的情况。这一形式的教育文件常具有规范具体教育行为的作用,有时甚至就是教育行为准则,其施行具有法律性效果。

6. 党中央各部门、国务院及各部委所制定和批准的有关教育政策性文件

党中央的各部门为了贯彻落实党中央的政策,需要根据本部门的特点,在本部门职权范围内,制定或批准一些有关教育的政策。国务院即中央人民政府,是国家最高行政机关。国务院及其所属各部委制定并发布的意见、指示、通知等,称为国家政策,其中也包括教育问题的政策。制定国家的教育政策要以党的教育政策为依据。

7. 各种群众团体及其与教育行政部门联合发布的文件

共青团、妇联、工会等组织是群众性组织。它们虽然不是国家机关,但它们根据自己的特点和职权范围所拟定的文件,得到党组织或者国家机关的批准,或者与党政机关联合发布时,亦具有教育政策的一般功能,有号召或者规范的作用。这类文件,也应该看作政策性文件,按照执行政策的要求来执行。

### (三) 教育政策的制定与贯彻

1. 教育政策制定的要求

制定教育政策,第一,要以党和国家的总路线、总政策为依据。第二,要现实、准确。教育政策总是为了解决某个问题而制定的,没有问题,不解决问题,就不需要教育政策。因此,制定教育政策,一定要将问题摸准、吃透,目标要准确,对象要清楚。第三,要清晰明确。教育政策是指导教育实践的,是教育行政干部和师生行动的准则和规范,因此它必须非常明确,不能模棱两可,含糊不清。否则,人们或者无所适从,或者按自己的理解各取所需,如此便会破坏政策的功能。因此,一项有效的教育政策,并不需要作大量的解释和反复的阐明。第四,要注意教育政策的连续性、稳定性和系统性。教育政策的制定要符合客观实际,保持相对的稳定性和连续性,即使随着情况的变化教育政策也会随之发生变化,但这种变化不是翻云覆雨的,也要注意政策的连续性。任何教育政策都不是孤立的,它必然存在于各个层次的政策系统之中。在制定教育政策的时候,要正确地处理各种教育政策之间的关系,使各项教育政策形成一个系统,只有这样才能充分发挥教育政策的功能。第五,制定教育政策要有预见性。教育政策是要指导当前和今后一个时期内的行动的,在制定教育政策时,要有一定

的预见性。这就要求教育政策的理论研究要先行一步,要在掌握大量的资料和科学分析的基础上,预见事物发展的趋势。

2. 制定教育政策的程序

制定教育政策的程序大致可分为四个阶段:

第一,准备阶段。

(1) 确定教育政策所要达到的目标及欲收到的效果。

(2) 确定教育政策将要调动或约束的对象。

(3) 收集有关问题的资料:包括目前的政策,存在的问题,涉及的原则,政策以外的人对这项政策的想法,以及在该领域中可与之商谈的最内行的人的情况。

(4) 拟定探索性提纲。其内容包括:讨论其他可采用的行动方案;谁将受到这项政策的影响?他们有何反应?谁对这项政策的最终成果负责?他们有何期望?这项政策对本地区、本单位有什么影响?把教育政策的主要思想用文字表述出来;制定教育政策草案。

第二,批准阶段。

(1) 在教育政策提请批准之前,要征求有关人和有关部门的意见。

(2) 确定报批的日期,检查政策方案的精确性、简明性和完备性,准备好附加资料和相应文件,并将其一起送交批准机关。

第三,公布和阐明阶段。

(1) 安排公布的时间和方式。

(2) 准备足够的政策文本,分发到政策有关部门和单位。

(3) 对政策做出说明,以保证政策得到一致理解和接受。

第四,实施阶段。

(1) 制定适当的规则,明确各部门实施政策的责任和权力,以保证教育政策的贯彻执行。

(2) 收集政策公布后各方面的反映及执行情况。

(3) 采取必要的修正措施。

3. 教育政策的贯彻执行

(1) 贯彻执行教育政策要做好几项工作:一要做好教育政策的宣传解释工作。由于政策一般都是通过高度概括和精炼的文字表达出来的,人们对其制定的依据、目的及意义并不能立刻都理解,所以必须反复细致地做好宣传解释工作。二要做好组织落实工作。在执行某一教育政策的时候,如果原有的体制和机构基本上是适应的,那就只做相应的调整就行了;如果不适应,那就要进行必要的增减,使体制和机构有利于政策的贯彻执行。三要做好思想工作。一项教育政策,会涉及人们的切身利益,人们对它会持以不同的态度,所以,有针对性地做好思想工作,是教育政策得以顺利实施的重要保证。四要做好反馈工作。教育政策实施以后的效果如何,要及时、准确地反馈,只有这样才能采取应变措施,把矛盾和问题解决在萌芽之中。

(2) 贯彻执行教育政策要做到几个结合:一要做到原则性与灵活性相结合。一般而言,政策是从全局出发,根据各地共有情况而制定的。在贯彻教育政策的时候,要牢牢把握其基本精神,与此同时,要依据实际情况,在坚持原则性的前提下,灵活地加以运用,只有这样,才能使政策的原则性都能落到实处。二要做到领导与群众相结合。群众是贯彻执行政策的主要实践者,要把政策原原本本地交给群众,让群众认识自己的利益,掌握自己的命运,只有这样才能提高群众执行政策的自觉性。所以教育政策的贯彻落实,不但需要领导机关充分发挥积极性,还必须将其变为群众的自觉行动。三要做到执行与创新相结合。任何政策的制定,既是事物客观规律的反映,也是干部群众实践经验的概括和总结。所以,贯彻执行教育政策决不能止于照本宣科,而要强调创造性地贯彻执行,只有在执行中创新,才能使教育政策不断完善。

## 第二节 教育法规与教育行政执法

教育法规在教育管理中有着极其重要的地位和作用。这是因为,教育管理必须依法进行,无论是国家宏观的教育管理还是学校微观的教育管理都必须严格依法办事,树立依法治教的观念。限于篇幅,本节不打算涉及教育法制建设的方方面面,而只就教育法制建设中的两个重要问题——教育法规及教育行政执法作具体论述。

### 一、教育法规

#### (一)教育法规的概念与本质

1. 教育法规及其相关概念

教育法规是有关教育方面的法令、条例、规则、规章等规范性文件的总称,也是对人们的教育行为具有法律约束力的行为规则的总和。我们通常说的依法治教,就是要按照教育法规中所确立的行为准则规范和管理教育行为。

教育有广义和狭义之分。广义的教育泛指一切能够起到培养人的作用的活动,或者说,凡是对其施行对象能起到增长知识和技能,促进身心发展,影响思想品德等作用的活动,都可以称之为教育。狭义的教育则主要指学校教育。这是一种在特定的教育组织设施中,由专职教育人员根据一定的社会要求和教育对象的身心发展规律,有计划、有目的、有组织、有方法地施加影响,把他们培养成为社会所需要的人的活动。学校教育是国家教育事业的主要构成部分,包含在广义的教育之中。教育法规中的教育,是从广义的角度来理解的。因为教育法规作为规范教育行为的规则体系,它不仅对学校教育活动具有约束力,而且对通过其他途径进行的具有教育性的活动也具有约束力。如《中华人民共和国未成年人保护法》属教育法规范畴,它不仅对学校教育作了规定,还对家庭教育、社会教育、司法教育等方面作了必要规定,其所涉及的教育是广泛的、全方位的。

教育法规是有关教育方面的法律、法规的总称,所代表的是一个法律部门。教育法规与教育法律从广义上理解,意义是相通的,都是指以国家政权为保证强制执行的教育行为规则的总和。从狭义上理解,教育法律主要是指由国家权力机关(或称立法机关)制定或者认可的规范性文件;而教育法规仍是一个泛指概念,既包括国家权力机关制定、认可的教育法律,也包括国家行政机关制定的教育行政法规和规章,还包括地方权力机关和地方行政机关制定的地方教育法规和规章。

教育法规的内容主要是由具有法律约束力的行为规则构成的,后者也称教育法律规范。因此,两者之间是整体与个别的关系,教育法规是教育法律规范的总和,而教育法律规范则是构成教育法规的细胞。

教育法规与教育法制也是一对相互联系并相互区别的概念。教育法制是指教育法律制度,是统治阶级按照自己的意志,通过国家政权建立,并用以维护符合统治阶级利益的教育秩序的教育法规体系及其所确立的教育制度。构成教育法制的要素有三个:(1)教育法规的制定方式;(2)以教育法规形式确立的教育制度;(3)法定的推行教育制度的方式。可见,教育法规必须借助于教育法规手段而建立,而教育法制一旦建立,又对教育法规的制定、推行、实施等产生作用。

教育法规是由国家政权机关制定并以国家暴力机器为后盾而实施的,并且对人们的教育权利和义务起保护和规范作用。

2. 教育法规的本质及其特征

教育法规本质可视为一种上层建筑,具有很强的阶级性。这是教育法规最根本的本质特征。教育法规既然是由国家政权机关按照一定权限和法定程序而制定的,它必然要反映掌握政权的阶级的教育意志。我国的教育法规是由人民的政权机关制定的,它所体现的是工人阶级领导下的广大人民群众的教育行为,为促进个人的全面发展和社会主义现代化建设事业服务。教育法规的特征如下:

(1)教育法规的实施具有普遍的约束力,无论是被统治阶级,还是统治阶级内部成员,都必须毫无例外地遵守。我国的教育法规是按照民主集中制原则制定的,所反映的是全体人民共同的教育利益和教育意志。只有全社会每个公民都恪守教育法规,教育法规所体现的人民的教育利益和教育意志才能得到实现。教育法规的这种具有普遍约束力的特点反映了它具有全社会性,但不能因此抹杀教育法规的阶级本质。

(2)教育法规的实施具有强制性的特征。我国的教育法规把它所反映的人民的教育意志上升为国家意志,并且以国家暴力机器——监狱、军队、警察等为保证力量而实施。违反教育法规的行为要依据具体情况承担相应的法律责任,即受到一定的法律制裁。教育法规的这种强制性特征的强度是其他任何社会规范都不可相提并论的。这表明教育法规与其他社会规范对人们的教育行为所起规范作用的性质是不同的。

**(二)教育法规的体系和地位**

1. 教育法规的体系

教育法规作为有关教育的规范性文件的总称,是按照一定依据和原则排列的文件体系状态存在的。我国的教育法规体系是以宪法指导下的国家教育基本法为母法,与其所派生的一系列单行教育法及其他各层次规范性文件所构成。它具有纵向形式层次和横向内容分类两个维度。

教育法规的纵向形式层次依据其制定机关和法律效力等级,依次分为教育基本法、单行教育法、教育行政法规、教育行政规章、地方教育法规和规章等形式。这一排列的原则是:同级国家机关之间,权力机关制定的规范性文件的法律效力等级高于行政机关制定的规范性文件;上下级国家机关之间,上级国家机关制定的规范性文件的法律效力等级高于下级国家机关制定的规范性文件。

教育基本法和单行教育法由国家最高权力机关制定,属于狭义的教育法律范畴,是教育法规体系的主干部分。教育基本法是一个国家有关教育的总法的形式称谓,一般一个国家只有一个教育基本法。我国的教育基本法是2015年12月27日第十二届全国人民代表大会常务委员会第十八次会议《关于修改〈中华人民共和国教育法〉的决定》第二次修正并颁布的《中华人民共和国教育法》。其内容直接以我国宪法中有关教育的条款为依据,在教育法规中具有仅次于国家宪法的效力。单行教育法主要是指依据宪法或国家教育基本法,由国家权力机关制定并公布实施的各项有关教育某一方面的法律,如《教师法》《义务教育法》《职业教育法》等,另外还有其他直接含有教育行为规则的法律,如《兵役法》《国旗法》等。这一表现形式的规范性文件一般由全国人大常务委员会制定,名称通常为"法"。

教育行政法规和教育行政规章是由国家行政机关根据宪法和法律(包括教育法律)授权,为贯彻实施国家教育法律而制定的规范性文件。根据我国宪法第八十九条的规定,我国有权制定行政法规的机关为国务院。因此,由国务院制定或批准的教育行政法规,如《学校体育工作条例》《学校卫生工作条例》《中华人民共和国义务教育法实施细则》等,也是教育法规的表现形式之一。教育行政规章由国务院所属的各部、各委员会在法定的职权范围内制定,内容通常为贯彻国家教育法律或行政法规的具体措施。教育行政规章有由教育部单独发布的,也有由教育部和其他部委联合发布的,具体形式根据其规范对象的性质而定。一般来说,规范教育内部的事务由教育部单独发布规章,如《教师和教育工作者奖励规定》。而当规范的对象具有综合意义时,则由相关业务管理机构联合发布,如《特级教师评选规定》,由教育部(原国家教委)与人事部、财政部联合发布。

地方教育法规和规章是指根据国家宪法、法律和行政法规的授权,由地方权力机关及其行政机关制定,并且只在其行政区域内有效的规范性文件。根据我国宪法第一百条和第一百一十六条的规定,我国有权制定地方性法规的机关是省、直辖市、民族自治区的人民代表大会及其常务委员会。地方教育法规制定后须报全国人民代表大会常务委员会备案,其内容不得与国家教育法律和教育行政法规相抵触。地方教育行政规章由地方政府制定,内容一般为执行上述各层次教育法规的具体行政措施。

教育法规体系的横向内容分类主要是从对教育领域的覆盖面考虑,确立哪些单行教育法作为教育部门法。由于现代教育已经成为一个多层次、多类型的开放系统,教育内部及其与外部的关系也呈现纵横交错的复杂状态,即使教育体系本身也存在纵向层次与横向类型的区分。各级各类教育之间既有各自独特的个性问题,又有综合性的共性问题。而确立教育部门法系列,既要求对教育系统具有全面的涵盖,又要求避免教育部门法之间的交叉重复。因此,构建教育部门法系列,既要考虑各级各类教育的构成,又要考虑保障各级各类教育发挥教育功能的教育工作体系的构成。从一个国家教育事业的运作状态来看,其存在、发展并作用于社会,至少应由两个子系统构成,即各级各类教育实施系统和教育实施的保障系统(即教育管理系统)。教育部门法的确立,可以从这两个系统出发,分为两大类,再依据宪法和教育法中所确立的教育体系及教育事务的分类将这两类教育法规具体细化。据此,教育法规的横向维度可由这样一些教育部门法构成:规范各级各类教育的法规的学校教育法与社会教育法;学校教育法下有公立教育法与私立教育法;公立教育法下有学前教育法、基础教育法、高等教育法、职业教育法、成人教育法。规范教育管理的法规有教育行政法、教育财政法、学校设置法、教育人事法(教师法)、青少年保护法、义务教育法、学位法。教育行政法规和行政规章的制定,除对应单行教育的实施细则外,一般是从教育行政管理工作的项目出发确定其名称和内容,因而其文件的数量较为庞大。但每一个文件,除一些具有综合性或共性的教育工作的文件外,都可以归为以单行教育法形式体现的教育部门法的下位法规。

综上所述,教育法规体系是由教育基本法统帅下的纵向形式层次和横向内容分类有机结合而成的完整体系。

2. 教育法规的地位

教育法规的地位主要是指教育法规在我国法律体系中所处的位置。1979年以前,我国没有由国家权力机关制定的教育法规,法律工作部门和法学著作一般都将教育法规作为行政法下的一个小分类,其内容主要是关于教育管理活动方面的。但是,随着近十年来我国教育立法步伐的加快,教育法规在数量上增长迅速,教育法规内容不断丰富,教育法规体系必须随之逐渐完善,其所调整的教育关系范围也应不断扩大。有些诸如公民个人或法人或其他社会组织、团体的有关教育权利的保障与教育义务的履行等问题,已经超出行政法规调整的范围。因此,把教育法规从行政法部门独立出来,建立相对独立的教育法规体系,既具有可能性,也具有必然性。教育法规作为相对独立的法律分支,与国家宪法和其他法律有明显而密切的关系。从教育法规与宪法的关系看,宪法是国家的根本大法,宪法中有关教育的条款是制定和规划教育法规体系的法律依据。因此,可以说宪法是教育法规的最高原则,教育法规是宪法中对教育各方面所作原则规定的具体化,是实现宪法中所确立的教育权利和义务的保障。

从教育法规与行政法规的关系看,教育法规中有相当一部分与行政法规交叉的教育行政法规。因为管理教育是国家行政机关的基本职能之一,制定教育行政法规是国家中央行政机关进行宏观管理的方式之一。而且教育行政作为国家行政的一部分,必然要具备国家行政的一般特点。由此教育行政法规的内容、表现形式及其制定与实施等方面也会具有国家行政法规的一般特点,并受到国家行政法规基本原则的指导。

从教育法规与国家其他部门法的关系看,教育法规与其他部门法的实施往往具有相互依存和相互支持的特点。具体说,就是一方面在诸如《婚姻法》《兵役法》《国旗法》《劳动法》《财政法》《卫生法》《体育法》等其他部门法规中有关教育方面的行为规则,需要以教育法规的形式进一步明确规定施行细则,以便其在教育领域实施;另一方面,教育法规的实施,也需要其他法律部门的支持,如为了保证《教育法》《教师法》《义务教育法》等教育法规的法律强制力,需要援用行政法、民法或刑法中某些追究法律责任的制裁手段。

总之,教育法规是我国社会主义法律体系不可缺少的一个组成部分。一个国家的法律,如果缺少教育这个部门的法律,可以说是不完善的法律。

### 二、教育行政执法

#### (一)教育行政执法的概念和特征

1. 教育行政执法的概念

教育行政执法是指国家有关行政机关及其所属工作人员,在现实生活中实施教育法规的活动,是有关行政机关及其工作人员按照法定职权和程序所采取的直接影响公民、社会组织或其他社会力量有关教育的权利与义务,或对其教育权利与义务的行使和履行进行监督的具体行政行为。这一定义包括以下三个要点:

(1)教育行政执法是由特定主体进行的适用教育法规的活动。

(2)教育行政执法是特定主体依照法定职权和程序进行的活动。

(3)教育行政执法活动的结果是对一定对象(行政相对人)的有关教育的法定权利和义务产生影响,即使有关教育权利获得享有,有关教育义务得到履行。

教育行政执法中的"法"是一个外延很广的概念,它包括我国教育法规体系的全部,既包括规范教育管理活动自身的教育法律规范,也包括规范教育管理对象的教育法律规范。因而,教育行政执法是有关行政机关为实施国家的教育法规,而对公民个人、教育主体、学校或者其他社会组织做出的行为,它是一种由有关的行政机关依照法定权限执行教育法规,对行政相对人的违反教育法规的行为所作出进行改正、约束、制裁的行政活动。教育行政执法是行政活动的一种,但不是行政活动的全部。在教育行政执法过程中,必须遵守教育行政法的有关要求。

教育行政执法活动具体包括:制定推行教育法规的实施措施;对公民、社会组织和其他社会力量遵守教育法规的状况进行监督检查;进行教育行政司法(即对违反教育法规的行为采取制裁措施)等。如根据《中华人民共和国义务教育法》的有关规定,对招收义务教育适龄学生做童工的公、私营者进行处罚,责令其辞退童工,并进行罚款、停止营业、吊销营业执照等;又如责令失学或者辍学的义务教育适龄学生的父母或者法定监护人立即送子女入学,接受义务教育;以及处理骚扰学校治安案件和其他教育法律纠纷等,都属于教育行政执法行为。

2. 教育行政执法的特征

从以上对教育行政执法及其相关概念的分析可知,教育行政执法具有如下特征:

(1) 教育行政执法是一种具有国家意志性的活动。

教育行政执法首先是一种以国家权力机关的执行机关为主体来实施的一种活动。其实质是执法主体依据国家权力机关的授权,适用教育法规在特定领域内的操作,是代表国家来进行的。同时,教育法规作为国家法律的一个分支,其所体现的是上升为国家意志的我国人民的共同教育意志。因而,教育行政执法具有明显的国家意志性。无论是进行教育行政执法的主体,还是其执法对象——行政相对人都必须服从它。

(2) 教育行政执法是一种具有法律性的活动。

教育行政执法作为一种执法活动具有明确的法律性是不言而喻的。由于在现实生活中,相当一部分人对教育执法活动的法律性特征的认识相当模糊,因此,有必要加以强调。教育行政执法的法律性特征应作如下理解:

① 教育行政执法是一种法律行为,它依法成立后就产生了行政法律效果,非依法不得变更或者撤销。也就是说,从法律效力上讲,具有确定力、不可变力。这种效力来源于法律的授权。

② 教育行政执法也是受法律约束的具体行政行为。这种约束力体现在两个方面:其一是对其行政对象,即教育行政相对人的约束力,要求行政对象必须按照教育行政执法主体所实施的教育法规,充分履行教育法律规范所设定的教育义务;其二是对教育行政执法主体自身的约束力,即其执法主体的执法行为自身必须是合法的,而对于依照教育法规生效的行政执法行为,行政机关有义务维护。这说明,行政执法中也含有守法的问题。

(3) 教育行政执法是一种具有强制性的活动。

教育行政执法的强制性特征是由前面两个特征推导得出的。所谓强制性是指确定的、不可改变的约束力。既然教育行政执法是体现国家意志性的活动,因而必然具有强制性,具体表现为以国家军队、警察、监狱等暴力机器为后盾。行政机关对已经生效的教育行政执法行为要依照法律规定采取一定措施,使教育行政执法行为得以完全实现。如果管理对象拒绝履行教育法规规范设定的教育义务,国家行政机关可以并且必须依法强制执行或者申请人民法院或公安机关强制执行。强制性特征使教育行政执法成为一种有效的活动。如对于非法强行占用校园土地,或者在学校附近设置污染校园环境的污染源等行为(包括物质污染和精神污染),有关主管行政机关经过规劝、责令限时改正以及罚款等处罚无效者,可申请人民法院或者公安机关采取强行拆除非法占用校园土地上的建筑物,或者清除污染源等强制执行手段。

(4) 教育行政执法是一种具有单方权威性的活动。

由于教育行政执法是由国家行政机关代表权力机关执行教育法规的活动,而其所执行的教育法律又是由具有普遍约束力的教育行为规则所构成,其执法主体可以通过拥有的各种强硬手段来强迫执法对象服从,并不需要考虑其执法对象的个人意愿;反之,其执法对象必须无条件地服从执法主体的约束,使教育行政执法成为一种具有单方权威性的活动。例如,对乱收费的处理以及对未遵守《义务教育法》的有关规定的各种行为,除法律另有规定的特殊情况以外,一般均可由教育行政执法主体单方依法做出处置决定,违法者必须服从,否则可通过一定形式强制执行。

教育行政执法的单方权威性并不意味着专制。因为它所执行的教育法律规范是体现了广大人民共同教育意志的教育行为规则,其民主性在立法过程中就已经得到充分的体现。教育行政执法的单方权威性恰恰是人民共同教育意志实现的保证。

(5) 教育行政执法具有主动性特征。

教育行政执法一般是由行政机关主动实施的教育行为,即一旦发现问题就必须处理,这一点有别于民事法律行为中的"不告不理"原则。如针对一些学校出现的乱收费问题以及有些社会不法分子干扰学校教育教学秩序等问题,一经发现,就必须处理,否则就是渎职。教育行政执法的主动性特征是由行政权的性质所决定的。行政权从其本意来说,就是执行政务和对社会事务进行管理的权力。如果说立法活动从某种意义上说是具有决策性质的活动的话,那么,教育行政执法则可以看作是一种对教育决策加以执行的活动。而决策后的执行和对教育活动的管理,应当是积极主动的,而不是消极被动的。但是,教育行政执法的主动性就一般状况而言也不是绝对的,教育行政执法中有一部分是应行政相对人的要求而做出的,如批准办学、发放教师资格证书等,需由有关公民或其他社会主体先提出申请,然后由行政机关进行审核后决定是否批准或发放资格证书。

(6) 教育行政执法具有执法主体多元性的特征。

在现实生活中,人们通常认为教育行政执法仅仅是教育行政部门的事,这种认识是不全面的。在我国行政制度中,不同部门的行政主管机关具有不同范围的行政相对人。教育行政作为国家行政制度的一个组成部分,必然也要遵循这一规则。就教育内部来看,其主管机关是教育行政机关。从某种意义上讲,其调整的主要是教育内部的关系。但是,在现代社会,教育已经发展成为一种全社会的事业,教育法律所约束的对象不再仅仅是学校、教师、学生等教育主体,它同时约束着全社会每个成员和各种社会组织、团体,使他们具有了一些与教育有关的义务,同时也赋予了他们一定的教育权利。如不得侮辱、殴打教师和学生;不得骚扰学校的教育教学秩序;不得侵占校园土地;不得制作、播放可能诱导未成年人行为不良的广告等。从我国《教育法》的内容来看,其所涉及的守法主体包括国家各级政府机关、军队、企事业组织、社会团体及其他社会组织和个人,教师和其他教育工作者、受教育者以及境外人员申请在国内从事有关教育活动的人等,几乎囊括了社会所有主体,而其中有相当一部分属于教育行政部门管理范围以外。同时,有些行政制裁措施的执行,也不在教育行政部门所拥有的权限范围内。如对骚扰校园秩序情节严重,必须依法予以行政拘留的,由公安机关执行;此外,《教育法》《教师法》以及其他有关教育法规中多处使用"地方各级人民政府""有关部门"字眼的,表明也并没有将教育行政执法权完全授予教育行政主管部门,其他"有关部门"应在其管辖职权范围内进行教育行政执法。由此可见,教育行政执法已经成为教育行政部门以外其他有关行政机关的职责的组成部分,教育行政执法的主体具有多元性特征。认识到这一点,对于提高各有关行政机关的教育执法意识十分重要。教育行政部门,尤其是教育督导部门,应能起到督促、协调的作用。

### (二)教育行政执法的地位

对于教育行政执法的地位,我们可以从两个方面进行分析。

#### 1. 教育行政执法是国家行政机关的基本职能之一

我国宪法明确规定教育事务由各级行政机关以中央统一领导,地方分级办学、分级管理的形式进行领导管理。同时还规定国务院根据宪法和法律,规定行政措施,制定行政法规(第八十九条);县级以上地方各级人民政府依照法律规定的权限,管理本行政区域内的教育事业(第一百零七条)。我国《教育法》第十四条和第十五条对这一制度做了进一步的明确规定,明确了国务院和县级以上各级及其教育行政部门和其他有关部门在管理教育事业上的职责、权限。而教育行政执法,实质上也是行政机关依照法律规定的权限管理教育事业的一种活动。因而,教育行政执法是国家行政机关的基本职能之一。而从另一个角度看,这也意味着行政机关对此负有相应的行政责任,并且是不可推卸的、必须承担的责任,否则就构成违法即渎职,或玩忽职守。

以上提到的宪法第八十九条和第一百零七条内容中所出现的"法律"概念,在外延上是有区别的。由不同国家机关制定的法律,具有不同的效力等级。第八十九条中出现的"法律"主要是指国家权力机关制定的法律,目前在教育方面的法律有:《中华人民共和国教育法》《中华人民共和国义务教育法》《中华人民共和国教师法》《中华人民共和国未成年人保护法》《中华人民共和国职业教育法》《中华人民共和国学位条例》《中华人民共和国高等教育法》《中华人民共和国民办教育促进法》《中华人民共和国国家通用语言文字法》等。此外还有一些由国家权力机关制定的包含有教育条款内容的法律,如《中华人民共和国国旗法》《中华人民共和国兵役法》《中华人民共和国残疾人保障法》《中华人民共和国妇女权益保障法》等。而第一百零七条中出现的"法律"概念则不仅包括国家权力机关制定的法律,还包括地方权力机关制定的地方法规和国务院制定的行政法规。如地方各级政府管理义务教育事业,不仅要遵守《义务教育法》,而且要遵守由国务院批准实施,在全国范围内生效的《义务教育法实施细则》和本省、直辖市、自治区人民代表大会制定的地方义务教育实施条例(或细则、办法等)。

#### 2. 教育行政执法是教育法规实施的主要方式之一

教育行政执法是教育执法制度的重要组成部分,是教育法律制度正常运转的重要环节。教育法规的实施方式主要有两种:一种是广大教育关系主体对教育法规的遵守,另一种是教育执法,其中教育行政执法占有极为重要的地位。如上所述,管理教育的事务首先是国家行政机关的行政职能之一。通常情况下,违反教育法规的行为属于一般违法行为,主要通过行政途径解决,只有在违反教育法规的行为情节特别恶劣,达到犯罪程度,同时触犯了国家刑法,或由行政制裁无效时,才由司法机关出面解决。也就是说,大量的教育违法行为是通过行政机关采取制裁措施,得以规范改正的。而规范改正教育违法行为,又恰恰是教育法律制度实现正常运转的关键环节。教育法律制度是否完善,与教育执法制度是否健全有着密切联系。

**(三)教育行政执法的原则**

教育行政执法不是一种任意进行的执法活动,它必须遵循合法性、越权无效、应急性、合理性等原则。以下将分别论述。

1. 合法性原则

所谓合法性原则即教育行政执法必须符合有关法律规定。这是由教育行政执法是一种法律性活动所决定的。这里"法"的概念是从最广义的角度来理解的。从其表现形式来看,它包括以宪法、教育基本法、各单行教育法、教育行政法规和规章、地方教育法规、自治教育条例、各种单行教育条例,以及其他包含有教育条款的法规等各种形式为载体的教育法律规范。从其在法律生活中的作用来看,则包括实体法和程序法。

这一原则要求做到:

(1)教育行政执法必须在法定职权范围内进行。即其执法主体与其所拥有的权限必须符合有关法律规定。

(2)教育行政执法活动在进行过程中必须符合法定的执法程序。

(3)教育行政执法的内容与手段必须符合有关法律规定。

(4)教育行政执法主体既然拥有某种职权,就必须使用才合法,否则也构成违法。由此可见,遵循合法性原则既要做到以法治教,又要做到依法治教。当前尤其需要注意纠正将法律仅仅当作一种管理武器的认识偏向。事实上,在完善的教育法制中,教育法规也是规范教育管理活动自身的规则。因而,教育行政执法必须做到严格依法办事。

2. 越权无效原则

越权无效原则是由合法性原则引申而出,并对合法性原则进行反证。其含义是指超越法定职权范围的教育行政执法行为属于无效行为。从构成国家生活的整体角度讲,每一个国家机关的成立,都要以法律形式确定其职权范围,各个行政机关在各自不同的职权范围内运作,受行政效率原则要求,通常具有不可推诿和不可重复性的特点。教育行政执法必须遵循越权无效原则,方可避免重复执法。

遵循越权无效原则,在一定程度上也可以防止权力滥用。如对拒不送子女入学接受义务教育,经教育、罚款等处罚仍不改正的,可予以行政拘留的制裁。但行政拘留必须申请公安机关执行,教育行政机关不得自行拘留,否则,不仅无效,反而会引起不必要的法律纠纷。此外,涉及一些专门技术问题的监督检查,也必须由专门的专业部门进行。如对学校卫生工作的监督检查,必须要有卫生部门的参与,是否符合卫生标准的评价,必须由卫生部门做主,否则也是无效检查。

3. 应急性原则

应急性原则是以行政法所确定的行政紧急权力为基础而提出的。其含义是指根据公共利益的需要,在紧急情况下,采取的非法行为可以有效。在诸如战争、流行病变、自然灾害等非正常情况下,有时维护公共利益的必要性会超过对合法性的要求。例如在正常情况下,停课是不允许的,做出停课的决定是违法的。但在突然出现自然灾害,校舍处于危险状态,可能会危及学生、教师生命健康、安全,或在某一地区出现恶性传染病(如非典、H7N9型禽流感等),为维护师生的健康、安全,或防止流行病扩散,在一定时间及一定范围内做出停课决定,以便及时从危险地带疏散师生,或对传染源起到隔离作用,就应该是有效的,而不是无效的。由此可以看出,应急性原则是合法性原则的特殊情况。

4. 合理性原则

合理性原则是指在进行教育行政执法时,所采取的措施、手段等在内容上要客观、适度、符合合理性。这一原则是针对教育行政执法中存在自由裁量权而提出的。

严格说来,在教育法律制度完备的条件下,教育行政活动主要是执行教育法规。其活动的展开从内容到形式都应依法进行。但是,由于行政事务的复杂性,受到错综复杂的关系制约,也常常会发生意外情况,立法机关不可能制定十分严密的教育行政法对所有的教育行政活动予以规范或者约定,因而不得不从法律上和事实上承认行政机关的自由裁量权,使之在一定程度上能够对执法行为做出一定选择。教育作为国家统一领导的公共事业,在现有教育法规中诸多的问题上授予了教育行政以自由裁量权。如《义务教育法》第十一条规定,地方人民政府可以批准有"特别情况"的义务教育适龄儿童、少年"延缓入学或者休学";第四十二条规定,"国务院和地方各级人民政府用于实施义务教育财政拨款的增长比例应当高于财政经常性收入的增长比例,保证按照在校学生人数平均的义务教育费用逐步增长,保证教职工工资和学生人均公用经费逐步增长。"(简称"两个增长"原则,后在《教育法》中又增加了"保证教师工资和学生人均公用经费逐步增长")。这两个条款对"特殊情况"和各级人民政府教育经费财政拨款增长的具体比例幅度没有做出具体规定,这就使行政上对特殊情况的认定和用于义务教育的经费的增长幅度在一定程度上具有自主决定的权力。因而,为防止教育行政执法中滥用自由裁量权,必须遵循合理性原则。

贯彻合理性原则要求做到:

(1)执法行为的动因,必须符合立法目的。

(2)执法行为步骤,必须建立在正确考虑的基础上,即要符合客观规律。

(3)执法行为内容要合乎情理。

如地方人民政府作教育经费预算时,必须以符合《义务教育法》保证义务教育事业健康发展的立法目的为指导思想;在预算过程中必须研究当地教育发展的需要和财力可能,当地经济发展的需要以及如何使教育为当地经济服务等问题,从而在符合"两个增长"的法律原则的前提下,对增长的幅度做出合乎情理的预算。这就要求地方政府处理好经济、科技、教育三者的关系。

(四)教育行政执法的内容与方式

教育行政执法的内容,概括地说,就是有关行政机关依据教育法规进行教育管理活动,直接影响或者直接涉及公民个体、社会组织有关教育的权利和义务。也即在教育管理活动中,涉及教育权利和义务关系,以有关行政部门为一方,以行政相对人为另一方,对行政相对人有关教育的权利和义务的实现发生影响的活动,就是教育行政执法活动。

根据教育法规在实践中运转机制的不同环节,教育行政执法的具体内容是不同的,主要可以分为推行教育法规实施、对遵守教育法规状况进行监督检查和进行教育行政司法等三个方面。

1. 推行教育法规实施

推行教育法规的实施,主要表现为依照有关教育法规做出决定,采取措施,直接规范公民个体、学校、教师、社会组织和其他社会力量对有关教育权利的享受和有关教育义务的履行。

我国宪法明确规定了我国公民享有受教育的权利和义务(第四十六条第一款),使受教育成为我国公民的基本权利和义务之一。我国《教育法》根据宪法所确定的基本权利和义务,以及在法律面前人人平等的原则,进一步明确规定:我国"公民不分民族、种族、性别、职业、财产状况、宗教信仰等,依法享有平等的受教育机会"(第九条),作为保障公民受教育权利和义务实现的条件。为保证我国公民的基本素质,《教育法》和《义务教育法》中都进一步规定"国家实行九年制义务教育制度"(《教育法》第十八条,《义务教育法》第二条);《义务教育法》还规定了义务教育适龄学生"不分性别、民族、种族、家庭财产状况、宗教信仰等,依法享有平等接受义务教育的权利,并履行接受义务教育的义务。"(第四条)。由此使九年制义务教育成为既是公民应当享有的教育权利,又是公民必须履行的教育义务。此外,根据宪法及有关教育法规的规定,我国公民还有平等竞争除义务教育以外的其他层次、类型的教育权利。宪法和教育法规中所规定的这些公民的教育权利和义务如何实现?宪法规定:"国家发展社会主义的教育事业""举办各种学校""发展各种教育设施""鼓励集体经济组织、国家企业事业组织和其他社会力量依照法律规定举办各种教育事业"(第十九条)。根据这些规定,各级政府及其行政机关必须在职责范围内作出教育规划,采取具体行动步骤,设置义务教育设施,以保证公民享受义务教育权利;同时,也要采取其他有效措施,保障公民接受义务教育,从而使国家宪法中有关教育的规定、《教育法》和《义务教育法》以及其他教育法规得到贯彻实施。

教育法规主要是通过政府行政部门来贯彻实施的。我国《教育法》中对国家建立的各种教育制度的规定,和《教师法》中有关各项教师权益的实现,也有赖于各级政府及其行政机关制定具体的行政措施予以保证。由此可知,制定各种推行教育法规的行政措施,是进行教育行政执法的重要内容。教育法规中许多授权行政机关进行管理的教育事务,都需要有关行政部门制定出相应的具体行政措施。从这个意义上看,制定推行教育法规的行政措施,也是教育法规本身系统化、配套化的需要。

2. 对遵守教育法规状况进行检查和监督

这是指通过各种方式对公民个体、社会组织和其他社会力量是否行使教育权利和履行教育义务的情况进行监督、检查。除了从正面采取推行教育法规的行政措施,教育行政执法的内容还包括对公民个体、社会组织和其他社会力量遵守教育法规的情况进行监督和检查,以防止违反教育法规的行为发生,或者做到及时纠正违反教育法规的行为。

进行教育行政执法是行政机关的职责,是由有关行政机关主动做出的代表国家意志的行为;而且教育是一种特殊的社会事务,有时违反教育法规的行为的社会危害性具有潜在性特点,其所危害的是国家和社会的长远利益。如造成义务教育适龄学生失学或者辍学的行为,对违法的公民个人或者某个法人来说,可能是眼前利益的满足,但却对国民整体素质的提高造成障碍,从而对国家和社会将来的发展带来隐患。又如,目前学校教育中存在的种种"反教育"现象,对年轻一代造成了不良影响,其社会后果也将是十分严重的。因此,为了维护国家、民族和社会的长远利益,国家行政机关有权,也有义务对管理对象遵守教育法规的情况进行监督和检查,以保证教育法规实施的效力。

对公民个体、社会组织和其他社会力量的守法情况进行监督、检查,也是各级政府了解和掌握教育法规在教育活动中运转情况的主要途径之一。根据在监督、检查中掌握的情况和针对在监督、检查中发现的问题,提出改进的对策,一方面会促使行政机关进一步完善自身的教育行政措施,另一方面,可以将问题反映到国家权力机关,通过权力机关进一步完善教育法规建设。

3. 进行教育行政司法

进行教育行政司法,主要是指通过行政途径,处理教育法律纠纷,对违反教育法规的法人行为采取一定的制裁措施。

我国《教育法》《教师法》《义务教育法实施细则》《未成年人保护法》等教育法规文件中,均列有"教育法律责任"一章,并对必须进行追究教育行政法律责任的行为做出了规定。有关行政机关在其管理权限范围内行使制裁权限。

虽然对违反教育法规行为的法律责任追究,并不仅限于行政责任,还可能涉及民事法律责任、刑事法律责任,甚至违宪责任,但是由于教育管理主要是行政职能,教育法规中有相当数量以教育行政法规形式表现的规定,而且教育违法行为大多数只是一种一般性的违法行为,这使教育行政司法在整个教育司法中占有相当比例。

对违反教育法规的行为,应当给予教育行政处罚的,必须按照《教育行政处罚暂行实施办法》所明确的范围、手段和程序进行。

以上三方面的内容体现了教育行政执法过程的不同阶段。通过制定行政措施推行教育法规,是教育行政执法的第一个阶段。由于行政措施通常以行政法规和行政规章的形式表现出来,因此,又可视为一种行政立法活动。行政措施制定以后,在要求有关守法主体遵守和有关部门贯彻实施过程中不可放任自流,仍需有必要的监督、检查,这是教育行政执法的第二个阶段。在监督、检查过程中,发现和处理违法行为,即进行教育行政司法,这是教育行政执法的第三个阶段。监督、检查的过程,除具有发现违法行为的作用之外,对教育行政措施乃至教育法规自身的制定是否科学、合理,也起着反馈作用。如果发现教育行政措施本身在内容上有需要改进的地方,必须进行修改时,其教育行政执法又回到了"行政立法"这个开端。可见,这三方面的内容是相互联系和相互影响的。处理好教育行政执法三个阶段的关系,对提高教育行政执法的总体水平具有重要意义。

针对教育行政执法的不同内容,具体可以采用制定行政措施、组织监督检查、许可与确认、追究行政责任、奖励等几种方式进行教育行政执法。

## 思 考 题

1. 解释下列概念:
教育方针　教育政策　教育法规　教育行政执法
2. 简述我国教育方针的历史沿革。
3. 教育政策的表现形式有哪些?
4. 试述教育法的体系。
5. 简述教育法规在法律体系中的地位。

6. 教育行政执法有哪些特征?
7. 简述教育行政执法的地位。
8. 教育行政执法的内容与方式有哪些?
9. 教育行政执法的原则有哪些?怎样实施这些原则?

# 第五章　教育预测与教育规划

**内容提要**　本章教育预测部分着重介绍教育预测所依据的一些基本原理、各种教育预测类型的特点和功能、常用教育预测方法的特性和实施步骤，并对教育预测的一般程序作了比较详细的描述。教育规划部分重点论述了教育规划的特点、分类以及教育规划的步骤，介绍了教育规划的意义和几种比较常用的教育规划方法。

## 第一节　教育预测

### 一、教育预测的含义与种类

#### （一）教育预测的含义

预测是一种探索未来的活动。它不同于基于人的预感的直觉预见，也不同于基于人的生活经验的日常预见，更不同于相信超自然力的宗教预见。它是人们利用科学的方法，根据对自然、社会发展规律的认识来推测事物未来发展可能性的活动。预测的领域非常广泛，教育预测是其分支之一。

教育预测是指依据教育发展的规律，利用科学预测的原理和方法，对未来教育发展的前景做出推测的活动。教育预测的基本功能是，通过推测未来教育发展变化的性质、结构特点及其时间规律，为教育决策、计划和规划部门提供多种可供选择的途径和方案。

教育预测在教育决策中的作用，主要是运用教育预测的原理和方法，对未来教育的发展目标提出若干种可能的实施方案，并对方案的可行性及其利弊加以详细的说明，为科学的教育决策提供技术上的支持。

教育预测在教育计划中的作用主要体现在，教育预测的数量结果能为教育计划部门提供大量有关教育发展趋势的定量信息，这些信息能够作为教育计划编制的客观依据，并且能够使编制的教育计划更加贴近实际，更为有效。

教育预测在教育规划中的作用是非常明显的。在教育规划的过程中，教育预测既是教育规划准备阶段的重要内容，又是教育规划进程中的分析工具，最后还是教育规划方案的评估手段。

#### （二）教育预测的分类

教育预测的领域非常广泛，预测的形式多种多样。从应用的角度出发，可以对教育预测作如下的划分：

1. 宏观教育预测与微观教育预测

按照教育预测的范围分类,宏观教育预测是根据教育与社会、经济、科技、人口等的联系,从全局上对一个国家、地区、部门教育发展的总体预测。预测内容包括教育制度、教育结构、教育功能、教育形式、教育发展的速度和规模等。

微观教育预测是指对教育发展的局部问题的预测。它包括对学校某方面发展的预测,教育某方面问题的预测以及个人教育前途的预测等。

宏观教育预测需要花费较多的人力、物力和财力,但是,由于它对政府部门制定政策和计划有重要作用,因此,容易得到政府有关部门领导的有力支持。微观教育预测比较灵活多样,对预测结果的精度要求也相对较低,因此,预测工作的花费较小,但其预测的可靠性也不高。

2. 定性教育预测与定量教育预测

按照教育预测方法的性质分类,定性教育预测又称直观判断教育预测,它是根据已知的教育发展规律,运用逻辑推理的方法,对教育发展的趋势做出定性判断和推测。定性教育预测的特点是简便、易行,而缺乏精确性。

定量教育预测是根据教育发展过程中因素间的数量关系,利用各种数量化工具,通过建立教育预测的数量化模型,来预测教育发展的数量规律。定量教育预测的特点是预测结果明确,但预测过程比较复杂。

3. 短期教育预测、中期教育预测与长期教育预测

按照教育预测时间的长短分类,教育预测可分为短期教育预测、中期教育预测和长期教育预测。一般短期教育预测的时限为五年之内,中期教育预测的时限为五年到十年,长期教育预测的时限为十年以上。虽然长期教育预测比短期教育预测更难把握,但由于教育活动的周期长,因此长期教育预测在整个教育预测中仍有很重要的地位。

4. 单一法教育预测与综合法教育预测

按照使用预测方法的多少分类,可以将教育预测分为单一法教育预测和综合法教育预测。单一法教育预测是指在进行教育预测时,仅采用一种方法的教育预测。综合法教育预测是指在进行教育预测时,同时采用多种方法的教育预测。在教育预测的实践中,使用综合法教育预测能够有效地提高预测的可靠性。

5. 单对象教育预测与多对象教育预测

按照教育预测对象的多少分类,可以将教育预测分为单对象教育预测和多对象教育预测。单对象教育预测是指对单一教育预测对象发展的预测。多对象教育预测是指同时对多个教育预测对象发展的预测。生源预测、师资预测等都可以看成是单对象教育预测的例子。实际应用中,单对象教育预测经常融入多对象教育预测之中。

## 二、教育预测的原理与方法

### (一) 教育预测的原理

教育发展的规律是教育预测的基本依据,人们只有遵循教育发展的客观规律,才能对教育的发展趋势做出科学的预测。因为教育现象有延续性、相关性和相似性的特点,因此,教育预测也有相应的三条基本原理。

1. 延续性原理

与其他事物的发展一样,教育的发展也有其延续的规律性。教育发展的延续性表现在,

教育的现实状态是过去状态的延续,未来的状态是现实状态的延续,通过对一段时期教育过程的持续观察和分析,人们一定会找到教育现象的某种发展变化规律,利用这种规律,就能对教育发展的未来做出合理的推测,这就是教育预测的延续性原理。例如,对教材内容变革的预测,在考虑到教材的变化要满足社会进步要求的同时,还必须认识到人类知识的积累和传播具有继承性。因此,对教材内容预测时一定要体现延续性原理,既要对未来教材可能容纳大量新知识的先进性作充分的分析,又要遵循学生掌握知识的客观规律,不可对教材内容的变化作过分超前的估计。

2. 相关性原理

教育现象的发生和发展常常受到多种因素的影响,分析这些因素与教育现象的相互作用、相互制约关系,可以推测出教育现象的发生与其他事物发生的因果关系,这种依据教育与其他事物相互联系来预测教育发展的原则,就是教育预测的相关性原理。例如,分析人口总数、出生率、死亡率、人口年龄构成、学龄人口等影响教育发展规模的人口指标,就能比较准确地预测未来教育所应承担的义务教育任务。

3. 相似性原理

教育现象在不同时间、地点一般不会有完全相同的状况,但是,当内部和外部条件基本相同时,它们的发展过程就会非常相似。如果我们知道某教育现象的发展过程,就可以根据相似规律,预测类似教育现象相应的发展变化过程,这就是相似性原理。例如,某教育研究人员对一种新的教学方法进行了实验,该实验在普通中学进行,实验班的老师和学生都是随机选取的,经过一段时间的教学后,实验取得了明显的成绩。根据相似性原理,我们就有理由相信,在同样条件下的实验班级也能取得类似的成绩。

### (二) 教育预测的方法

目前世界上所使用的预测方法已达 200 多种,其中有不少被用来进行教育预测,这里仅介绍比较流行的教育预测方法。

1. 教育专家个人预测法

教育专家个人预测法是根据教育专家个人的知识、经验和推理判断能力,对教育发展状况做出直观预测的一种方法。这种方法的特点是便于实施,节省人力、物力、财力和时间,但它要求预测者必须对预测对象有深入和全面的了解,并且占有丰富的相关资料,否则就极易产生片面性。

运用教育专家个人预测法时,可以采用口头咨询的方式,以便快速地得到预测结果,如果时间允许,也可以让专家经过充分思考后,以书面的形式提出预测的结论。

2. 教育专家协商预测法

教育专家协商预测法是将若干名教育专家集中在一起,共同探讨未来教育发展的趋势,预测教育前景的一种方法。这种方法的特点是能够集思广益,有可能利用不同教育领域专家的知识和经验,使得预测结论更加全面和准确。但教育专家发表个人意见时,极易受到权威和多数人意见的影响,而使正确的预测被忽视,同时,教育专家的自尊心还容易造成预测意见的分歧,使得难以形成最后一致的预测方案。教育专家协商预测法常采用会议的方式进行,通过面对面的交换意见,对有关的教育发展问题做出预测。

3. 德尔菲预测法

德尔菲(Delphi)预测法是采用同时向多位专家发函征询预测意见,并经过多轮反馈而使预测意见趋于一致的预测方法。

德尔菲源于古希腊的一个城市名,是阿波罗神殿所在地。20世纪50年代初,美国著名的咨询机构兰德公司的研究人员达尔奇和赫尔默设计出这种以德尔菲命名的预测方法,并由该公司在以后的时间里不断加以改进。目前德尔菲预测法已经广泛应用于包括教育在内的众多领域。

德尔菲预测法的特点是各专家便于表达自己的真实想法,由于不必面对面地发表自己的意见,因而各专家不会受到权威意见的影响,加之数次反馈集体的主要意见,这样就能有效地将许多专家的意见迅速地统一起来,预测结果也比较准确,花费的时间和财力都比较少。

德尔菲预测法的基本步骤是:
(1)选聘对所预测教育问题有深刻见解的专家若干名。
(2)向有关专家邮寄调查表,征求他们对教育发展进程的意见。
(3)回收调查表并加以综合统计。
(4)将统计的调查结果反馈给各位专家进行第二轮征询调查。
(5)回收第二轮的调查表,进行综合统计。
(6)仿照第一、二轮的做法进行第三、四轮的调查,数轮调查以后便可得到最终的预测结果。

4. 回归预测法

回归预测法是通过对大量数据进行统计分析,寻找出变量之间的某种统计规律性,并用回归方程加以描述的一种预测方法。

教育的发展受到多种因素的影响,这些因素对教育影响的程序和方向各有不同,根据大量实际数据来反映教育问题和其他因素的关系,并据此对教育现象进行预测,就能够比较全面地反映客观情况,从而提高教育预测的可靠性。

进行回归预测的一般步骤是:
(1)在相关变量之间建立回归方程。
(2)检验回归方程存在的统计合理性,并对各自变量对因变量影响的显著性进行检验。
(3)利用回归方程进行预测,并了解这种结果的精确程度。

根据回归方程的几何特性,回归方程可以分为线性回归方程和非线性回归方程。当变量之间的关系非线性时,可以通过适当的变换将其转化为线性关系来讨论。随着电子计算机的不断普及,回归预测方法在教育领域的应用日益增多。

5. 马尔柯夫预测法

马尔柯夫预测法是通过研究动态系统的状态和状态变化过程来推测随机事件变化的一种数字预测方法。

这里的系统是指我们所研究的对象,例如,一所学校,一个班级。如果一个系统的状态是随机的,则其状态的变化过程就是一个随机过程。例如一个班级优、良、中、差各类学生占总人数的比例,随着时间的推移而不断改变,而且这种变化完全是随机的,由此就可以得到一个随机动态系统。如果一个动态系统某一时间的状态仅与前一时刻的状态有关,那么随着时间的变化,系统状态改变的随机过程就称为马尔柯夫过程。当把时间参数取为离散数值时,马尔柯夫过程就称为马尔柯夫链。

马尔柯夫链的一个重要特点就是无后效性。即一个动态系统某一时刻的状态仅与前一时刻的状态有关,而与更前时刻的状态无关。教育领域中存在不少类似的动态系统,可以利用马尔柯夫预测法。

### 三、教育预测的程序

虽然教育预测不能对未来教育发展做出绝对准确的判断,但按照一套完整的程序做出的预测,会有利于提高预测的可靠性和准确性。教育预测的操作程序一般需要包括以下几个步骤:

#### (一)明确预测的目的

在教育预测的开始阶段,必须首先明确预测目的,以便在此基础上选择相应的预测内容和方法。例如,如果预测目的是要确定教育制度,那么,选择的预测内容应包括社会、经济、文化、人口等宏观领域各因素对教育的影响,预测方法则应以教育专家个人预测法、教育专家协商预测法等定性预测方法为主。如果预测的目的是要规划学校的发展规模和水平,那么,除了考虑宏观领域的各种因素外,还需要重点考察未来社会需求的趋势和生源的流动状态,相应的预测方法则可采用回归预测法、马尔柯夫预测法等定量预测方法。

#### (二)搜集预测所需的数据和资料

搜集预测所需的数据和资料是教育预测的一项基础性工作,此环节质量的高低直接影响到教育预测的可靠性和准确性。在搜集数据资料的过程中,需要特别注意数据资料的完整性、有效性和正确性,以确保教育预测的质量。这里的完整性是指搜集到的数据资料应该基本上是完整的,不能有较大范围的遗漏,否则会影响预测的客观性和全面性。有效性是指搜集到的数据资料应该准确而且具有权威性,不是道听途说或从非正式渠道得到的。正确性是指搜集到的数据资料不应该有逻辑和计算方面的错误。

数据资料的来源非常广泛。有关的统计部门可以提供绝大部分的信息,书刊杂志和单位的内部资料也是搜集预测所需数据资料的重要来源,必要时还可以用问卷调查和其他搜集数据资料的方法。

#### (三)选取合适的预测方法

选取合适的教育预测方法是预测成败的关键环节。不同的预测方法各有特点,它们对未来教育发展预测的效果也不尽相同,我们需要扬长避短,针对不同的预测问题,选取合适的预测方法,只有这样才能取得事半功倍的效果。在选取预测方法时需要考虑以下几个相关因素:

(1)教育预测的任务和目的。
(2)各教育预测方法的优点和局限。
(3)教育预测人员的水平。
(4)教育预测所需时间、资料、财力的状况。

一般来说,逻辑判断预测方法投入的人力、物力、财力和时间较少,因而,其预测结论也就不够精确。数学模型预测方法投入的人力、物力、财力和时间较多,因此,所得的结论也相对比较精确。不能认为选择的预测方法越复杂越好,而应该选择实用标准。

#### (四)实施预测

实施预测是教育预测的中心环节。它的基本操作过程是:首先,整理搜集到的大量原始资料;然后,根据获得的数据资料,建立相应的教育预测模型,由此提出教育预测的初步方案;通过对教育预测初步方案的反复论证修改,最后确定教育预测的结果。组织有关专家对教育预测初步方案进行论证,主要内容包括:教育预测的思路是否正确;预测模型中各种参数选择是否恰当;预测模型是否合适;预测结果是否合理等。

### (五)报告预测成果

教育预测的最后一项工作是报告预测成果。预测报告是预测成果的书面表达形式,其主要内容包括:预测目的和任务的阐述;预测过程的详细说明;预测方案的分析和解释;预测工作的建议等。无论用什么样的预测方法,教育预测的结论都难以达到绝对准确的程度。因此,在分析和报告预测结果时,应充分表明教育预测过程,认真解释预测的背景,唯有如此,才有利于对预测结果的正确理解和应用。

## 第二节 教育规划

### 一、教育规划的含义及特点

#### (一)教育规划的含义

"规划"一词在不同文献中的定义往往各不相同,有的偏重目标,有的偏重过程,综合它们的要点,可以给"规划"下这样一个定义:规划是指在确立目标的同时,为了实现目标的需要,对相应的政策、措施和资源进行全面设计和安排。规划在现代教育行政工作中占有重要的地位,它是制定教育发展战略的基本工具。

教育规划是根据社会发展和教育进步的需要,在确立教育发展总目标的同时,对教育发展的子目标、相关因素进行必要的划分和分析,以此为基础提出实现规划目标的合理方法和途径。教育规划既为教育事业的发展确定了行动的指南,又为教育决策提供了重要的理论依据。

#### (二)教育规划的特点

教育规划可以是某个总体规划的一部分,也可以是一个独立的规划方案,无论何种情况,在编制教育规划时,都应该反映出规划的特点。从教育规划的性质看,它主要有以下几个特点:

1. 系统性

教育规划的系统性是指教育规划是一个系统工程。从规划观念上,要用全面的、联系的、发展的眼光去考察教育问题;从规划内容上,既要考虑教育系统内部的层次、结构及其功能,又要考虑社会发展与教育发展相互促进和相互制约的关系,既要注重教育发展规划与社会发展规划相吻合,又要注意教育局部规划与教育总体规划的一致性;从规划技术上,要将定性规划方法与定量规划方法结合起来使用,选聘的规划专家要具有多方代表性。

2. 预见性

教育规划的预见性是指编制的教育规划方案要建立在科学预测的基础上,对未来教育事业的发展必须具有一种超前意识。虽然教育规划的编制人员在规划中需要使用一种把未来与过去和现在联系起来的逻辑推理方式,但是应该注意到未来不是现在的简单延伸。随着社会、经济和科学技术的不断进步,尤其是现代高新科技的迅猛发展,人们对教育的需求产生了越来越高的期望,只有打破成规,发挥创造力,才能使教育规划方案跟上历史前进的步伐。

### 3. 客观性

教育规划的客观性是指教育的规划要以客观事实为基础,教育规划方案的制定要符合社会和教育发展的客观规律。如果不以事实为依据,不顾事物发展的规律,盲目追赶时髦,就会造成教育规划目标与实际的脱节。教育规划目标制定过高,很可能使规划成为空洞的口号,而难以使它成为教育工作行动的具体指针;反之,教育规划目标制定过低,则失去了教育规划应有的指导意义。

## 二、教育规划的种类

根据教育层次、类型以及教育规划涉及的时间、范围的不同,可以将教育规划分为如下几类:

### 1. 依据教育层次、类型的分类

不同的教育层次、类型在规划目标、内容、措施方面都有各自相应的要求。以教育层次为依据,教育规划可以分为幼儿教育发展规划、初等教育发展规划、中等教育发展规划和高等教育发展规划;以教育类型为依据,教育规划可以分为普通教育发展规划、职业技术教育发展规划、师范教育发展规划、成人教育发展规划、特殊教育发展规划、民族教育发展规划、继续教育发展规划等。以上规划层次、类型的分类属于第一级划分,在此基础上还可以进行第二级或者更进一步的划分。

### 2. 依据时间长短的规划分类

根据规划对象涉及时间的长短,教育规划可以分为短期教育规划、中期教育规划和长期教育规划。短期教育规划的期限一般为一年,它是体现中、长期教育规划战略的近期具体执行计划,因此,其内容比较具体并贴近现实。中期教育规划的期限一般为五年,由于其期限长短比较适中,所以是教育规划中的一种基本形式。中期教育规划中的各种因素的发展变化具有相对的稳定性,因此,其规划目标较容易实现。长期教育规划是一种战略性的发展规划,其期限一般在 10 年以上。长期教育规划的任务是为教育的持续发展制定一份纲领性的文件,根据它所指明的战略目标,可以保证制定的中、短期教育规划具有连续性。

### 3. 依据范围不同的规划分类

教育规划依据规划范围的不同,可以分为国家教育规划、地区教育规划和学校教育规划。国家教育规划是根据社会发展的总体布局编制的全国教育事业发展的宏观规划,是进行其他教育规划的重要依据。地区教育规划是以国家教育规划为指南,结合本地区的社会、经济、人口以及教育等因素的特点,而制定适合区域性教育发展的规划。学校教育规划是从本校的实际和发展需要出发,对学校的发展目标、内部资源配置、规划实施的方法和措施等进行的设计和安排。

## 三、教育规划的方法与步骤

### (一)教育规划的方法

随着计算机技术和数学方法的发展,许多复杂的理论模型都已经实际用于各种规划之中,也使得教育规划方法在教育规划的实践中不断得以丰富和发展。下面仅介绍几种比较常见的教育规划方法：

1. 系统动力学方法

系统动力学方法是根据控制论的原理，借助物理学中"流"的概念，利用计算机仿真技术，对规划系统进行模拟试验的一种规划方法。

系统动力学方法用于制定教育规划的基本步骤是：

（1）确定系统的目标和重要因素。

系统动力学方法是把规划对象系统看作是一个动态系统，通过分析动态系统变化过程中各种因素的因果关系和反馈环节，来确定规划系统所要达到的目标。由于动态系统的运动特征不仅取决于本身的结构，同时还要受外部条件的制约，因此，在确定系统目标的前提下，分清规划系统内外主要的影响因素也是十分必要的。

（2）建立系统模型。

系统动力学方法所构造的系统模型，一般要涉及大量的变量和众多的变量方程。构造出系统运动中，教育系统、经济系统、人口系统、科技系统等子系统的基本结构和因果关系反馈流程，是建立系统模型的基础工作。动态系统中各因素的关系可以通过系统流程图来仿真模拟，并经过定量化得到一系列的模型化方程组。

（3）编制系统模型计算机语言程序。

利用系统动力学方法所建立的动态系统是一个比较复杂的运算系统，其仿真运算有不小的工作量，实际应用中需要编制计算机语言程序，系统动力学中有专用的计算机仿真语言——DYNAMO语言来完成这一工作，必要时也可以采用其他计算机语言。

（4）分析运算结果。

通过计算机的仿真运算，可以获得动态系统若干年的变化发展状态。分析大量的运算结果，可能会发现其中存在的某些问题，对这些问题作进一步的研究后，提出完善模型的修改意见，然后，将修正的系统模型再一次运行，直到取得较为满意的仿真结果。

2. 计划评审技术

计划评审技术是用图解的方式进行规划的方法。它在分解规划系统整体结构的基础上，对完成规划的各项工作顺序和逻辑关系进行详细的分析，并用符号和网络图的形式表现出来。

运用计划评审技术的基本步骤如下：

（1）构建计划评审技术网络。

首先，需要将完成教育规划的各个项目进行必要的逻辑分类，并删除一些不重要的项目。然后，根据项目的顺序关系，将它们逐一编上序号。最后，依照连接项目所产生活动的顺序，绘制出网络图。

（2）活动过程的名称说明。

为了使网络图便于理解，可以在代表各活动的项目连线上标明活动的名称，必要时还可以标明负责某项活动的机构名称和资源分配情况。但要避免图解的说明过于复杂，降低了网络图的清晰度。

（3）完成活动的时间安排。

在勾画出规划系统所有活动逻辑关系的同时，还需要对完成活动的时间做出安排。计划评审技术有一整套的时间估计方法。首先估计出活动完成的时间，然后估计出活动最早开始的可能时间和最晚开始的可能时间。利用完成活动时间的浮动范围，便可机动地安排活动所需的各种资源。

（4）确定关键路线。

在系统网络中，凡是时间没有缓和余地的活动就叫作关键活动，这种活动的延迟将直接造成整个规划目标完成的延误。因此，这些活动就构成了系统的关键路线，在实施规划的过程中应集中力量完成关键路线上的活动，以保证整个目标按时实现。

（5）规划目标实现期限的总体估计。

因为关键路线上的活动时间最长，所以，将关键路线上各关键活动所需时间相加，就是实现整个规划目标的时间。

3. 数学规划法

数学规划法是处理规划问题的一个强有力的数学工具，它在规划中的作用是要设法使规划方案达到最优化。在进行教育规划时，一方面，需要创造性地建立具有前瞻性的教育发展目标；另一方面，又需要考虑如何充分发挥现有社会、经济、科技和教育资源的效益，以便取得最佳的教育发展效果。数学规划为此提供了一系列有用的方法。数学规划法的内容十分丰富，它的分支有：线性规划、整数规划、非线性规划和动态规划等。线性规划可用于规划目标和相关因素为线性关系，而且制约条件也都可用线性关系表示的规划问题。整数规划用于规划目标为整数的规划问题。当规划目标和相关因素构成了非线性关系时，就需要采用非线性规划模型。动态规划用于解决分阶段的规划问题，它力求使各阶段的规划都是最合理的，最终使得整个规划达到最优化。

（二）教育规划的步骤

在规划的编制过程中，不同层次、类型教育规划的程序都不可能完全相同，但就一般情况而言，教育规划通常都需要有以下几个步骤：

1. 明确规划任务

教育规划的总任务是编制教育事业发展的蓝图，而具体任务则是多层次、多类型的，只有明确了具体的规划任务，才能编制出可以指导教育实际工作的教育规划文件。例如，普通教育的学校规划就需要考虑学生人数、学生各种素质的发展水平、教师的人数、教师的水平、教育经费、教育设施、教育环境等基本规划内容。而高等学校的教育规划除了需要规划上述基本内容外，还要对专业的设置和调整、课程和教材的建设、教学方法的改革、科研水平的提高、办学的形式等做出相应的规划。

2. 规划工作的组织领导

规划工作涉及面广，工作难度大，必须以强有力的组织领导作保证。教育规划通常是在政府有关部门、教育部门或者学校的高层管理部门的直接指导下，组织专门的规划机构和人员进行的一项艰巨工作。为了便于组织协调，必要时可以成立规划领导机构和规划办事机构，由它们召集有关专家参与规划工作，并从总体上把握工作的进程和质量。

3. 搜集和研究规划素材

要使教育规划建立在坚实的现实和理论基础之上，就必须认真调查、研究社会与教育的现状和规划的理论动态。调查和研究工作应该从搜集基本素材开始，这些素材包括与规划有关的上级文件，社会政治、经济、科技、人口和教育等方面的历史资料；国内外的有关参考文献；规划理论和方法的书刊杂志。基本素材搜集工作完成后，就要对搜集到的大量素材进行分类和筛选,如果发现缺乏某方面的材料,还必须想办法加以弥补。通过分析和研究所搜集的数据资料,规划人员对教育规划背景的相关因素,以及规划中可能存在的困难,就会有比较全面的了解,从而能够在规划的编制过程中,做到"心中有数""有的放矢"。

4. 拟订规划方案和撰写初稿

根据教育规划的任务和调研的结果,就可以拟订规划方案,确定规划初稿的框架结构,并着手撰写规划初稿。规划初稿的基本内容包括:规划的标题,机构和时间,规划的指导思想和背景,规划的目标和措施。拟订规划方案的工作有:落实规划的内容,选定规划的模型和方法,明确规划的具体分工,确定规划工作的进程等。

5. 规划的论证

教育规划初稿完成后,可以广泛征求有关部门和专家的意见,在得到基本认可后,就可以召集各方面的专家对规划进行集体论证。论证的内容有:规划的目标是否明确和适当;实现规划目标的措施是否可行;制定规划的方法是否合理等。

6. 规划的审批和调整

在教育规划的论证获得通过后,经过适当的修改,就可将规划稿交至有关部门审核批准。通过后的教育规划在实施过程中,还可能会发现其中的某些地方与形势发展不相适应,这时就需要根据实际情况作必要的调整,以使规划更为完善。

## 思 考 题

1. 什么是教育预测?
2. 教育预测有哪些基本作用?
3. 什么是延续性原理、相关性原理和相似性原理?
4. 教育预测有哪些基本的类型?
5. 什么是教育专家个人预测法?其特点是什么?
6. 什么是教育专家协商预测法?其特征是什么?
7. 什么是德尔菲预测法?它的基本步骤有哪些?
8. 什么是回归预测法?它的基本步骤有哪些?
9. 什么是马尔柯夫预测法?
10. 教育预测的基本步骤有哪些?
11. 什么是教育规划?
12. 教育规划的特点有哪些?
13. 教育规划可以分为哪些类型?
14. 系统动力学方法有哪些基本步骤?
15. 计划评审技术有哪些基本步骤?
16. 什么是数学规划法?
17. 教育规划的步骤有哪些?

# 第六章 教育体制

**内容提要** 本章包括教育体制概述和我国现行教育行政机构的职责及管理两部分。第一部分首先对教育体制含义的文字表述及图解说明进行了理论分析,然后对教育体制中的教育机构与教育规范这两大要素及学校教育体制、教育管理体制进行了分析。第二部分介绍了我国现行各级教育行政机构的职责权限及教育行政机关的空间管理、环境管理、文书管理及机关人员的工作管理。

## 第一节 教育体制概述

### 一、教育体制的含义及其分析

教育体制改革是当前谈得最多的一个热门话题,然而对什么是教育体制却少有人研究,它的确切表述也较少见到。人们或简单地把它理解为教育制度的总称;或把它理解为教育组织的根本制度;或采取列举的方式,将教育体制分解为办学体制、教育管理体制(包括高等教育管理体制、基础教育管理体制、学校管理体制),以及招生制度和毕业生分配制度等几个组成部分。以上几种理解都未能将教育体制的各种要素和要素的结合方式,以及各要素之间的相互关系表达清楚,因而就不可能从理论上提供一个改革教育体制的科学思路。

#### (一)教育体制含义的文字表述

什么是教育体制呢?教育体制是教育机构与教育规范的结合体或统一体。它是由教育的机构体系与教育的规范体系组成的。教育的机构体系包括教育的实施机构和教育的管理机构。教育的规范体系,指的是建立并保证教育机构正常运转的规章制度,它规定着教育机构的职责权限和机构内人员的岗位责任。教育实施机构与一定的规范相结合,就构成了学校教育体制;教育管理机构与一定的规范相结合,就构成了教育管理体制。其中,教育行政机构与一定的规范相结合就构成了教育行政体制;学校内的管理机构与一定的规范相结合,就构成了学校管理体制。

#### (二)教育体制含义的图解说明

为了更清楚地理解教育体制的含义,根据以上的文字表述,我们试作一教育体制结构简图,如图6-1所示。

在教育体制这一概念中,我们强调的是教育机构与教育规范的结合或统一。也就是说,作为教育体制具体表现形式的学校教育体制、教育管理体制(包括教育行政体制和学校管理体制),都是一定机构与一定规范的结合或统一。

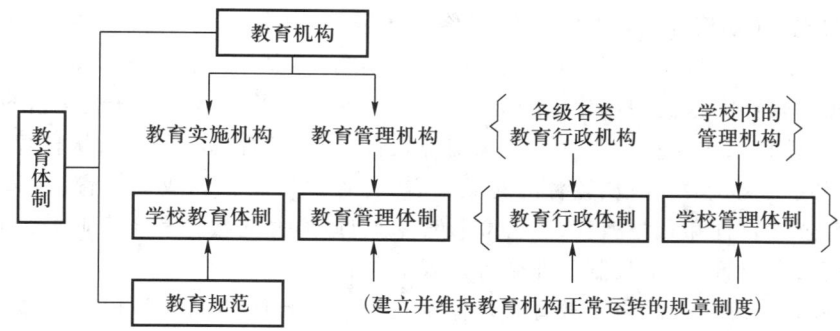

图 6-1　教育体制结构图

### （三）教育体制含义的理论分析

为什么说教育体制是教育机构与教育规范的结合体与统一体呢？首先，可从总体上进行分析。过去，人们把教育体制仅仅理解为教育组织的根本制度，只注意了体制中的"制度"这一因素，而忽视了"制度"所作用的对象，即忽视了"机构"这一因素。因为机构为什么建立，怎样建立，建立后怎么运行，都是由制度决定的。也就是说，机构是依制度而存在的，而制度是针对机构而制定的。所以，在认识教育体制时，应从"机构"与"制度"两个方面去理解。

在教育体制中，教育机构是教育体制的载体，教育规范是教育体制的核心。没有教育机构，教育体制就失去了赖以存在的组织基础；没有教育规范，教育机构也难以建立，即使建立了也难以正常运行。教育规范一般都要体现一个国家占统治地位的阶级或集团的意志。教育机构的设置及运行，一般都要按占统治地位的阶级或集团的意志行事。各国的教育体制不同，固然有多种原因，但主要是体现国家意志的教育规范不同所致。这就是人们在谈及教育体制时，把注意力更多地集中在教育规范上的道理之所在；这也是不同国家的教育体制不可能完全照搬的原因之所在。认识教育机构与教育规范在教育体制中的地位和作用至关重要，它有助于我们澄清对教育体制理解上的一些模糊认识。不难看出，那种认为教育体制就是教育制度总称的看法之所以不科学，是因为这种理解只看到了教育体制中教育规范的一面，而忽视了教育机构的一面；那种把教育体制理解为教育机构的设置及其职责权限的划分之所以也不科学，是因为这种看法虽然提到了教育机构与教育规范两个方面，但没有指出这两个要素在教育体制中的结合方式及相互关系，更主要的是，这种看法主要还是针对教育体制中的教育规范而言的。

其次，可分别分析学校教育体制和教育管理体制，看它们是不是由相应的机构与规范相结合的产物。

先分析学校教育体制。教育学教材在解释学校教育制度时有这样一段话："学校教育制度是一个国家各级各类学校的系统，它规定着各级各类学校的性质、任务、入学条件、修业年限以及它们之间的相互关系。"对这段话稍加分析不难发现，它所解释的其实不是学校教育制度，而是学校教育体制。因为规定各级各类学校的性质、任务、入学条件、修业年限以及彼此间的相互关系是教育制度的任务，而各级各类学校的系统指的不仅仅是这些教育的制度，还应包括学校本身。教育制度只是为规定学校应该以及可以做什么和怎么做，离开了学校这个机构，教育制度就无从发挥作用。由此我们可以说，教育的实施机构（各级各类学校)与相应的规范(如培养目标、入学条件、修业年限等)相结合的产物,如果用以往的学校教育制度这一概念来表达是不确切的,而应以学校教育体制这一概念来概括。在学校教育体制中,不同的教育实施机构与相应的规范相结合,就构成了一个国家纵横交错的学校教育体制网络。从教育层次来看,有学前教育、初等教育、中等教育、高等教育;从教育内容来看,有普通教育和职业技术教育;从教育的对象来看,有青少年教育和成人教育;从举办教育的主体来看,有公立教育和私立教育,在公立教育中,有政府办的教育和企事业办的教育;从教育的时间来看,有全日制、半日制和业余等形式的教育。

再分析教育管理体制。由于教育管理体制是由教育行政体制和学校管理体制组成的,因此我们可以从教育行政体制和学校管理体制入手进行分析,看看它们是不是由相应的机构与规范组成,从而说明教育管理体制是否由教育管理机构与相应的规范组成。就教育行政体制来说,西方和中国的教育行政体制不同。如美国的州和地方教育行政体制是议行分离制,即教育委员会下面设教育厅,教育委员会与教育厅的关系是,前者是决策机构,后者是执行机构。我国的教育行政体制是议行合一制,即教育行政机构既是决策机构又是执行机构。显然,这两种教育行政体制不同,是由不同的教育行政机构,以及决定和影响这些机构建立与运行的规范不同而形成的。就学校管理体制而言,西方与中国也有差别。如西方高等学校的领导体制一般实行的是校董会领导下的校长负责制,而我国实行的是校党委领导下的校长负责制。不言而喻,这种学校领导体制的不同,也是由于领导机构与相应的规范不同而形成的。

综上所述,既然学校教育体制、教育管理体制都是由相应的机构与规范构成,那么整个教育体制就是由教育机构与教育规范构成这一命题的成立就没有疑义了。

在教育体制中,学校教育体制是整个教育体制得以构成和运行的基础,它是教育管理体制直接运作的对象;教育管理体制是整个教育体制得以构成和运行的保障,它对学校教育体制改革与发展的方向、速度、规模有着直接影响。我们在谈教育体制时,应看到经营管理体制在整个教育体制中的地位和作用,但也不能因此忽视了学校教育体制的地位和作用。认识到这一点有助于我们澄清对教育体制理解上的模糊认识。那种认为教育体制包括办学体制,高等、中等教育管理体制,学校管理体制的看法,实际上指的只是教育体制中教育管理体制这一个方面。这种看法虽然注意了教育管理体制在整个教育体制中的重要作用,但由于它忽视了学校教育体制这一面,因而这种对教育体制的理解也是不全面的。

在教育体制的教育管理体制中,教育行政体制指的是国家宏观教育的管理体制,它要解决的是国家机关管理教育的问题,主要包括国家对整个教育的宏观的办学体制,国家对各级和各类教育的管理体制,如国家的高等教育管理体制、中等教育管理体制等。学校管理体制指的是微观教育的管理体制,它要解决的是学校内部管理教育的问题。由此可见,办学体制是教育行政体制的一个方面,它从属于教育管理体制,不能把它与教育管理体制并列。我们说那种认为教育体制包括办学体制及教育管理体制的看法之所以不妥当,就是因为这种看法把本来应属于教育管理体制的办学体制独立于教育管理体制之外。

### (四) 认识教育体制含义的意义

科学地认识教育体制的含义对教育管理有着极其重要的理论意义和实践意义。从理论意义上说,它不仅有助于我们更清晰地认识教育体制,而且有助于我们认识诸如什么是政治体制、经济体制以及由教育体制所构成的教育现象等;另外,还有助于我们廓清教育理论中教育体制、学校教育体制、教育管理体制、教育行政体制及学校管理体制等几个重要概念之间的关系。从实践意义上说，有助于我们理清教育体制改革的思路。

从以上对教育体制含义的理解中可以看出，教育体制改革的内容应从两个角度进行阐述。第一个角度是教育体制中的教育机构与教育规范两大要素的改革；第二个角度是教育体制中的学校教育体制与教育管理体制两大子体制系统的改革。两大要素的改革是两大子体制系统改革的基础，两大子体制系统的改革是两大要素改革的表现形式，教育体制的任何改革，都应该是从两大要素入手，最后体现在教育体制及其两大子体制系统上。在着手进行某一方面两大要素改革的时候，一定要先考虑改革的结果会体现在教育体制的某一子系统上；如果着手进行某一子体制系统的改革，一定要考虑从哪两个要素入手。至于要进行全面的要素改革或全方位的系统改革，就要考虑这种全面的要素改革会给全方位的系统改革带来哪些影响，全方位的系统改革需要哪些全面要素改革相配套。明确了这些，就会增强我国教育体制改革的自觉性，减少盲目性，使我国的教育体制改革朝着预定的目标不断向前推进。

## 二、教育机构与教育规范

### （一）教育机构

教育机构中的实施机构主要指的是各级各类学校。当前要办好学校这个实施机构，就要特别注意学校这一实施机构的改革。改革教育实施机构，一要使学校办得像一所学校，不要把学校办成一个小社会，要改变这一点，需逐步做到学校后勤社会化。二要使各级各类学校的设置在总体的布局上合理。一个国家、地区所设置的各级各类学校要有一个恰当的比例，能基本上满足这个国家和地区的人口及经济发展的需要。我国各级各类学校的布局在某些类型及层次上还不十分合理。如我国的高校设置，从地区布局来看，我国的高校大多集中在东南沿海地区和百万人口以上的大城市，西南、西北地区尽管地域辽阔，资源丰富，学校的数量却相对较少。显然，这种地区分布是极不均衡的，必须调整。这种调整不仅是指"合并一些""搬迁一些""新建一些"高校，更重要的是借助原有基础较好、实力较强的老校支援和帮助那些条件较差的地区发展高等教育。有人提出了这样三种具体形式，即由东南沿海地区向内地和西部地区滚动式地发展；由大城市向中小城市放射性地发展；重点支援边远和少数民族地区发展高等教育。[①] 从层次布局来看，由研究生、本科生、专科生三个层次构成的高等教育体系本应呈宝塔形，但我国现在却是枣核形——两头小、中间大。

教育管理机构指的是各级各类教育行政机构及学校内部管理机构。当前，我们也要特别重视教育管理机构的改革，其核心是要精简机构，即改变机构臃肿、编制庞杂、人浮于事的状况。长期以来，我国教育行政机构重叠，垂直领导、上下对口的行政机构越来越多，造成政出多门，令基层学校无所适从；学校内部管理机构的设置也不合理，决策、咨询机构薄弱，指挥、执行机构庞大，监督、反馈机构疲软，以致学校许多问题议而不决，决而不行，行而不查，查而无果，扯皮、推诿现象严重。要改变这种状况，应做到在重新拟定管理机构的职权基础上改变其职能，在职能转变的基础上使机构得以精简。过去我们遇到就精简机构谈精简机构，结果机构精简不下来的问题，其原因是没有转变职能，因而有人提出要在转变职能的基

---

① 孟明义.高等教育发展战略简论.北京：社会科学文献出版社，1987：71-72.

础上精简机构。现在我们又遇到在转变机构职能的基础上精简机构,结果机构还是精简不下来的问题。究其原因,一些人认为是机构的职能没有真正转变。其实,这种看法还未抓到机构精简不下来的真正原因。为什么机构原有的职能不容易改变,是因为没有改变原有机构的职权,职权没有变,尽管机构的名字换了,它的职能也不会发生变化,因为职能与职权是紧密联系的,有什么样的职权,就有可能发挥什么样的职能。可见,机构精简不下来的真正原因,是没有改变原有管理机构的职责权限。要使机构真正精简下来,不应在转变职能上做表面文章,而应该在改变原有管理机构的职责权限上下真功夫。

### (二)教育规范

教育规范就层次而言有宏观、中观、微观三种规范。宏观规范主要体现在国家的教育方针、教育政策与教育法规上;中观规范主要是指国家对某一方面、某一层次的教育所作出的规范,较宏观规范而言,它对各级各类教育的要求更具体、更明确;微观规范主要是指教育行政机关内部和学校内部的规范,表现为各种组织机构、各种工作和各种人的规范,相对中观规范而言,它对各种教育工作的要求更加明晰、具体,因而具有更直接、更强的约束力。我国当前的教育规范就现状而言,宏观规范尚不健全,中观规范各行其是,微观规范全而无序,因而必须进行改革。首先,教育规范改革的标准是科学。所谓科学,就要使教育规范能反映教育的规律。教育规范一般体现了人的意志,它是主观上的东西。这种主观上的意志可以反映规律,也可以不反映规律。反映教育规律的规范,有利于促进教育事业的健康发展,也有利于促进世界各国的教育体制互相学习和借鉴。新中国成立 60 多年来,我国教育取得的成绩和某些失误,都与我们制定的教育规范是否反映了教育规律有关。当前为了适应市场经济发展的需要而改革教育体制,要特别注意制定反映教育规律的规范。要做到这一点,从方法论的角度讲,就要注意发挥事实判断的作用,用事实判断去认识教育规律,防止用价值判断去干扰或取代事实判断。因为价值判断一般是以"是否有用"作为认识和判断事物的标准,而有用的东西不一定反映规律,它可能会奏效于一时,但从长远来看却可能是十分有害的。其次,教育规范的改革,就其目的来说,要有利于发挥人的主动性和创造性。从一般意义而言,规范对人的行为是有一定约束性的,但规范对人的行为也可起到激发和推动作用。比如政策是一种规范,一定程度上约束人们的行为,但正确的政策导向却可以调动人的积极性。以高校教师评职称的政策为例,如果我们在教师的政治与业务、教学与科研、出国与不出国等方面有一个正确的政策导向,就能调动高校广大教师的积极性。再次,教育规范的改革就其程序而言,要做到总体规划,分步实施。整个教育规范改革要注意先健全宏观规范,然后根据宏观规范制定中观规范,再制定微观规范。除此之外,某一方面的教育规范也要做到先后有序。如制定宏观规范中的教育法规,首先要弄清一个国家教育法的体系与结构,然后在此基础上制定教育基本法,再制定单项法。只有这样才能防止在制定教育规范过程中出现上下无序、左右重复、交叉矛盾的现象。

在教育体制的两大要素改革中,机构与规范的改革要配套进行,缺一不可。因为机构的建立和运行需要规范作保证,而规范只有依靠机构才能发挥实效。当前在我国的教育体制改革中,存在着将二者分割的倾向。在教育机构的改革中,我国在调整实施机构学校的合理布局上进展缓慢,这与没有制定宏观的调整规范有关。如前所述,教育管理机构的精简之所以举步维艰,就是因为没有对机构的职责权限的规范进行配套改革。教育规范的改革亦是如此,有些教育规范的改革进展不大,也是因为忽视了教育机构的配套改革。如在高校实行全员聘任制,就要注意在人员变动较大的情况下,撤销或建立一些机构时,要合理安排好岗位变动人员和富余人员,以使全员聘任制顺利实施。

### 三、学校教育体制与教育管理体制

#### (一)学校教育体制

学校教育体制,一般理解为基础教育、高等教育、职业技术教育及成人教育这四大块的教育体制。其实这种理解是不全面的,学校教育体制的改革,应包括各级和各类学校教育的体制,从各类教育来说,有青少年教育体制与成人教育体制,普通教育体制与职业技术教育体制,公立教育体制与私立教育体制。从层次来说,有学前教育体制、初等教育体制、中等教育体制、高等教育体制。学校教育体制改革是当前我国教育体制改革的重要内容。对于一个国家来说,上述各类各级教育都要重视,不能顾此失彼,针对某一时期的实际情况,更要加强某一方面某一层次的教育。根据《国家中长期教育改革和发展规划纲要(2010—2020年)》(以下简称《纲要》)所提出的各级各类教育改革的任务,对我国的学校教育体制改革,拟从学前教育、义务教育、高中阶段教育、高等教育、继续教育、职业教育、民族教育和特殊教育等几方面加以说明。

1. 学前教育

学前教育作为国民教育体系的重要组成部分,对幼儿身心健康、习惯养成、智力发展具有重要意义,因此必须做到基本普及学前教育,使学前教育遵循幼儿身心发展规律,坚持科学保教方法,保障幼儿快乐健康成长。《纲要》指出:"到 2020 年,普及学前一年教育,基本普及学前两年教育,有条件的地区普及学前三年教育。重视 0 至 3 岁婴幼儿教育。"

明确政府职责也是发展学前教育的首要工作。政府要把发展学前教育纳入城镇、社会主义新农村建设规划中。建立政府主导、社会参与、公办民办并举的办园体制。大力发展公办幼儿园,积极扶持民办幼儿园。加大政府投入,完善成本合理分担机制,对家庭经济困难的幼儿给予入园补助。加强学前教育管理,规范办园行为。制定学前教育办园标准,建立幼儿园准入制度,完善幼儿园收费管理办法。严格执行幼儿教师资格标准,切实加强幼儿教师培养培训,提高幼儿教师队伍整体素质,依法落实幼儿教师地位和待遇。教育行政部门应加强对学前教育的宏观指导和管理,相关部门要履行好各自职责,充分调动各方面力量发展学前教育。

在发展城市学前教育的同时,更要积极推进农村学前教育的普及。着力保证留守儿童入园。采取多种形式扩大农村学前教育资源,改扩建、新建幼儿园,充分利用中小学布局调整后富余的校舍和教师举办幼儿园(班)。充分发挥乡镇中心幼儿园对村幼儿园的示范指导作用,支持贫困地区发展学前教育。

2. 义务教育

义务教育是国家依法统一实施的,所有适龄儿童少年必须接受的教育,具有强制性、免费性和普及性,是教育工作的重中之重。义务教育注重品行培养,旨在激发学习兴趣,培育健康体魄和养成良好习惯。《纲要》指出:"到 2020 年,全面提高普及水平,全面提高教育质量,基本实现区域内均衡发展,确保适龄儿童少年接受良好义务教育。"所以,政府要巩固义务教育取得的成果,着力推进义务教育均衡发展,还要解决学生课业负担过重的问题。

巩固义务教育取得的成果要做到适应城乡发展的需要,合理规划学校布局,办好必要的教学点，方便学生就近入学。坚持以输入地政府管理为主、以全日制公办中小学为主，确保进城务工人员随迁子女平等接受义务教育，研究制定进城务工人员随迁子女接受义务教育后在当地参加升学考试的办法。建立健全政府主导、社会参与的农村留守儿童关爱服务体系和动态监测机制。加快农村寄宿制学校建设，优先满足留守儿童住宿需求。采取必要措施，确保适龄儿童少年不因家庭经济困难、就学困难、学习困难等原因而失学，努力消除辍学现象。巩固义务教育取得的成果，要提高义务教育质量，建立国家义务教育质量基本标准和监测制度。严格执行义务教育国家课程标准、教师资格标准。深化课程与教学方法改革，推行小班教学。配齐音乐、体育、美术等学科教师，开足、开好规定课程。大力推广普通话教学，使用规范汉字。

推进义务教育均衡发展需要建立健全义务教育均衡发展保障机制。切实缩小校际差距，着力解决择校问题。推进义务教育学校标准化建设，均衡配置教师、设备、图书、校舍等资源。加快薄弱学校改造，着力提高师资水平。实行县（区）域内教师、校长交流制度。实行优质普通高中和优质中等职业学校招生名额合理分配到区域内初中的办法。义务教育阶段不得设置重点学校和重点班。在保障适龄儿童少年就近进入公办学校的前提下，发展民办教育，提供选择机会。切实缩小城乡差距。建立城乡一体化义务教育发展机制，在财政拨款、学校建设、教师配置等方面向农村倾斜。率先在县（区）域内实现城乡均衡发展，逐步在更大范围内推进。切实缩小区域差距。加大对革命老区、民族地区、边疆地区、贫困地区义务教育的转移支付力度。鼓励发达地区支援欠发达地区。

此外，还要减轻中小学生课业负担，过重的课业负担严重损害儿童少年身心健康。减轻学生课业负担是全社会的共同责任，政府、学校、家庭、社会必须共同努力，标本兼治，综合治理。把减负落实到中小学教育全过程，促进学生生动活泼学习、健康快乐成长。各级政府要把减负作为教育工作的重要任务，统筹规划，整体推进。调整教材内容，科学设计课程难度。改革考试评价制度和学校考核办法。规范办学行为，建立学生课业负担监测和公告制度。不得以升学率对地区和学校进行排名，不得下达升学指标。规范各种社会补习机构和教辅市场。加强校外活动场所建设和管理，丰富学生课外及校外活动。学校要把减负落实到教育教学各个环节，给学生留下了解社会、深入思考、动手实践、健身娱乐的时间。提高教师业务素质，改进教学方法，增强课堂教学效果，减少作业量和考试次数，培养学生学习兴趣和爱好。严格执行课程方案，不得增加课时和提高难度。各种等级考试和竞赛成绩不得作为义务教育阶段入学与升学的依据。充分发挥家庭教育在儿童少年成长过程中的重要作用。家长要树立正确的教育观念，掌握科学的教育方法，尊重子女的健康情趣，培养子女的良好习惯，加强与学校的沟通配合，共同减轻学生课业负担。

3. 高中阶段教育

高中阶段教育是学生个性形成、自主发展的关键时期，对提高国民素质和培养创新人才具有特殊意义。《纲要》指出："到2020年，普及高中阶段教育，满足初中毕业生接受高中阶段教育需求。"所以，政府要加快普及高中阶段教育。着重培养学生自主学习、自强自立和适应社会的能力，克服应试教育倾向。根据经济社会发展需要，合理确定普通高中和中等职业学校招生比例，今后一个时期总体保持普通高中和中等职业学校招生规模大体相当。加大对中西部贫困地区高中阶段教育的扶持力度。

政府要全面提高普通高中学生综合素质。深入推进课程改革，全面落实课程方案，保证学生全面完成国家规定的文理等各门课程的学习。创造条件开设丰富多彩的选修课，为学生提供更多选择，促进学生全面而有个性的发展。逐步消除大班额现象。积极开展研究性学习、社区服务和社会实践。建立科学的教育质量评价体系，全面实施高中学业水平考试和综合素质评价。建立学生发展指导制度，加强对学生的理想、心理、学业等多方面指导。

政府要推动普通高中多样化发展。促进办学体制多样化，扩大优质资源。推进培养模式多样化，满足不同潜质学生的发展需要。探索发现和培养创新人才的途径。鼓励普通高中办出特色。鼓励有条件的普通高中根据需要适当增加职业教育的教学内容。探索综合高中发展模式。采取多种方式，为在校生和未升学毕业生提供职业教育。

4. 高等教育

高等教育承担着培养高级专门人才、发展科学技术文化、促进社会主义现代化建设的重大任务。提高质量是高等教育发展的核心任务，是建设高等教育强国的基本要求。《纲要》指出："到 2020 年，高等教育结构更加合理，特色更加鲜明，人才培养、科学研究和社会服务整体水平全面提升，建成一批国际知名、有特色、高水平的高等学校，若干所大学达到或接近世界一流大学水平，高等教育国际竞争力显著增强。"

高校要提高人才培养质量，牢固确立人才培养在高校工作中的中心地位，着力培养信念执着、品德优良、知识丰富、本领过硬的高素质专门人才和拔尖创新人才。加大教学投入。把教学作为教师考核的首要内容，把教授为低年级学生授课作为重要制度。加强实验室、校内外实习基地、课程教材等基本建设。深化教学改革。推进和完善学分制，实行弹性学制，促进文理交融。支持学生参与科学研究，强化实践教学环节。加强就业创业教育和就业指导服务。创立高校与科研院所、行业、企业联合培养人才的新机制。全面实施"高等学校本科教学质量与教学改革工程"。严格教学管理，健全教学质量保障体系，改进高校教学评估。充分调动学生学习积极性和主动性，激励学生刻苦学习，增强诚信意识，养成良好学风。大力推进研究生培养机制改革。建立以科学与工程技术研究为主导的导师责任制和导师项目资助制，推行产学研联合培养研究生的"双导师制"，实施"研究生教育创新计划"。加强管理，不断提高研究生特别是博士研究生培养质量。

高校要提升科学研究水平。充分发挥高校在国家创新体系中的重要作用，鼓励高校在知识创新、技术创新、国防科技创新和区域创新中做出贡献。大力开展自然科学、技术科学、哲学社会科学研究。坚持服务国家目标与鼓励自由探索相结合，加强基础研究；以重大现实问题为主攻方向，加强应用研究。促进高校、科研院所、企业科技教育资源共享，推动高校创新组织模式，培育跨学科、跨领域的科研与教学相结合的团队。促进科研与教学互动、与创新人才培养相结合。充分发挥研究生在科学研究中的作用。加强高校重点科研创新基地与科技创新平台建设。完善以创新和质量为导向的科研评价机制。积极参与马克思主义理论研究和建设工程。深入实施"高等学校哲学社会科学繁荣计划"。

高校要增强社会服务能力。要牢固树立主动为社会服务的意识，全方位开展服务。推进产学研用结合，加快科技成果转化，规范校办产业发展。为社会成员提供继续教育服务。开展科学普及工作，提高公众科学素质和人文素质。积极推进文化传播，弘扬优秀传统文化，发展先进文化。积极参与决策咨询，主动开展前瞻性、对策性研究，充分发挥智囊团、思想库作用。鼓励师生开展志愿服务。

高校要优化结构以突出学校办学特色。适应国家和区域经济社会发展需要，建立动态调整机制,不断优化高等教育结构。优化学科专业、类型、层次结构,促进多学科交叉和融合。重点扩大应用型、复合型、技能型人才培养规模。加快发展专业学位研究生教育。优化区域布局结构。设立支持地方高等教育专项资金,实施中西部高等教育振兴计划。新增招生计划向中西部高等教育资源短缺地区倾斜,扩大东部高校在中西部地区招生规模,加大东部高校对西部高校对口支援力度。鼓励东部地区高等教育率先发展。建立完善军民结合、寓军于民的军队人才培养体系。促进高校办出特色。建立高校分类体系,实行分类管理。发挥政策指导和资源配置的作用,引导高校合理定位,克服同质化倾向,形成各自的办学理念和风格,在不同层次、不同领域办出特色,争创一流。加快建设一流大学和一流学科。以重点学科建设为基础,继续实施"985工程"和优势学科创新平台建设,继续实施"211工程"和启动特色重点学科项目。改进管理模式,引入竞争机制,实行绩效评估,进行动态管理。鼓励学校优势学科面向世界,支持参与和设立国际学术合作组织、国际科学计划,支持与境外高水平教育、科研机构建立联合研发基地。加快创建世界一流大学和高水平大学的步伐,培养一批拔尖创新人才,形成一批世界一流学科,产生一批国际领先的原创性成果,为提升我国综合国力贡献力量。

5. 继续教育

继续教育是面向学校教育之后所有社会成员的教育活动,特别是成人教育活动,是终身学习体系的重要组成部分。加快继续教育的发展极其重要。继续教育的进一步发展需要更新继续教育观念,加大投入力度,以加强人力资源能力建设为核心,大力发展非学历继续教育,稳步发展学历继续教育。重视老年教育,倡导全民阅读。广泛开展城乡社区教育,加快各类学习型组织建设,基本形成全民学习、终身学习的学习型社会。

继续教育的进一步发展需要建立健全继续教育体制机制。政府成立跨部门继续教育协调机构,统筹指导继续教育发展。将继续教育纳入区域、行业总体发展规划。行业主管部门或协会负责制定行业继续教育规划和组织实施办法。加快继续教育法制建设。健全继续教育激励机制,推进继续教育与工作考核、岗位聘任(聘用)、职务(职称)评聘、职业注册等人事管理制度的衔接。鼓励个人通过多种形式接受继续教育,支持用人单位为从业人员接受继续教育提供条件。加强继续教育监管和评估。

继续教育的进一步发展需要构建灵活开放的终身教育体系。发展和规范教育培训服务,统筹扩大继续教育资源。鼓励学校、科研院所、企业等相关组织开展继续教育。加强城乡社区教育机构和网络建设,开发社区教育资源。大力发展现代远程教育,建设以卫星、电视和互联网等为载体的远程开放继续教育及公共服务平台,为学习者提供方便、灵活、个性化的学习条件。搭建终身学习"立交桥"。促进各级各类教育纵向衔接、横向沟通,提供多次选择机会,满足个人多样化的学习和发展需要。健全宽进严出的学习制度,办好开放大学,改革和完善高等教育自学考试制度。建立继续教育学分积累与转换制度,实现不同类型学习成果的互认和衔接。

6. 职业教育

职业教育是推动经济发展、促进就业、改善民生、解决"三农"问题的重要途径,是缓解劳动力供求结构矛盾的关键环节,所以必须大力发展职业教育。大力发展职业教育要使职业教育面向人人、面向社会,着力培养学生的职业道德、职业技能和就业创业能力。《纲要》指出:"到2020年,形成适应经济发展方式转变和产业结构调整要求、体现终身教育理念、中等和高等职业教育协调发展的现代职业教育体系,满足人民群众接受职业教育的需求,满足经济社会对高素质劳动者和技能型人才的需要。"

大力发展职业教育要求政府切实履行发展职业教育的职责。把职业教育纳入经济社会发展和产业发展规划,促使职业教育规模、专业设置与经济社会发展需求相适应。统筹中等职业教育与高等职业教育发展。健全多渠道投入机制,加大职业教育投入。把提高质量作为重点。以服务为宗旨,以就业为导向,推进教育教学改革。实行工学结合、校企合作、顶岗实习的人才培养模式。坚持学校教育与职业培训并举,全日制与非全日制并重。制定职业学校基本办学标准。加强"双师型"教师队伍和实训基地建设,提升职业教育基础能力。建立健全技能型人才到职业学校从教的制度。完善符合职业教育特点的教师资格标准和专业技术职务(职称)评聘办法。建立健全职业教育质量保障体系,吸收企业参加教育质量评估。

大力发展职业教育要调动行业、企业的积极性。建立健全政府主导、行业指导、企业参与的办学机制,制定促进校企合作办学法规,推进校企合作制度化。鼓励行业组织、企业举办职业学校,鼓励委托职业学校进行职工培训。制定优惠政策,鼓励企业接收学生实习实训和教师实践,鼓励企业加大对职业教育的投入。

大力发展职业教育要加快发展面向农村的职业教育。把加强职业教育作为服务社会主义新农村建设的重要内容。加强基础教育、职业教育和成人教育统筹,促进农科教结合。强化省、市(地)级政府发展农村职业教育的责任,扩大农村职业教育培训覆盖面,根据需要办好县级职教中心。强化职业教育资源的统筹协调和综合利用,推进城乡、区域合作,增强服务"三农"能力。加强涉农专业建设,加大培养适应农业和农村发展需要的专业人才力度。支持各级各类学校积极参与培养有文化、懂技术、会经营的新型农民,开展进城务工人员、农村劳动力转移培训。逐步实施农村新成长劳动力免费劳动预备制培训。

大力发展职业教育要增强职业教育自身的吸引力。完善职业教育支持政策。逐步实行中等职业教育免费制度,完善家庭经济困难学生的资助政策。改革招生和教学模式。积极推进学历证书和职业资格证书"双证书"制度,推进职业学校专业课程内容和职业标准相衔接。完善就业准入制度,执行"先培训、后就业""先培训、后上岗"的规定。制定退役士兵接受职业教育培训的办法。建立健全职业教育课程衔接体系。鼓励毕业生在职继续学习,完善职业学校毕业生直接升学制度,拓宽毕业生继续学习渠道。提高技能型人才的社会地位和待遇。加大对有突出贡献高技能人才的宣传表彰力度,形成行行出状元的良好社会氛围。

7. 民族教育

民族教育的发展,对于推动少数民族和民族地区经济社会发展,促进各民族共同团结奋斗、共同繁荣发展,具有重大而深远的意义。所以要重视和支持民族教育事业,加强对民族教育工作的领导,全面贯彻党的民族政策,切实解决少数民族和民族地区教育事业发展面临的特殊困难和突出问题。

首先,要在各级各类学校广泛开展民族团结教育。推动党的民族理论和民族政策以及国家法律法规进教材、进课堂、进头脑,引导广大师生牢固树立马克思主义祖国观、民族观、宗教观,不断夯实各民族大团结的基础,增强中华民族自豪感和凝聚力。

其次,要着力提高少数民族和民族地区教育发展水平。公共教育资源要向民族地区倾斜。中央和地方政府要进一步加大对民族教育支持力度。促进民族地区各级各类教育协调发展。巩固民族地区义务教育普及成果，确保适龄儿童少年依法接受义务教育，全面提高普及水平，全面提高教育教学质量。支持边境县和民族自治地方贫困县义务教育学校标准化建设，加强民族地区寄宿制学校建设。加快民族地区高中阶段教育发展。支持教育基础薄弱地区改扩建、新建一批高中阶段学校。大力发展民族地区职业教育，加大对民族地区中等职业教育的支持力度，积极发展民族地区高等教育。支持民族院校加强学科和人才队伍建设，提高办学质量和管理水平。进一步办好高校民族预科班。加大对人口较少民族教育事业的扶持力度。

然后，要大力推进双语教学。全面开设汉语文课程，全面推广国家通用语言文字。尊重和保障少数民族使用本民族语言文字接受教育的权利。全面加强学前双语教育。国家对双语教学的师资培养培训、教学研究、教材开发和出版给予支持。

再次，要加强教育对口支援。认真组织落实内地省市对民族地区教育支援工作。充分利用内地优质教育资源，探索多种形式，吸引更多民族地区少数民族学生到内地接受教育。办好面向民族地区的职业学校。加大对民族地区师资培养培训力度，提高教师的政治素质和业务素质。国家制定优惠政策，鼓励支持高等学校毕业生到民族地区基层任教。支持民族地区发展现代远程教育，扩大优质教育资源覆盖面。

8. 特殊教育

特殊教育是促进残疾人全面发展、帮助残疾人更好地融入社会的基本途径。所以要关心和支持特殊教育。

政府要加快发展特殊教育，把特殊教育事业纳入当地经济社会发展规划，列入议事日程。全社会要关心、支持特殊教育。提高残疾学生的综合素质。注重潜能开发和缺陷补偿，培养残疾学生积极面对人生、全面融入社会的意识和自尊、自信、自立、自强的精神。加强残疾学生职业技能和就业能力培养。

政府要完善特殊教育体系。到2020年，基本实现市（地）和30万人口以上、残疾儿童少年较多的县（市）都有一所特殊教育学校。各级各类学校要积极创造条件接收残疾人入学，不断扩大随班就读和普通学校特教班规模。全面提高残疾儿童少年义务教育普及水平，加快发展残疾人高中阶段教育，大力推进残疾人职业教育，重视发展残疾人高等教育。因地制宜发展残疾儿童学前教育。

政府要健全特殊教育保障机制。国家制定特殊教育学校基本办学标准，地方政府制定学生人均公用经费标准。加大对特殊教育的投入力度。鼓励和支持接收残疾学生的普通学校为残疾学生创造学习生活条件。加强特殊教育师资队伍建设，采取措施落实特殊教育教师待遇。在优秀教师表彰中提高特殊教育教师比例。加大对家庭经济困难残疾学生的资助力度。逐步实施残疾学生高中阶段免费教育。

（二）教育管理体制

1. 教育行政体制

教育行政体制要处理的关系是：中央办学与地方办学的关系；政府办学与其他社会力量办学的关系；政府与教育行政部门的关系；教育行政部门与教育行政部门的关系；政府与学校的关系。

关于处理好中央办学与地方办学、政府办学与社会其他力量办学的关系，《纲要》中提出，要"健全政府主导、社会参与、办学主体多元、办学形式多样、充满生机活力的办学体制，形成以政府办学为主体、全社会积极参与、公办教育和民办教育共同发展的格局。调动全社会参与的积极性,进一步激发教育活力,满足人民群众多层次、多样化的教育需求。深化公办学校办学体制改革,积极鼓励行业、企业等社会力量参与公办学校办学,扶持薄弱学校发展,扩大优质教育资源,增强办学活力,提高办学效益。各地可从实际出发,开展公办学校联合办学、委托管理等试验,探索多种形式,提高办学水平。"

我国现阶段的基础教育由地方政府实行分级办学、分工管理的体制。这种管理体制调动了地方办学的积极性,但在实施过程中也暴露出一些问题。在农村,由于把办学权分到乡镇村,这种彻底的分权形式使中央难以从总体上加以控制;各地经济发展很不平衡,致使基础教育的发展水平在地区上的差异太大,而且每一个村都办小学,也造成了一些不必要的浪费。要改变这种状况,可将这种"全通式分权",即把基础教育的办学权由中央一直分到下面乡镇村的做法,改为"半截式分权",即中央只把基础教育的办学权发到县一级,由这一级政府对本地区的基础教育实行统筹管理,适当把人、财、物及业务管理权集中在这一层次上,这样既有利于中央的宏观控制,也有利于地方因地制宜地办学。在城市,基础教育的管理体制存在如何处理政府办学与企事业办学的矛盾问题。当前我国企事业办的中小学,企事业一般对其只有人、财、物的管理权,而较少有业务管理权(如普九达标、招生、教学业务等),这些权力一般由地方教育行政部门来行使。这就形成了在企事业办学问题上管人管财物的管不了业务,管业务的又管不了人财物的"三权分割"的管理方式。这种方式容易造成地方教育行政部门与企事业之间在企事业学校的问题上互相扯皮、互相推诿的现象。克服这种现象,可试行将企事业办的中小学交给地方办的方法,由政府或企事业划拨一笔经费交给地方教育行政部门,人事权也主要由地方行使。这样就可使地方教育行政部门对企事业办的中小学的管理做到"三权统一"。这种方式有利于解决企事业办中小学的管理权由于分属两个不同的管理主体而产生的矛盾,有利于提高办学效益。

关于要处理好政府与教育行政部门的关系,指的是要明确教育行政部门的性质,确立它在政府中的应有地位。教育行政部门应是各级政府中管理教育的综合职能部门,政府中的其他部门和其他业务部门中的教育行政部门,应在自己的职权范围内,在政府教育行政部门的统一协调下,配合教育行政部门做好有关教育方面的工作。当前我国存在着"大教育、小教育行政"的现象,即教育行政部门要管普教、职教、成教、高教等在内的"大教育",而教育行政部门的职级只是政府的一个职能部门,其首长只是这一职能部门的首长。前几年我国教育行政部门的首长一般都是由政府的负责人兼任,这种行政体制容易解决"大教育、小教育行政"的矛盾。这几年各级教育行政部门的负责人一般都不是由政府负责人兼任,这种体制,使各级教委面对"大教育"的局面,感到力不从心。特别是当前强调各级各类教育应由政府统筹,而教育行政部门又是统筹的具体实施部门,这就更要提高教育行政部门在政府中的地位。

关于要处理好教育行政部门之间的关系,这指的是两种情况:一种情况是平行的教育行政部门的关系,主要是指要处理好政府的教育行政部门与同级政府中其他业务部门中的教育行政部门的关系;处理好政府的教育行政部门与同一地区的大型企事业单位中教育行政部门的关系。这两类教育行政部门之间各行其是、互不来往或互相扯皮的现象时有发生,避免这种现象的方法是应加强政府教育行政部门对其他教育行政部门的综合协调及统筹的能力。另一种情况是垂直的教育行政部门之间的关系。我国当前教育行政部门实行的是双重领导体制。教育行政部门既受同级政府的领导,又受上级教育行政部门的领导,各级政府一般行使的是人财物权,而上级教育行政部门一般行使业务指导权。这种状况使上级教育行政部门对下级教育行政部门缺乏一种有力的调控机制,于中央的宏观调控职能的发挥不利。改变这种状况,可借鉴日本在第二次世界大战以后为防止地方分权在教育行政上所造成的弊端的做法,即下级教育行政部门的主要负责人的变更,除由同级政府决定外,还需报上级教育行政部门审核备案。或者采用由同级政府与上级教育行政部门商议后,再由政府决定的方法。这样可以加大上级对下级教育行政部门影响的力度,有利于提高纵向的教育行政效率。

关于要处理好政府与学校的关系,指的是要处理好集权与分权的关系,其核心是简政放权,增加学校自身的活力,扩大学校的办学自主权。现以高等学校与政府的关系加以说明。我国以往的高等教育管理体制是以高度统一为特征的,为克服这种体制所带来的弊端,《纲要》中明确提出,要由"中央政府统一领导和管理国家教育事业,制定发展规划、方针政策和基本标准,优化学科专业、类型、层次结构和区域布局。整体部署教育改革试验,统筹区域协调发展。地方政府负责落实国家方针政策,开展教育改革试验,根据职责分工负责区域内教育改革、发展和稳定。""高等学校按照国家法律法规和宏观政策,自主开展教学活动、科学研究、技术开发和社会服务,自主设置和调整学科、专业,自主制定学校规划并组织实施,自主设置教学、科研、行政管理机构,自主确定内部收入分配,自主管理和使用人才,自主管理和使用学校财产和经费。扩大普通高中及中等职业学校在办学模式、育人方式、资源配置、人事管理、合作办学、社区服务等方面的自主权。"

2. 学校管理体制

微观的教育管理体制改革主要是学校管理体制改革。那么,什么是学校管理体制呢?学校管理体制是学校管理组织机构与管理规范的结合体或统一体。学校的管理组织机构包括学校的决策组织机构,它指的是我国以校长为首或以党委书记为首的领导班子;学校的执行组织机构,它指的是学校的各职能部门、中等学校的教研组和年级组,高等学校的部、处、系、所等;学校的咨询组织机构指的是校务委员会;学校的监督反馈组织机构,我国高校一般是监察处和党的纪检部门,中小学没有这方面专门的组织机构,它的监督反馈方面的职能是由党团组织和工会等来完成的。学校的规范包括学校章程,以及各种机构的规范、各种人的规范、各种工作的规范。如校务会议管理制度、教职工代表大会制度、家长委员会制度等。

学校管理体制改革要明确领导体制。所谓要明确领导体制,指的是大学要加强和完善党委领导下的校长负责制。普通中小学和中等职业学校要完善校长负责制。要完善校长任职条件和任用办法,加强领导班子建设,不断提高领导班子的领导力。

所谓理顺执行体制,是指学校要把工作的重点真正放到大学的系所一级及中小学的年级组上来。现校部(特别是大学)机构越来越多,权力都集中在校职能部门,大学的系几十年一贯制,就是一个办公室,许多事情都在系所和中小学的年级组落实,这种"倒金字塔式"的执行体制,使系所和年级组所承担的任务及责任与所拥有的权力极不相称,不利于学校工作的高效运行。解决的办法就是要精简校级机构,限制校职能部门的权限,扩大系所及年级组的权力,校职能部门只能起参谋、服务作用,不能起领导、指挥作用。

所谓加强咨询体制,是指建立并完善校咨询委员会,并真正发挥其作用。有些学校没有设立校咨询委员会,或者设立了校咨询委员会,但没有行使咨询职能,其咨询的任务一般是由有关的职能部门给分管的校领导出主意而完成的,这种做法不利于学校内部决策的民主化与科学化。学校应建立由校领导、教师、学生、家长、社区代表及社会名流等组成的校咨询委员会,定期或不定期地对学校重大问题进行讨论,提出意见和建议,供校领导决策时参考。校咨询委员会与学校专门的咨询委员会的任务是不同的,前者是对学校综合性的大问题、关键问题提供咨询,后者是对某一方面的局部问题提供咨询。校咨询委员会与教代会的任务也是不同的。教代会不仅有咨询任务,还有监督任务,它主要是定期咨询(如每年的教代会开会时间),而校咨询委员会可不定期咨询。因此,我们不能因为学校有教代会和一些专门的咨询委员会而忽视了校咨询委员会的作用。

所谓改善监督反馈体制,是指变消极监督为积极监督,变事后监督为事前监督。学校专门的监督组织,不仅要起监督作用,还要及时了解和反馈有关情况,防患于未然,而不仅仅是出了问题后再去监督。

上述教育行政体制与学校管理体制的改革要配套进行。因为学校管理体制的改革要依赖教育行政体制的改革,或者说要得到教育行政体制的支持,而教育行政体制的改革要在学校管理体制改革的具体实施中才能得到落实。

学校教育体制与教育管理体制(教育行政体制、学校管理体制)的改革也应配套进行。这是因为学校教育体制改革不仅会涉及教育管理体制改革,如学校教育体制中各级各类学校设置的问题本身就涉及管理问题,而且学校教育体制的改革还需要配套进行的教育管理体制改革作保证。教育管理体制的改革也不是以单打一的方式进行的,它一般是围绕或针对学校教育体制改革而展开的。比如有人提出现在要把技工学校由劳动人事部门管理转为由教育行政部门管理,这是属于管理体制改革问题,但不难理解,这种改革本身就涉及掌握教育体制问题。因此,我们在改革学校教育体制时,不能忽视教育管理体制的改革;在改革教育管理体制时,也不能忽视学校教育体制的改革。那种将本来有紧密联系的两种体制的改革分割进行或顾此失彼的做法,不仅在实际上是行不通的,而且也是不利于教育体制改革的。

## 第二节 我国现行教育行政机构的职责及管理

### 一、我国现行教育行政机构的职责

#### (一)教育行政组织机构的一般概述

组织机构,就是把人力、物力和智力等按一定的形式和结构,为实现共同的目标、任务或利益有秩序、有成效地组合起来而开展活动的社会单位。行政组织机构是依法建立的国家公务机构的一种,是为执行一定的方针政策而提供公共服务的社会单位。行政组织机构不同于立法、司法组织机构,也不同于一般的社会团体。广义的行政组织机构包括国家政权的、企事业的、学校的以及社会的行政组织机构;狭义的行政组织机构是指依法建立的管理国家事务的机构,专指行使国家权力的各级行政机关。

教育行政组织机构是依法建立的国家公务机构,是为教育提供公共服务的社会单位。广义的教育行政组织机构包括国家政权的、企事业的、学校和社会的教育行政组织机构。狭义的教育行政组织机构专指国家各级政府机构中管理教育事务的机关。以下所阐述的教育行政组织机构则专指狭义的教育行政组织机构。

**(二)我国现行的教育行政组织机构及其职责**

1. 中央的教育行政组织机构及其职责

(1)组织机构。

中央的教育行政组织机构是教育部。它是国家教育事业的领导机关。教育部实行部、司局、处室三级领导体制。国家教育部设办公厅、政策法规司、教育督导局、人事司、财务司、高等教育司、学位管理与研究生教育司、基础教育司、教师工作司、体育卫生与艺术教育司、国际合作与交流司等本部机构;有人民教育出版社、高等教育出版社、中国教育报刊社、中国教育科学研究院、国家教育行政学院等直属单位。

(2)职责范围。

① 拟订教育改革与发展的方针、政策和规划,起草有关法律法规草案并监督实施。

② 负责各级各类教育的统筹规划和协调管理,会同有关部门制定各级各类学校的设置标准,指导各级各类学校的教育教学改革,负责教育基本信息的统计、分析和发布。

③ 负责推进义务教育均衡发展和促进教育公平,负义务教育的宏观指导与协调,指导普通高中教育、幼儿教育和特殊教育工作。制定基础教育教学基本要求和教学基本文件,组织审定基础教育国家课程教材,全面实施素质教育。

④ 指导全国的教育督导工作,负责组织和指导对中等及中等以下教育、扫除青壮年文盲工作的督导检查和评估验收工作,指导基础教育发展水平、质量的监测工作。

⑤ 指导以就业为导向的职业教育的发展与改革,制定中等职业教育专业目录、教学指导文件和教学评估标准,指导中等职业教育教材建设和职业指导工作。

⑥ 指导高等教育发展与改革,承担深化直属高校管理体制改革的责任。制定高等教育学科专业目录和教学指导文件,会同有关部门审核高等学校设置、更名、撤销与调整,负责"211工程"和"985工程"的实施和协调工作,统筹指导各类高等教育和继续教育,指导改进高等教育评估工作。

⑦ 负责本部门教育经费的统筹管理,参与拟订教育经费筹措、教育拨款、教育基建投资的政策,负责统计全国教育经费投入情况。

⑧ 统筹和指导少数民族教育工作,协调对少数民族和少数民族地区的教育援助。

⑨ 指导各级各类学校的思想政治工作、德育工作、体育卫生与艺术教育工作及国防教育工作,指导高等学校的党建和稳定工作。

⑩ 主管全国的教师工作,会同有关部门制定各级各类教师资格标准并指导实施,指导教育系统人才队伍建设。

⑪ 负责各类高等学历教育招生考试和学籍学历管理工作,会同有关部门制定高等教育招生计划,参与拟订普通高等学校毕业生就业政策,指导普通高等学校开展大学生就业创业工作。

⑫ 规划、指导高等学校的自然科学和哲学、社会科学研究,协调、指导高等学校参与国家创新体系建设和承担国家科技重大专项等各类科技计划的实施工作,指导高等学校科技创新平台的发展建设,指导教育信息化和产学研结合等工作。

⑬ 组织指导教育方面的国际交流与合作,制定出国留学、来华留学、中外合作办学和外籍人员子女学校管理工作的政策,规划、协调、指导汉语国际推广工作,开展与港澳台的教育

合作与交流。

⑭ 拟订国家语言文字工作的方针、政策,制定语言文字工作中长期规划,制定汉语和少数民族语言文字规范和标准并组织协调监督检查,指导推广普通话工作和普通话师资培训工作。

⑮ 负责全国学位授予工作,实施国家的学位制度,负责国际学位对等、学位互认等工作。

⑯ 负责协调我国有关部门开展与联合国教科文组织在教育、科技、文化等领域国际合作,负责与联合国教科文组织秘书处及相关机构、组织的联络工作。

⑰ 承办国务院交办的其他事项。

2. 省、自治区、直辖市教育行政组织机构及其职责

（1）组织机构。

省、自治区、直辖市教育行政组织机构为教育局,下设办公室、督导室、普通教育处、高等教育处、职业教育处、师范教育处、人事处、计划财务处等。除上述机构外,有的还设有体育卫生处、学生政治思想教育处、校办工厂处和教学研究室等。省、自治区、直辖市教委的直属机构一般有少年宫、电化教育馆、教学仪器公司、教育科学研究所、教育期刊编辑部、教育学院和广播函授学院、省高校招生办公室、省高等教育自学考试指导委员会办公室等。

（2）职责范围。

省、自治区、直辖市教育委员会的基本职责是,在当地政府和教育部的领导下,统管本地区各级各类教育事业,研究和制定本地区教育发展规划,保证党和国家教育方针政策的全面贯彻执行。以省教育委员会为例,其具体职责如下：

① 贯彻执行党和国家有关教育工作的方针、政策和法规,依法拟定并组织实施本省教育工作的政策、法规和重要规章制度。

② 编制有关教育事业的发展规划,研究确定本省教育事业的发展重点、规模、速度和步骤,指导、协调和监督教育规划、计划的实施。

③ 宏观管理和指导全省各级各类教育。

④ 审核普通高等学校、中等职业技术学校、成人高等学校、成人中等专业学校成立、合并和撤销；审批和管理社会力量办学。

⑤ 会同计划部门编制各类高等学校、中等职业技术学校及普通高中的计划和毕业生分配计划派遣工作。

⑥ 承办全省高等院校和中等专业学校的考试、录取工作,负责全省的自学考试及其他的学历考试；参与指导资格考试和录取工作。

⑦ 指导和推动开展岗位培训,贯彻国家的岗位培训的工作方针、政策和法规,汇总全省岗位培训工作和信息经验交流等服务工作。

⑧ 统筹规划各级各类教师队伍的建设,主管各级各类学校教师的评聘工作。

⑨ 拟定教育系统劳动、人事管理的具体政策和规章制度,统筹规划指导各级教育行政干部队伍的培训。按照干部管理权限任免副厅以下机关单位处、科级干部。管理直属单位的领导班子。协助省委组织部、省高校工委对高校领导班子进行考察考核。

⑩ 拟定教育基建投资、事业经费、人员编制和统配物资设备的管理制度及定额原则；拟定筹措基建投资、教育经费的方针、政策和法规；管理省切块给教育的基本建设投资及境外

给本省的教育贷款和援款。

⑪ 负责组织全省的教育科学研究和教学研究工作,指导和推动高等学校的科学研究工作。负责或指导各级各类学校的教育和教学的督导、评估。

⑫ 执行教育外事工作的方针、政策与规定,归口管理教育对外交流工作和出国留学(交流进修)人员、智力引进及来华留学人员的工作。

⑬ 规划、组织和指导全省电化教育工作和教育技术装备工作。

⑭ 组织和开展各级各类学校开展勤工俭学集资办学活动。

⑮ 检查和监督市县地方政府及教育行政部门贯彻执行中央和省关于教育工作的方针、政策以及有关法规的情况。负责全省教育行政部门、下属事业单位的纪检、监察工作,处理群众的来信和来访。

⑯ 规划和实施教育管理情报、统计、信息系统的开发和建设工作。办好教育厅机关刊物,负责指导教育方针、政策的宣传舆论监督工作。

⑰ 归口管理省语言文字工作。指导有关教育学会、协会、基金会等组织的工作。

⑱ 承办省委、省政府交办的其他事项。

3. 地区、自治州、省辖市教育行政组织机构及其职责

(1) 组织机构。

地区行政公署、自治州、盟人民政府,省辖市以及直辖市区、县教育行政机构的设置及其职能:地区行政公署、自治州、盟人民政府,省辖市以及直辖市区、县教育委员会或教育局是代表当地政府管理教育事业的职能部门,其机构设置各地不尽相同,一般设有办公室、人事科、计财科、小教科、中教科、师范教育科、职业教育科、成人教育科等职能部门。直属事业单位一般有教研室、教育学院、电教馆、电大分校、教学仪器站等。

(2) 职责范围。

① 领导所辖市、区、县教育行政部门贯彻执行国家的教育方针、政策、法规和上级教育行政部门的各项决定。

② 根据当地政府和上级教育行政部门的要求,制定本地区教育事业的发展计划,领导本地区的各项教育改革。

③ 根据当地政府和上级教育行政部门的要求,协助市、区、县进行教育部门的思想政治工作。

④ 统筹管理辖区的幼儿园、中小学和师范院校的领导班子建设及师资配备和财政拨款。

⑤ 对所辖地区的教育行政部门和学校的各项工作进行检查督导。

⑥ 制定本地区教师和教育行政干部队伍的培训和建设规划,并组织对教师和教育行政干部培训和建设规划的实施工作。

⑦ 承办上级教育行政部门和当地政府交办的其他各项工作。

4. 县(市)教育行政组织机构及其职责

(1) 组织机构。

县、县级市、旗教育委员会(教育局)的机构设置及其职能:县、县级市、旗教育行政组织机构一般为教育局或教育委员会,在我国教育行政组织机构的系统中具有十分重要的地位,是广大中小学最直接的管理机关,拥有比较完整的教育行政职能,其机构设置因各地地域大

小、人口数量等情况有所不同。

(2) 职责范围。

① 贯彻落实国家的教育方针、政策、法律法规,结合本地实际制定具体的实施办法和有关补充规定。

② 在当地政府和上级教育行政机关的领导下,制定本地区教育事业的发展规划,统筹管理本地区的幼儿教育、九年制义务教育、高中教育、成人教育和职业技术教育。指导乡教育行政组织机构制定教育事业发展计划。

③ 统一指导本县各级各类学校的各项教育教学工作,组织各种教研活动,推进教育改革。

④ 统筹管理本县各级各类学校的招生工作。

⑤ 在当地政府领导下,做好所属部门的思想政治工作。

⑥ 做好本县教师和教育行政干部的培训、管理工作。

⑦ 做好教育经费的分配工作,并对下属教育行政机构和学校的财务进行监督。

⑧ 组织并指导教学仪器和电教设备的采购、供应和管理。

⑨ 不断加强对各级各类学校各项工作的监督检查,建立健全教育督导制度。

⑩ 承办当地政府和上级教育行政部门交办的其他工作。

5. 乡镇教育行政组织机构及其职责

(1) 组织机构。

自1985年以来,我国基础教育开始实施"分级管理、分级办学"的体制,基础教育的管理权限下放,全国大多数乡(镇)纷纷成立教育委员会作为基层教育行政组织,教育委员会下设教育办公室作为日常办事机构。乡(镇)教育委员会作为我国最基层的教育行政组织,代表乡(镇)政府和上级教育行政部门,统一管理全乡(镇)行政区域内的教育工作。

(2) 职责范围。

① 贯彻执行党和国家的教育方针、政策、法律法规。

② 协助上级教育行政部门制定教育事业发展计划,并组织制定本乡(镇)的教育事业发展规划。

③ 在当地政府和上级教育行政部门的领导下,统筹管理本乡(镇)的中小学和幼儿园的设置、招生、教学工作。重点抓好九年制义务教育工作。

④ 协助当地政府和上级教育行政部门做好本乡(镇)教育行政干部和教师的考核、任免和日常管理工作,努力改善广大教师的工作和生活条件,不断提高教师社会地位。

⑤ 编制本乡(镇)教育经费的收支计划。多渠道筹措教育经费,建立健全财务制度,管好、用好有限的教育经费。

⑥ 负责组织对本乡(镇)学校校舍的建设、维修,并保护学校的财产不受侵占。

⑦ 加强对本乡(镇)各级各类学校各项工作的检查、督导。

⑧ 做好本乡(镇)各项教育事业的统计工作。

⑨ 积极向乡(镇)政府和上级教育行政部门反映群众对教育工作的意见,同时努力争取各村民委员会、乡镇企业和广大农民对教育的理解和支持。

⑩ 承办乡(镇)政府和上级教育行政部门交办的其他工作。

## 二、教育行政机构的管理

### (一) 教育行政机构管理的含义

教育行政机构,我们有时可称为教育行政机关,它是教育行政人员处理其日常工作或业务时的活动场所,这些活动场所通常称之为"办公室"。教育行政机构管理在于研究与办公室有关的各种事务,包括办公室的空间、设备、环境、档案、公文等,其目的在于使这些条件符合教育行政人员的需要,提高工作效率。

狭义的教育行政机构管理指合理地安排教育行政机构的办公场所,配置合适的设备,保持优美的工作环境,合理安排机构工作人员工作及系统地处理档案和公文。广义的教育行政机构管理是指运用科学的方法,合理地规划、管理、协调和运用机构的组织、人员、设备、财物和经费,并做出恰当的处理,以发展机构业务,提高行政效率,完成组织使命。这里主要指的是狭义的教育行政机构管理。

### (二) 教育行政机构管理的内容

教育行政机构管理的内容很多,主要包括空间管理、环境管理、文书管理、会议管理、机构人员的工作管理等几个方面。会议管理后面会专门论述,这里就不阐述了。

1. 空间管理

所谓空间管理,是教育行政机构为节省空间成本、有效利用空间、缩短工作流程、迅速处理资料、提供良好工作环境并促进人员的沟通与协调而对办公室所做的布置。空间管理最重要的是进行空间控制,做到经济而有效地利用空间。为此,在设计、整修机构建筑,以及布置已有的机构时,就应注意空间控制问题。

空间管理的目的,在于为工作人员提供充分的空间,保证工作人员的舒适和便利。好的空间管理有利于工作的正常开展,有利于协调有关的环境因素,如温度、光线、颜色、噪音等,有利于人际间的相互沟通。

空间管理与以下几个因素有关:

(1) 机构的物质特征,如窗户、电梯、电子仪器、冷暖设备等。
(2) 机构部门的设置。
(3) 机构工作的范围。
(4) 机构工作人员的品质、数量及未来可能的发展。
(5) 完成机构工作所需要的物资设备。

空间管理要遵循如下要求:

在环境方面,大而开放的房间比小房间要好;尽量利用自然光线;各种设备、机器、物材尽可能靠窗安放;房间里的颜色、图案要协调。

在工作方面,要缩短沟通网络;人员所使用的空间要尽可能宽大舒适;凡与外界社会接触较多的部门,其设置地点,以与外界较易接触为原则,以免干扰其他部门的工作;具有高度机密性的部门,应以远离外界接近为原则。前者如人事、总务部门,后者如机要、研究发展部门等。

在人员方面,高级工作人员的办公室应一人一间,其国际标准为约 56 平方米。一般工作人员在办公室中办公,每个办公人员的空间范围,国际范围以 7.4~9.3 平方米为宜,走廊或通道以总空间的 10%~15% 为宜。可容纳 30 人的会议室,每人空间为约 2.3 平方米;可容纳30~200人的,每人为约0.74平方米。

物材与设备方面的空间管理要求是,办公室中的办公桌应同向,桌间距离国际标准规定不可少于0.91米,同方向桌距不应少于0.71米;人员不宜面对光线,光线应尽可能来自左侧,处理精细工作的人员应有最佳光线,尤以自然光线为宜;档案柜应尽可能靠墙而立。

2. 环境管理

教育行政机构的环境包括物质因素和四周的影响因素两类。除物材与设备外,它还包括光线、颜色、温度、空气、声音等因素。这些因素的良善与否,对教育工作人员的态度及行为将发生直接影响,因而环境管理也是教育行政机构管理的一个重要内容。

(1) 物材与设备。

教育行政机构的物材,包括办公桌、长桌、座椅、档案柜等;教育行政机构的设备,包括电脑、打字机、计算机等其他附属设备等。机构的物材及设备管理,包括选择、采购、维修、换置四方面。

选择物材应是现代化的且能配合机构内部的装饰;物材的品质应良好,设计精美,坚固耐用,数量充足,应有多种用途;符合工作需要及能使工作人员舒适。

选择设备的原则是,要选择那些处理单调性、重复性的工作比人的效率高的设备;比人工处理更经济、更精确及产出更多的设备;紧急情况下,能快速处理问题的设备;非人的能力所能处理的设备;性能良好,且机构人员能操作的设备等。

采购物材和设备,一要适用,即所采购的物材和设备必须注意机构的需要,能充分发挥其作用;二要及时,即一经采购,卖方就能在时间、数量、地点的要求下及时供应;三要经济,即要采购那些价值合理、经久耐用的物材和设备。

维护物材和设备是保证充分发挥其效益的重要手段。为此,对物材和设备要做好预防维护和纠正维护。预防维护是指要经常不断地检查物材和设备,发现问题及时解决,以免发生故障而影响机构工作。纠正维护是指由于问题严重,必须对物材和设备进行检修。物材和设备的换置也是保证机构工作正常进行的重要方面。当物材和设备落伍时,可采用折旧换新的方法,即使用者可将用过的旧物向原经销者或厂商换取同样的物材和设备,旧的可折价以作新的价款,不足的部分由买方分期偿还。搞好换置工作,机构管理人员需要了解一些常用的物材和设备的平均使用寿命。现将一些物材和设备的使用寿命略述如下:办公桌20年;会议桌15年;档案柜15年;保险柜50年;电扇10年;空调10年;地毯10年;打字机5年;录音机6年;电脑及自动化设备10年。

(2) 自然环境。

教育行政机构环境通常包括表面环境(如颜色、洁净等),视的环境(如光线、色彩等),听的环境(如声音等)和空气环境(如通风、湿度、空气、温度等)。现将各类环境的要求简述如下:

① 表面环境。机构的各类物材及设备,务必保持清洁。墙壁、地毯和天花板等表面环境的颜色,应慎重选择。会议室、会客室宜用赤色、黄色等暖色。办公室宜用绿色、蓝色等冷色。天花板颜色以白色为宜,且要保持较高的光线反射率。墙壁颜色应视场所及需要而定。地板宜采用棕色。办公桌颜色宜浅并避免过度反光,以免影响工作人员的视觉。其他危险物材与机械应印以黄色和橙色,安全物材应印以绿色、白灰或灰色及黑色,防火器材应印以红色。

② 视的环境。因光线对工作效率影响很大,所以机构管理应重视光线问题。就光线的来源与分配而言,自然光优于人为光,匀散光优于集散光,间接光优于直接光。光度以适度为宜,工作时所需光度,视工作的性质与地点而不同,国际标准一般为15~20烛光。

③ 听的环境。机构环境需要安静而无嘈杂的声音,使人能集中注意力工作。据研究,在安静处工作,可提高效率25%。通常管理听的环境从两方面着手:一是减低噪声,机构处于闹市区者,其天花板及墙壁,应使用吸音材料,以减低噪声;窗户宜用两重玻璃,当外面噪声厉害时关掉一层玻璃窗;防止人员过分喧闹,或增加噪声。二是尽量减少内部噪声,对于凡是容易发出声音的办公器具,下面应置软垫,以减少声音;任何办公机器应避免放在金属墙壁之前,以减少回音;地上铺以地毯,以减少走路回音;发出噪声的器具,应避免接近办公室;接待来客,宜在会客处,以免谈话影响办公。

④ 空气环境。空气调节应利用各类空气调节设备,如冷气机、暖气机、通风设备、电扇等。要点如下:机关内的温度,以20℃~21℃为宜;湿度应以40%~60%为宜,这样才不使人感到干燥或潮湿;在通风方面,空气的自然流通主要通过多开门窗,门窗的面积应不少于该室地面面积的1/5,人工通风,应安置电扇或空气调节器。此外,办公室内要保持空气清新,其方法一是通过树木花草的光合作用,二是利用空气调节机除去空气中的臭气并吸入新鲜空气。

3. 文书管理

教育行政机构的文书管理指有关文书、资料等案卷的产生、维护和处理的一切计划和管理活动,包括报表管理、报告管理、文书简化、档案管理等内容。文书管理的目的在于有效地控制文书、资料的产生,避免文书工作过繁、资料过多和报表泛滥,达到有效地维护、储存及处理文书,提高工作效率的目的。

对文书进行有效管理,要有科学的评价标准。有两种方法可对文书管理进行评价。一是参考价值比率,二是精确度比率。所谓参考价值比率,意指文书归档的数量应具有某种程度的参考价值,通常不能低于5%,否则显示归档的文书太多,必须重新整理或销毁。公式如下:

$$参考价值比率 = \frac{文书参考数量}{文书归档数量}$$

如案卷的归档数量为12000件,可备参考数量只有600件,则其参考价值比率为0.05。

所谓精确度比率,意指所需文书的数量应尽可能发现,通常不能低于97%,否则显示文书归档太凌乱,不易找出所需文书。公式如下:

$$精确度比率 = \frac{所发现文书数量}{所需文书数量}$$

如所需文书数量为9500件,而仅能发现9250件,则比值约为97.37,表示精确度尚可。

以下对文书管理中的报表管理、报告管理、文书简化及档案管理作简要说明。

(1) 报表管理。

报表是供处理业务使用,为填写记载所需的资料信息而预先印就的纸张表格。报表的设计和控制,要遵守三项原则。一为使用原则,指报表的设计和制作必须以符合使用为目的。在记载必要资料、重复记载资料、确定工作权责时,应尽量使用报表,发挥报表的功能。二为标准化原则。报表的品质、大小、颜色应标准化,以避免各类报表的混淆。三为集中控制原则。报表的设计、使用和采购应集中控制、统一分配。除上述原则外,在报表的设计与控制方面,还需注意下列问题:设计报表时,其大小及形式,应力求简单化,项目明确,印刷清新;若是使用机器处理的报表,应配合机器储存的最高与最低宽度、重量和厚度,适应于适当的地方,标明使用机器的指示;重要项目的上下两端应划双线,以示醒目;为分类方便,报表应于上下两端印刷号码和代号,号码代表使用数量,代号代表使用单位。控制报表时,应注意收集、分析现存报表,废止不必要的报表。按报表的性质、规格或颜色予以分类归档;报表内须填写的项目,应使填表者充分了解并利用,使之利于填写;印刷数量及分配应有妥善计划;通过对报表的检查,及时发现并解决机构组织上和程序上的问题。

(2) 报告管理。

报告是下级机关对上级机关、下属对上司、政府对人民、个人对公众的信息资料的传达。报告可分为口头报告和书面报告,又可分为定期报告和特别报告等。报告的管理应注意下列要求:报告必须具有明确的目的,内容清楚、简短,以便使人迅速掌握报告的内容。对于报告的处理要及时,要注意废止不需要的报告并归档必要且有价值的报告。

(3) 文书简化。

文书简化是为提高工作效率并省人力、物力和财力,所以机构管理应重视文书的简化工作。文书简化除前面已述及的报表及报告管理外,以下专就公文的简化提出几点建议以供参考。第一要缩短公文处理时间,要实行分层负责制,减少公文旅行时间。第二要尽量减少公文处理的数量,不需要的公文一律取消;公文的内容,凡涉及法令规章部分应加以说明,以免在公文的往返处理过程中不断进行解释;尽量利用报表的方式代替公文。第三要简化处理手续,简化方法可采取编号登记处理;分层负责处理;以副本抄送所属上级机关及下级机关;实施公文处理程序化等。

(4) 档案管理。

档案是指处理完毕经整理存档以备考查的文书及有关资料。一般包括:公文及其附件、法令规章、图表、有关公务的团体及私人的函件、照片、幻灯片、录音带、录像带、电脑磁带、显微缩影片等。档案管理指储存和准备储存这些资料的活动。

档案管理,能妥善保存工作的结晶,以利积累经验;能使浩繁的文书资料迅速调阅;可提供行政研究及其他学术研究的资料。

档案管理的组织,可分为三类:集中制、分散制、混合制管理。集中制管理是将档案集中于一处或一个部门管理,集中使用档案设备。这种方法的好处在于,消除不必要的设备及文书资料的重复;存档方法一致,以免出现疏误,能迅速传递档案资料,提高档案的使用率。分散制管理是将文书资料由各单位各部门分散管理。其优点是,避免大量人员接触,以利档案保密;避免从集中部门获取档案资料的延迟。混合制管理是指这样的情况,即机关内设立"档案处",统辖各单位的档案室,不常调阅的档案,由档案处集中管理,各单位需常调阅的档案,则由各单位档案室自行保管。

为了便于文书资料的归档、调阅和检索,还必须对档案进行分类。其方法有如下几种:

一是按字母分类,西方按标题及作者或关系人姓名字母顺序排列,中文则按首字笔画多寡顺序排列。

二是按地区分类,如按省、市、县、乡镇,或东、西、南、北地区排列。

三是按科目排列,这种分类方法是最科学的方法,但需运用图书馆学的知识和其他必要知识。

四是按号数顺序分类,一般采用十进制分类法。

五是按年代分类,如按年、季、月、周、日等顺序排列。

### 4. 机构人员的工作管理

机构人员的工作管理就是要把机构各项工作妥善安排,明确工作人员的职、权、责,各司其位,有条不紊,以提高工作效率。它包括工作责任制和岗位责任制。工作责任制是规定机构及其工作人员的职、权、责的制度,即明确教育行政机构内部各机构的职责范围,以使工作人员按具体的工作标准及合理的工作程序开展工作。主要解决机构内部各机构之间的职责和权限的关系。岗位责任制明确规定各个工作岗位的责任,它是针对每个工作人员而言的,调整的是机构内部人与人的关系。

实行工作责任制及岗位责任制有利于高质量、高效率地完成教育行政机构所承担的任务。这里最重要的是做到职、权、责的统一。职是工作人员所担负的职务;责是完成与职务相称的工作任务,是单位和个人对国家和上级组织承担的义务;权是完成职责时在一定限度内自由行使的权力,它是实现职责的重要条件。职、责、权三者是统一的。只任职务不负责,职务就徒有虚名;只有责任而无权力,责任也会落空;有权而不负责,也于工作不利。因此,对教育行政机构人员的工作管理,必须做到职、责、权的统一,只有这样才能使机构的工作责任制和工作人员的岗位责任制真正发挥作用。

## 思 考 题

1. 解释下列概念:

教育体制　学校教育体制　教育管理体制　教育行政体制　学校管理体制　教育行政组织机构　教育行政机构管理　空间管理　环境管理　文书管理　机构人员的工作管理

2. 试对教育体制的含义进行理论分析。
3. 认识教育体制的含义有哪些理论意义和实践意义?
4. 教育机构与教育规范改革有哪些要求?
5. 学校教育体制、教育行政体制、学校管理体制的改革有哪些要求?
6. 我国各级教育行政机构的主要职责权限有哪些?
7. 简述空间管理、环境管理、文书管理、机构人员工作管理的基本要求。

# 第七章　教育人事行政

**内容提要**　本章包括两部分内容。第一部分主要对教育人事行政作一般概述,简要分析了教育人事行政在教育行政中的地位和作用,概括性地介绍了教育人事行政的业务范围,论述了教育行政应坚持的基本原则。第二部分主要介绍教育人事行政的各项管理制度,亦即国家公务员制度在教育人事行政中的应用,包括求才、用才、养才、退出、约束和保障六大制度。

## 第一节　教育人事行政概述

### 一、教育人事行政的含义及地位

#### (一) 教育人事行政的含义

教育人事行政是指国家依据一定的法规制度对教育机构工作人员进行管理的活动。也有人称之为教育人事管理。但是,严格地说,两者并不完全相同。两者的区别在于"管理"与"行政"的区别。管理是伴随人类群体活动的产生而产生的一种活动,自从有人类的群体活动就有管理。行政则是伴随着国家的诞生而出现的,是为了推行国家政务而进行的活动。行政也是一种管理活动,也要遵循管理的一般规律,但是,行政的范围较管理要小,而层次则较高,如果把管理的范畴看作是一个大系统,那么,行政则是其中层次较高的一个小系统。

就教育管理系统而言,教育人事管理包括国家对教育行政机构工作人员的管理,也包括对学校教育人员的宏观管理,还包括学校内部微观的人事管理。而教育人事行政则主要指前两者。国家人事制度改革后,教育行政机构工作人员(除工勤人员外)被列入国家公务员系列,采用国家公务员制度来管理。学校教育人员则不属国家公务员系列,虽然也可以参照国家公务员制度来实施管理,但有许多不同之处。本章侧重介绍教育行政机构的公务员管理,而学校教职工的管理将在"学校人事管理"一节中另作专论。

#### (二) 教育人事行政的地位和作用

**1. 教育人事行政是教育行政的核心内容**

教育行政的内容包括人、财、物、时、信息等诸多要素,其中人是最积极、最具有主观能动作用的要素。其他要素都是无生命意识的客观事物,人则是有自主意识的认识和实践主体,其他要素的作用只有通过人才能得以发挥和利用。教育行政的内容包括许多方面,无论哪个方面都要靠人来完成。教育方针政策靠人制定,教育体制机构靠人建立,教育法规制度靠人推行,教育职能目标靠人实现。教育人事行政是否科学,直接影响教育行政的有效性。从表面上看,教育行政的核心内容似乎应该是理"事",其实不然。一方面,事总是人制造的,没有人就不可能有事;另一方面,事总是要人来解决的,没有人的努力,事情会堆积如山。总之教育行政的主体是人,教育行政的对象也主要是人,教育人事行政是教育行政的核心内容。

2. 教育人事行政直接或间接决定教育活动的质量

一方面,国家的教育人事政策明确规定了学校工作人员的数量、标准、职务、比例、结构和限额,以及学校管理者和教师的任职条件、方式、培养进修、福利待遇和奖罚等,这些规定对学校工作人员的行为有明确的导向作用,并且最终都会在教育活动的质量中体现出来。另一方面,教育人事制度科学与否,直接决定着教育行政人员的素质及其管理效率的高低。国家对教育的控制愈严,教育人事制度的影响愈大。我国教育行政类型属于集权制,学校的办学自主权不多,从学校设置到校长的任免、教师队伍建设等诸多方面,无不受控于教育行政部门。所以,教育行政人员的素质不仅决定自身工作质量,也决定着所辖地区学校的教育工作质量。

3. 教育人事行政对人力资源开发有重要作用

任何一个国家的发展,靠自然资源总是有限的,人力资源则蕴藏着巨大的潜力,自然资源的开发利用,也离不开人力资源,人力资源是任何一个国家的真正发展之源。一个国家如果由优秀的人才掌握着行政权力,就能为各方面人事管理创造条件,促进大批优秀人才脱颖而出。科学的教育人事行政,可以造就大批优秀的教育行政管理人才和教育人才,这些人才又可以造就国家所需的各方面专才,创造教育的高效益。科学的教育人事行政可以促进优秀人才的"核裂变"反应,教育的效益之源就在于教育的人力资源。

## 二、教育人事行政的业务范围及原则

### (一)教育人事行政的业务范围

任何一个组织的业务范围都是由其职能决定的。我国教育行政机构的职能尚在改革之中,教育人事行政的业务范围也有所变化;各级教育行政机构由于所处的地位不同,其人事行政职能及业务范围也会有所不同。

中央教育行政机构的人事行政业务,主要是根据国家人事政策,制定相应的教育人事政策,统筹规范全国教育人事行政的改革与发展,指导督促地方教育行政机构贯彻执行有关教育人事制度和法规等。

地方各级教育行政机构的人事行政业务范围主要有如下方面:

(1)根据职权范围审批所属教育机关的编制,并配备相应的教育行政人员、教师和其他工作人员。

(2)按照管理权限,对所属教育行政人员、教师进行考察、选拔、调配、培训、考核、晋级、奖惩和任免,并管理离休、退休、工资福利等工作。随着教育体制改革的深入,政校分离,学校办学自主权的扩大,教育行政机构对学校内部的人事管理权,特别是对教师的人事管理权将会逐步下放给学校,教育行政部门主要管理教师队伍的宏观预测、规划、教师资格认定等事宜。

(3)根据国家有关人事政策和法规,制定本地区、本部门、本单位的人事规章制度和工作细则。

（4）开展教育人事统计，管理教育人事档案，处理教育人事行政方面的群体来信和来访问题。

### （二）教育人事行政原则

教育人事行政原则是为了保证教育人事行政工作的科学性和有效性所必须遵循的基本要求和准则。根据中外教育人事管理的经验和教育管理专家的研究成果，有四条基本原则必须坚持：

1. 因事择人原则

所谓因事择人，是指根据事业的需要和对任职人员的资格要求来选用人员。

为什么要求因事择人而不能因人择事？从表面看，因人择事比因事择人更符合人性的管理，因为因人择事，首先考虑的是人。每个人都有自己的兴趣和特长，根据人的兴趣和特长来安排工作，可以真正做到适才适所，胜任愉快。因事择人首先考虑的是工作，根据工作的要求选择合适的人去做，人似乎只是一件做事的工具。这种看法的最大误区是忽视了组织求才与个人求职的区别。个人求职应尽可能根据自己的特点寻找适合的工作岗位，而组织求才则应从工作要求出发。任何组织总是为了完成一定的任务，实现一定的目标而建立的，组织成员必须能胜任相应的工作，只有这样才能保证组织正常运作，所以必须从实际的职位（事）需要出发，选用合适的人员，保证事得其人，人适其事，人与事科学地结合起来。如果不考虑工作需要而盲目录用人，就很难做到人事对口，不是大材小用就是小材大用，或者为了安排人而增加不必要的职位，造成庙小和尚多，有事没人做，有人没事做，用人成本增加，工作效率下降的局面。唐太宗李世民曾说："为官择人者治，为人择官者乱"，就是这个道理。美国著名的管理学家德鲁克说得更明白："因人择事的后果，必定是任人唯亲和奉承迎合，任何组织都承受不了这两种后果。组织需要公平、公正和不受个人感情影响的人事政策。否则，组织要么失去有用的人才，要么就会挫伤他们的积极性。"

坚持因事择人原则要注意如下问题：第一，要熟悉"事"，了解"事"的性质、特点、难易度。只有熟悉要做的事，才能根据它的要求来择人。第二，要因事设职。凡是一个人能干的事，决不让两个人干，一个萝卜一个坑。并且只有当职位出现空缺的情况下才择人上岗，这是用人的大前提，没有这一条，再多再好的人才都不能用。第三，要有明确的任职资格条件。任职资格条件应该是与所任职位的基本要求直接相关的，是履行职责所必备的，不应在工作要求之外寻找用人标准。第四，对备选者要进行考察，了解其特长和潜能，根据比较客观的标准择优录用。

2. 任人唯贤原则

任人唯贤就是根据德才兼备的标准任用人才。古人云："为政之道，唯在得人。"这里所说的"人"，就是指德才兼备的人。虽然在不同的时代和社会，德与才的具体内容并不完全相同，但是重德重才的观念却是一致的。我们今天所要求的德，就是指政治素质、思想素质和职业道德，所谓才就是指业务能力。

教育人事行政为什么要坚持任人唯贤的原则？这是因为，第一，教育行政人员和教师是教育活动的主体，其素质状况直接关系到教育行政工作效率和教育质量，只有拥有一大批德才兼备的教育行政人员和教师，才能保证教育事业兴旺发达。第二，教育是一种育人活动，培养高素质的人才，需要有高素质的教育工作者言传身教，垂范表率，教育工作者行不端，艺不精，小则误人子弟，大则误国误民。

怎样贯彻任人唯贤的原则呢？第一，要正确认识德与才的关系，贤是德与才的统一体。德与才二者不可偏废，不可互相替代，重德轻才和重才轻德都可能给教育事业带来危害。第二，任人唯贤意味着用人之长，容人之短。贤有大贤与小贤之别，德才兼备者应该是大贤，而非勉强够格。但是德才兼备的要求并不是苛求完人，大贤也并非没有缺点。德与才是大方向，是主流，一个人只要大方向是好的，其他方面则不必斤斤计较。第三，任人唯贤更意味着容人之长，不嫉贤妒能。如果说苛求完人不利于发现人才，嫉贤妒能则是压抑人才，毁灭人才。长江后浪推前浪，世上新人胜旧人，这是人才发展的总趋势。用人唯有一代胜过一代，才能保证教育事业兴旺发达。第四，任人唯贤的"唯"字表明，考量人才除了德与才之外，不应再有其他任何标准。关系亲疏，观点异同，感情恩怨，等等，往往影响择人用人，特别应该注意避免。古人尚且有"外举不避仇，内举不避亲"这种唯才是举的胸怀，那么，今天的教育人事管理者更应有高尚的思想境界。

3. 论功行赏原则

所谓论功行赏，就是按照教育行政人员的工作实绩和贡献进行赏罚。

教育人事行政为何强调论功行赏原则？这是因为，第一，工作实绩和贡献是一个人工作态度、工作能力技巧和努力程度的综合反映，是衡量一个人是否真正德才兼备的一个比较客观的尺度，可以真实地反映出一个人履行职责的情况。论功行赏，唯功晋升，可以有效地促进人们干实事，避免工作走过场、摆架子的形式主义现象。第二，强调论功行赏有利于人才冒尖。任何一位教育工作人员，无论学历高低、资历深浅、年龄大小，只要在本职工作中做出了成绩，就可以受奖。只有唯功，才能唯贤，才能形成良性的竞争局面。优升劣降，优存劣汰，给大批有真才实学的人搭起奋发向上的阶梯；使那些滥竽充数、不思进取者不能逍遥自在，无功受禄；也阻断了那些吹牛拍马、投机钻营者的晋升之阶。第三，论功行赏是一种最公平的人事管理方法，它激励人们建功立业，可以使组织充满生机与活力，使提高组织效能不是一句空话。例如西方文官制度中，晋升制度有 10 多种，其中唯功晋升制度是一种普遍运用的制度，就是因为它充分体现了论功行赏的原则，能使组织充满活力。

怎样贯彻论功行赏原则？第一，要明确教育行政人员的职责，只有这样才能使考核有一个基准。第二，建立科学的考核制度，确立客观公正的考核标准，采用行之有效的考核方法，搞好考核工作，把教育工作者的职务升降、奖罚、酬劳等，建立在考核的基础上。第三，论功行赏一定要注意公平、公正、公开。公平是指一视同仁，不搞双重标准，不偏袒或压制任何人。公正是指赏罚应与功过相对应。有功则赏，有过必罚，贡献大的就重奖，贡献小的就少奖，赏罚分明。公开是指将考核与赏罚的标准、过程、结果公之于众，不搞暗箱操作。既可以接受群众监督，又可以充分发挥奖罚的激励作用。第四，"功"是行赏的主要标准，但非绝对标准。因为人的功绩与贡献并不完全与人的能力成正比。决定一个人功绩的大小，除了个人主观因素外，还有客观环境条件，即通常所说的天时地利人和。所以应全面分析，以考察工作实绩为主，结合工作态度和表现来评价，在此基础上进行赏罚才比较合理。

4. 合理流动原则

合理流动是指在国家人事政策的指导下，人才本身与用人单位协商或双向选择，实现人才服务的部门的转移。科学的教育人事行政，强调充分挖掘人才、合理调配人才和高效使用人才，使人才在适宜的环境中成长和发挥作用。合理流动可以分为自然流动和组织调动两种形式。

为什么要实行人才的合理流动？一是因为社会总在不断发展，教育行政职能也会有所变化，人和事的关系也必然要发生相应的改变，人员的群体结构要不断调整，这就要求要有合理流动。例如，政校分离后，教育行政机构的行政职能有所转变，有的部门要加强，有的要削弱甚至撤销，这就必然导致人员的流动。二是因为人的才能只有在工作实践中才能充分表现出来，没有接受实践检验之前只是一种潜能。组织择人（尤其是在没有工作经验的新人中择人）往往是根据人的潜能，难免出现偏差。人才在工作中勉强应付或根本不胜任，既影响才能的发挥，又贻误工作。合理的流动可以使人得其事，事得其人，消除学非所用，用非所学，浪费人才的现象。三是合理的流动可以打破人才使用的封闭性。在传统的教育人事行政中，人才部门所有、单位所有、结构不合理、近亲繁殖等现象比较严重，有的单位人才积压，有的单位则无任事之人，组织缺乏生机与活力。这些现象既不利于人才的成长、使用和管理，也不利于教育事业的发展。合理的流动可以使人才结构得到调整，趋于合理。四是人才的流动可以提高人才的价值。一方面，人才流动给管理者增加了择才的机会，同时也增加了失才的危机感，可以激发管理者爱才、惜才、重才之心，注意养才、留才，发挥人才的作用。另一方面对于人才而言，在适度的流动中，不仅可以发现自己的潜能，找到真正能发挥自身特长的岗位，还可以激发人才的竞争意识，促使人才注重自身素质的提高。

贯彻合理流动的原则要注意什么呢？第一，要注意自然流动与有计划的组织调配相结合。自然流动可以激活人才市场机制，但是也容易导致无序的竞争。例如，千军万马竞争某几种热门的职业，急需人才但条件较差的岗位则无人问津，如此便出现另一种人才结构性浪费。有计划、有目的的组织调配，可以在一定程度上弥补自然流动的不足。第二，人才流动要发挥政策的导向作用，保证人才的合理流向。在我国，由于各地经济、教育、文化发展不平衡，自然条件也不一样，各部门、行业之间的物质条件也存在较大差异，国家应制定合理的人事政策来调节利益机制，引导人才向工作生活条件艰苦的地区和部门流动。第三，人事管理者要确立正确的人才流动观，克服人才部门所有、单位所有的旧观念，从社会总体利益和教育部门的整体利益出发，衡量人才流动的得与失。人才流动必然会给组织自身的工作带来一些矛盾和损失，但是，从整体和长远看，可以给社会带来更大的效益。同时它提醒管理者要爱护人才、尊重人才，建立必要的养才、留才和吸纳人才的机制。

## 第二节 我国主要的教育人事制度

1993年10月1日起，我国国家行政机构正式实行国家公务员制度，人事管理逐步走上了科学化、法制化的轨道。根据《中华人民共和国公务员法》第二条的规定，我国国家公务员包括"依法履行公职、纳入国家行政编制、由国家财政负担工资福利的工作人员"，国家公务员制度包括求才方面的制度、用才方面的制度、养才方面的制度、退出方面的制度、约束方面的制度和保障方面的制度。

### 一、求才方面的制度

求才制度主要指公务员的考试录用的一系列规定，是国家公务员队伍的"入口"。

#### （一）实施考试录用制度的意义

第一，从历史的角度看，考试录用制度是有史以来最进步的一种人事任用制度。我国古代的用人制度主要有世袭制、军功制、察举征辟制、九品中正制和科举制五种。世袭制即官位世袭,长子继承。国家的管理权力世代集中在少数家庭手中,普通老百姓与国家的管理权无缘。军功制是一种按战功封官授爵的制度,它打破了门第出身的限制,不拘一格,论功行赏。但是这种用人制度在战争时期较有效,在和平时期则难以发挥作用,最终蜕变为卖官鬻爵制。察举征辟制和九品中正制的共同特点是将自下而上推荐人才和自上而下选拔人才相结合,但由于缺乏客观的评价标准,加之世族门阀掌握了选官大权,以致钻营舞弊,腐败滋生,真正的人才反而受到压制。科举制是一种分科取士的考试任官制度。自隋炀帝大业二年(公元606年)开始正式实行至清末1905年废止,整整持续了1300年,为历代统治者网罗人才发挥了重要作用,并对西方文官制度的形成产生过重大影响。文官制度经过百余年的发展,许多方面都有重大的变革,但公开考试择优录用的基本原则始终没有变,且日益得到加强。这说明考试录用的用人制度的有效性,是古今中外的管理实践所证明了的。

第二,通过考试录用人才的方式同委任制、选任制和聘任制等用人方式相比,有明显的优越性。一是考试具有明显的竞争性。竞争具有强烈的激励功能,可以鼓励人们奋发向上,积极进取,形成一种良好的社会风气。竞争还具有优化功能,可以使各类优秀人才脱颖而出。二是考试具有公平性。考试之门面向社会打开,给人才提供了一个公平的机会。考试的内容及评定标准明确统一,在分数面前人人平等,有助于杜绝投机钻营、弄虚作假等现象。三是考试具有客观性。可以根据职位的具体要求设计考试的种类、科目、内容和考试标准,能够较客观地区分应考者的优劣,避免择人者主观因素的影响,也可以保证选拔出来的人员的素质与职位的资格要求相符。四是考试具有简便性。和其他录用形式相比,考试是一种最省时、省事而又科学的方法。它可以在不同的地方同时进行大批人员的考试,以大家都能接受的方式淘汰不合格者,选拔出合格的人才,还可以直观地发现应试者的水平及特长,便于扬长避短,量才适用。

第三,考试录用制度是建立高效率的行政系统的直接需要。教育行政系统以及其他政府部门的工作效率,除了取决于机构设置和责权划分的合理性外,在很大程度上取决于行政人员的素质。要保证有一流的人才从事国家事务管理,必须求助于考试。我国教育人事行政制度,在相当长一段时间内,录用标准不统一,录用渠道混乱,录用制度、方法不健全,给不正之风开了方便之门,以致行政人员素质下降,机构臃肿,人浮于事,效率低下。只有实施考试录用制度,从源头上把住入门关,才能确保教育行政人员队伍的精干和素质的优化。

**(二)考试录用制度的基本内容**

国家公务员考试录用,以德才兼备为标准,贯彻公开、平等、竞争、择优的原则。考试录用遵循下列程序:

(1)发布招考公告。

把录用公务员的政策,需要录用公务员的部门、岗位与人员数量,招考的方法、程序及时间向社会公布,自愿报名。

(2)对报考人员进行资格审查。

凡具有中华人民共和国国籍,享有公民的政治权利;拥护中华人民共和国宪法,热爱社会主义;遵纪守法,品行端正,具有为人民服务的精神;一般具有大专以上文化程度;身体健康,年龄一般在35岁以下;以及符合主考机关规定的其他条件者,均可以报考。

(3)对资格审查合格者进行公开考试。

考试科目包括行政职业能力测验和申论。行政职业能力测验一般包括常识判断、言语理解与表达、数量关系、判断推理、资料分析等部分。申论考试主要通过给出一定量的文字材料,要求考生对给定的资料进行阅读、分析、概括、提炼、加工,并回答相应的问题。

(4)对考试合格者进行录用考核。

考核内容包括政治思想、道德品质、工作能力等方面,主要采取面谈、答辩等形式。

(5)根据考试考核结果,提出拟录用人员名单,报设区的市级以上人民政府人事部门审批。

(6)对新录用人员进行试用和培训。

试用期为一年,在试用期内接受培训。试用期满,经考察合格者方可正式任职,不合格者取消录用资格。

## 二、用才方面的制度

用才制度主要是指激发人才的活力,利用人才的智能优势来实现组织目标的一系列规定。用才制度的建立,可以打破一岗定终身的僵化管理,有利于选贤任能,量才适用,在制度上保证人才真正能上能下;可以使人才在不同岗位上得到锻炼,并展示才华,有利于提高人才素质和调剂人才余缺;可以给教育行政人员带来压力与动力,提高他们的敬业精神,并促进机关工作作风的转变。用才制度的最大特点就是充满了竞争与激励。它主要包括考核、奖惩等制度。

### (一)考核制度

考核制度是国家行政机关根据有关法规,对所属公务人员进行考察评价的制度。它不属于录用过程中的考核,而是工作过程中的一种定型化、常规化的全面考核。通过考核,可以了解和掌握教育行政人员的业务能力和水平,有利于人才的合理使用;通过考核,可以为教育行政人员的奖惩、任用、职务升降提供可靠的依据;通过考核,可以对教育行政人员的劳动和贡献做出公正合理的评价,有利于鼓励先进,鞭策后进,增强教育行政人员的勤政意识。

考核的内容包括德、能、勤、绩、廉五方面,重点考核工作实绩。德,是指思想政治素质及个人品德、职业道德、社会公德等方面的表现。能,是指履行职责的业务素质和能力。勤,是指责任心、工作态度、工作作风等方面的表现。绩,是指完成工作的数量、质量、效率和所产生的效益。廉,是指廉洁自律等方面的表现。工作实绩是教育行政人员各方面素质的综合反映,也是德、能、勤、廉的客观体现。把考核重点放在工作实绩上,有利于引导教育行政人员把主要精力用来干实事,有利于考核工作的量化,有利于形成勤政敬业的好风气。

考核采取领导考核与民主评议相结合、平时考核与年度考核相结合的办法。考核成绩分为优秀、称职、不称职三个等级。优秀是指在德、能、勤、绩、廉五个方面都表现出色,圆满地达到任职要求,成绩显著。称职是指在五个方面能达到胜任职务的要求,较好地完成了任务。不称职是指在各方面达不到现任职务的要求,缺乏工作责任心,不能按要求完成任务。考核结果作为对教育行政人员奖惩、培训、辞退以及调整职务、级别和工资的依据。

### (二)奖惩制度

奖惩制度是国家行政机关依照公务员管理法规,对工作中表现突出、有显著成绩和贡献以及其他突出事迹的公务员予以奖励,对违纪公务员进行惩处的制度。奖功罚过、赏优罚劣是教育人事行政的一项重要内容,它通过一定的方法激励先进,惩处违法乱纪者,有利于约束教育行政人员的行政行为,也有利于强化激励竞争机制,鼓励教育行政人员积极向上。

1. 奖励制度

奖励的条件包括:(1)忠于职守,积极工作,成绩显著者;(2)遵守纪律,廉洁奉公,作风正派,办事公道,起模范作用者;(3)在工作中有发明创造或者提出合理化建议,为国家取得显著经济效益和社会效益者;(4)爱护公共财产、节约国家资财有突出成绩者;(5)防止或挽救事故有功,使国家和人民群众利益免受或者减少损失者;(6)在抢险、救灾等特定环境中奋不顾身,做出贡献者;(7)同违法、违纪行为做斗争有功绩者;(8)在对外交往中,为国家争得荣誉和利益者;(9)有其他功绩者。有以上表现之一的教育行政人员,就应当予以奖励。

奖励的种类包括嘉奖、记功(三等功、二等功、一等功三种)和授予荣誉称号(人民满意的公务员、人民满意的公务员集体或者模范公务员、模范公务员集体等),并给予一定的物质奖励。

2. 惩罚制度

惩处的条件,一是有违纪行为,如玩忽职守,贻误工作;二是有违纪行为尚未构成犯罪的,或者虽然构成犯罪,但是依据法律不追究刑事责任的,应承担违纪责任,给予行政处分。

惩处的种类包括警告、记过、记大过、降级、撤职、开除六种。根据违纪行为的错误性质、情节轻重、危害程度、责任大小,参照本人的一贯表现和认错态度,予以区别对待:对违反纪律,给国家和人民利益造成一定损失的,给予警告、记过处分;造成严重损失的,给予记大过、降级处分;对严重违纪,不适合继续任现职的,给予撤职处分;对严重违纪,不适合继续在政府任国家公务员的,给予开除处分。

3. 职务升降制度

升职包括职务的晋升,也包括级别的晋升,升职意味着职责的加重,也意味着待遇的提高。职务和级别不是随意可以晋升的,必须坚持三条原则:一是德才兼备,任人唯贤,注重工作实绩,这就要求必须以考核结果为依据;二是必须在国家核定的职数限额内进行;三是要求按照规定的职务序列逐级晋升,少数德才表现和工作实绩特别突出的,才可以越一级晋升。

升职要求具有以下资格条件:一是符合晋升职务所要求的学历和资历。学历是教育行政人员文化程度和知识水平的直观标志,资历则反映其服务年限和工作经历。一般而言,职务层次越高,要求文化程度越高,工作经历越丰富。二是晋升前,年度考核结果必须是连续两年优秀或连续三年称职以上。三是要求身体健康,符合任职回避的现实。这些都是硬性规定,其中任何一条不符合都不得升职。

为什么要确立严格的升职条件呢?首先是为了保证高一层次职务的教育行政人员有较高的素质和较丰富的工作经验。因为职务越高,管辖的范围越大,所担负的责任就越重,没有较高的素质和丰富的经验就难以胜任。其次,可以确保升职者是脚踏实地干出来的,是同行中的佼佼者,避免产生投机钻营的现象。此外,可以约束教育行政人员忠于职守、秉公办事、不受人情关系影响,防止腐败现象产生。

升职的程序通常是:领导与群众结合产生预选对象,然后按照拟任职务所要求的条件进行资格审查,并在年度考核的基础上进行晋升考核,最后由任免机关领导集体讨论决定人选。

降职是由于教育行政人员不称职而做的职务调整。教育行政人员年度考核为不称职，或不胜任现职又不宜转到同级其他职务的，则应按规定的程序降职。降职意味着职责范围的缩小和待遇的降低，但是降职不属于行政处分。这既是为了政策的协调配套，也是为了鼓励公务员能上能下，减少阻力。

### 三、养才方面的制度

养才方面的制度指的是培养教育行政人员方面的规定。养才是用才的基础和保证，要用才就必须养才。既想马儿跑得快，又想马儿不吃草，是行不通的。养才既包括知识能力方面的培养，也包括物质生活方面的供养。具体而言，包括培训制度、交流制度、工资福利保险等方面的制度。

**（一）培训制度**

培训制度是提高教育行政人员工作技能和业务知识能力的制度。教育行政人员的培训，是社会和教育发展的需要。教育行政人员承担着国家管理教育的任务，随着社会的发展、科技的进步、教育的改革，教育行政的内容、手段必然发生变化，必须通过培训来提高教育行政人员的素质。教育行政人员的培训也是职位的要求。教育行政的职能是具体分解并落实到每一个职位上的，社会和教育发展的需要必然反映到教育行政人员的职位要求和资格条件的变化上，要保证教育行政人员胜任自己的工作，就必须进行培训。

培训可分为四种类型：一是对新录用人员在试用期内进行的初任培训，目的是使其初步掌握教育行政机关工作所需的基本技能、工作程序与方法等。二是对晋升领导职务的公务员在任职前或者任职后一年内进行的任职培训，目的是使其迅速适应新的工作岗位。三是对从事专项工作的公务员进行的专门业务培训。四是对全体公务员进行的更新知识、提高工作能力的在职培训，其中对担任专业技术职务的公务员，应当按照专业技术人员继续教育的要求，进行专业技术培训。这两类培训的目的是提高教育行政人员的业务知识能力和更新知识结构。

**（二）交流制度**

交流制度是国家行政机关根据工作需要，对所属公务员有计划地进行调任、转任、挂职锻炼而做出的规定。它有利于调剂人才余缺，有利于按照工作需要合理使用人才，也有利于公务员丰富经验，增长才干，迅速成长。交流的方式包括调任、转任和挂职锻炼。

调任是国家行政机关内部与外部的交流形式，即国家行政机关以外的工作人员调入国家行政机关担任领导职务或副调研员以上及其他相当职务层次的非领导职务，以及国家公务员调出国家行政机关。如学校干部和教师调入教育行政机关或教育行政人员调入学校，均属调任。调任只限于具有国家工作人员身份的人员之间进行。凡调出国家行政机关的人员，不再保留国家公务员身份。

转任是国家公务员因工作需要或其他正当理由，在国家行政机关内部的平级调动。例如，某位毕业于师范大学教育管理专业，现在政府农业部门任职的公务员，因为专业不对口，用非所学而调整到教育行政部门担任相应职务，即属于转任。转任的前提条件，一是必须有相应的职位空缺，二是必须符合拟任职位的条件。

挂职锻炼是国家行政机关有计划地选派在职国家公务员，在一定时间内到基层机关或企事业单位担任一定职务，进行锻炼。在挂职锻炼期间不改变与原任机关的人事行政关系。

如某省教育厅曾选派一名主任科员到某县级市挂职副市长,两年后回到原单位升任副处长。

### (三) 工资、福利、保险制度

教育行政人员与其他政府机关工作人员一样,实行职级工资制。职级工资由职务工资、级别工资、基础工资和工龄工资四部分构成,由地区津贴和岗位津贴构成的津贴制,作为工资的补充形式,国家建立公务员工资的正常增长机制,以保证国家公务员生活稳定,维护其地位,激发工作积极性,并使政府机关保持足够的凝聚力和吸引力。

教育行政机关为满足工作人员的公共需要和特别需要而举办的集体福利事业和补贴制度,即福利制度,包括如兴办食堂之类的服务性设施;兴办阅览室、俱乐部等文化教育设施;为保障工作人员身体健康和照顾家庭生活而实行的休假制度;为解决工作人员生活困难、减轻某些额外负担而发放的各种补贴和津贴等。

保险制度则是为暂时或永久丧失劳动力的工作人员提供的一种物质保障制度,目前主要有失业保险、养老保险、医疗保险和伤残保险。

## 四、退出方面的制度

退出制度包括公务员队伍出口把关的规定,具体包括辞职、辞退和退休制度。这类制度是进行新老交替,废除领导职务终身制,解决公务员后顾之忧的重要措施。古人云:流水不腐,户枢不蠹。教育行政人员队伍只有建立合理的退出机制,不断地吐故纳新,才能保证教育行政队伍旺盛的生命力。

### (一) 辞职制度

辞职是指根据教育行政人员本人的意愿,辞去现任职务,解除与教育行政机关的职务有关的行为。

教育行政人员辞去现任职务,必须由本人向任免机关提出辞职的书面申请,任免机关应当自接到申请之日起三十日内予以审批,其中对领导成员辞去公职的申请,应当自接到申请之日起九十日内予以审批,审批期间不得擅自离职。未满最低服务年限和涉及国家安全、重要机密等特殊职位上任职的,不得辞职。违反上述规定的,给予开除处分。

### (二) 辞退制度

辞退是教育行政机关依照法律规定的条件和程序,做出解除教育行政人员职务关系的单方面行政行为,与辞职不同。

辞退的条件有五个:(1)连续两年年度考核不称职;(2)不胜任现职又不接受其他安排;(3)因单位调整、撤销、合并或缩减编制员额需要调整工作,本人拒绝合理安排的;(4)旷工或无正当理由逾期不归连续超过15天或一年内累计超过30天的;(5)不履行国家公务员义务,不遵守国家公务员纪律,经多次教育仍无转变,又不宜给予开除处分的。

凡有以上五种情形之一的教育行政人员,就应当辞退。由此可见,辞退虽然不属于行政处分,但具有惩罚的性质,是保证教育行政队伍高素质、高效率,维护国家公务员队伍的纯洁性,促进教育行政人员勤政敬业的重要措施。

### (三) 退休制度

退休是指教育行政人员到达一定年龄和工龄,或丧失劳动力,根据国家的有关规定离开公务员队伍。退休是国家公务员队伍的主要出口,既可以保证公务员队伍的正常更新,又可以保持公务员队伍的活力。退休可分为应当退休和提前退休两种形式。

按照《中华人民共和国公务员法》的规定,应当退休的条件是:(1)公务员达到国家规定的退休年龄;(2)完全丧失工作能力的。行政人员达到以上条件之一的,就必须办退休手续,离开原工作岗位。提前退休的条件是:(1)工作年限满三十年的;(2)距国家规定的退休年龄不足五年,且工作年限满二十年的;(3)符合国家规定的可以提前退休的其他情形的。符合上述条件之一者,本人提出要求,经任免机关批准,可以提前退休。教育行政人员退休以后,享受国家规定的退休金和其他待遇,保证退休者老有所养,也免除在职教育行政人员的后顾之忧,使之全心全意投身于工作。

### 五、约束方面的制度

约束制度是为了保证国家公务员在履行公务的过程中遵守职责、奉公守法,保证行政工作的正常进行而做出的一系列规定。无论是教育行政人员,还是其他政府机关工作人员,手中掌握着国家行政权力,为了保证权力不会被滥用,给国家带来损害,同时也为了保护其管理对象的合法权益,就必须对公务员的职务行为做出必要的规定。约束机制包括公务员的义务、纪律和回避制度等内容。

#### (一)公务员的义务

公务员的义务是国家法律对公务员必须做出什么行为的具有约束性、强制性的规定,是公务员行为的起码要求。内容包括:(1)模范遵守宪法和法律;(2)按照规定的权限和程序认真履行职责,努力提高工作效率;(3)全心全意为人民服务,接受人民监督;(4)维护国家安全、荣誉和利益;(5)忠于职守,勤勉尽责,服从和执行上级依法做出的决定和命令;(6)保守国家秘密和工作秘密;(7)遵守纪律,恪守职业道德,模范遵守社会公德;(8)清正廉洁,公道正派;(9)法律规定的其他义务。

#### (二)公务员的纪律

公务员的纪律是以法律形式约束公务员行为的准则,与义务同属约束公务员行为的规范。两者的区别在于,义务是从正面对公务员行为做出一般约束,主要要求公务员"应该怎么做";纪律则是从另一面对公务员行为做出具体约束,强调"不得做什么"。其基本内容按性质可以分为四类:

一是政治纪律。不得散布有损国家声誉的言论,不得组织或者参加旨在反对国家的集会、游行、示威等活动;不得组织或者参加非法组织,不得组织或者参加罢工。

二是工作纪律。不得玩忽职守,贻误工作;不得拒绝执行上级依法做出的决定和命令;不得压制批评,打击报复;不得弄虚作假,误导、欺骗领导和公众。

三是廉政纪律。不得贪污、行贿、受贿,利用职务之便为自己或者他人谋取私利;不得违反财经纪律,浪费国家资财;不得滥用职权,侵害公民、法人或者其他组织的合法权益;不得泄露国家秘密或者工作秘密;不得在对外交往中损害国家荣誉和利益。

四是道德纪律。不得参与或者支持色情、吸毒、赌博、迷信等活动;不得违反职业道德、社会公德;不得从事或者参与营利性活动,在企业或者其他营利性组织中兼任职务;不得旷工或者因公外出、请假期满无正当理由逾期不归。

此外,不得有违反纪律的其他行为。

#### (三)回避制度

回避制度是为了使国家公务员不因亲属关系对职务活动产生不良影响,而对公务员在任职、执行公务等方面所做的限制性规定。包括任职回避、公务回避和地区回避。

任职回避是指公务员有夫妻关系、直系血亲关系、三代以内旁系血亲关系以及近姻亲关系的，不得在同一机关担任双方直接隶属于同一领导人员的职务或者有直接上下级领导关系的职务，也不得在其中一方担任领导职务的机关从事组织、人事、纪检、监察、审计和财务工作。

公务回避是指公务员在公务活动中，凡涉及本人或与本人有上述四种亲属关系时，不得参与，并不准以任何方式进行干预或施加影响。

地域回避是指公务员担任县级以下地方人民政府领导职务的，一般不得在原籍任职，民族自治地方人民政府的公务员除外。

### 六、保障方面的制度

保障制度是为保护国家公务员的合法权益而制定的一系列规定。对国家公务员权利的确认和保护，是公务员行使职权、执行国家公务的保障，是对公务员个人权利的保障，是促使教育行政人员和其他政府机关工作人员更好地履行职务的重要保证，同时也可以对部门和领导者产生监督作用，有利于发扬民主，克服不正之风。

#### （一）公务员的权利

《中华人民共和国公务员法》规定，国家公务员享有如下八项权利：(1) 获得履行职责应当具有的工作条件；(2) 非因法定事由、非经法定程序，不被免职、降职、辞退或者处分；(3) 获得工资报酬，享受福利、保险待遇；(4) 参加培训；(5) 对机关工作和领导人员提出批评和建议；(6) 提出申诉和控告；(7) 申请辞职；(8) 法律规定的其他权利。

#### （二）申诉控告制度

申诉是指公务员对涉及本人的下列人事处理不服时，可以自知道该人事处理之日起三十日内向原处理机关申请复核；对复核结果不服的，可以自接到复核决定之日起十五日内，按照规定向同级公务员主管部门或者做出该人事处理的机关的上一级机关提出重新处理的要求；也可以不经复核，自知道该人事处理之日起三十日内直接提出申诉。具体人事处理如下：(1) 处分；(2) 辞退或者取消录用；(3) 降职；(4) 定期考核定为不称职；(5) 免职；(6) 申请辞职、提前退休未予批准；(7) 未按规定确定或者扣减工资、福利、保险待遇；(8) 法律、法规规定可以申诉的其他情形。对省级以下机关做出的申诉处理决定不服的，可以向做出处理决定的上一级机关提出再申诉。行政机关公务员对处分不服向行政监察机关申诉的，按照《中华人民共和国行政监察法》的规定办理。

控告则是公务员对于行政机关及其领导侵犯其合法权益的行为，依法向上级机关或者有关的专门机关提出控告的行为。

申诉、控告是公务员的八项权利之一。教育行政人员如果对涉及本人的人事处理不服，或合法权益受到侵犯，就可以提出申诉、控告。申诉、控告权利的具体内容是：(1) 有权要求受理；(2) 有权要求及时纠正原处理决定；(3) 有权要求惩处责任人。

## 思 考 题

1. 什么是教育人事行政？与教育人事管理有何区别？

2. 教育人事行政有何重要地位和作用？
3. 现阶段地方教育行政机构的人事行政业务范围包括哪些方面？
4. 教育人事行政应坚持哪些原则？为什么要坚持这些原则？怎样坚持？
5. 教育人事行政的内容主要包括哪些制度？各项制度的基本内容是什么？

# 第八章 教育财务行政

**内容提要** 本章包括教育财务行政概述和教育经费两部分。第一部分论述了教育财务行政的含义、职能及教育财务行政的预算、会计、决算、审计等基本制度。第二部分论述了教育经费的含义、筹措教育经费的规则及教育经费管理的原则。

## 第一节 教育财务行政概述

### 一、教育财务行政的含义

教育财务行政是国家财务行政的重要组成部分。行政学对国家的财务行政作了广义和狭义两种解释。广义的财务行政是指国家的财政管理,也就是在国家财政收支过程中所进行的管理活动。狭义的财务行政是指政府机关的财务管理,也就是国家机关为完成自身承担的工作任务,在领发、分配、使用属于国家预算内资金的行政经费的过程中所发生的经济业务管理活动。在教育财务行政范围内,上述两种财务行政都是存在的。教育行政机关既存在对内部的财务进行管理的职能,也存在对其行政对象即教育事业的运转和发展而产生的财务活动进行管理的职能,并且前者可以视为后者的一个组成部分。

教育财务行政作为一种以教育经费为管理对象的行政活动,是教育行政活动的重要组成部分,具体可以分为教育经费的来源管理、教育经费的分配和使用管理等。

目前我国已经确立了多渠道筹措教育经费的教育投资管理体制,使教育财务行政工作复杂化了。各级教育行政部门所能直接进行管理的主要是各级政府预算中支出的教育经费以及其他属于财政性支出的教育经费,如教育费附加等。而对于其他有些费用则需要通过制定相应财务制度、监督等手段来进行间接管理。

### 二、教育财务行政的职能

教育财务行政具有筹措教育经费、配置教育资源、改善教育投资效益等方面的职能。

教育财务行政的首要职能,就是筹集充足的教育经费,为教育事业的发展提供资金保证。在不同的社会主义生产力发展水平下,教育所需要的物质条件是不同的。现代科技的发达,使学校的设施条件科技含量大大提高,并导致对教育经费的需求量不断提高。另一方面,学校总是为未来社会培养人才的,为保证所培养出来的人能够适应未来社会的发展要求,也必然需要采用比较先进的设施设备培养年轻一代,使他们的知识储备有所超前。这种教育经费的筹集成为一项需要不断探讨的工作。目前我国《教育法》已明确规定了教育经费的筹措渠道,教育行政部门则承担着疏通这些渠道,使教育经费不断增长的职能。教育行政部门也只有具备了足够的财力,才可能较为有效地运用经济手段,对教育事业进行宏观调控。

其次,教育财务行政承担着合理配置教育资源的职能,具体通过教育经费的分配和调节供需来进行。我国属于发展中国家,且为人口大国,教育资源的人均占有量较为有限,使教育资源仍属稀有资源。教育资源的配置必须考虑公平与效率的关系,一方面要使全社会每个公民平等地享有最低限度的教育资源,使每个公民获得同等发展机会;另一方面,又要保证国家经济建设发展对高层次人才的需求,使一部分人能够通过平等竞争,享有较多教育资源的机会,成为高层次人才。这涉及教育经费在不同地区和不同级类教育中的分配及调节。目前,我国在教育经费的分配上,考虑国家财力和个人受益的情况,实行国家财政拨款向基础教育,尤其是义务教育阶段的基础教育倾斜,非义务教育阶段的其他级类教育适当向受教育者收费的政策。

再次,教育财务行政还具有采取一定措施,不断提高投资效益的职能。从我国现实情况看,国家大幅度提高教育财政投资还有一定困难,教育经费从总体上看仍然远远难以满足教育事业发展的需要,因而提高现有教育投资的效益就更显得重要。教育行政部门可以通过计划、审计、评估、监督等手段,将有限的教育经费用得科学合理,从而发挥最大效益。如江西省湖口县成山镇源塘小学隶属江桥中心小学,是全镇最大的村级完全小学,现有从学前班到六年级 7 个班级层次,学生 160 多人,教师 15 人。原来的兰亭、南港、罗垅 3 所村小每所学校的学生都在 10 人以下,每所学校的教师也只有一两名,有些课都开不了。源塘小学两年前整合了罗垅、兰亭、南港、坝桥以及原源塘小学 5 所村小资源,校园面积由原来的不到 2000 平方米扩大至 3000 多平方米。源塘小学已为学生配置了 20 台电脑,集中办学的效益日益显现。适度集中办学的新模式破解了当前农村教育发展的难题。湖口县教育局负责人说,湖口县坚持教育优先发展战略,将教育网点布局优化及功能提升工程列入县政府年度十大民生工程之一。面对城镇化背景下办学环境的变化,湖口县做足整合教育资源的文章,实行适度集中办学,促进城乡教育均衡发展①,这是一个利用合理设置学校,调配教育资源,提高教育投资效益的很好的例证。

### 三、教育财务行政基本制度

#### (一)预算制度

预算是指经法定程序核定的国家机关、团体和企事业单位在一定期间的资金收支计划。各级教育行政部门负责本行政区域内的教育经费预算建议,经与同级财政部门协调,由同级人民政府制定财政预算方案,报同级人民代表大会批准后生效。预算方案经批准后具有法律效力,各级政府及其财政部门必须认真执行。由预算方案获得的教育经费属于国家财政拨款。

教育行政部门的教育经费预算是按年度编制的。预算内容包括收入的来源和数量、支出的项目和数量两部分。预算要求尽量做到量入为出,收支平衡,并应适当留有余地。

---

① 应对城镇化提速,调优网点布局,适度集中办学——江西湖口农村次中心学校激活教育资源.中国教育报,2016 年 6 月 22 日,第 1 版.

根据我国有关教育政策法规的要求,各级教育行政部门必须根据地方财力,逐步实行定额加专项的办法制定预算,以保证教育事业发展的需要。教育行政部门对所属单位和学校的预算,实行"经费包干,结余留用,超支不补,自求平衡"的原则,而学校则有权统筹安排使用分配给它的教育经费。

### (二) 会计制度

会计也叫簿记,是现代社会经济生活中一种重要的财务管理手段。现代会计制度虽然也有"记账"的功能,但不同于小生产方式下的记流水账的做法。

在会计学中,会计作为经济管理的一种职能活动,是以货币为主要计量单位,对再生产过程的资金运行作连续的、全面的、系统的反映和监督。会计制度则是关于这种活动的主体及其权限和活动程序等方面规则的规定。在教育财务行政中,会计是通过记账、算账、报账、检查分析等活动,对教育经费的数量收支做出全面、客观、准确的记录和计算,从而对教育经费预算方案的制订和执行情况做出全面、综合的反映。

教育财务实行会计制度,可以为教育经费预算的编制、执行和考核提供第一手资料,监督教育资金的收支活动,以保证教育经费的合理使用。为此,预算外资金也应纳入会计制度进行管理,便于对其收支和使用的效益状况进行分析。

教育财务中的会计工作方法可以分为会计核算、会计分析、会计检查三种,每种方法都有具体的工作内容和规则,应依据国家有关规定进行。

### (三) 决算制度

决算是对预算执行情况的总结,是从总体上反映财政年度内经费收支的实际情况。教育财务决算是各级教育行政部门对本系统内所属各单位(包括学校和其他教育机构、所属其他单位)教育经费实际收支情况汇总编制的部门决算,是各级财政总决算的重要组成部分。教育财务决算可以帮助行政部门检查预算执行结果,总结预算管理经验,以便为下一年度改进预算方案提供必要依据。

决算一般是在会计年度结束时进行。决算的内容由年度教育经费收支情况报表和决算说明书两部分构成。报表所列项目应与预算项目相对应,实事求是地填写。决算说明书是根据一定指标对教育资金使用情况所做的财务分析。指标通常包括预算收支完成率、资产负债率、生均支出增减率,等等。

### (四) 审计制度

审计是由专门的机构和受过专业训练的人员,运用专门的方法,对被审计单位的会计活动进行审查,并向主管部门和被检查者通报审查结果的管理活动。因而,审计是一种专业性的经济监督活动。通过教育财务审计,可以了解教育经费的使用是否科学、合理,收支科目和程序是否符合有关规定。教育财务审计对于促进教育财务活动的规范化具有重要作用。

教育财务审计制度是国家审计制度的一个组成部分。中华人民共和国教育部2004年4月13日发布了《教育系统内部审计工作规定》,确立了教育财务的审计制度,对包括教育系统内部审计机构和审计人员的设置、其职责权限的范围以及审计工作程序和可能产生的法律责任都做了明确的规定。审计应该严格依法进行。

### (五) 国家教育经费执行情况监测制度

我国为了贯彻落实《国家中长期教育改革和发展规划纲要(2010—2020年)》《教育法》和《义务教育法》等教育政策法规中关于保证教育经费的稳定来源和增长的规定,提高教育经费的使用效益,国务院提出了加强对各级政府教育投入水平进行监控的要求,并授权国家教育部和国家统计局建立国家教育经费执行情况的监测系统,实行国家教育经费执行情况的监测制度。

教育经费执行情况监测的主要内容,是各省、自治区、直辖市政府落实《国家中长期教育改革和发展规划纲要(2010—2020年)》和教育法律法规中有关教育投入的规定的执行情况,具体监测指标包括以下几项:

(1)预算内教育经费占财政支出的比重。
(2)预算内教育经费增长速度与经常性财政收入增长速度的比例。
(3)各级教育生均公共财政预算教育事业费和公用经费支出增长情况。
(4)财政性教育经费占国内生产总值的比例情况。

## 第二节 教育经费及其管理

### 一、教育经费概述

教育经费是以货币形式支付的教育费用,是办学必不可少的财力条件。在我国,教育经费主要是指国家用于发展各级教育事业的费用。

教育经费从不同的角度可以作不同的区分。从教育经费在国家财政管理的形式上看,可以分为预算内资金和预算外资金。预算内资金是指纳入国家财政预算方案,由各级财政支付的教育经费。预算外资金是指根据国家财政制度规定,不纳入预算,由各地方、各部门、各企事业单位自收自支的资金。从教育经费的用途看,可以分为教育基本建设费和教育事业费。教育基本建设费在国外有"资本费用"之称,主要是指用于购置土地和建筑设施的费用。在我国,教育基本建设费属于国家基本建设费用项目,由国家发改委、国家住建部通过建设银行拨款投入。其具体开支项目包括土地征购费,校舍、校园的新建或扩建费,大型维修费,教学设备中价值2万元以上的固定资产购置费等。教育事业费在国外有"教育消费费用"之称,在我国也叫"教育经常费",属于国家财政预算支出项目,由财政部门和教育部门通过银行拨款投入,在管理上有详细的款项分科。根据2006年2月10发布的《财政部关于印发政府收支分类改革方案的通知》,规定教育分设10款:教育管理事务、普通教育、职业教育、成人教育、广播电视教育、留学教育、特殊教育、教师进修及干部继续教育、教育附加及教育基金支出、其他教育支出。教育事业费在分配到各级各类学校后,又具体分为人员经费和公用经费两部分进行开支。人员经费包括教职人员工资、补助工资、职工福利费、离退休人员费用、人民助学金等;公用经费包括公务费、易损设备购置费、房屋修缮费、业务费和其他费用。

此外,从教育经费的来源看,可以分为各级政府的财政拨款,教育费附加,中小学校勤工俭学收入,企事业组织、社会团体及其他社会组织和个人以捐资、缴纳等多种形式用于办学或者上学的费用。以下重点说明各渠道筹措教育经费的规则。

### 二、各渠道筹措教育经费的规则

在我国《教育法》和其他有关教育政策法规中,对各渠道教育经费的地位及其筹措的程序、方式等做出了原则性的规定。在筹措教育经费时，必须遵循这些规定，这是依法治教的要求。

### （一）国家教育财政拨款

国家教育财政拨款是指国家财政部门按照批准的财政预算对各教育主管部门及其所属各单位拨付资金。国家教育财政拨款是国家财政性教育经费支出的重要构成部分，也是我国筹措教育经费的主渠道。我国《教育法》要求"全国各级财政支出总额中教育经费所占比例应当随着国民经济的发展逐步提高。"（第五十五条第二款）其提高的相对指标，是实现各级人民政府教育财政拨款的"三个增长"，即"各级人民政府教育财政拨款的增长应当高于财政经常性收入的增长，并使按在校学生人数平均的教育费用逐步增长，保证教师工资和学生人均公用经费逐步增长。"（第五十六条第二款）此外，还应扣除物价上涨因素，确保三个增长实现的真实性。贯彻这一教育财政拨款原则，要求中央和各省、直辖市、自治区对本级财政和县（市）级财政支出中教育经费所占比例做出明确规定，并做出逐年增长的长远计划。在教育经费财政预算的方式上，要求各级政府把教育经费支出在财政预算中实行全额预算，并单独列项，以保证教育经费的到位和增加教育经费预算的透明度，便于执行和监督。

### （二）征收教育费附加

教育费附加是为发展地方教育事业，扩大教育经费来源，国家规定计征并主要用于发展义务教育事业的两种税收。我国《教育法》第五十八条第一款规定："税务机关依法足额征收教育费附加，由教育行政部门统筹管理，主要用于实施义务教育。"我国有关征收教育费附加的法规和《国家中长期教育改革和发展规划纲要（2010—2020年）》中明确规定了："教育费附加的征收办法，即按增值税、营业税、消费税的3%足额征收教育费附加，专项用于教育事业。"

教育费附加属于国家财政性教育经费支出，但不属于教育财政预算内拨款，不能用以顶替教育财政拨款，否则就失去其扩大教育经费来源的本意，因而必须做到按专项经费管理，实行专款专用。我国《教育法》第五十八条第二款规定："省、自治区、直辖市人民政府根据国务院的有关规定，可以决定开征用于教育的地方附加费，专款专用。"

### （三）学校勤工俭学和社会服务收入

勤工俭学是指学校举办工厂、农场、农产品加工以及其他多种形式的有收入的经济活动。其经济收入除用于扩大再生产，改善生产条件和一部分作为公益金外，主要用于改善办学条件、师生员工的集体福利和奖金。社会服务收入是指我国学校利用自身优势，服务于社会，增加学校收入的一种形式。如集中力量在科技攻关的基础上建立高校的高科技产业；组织科研人员面向经济建设开展技术开发、推广、应用和咨询服务等。利用社会服务创收比较适合于高等学校。

勤工俭学和社会服务收入近些年来在补充我国教育经费不足，改善办学条件，提高教师收入水平，稳定教师队伍方面起到极为重要的作用。因此，我国《教育法》对这一教育经费筹措渠道予以肯定和使之合法化，其第五十九条规定："国家采取优惠措施，鼓励和扶持学校在不影响正常教育教学的前提下开展勤工俭学和社会服务，兴办校办产业。"

我国鼓励和扶持学校开展勤工俭学的一项很重要的优惠措施，是对校办产业实行减免税收。我国现行对学校减免的税收项目主要是：① 校办企业收入中，凡作抵顶教育事业费支出的免交国有企业所得税；② 学校举办的各类进修班、培训班的所得暂免征收所得税；

③ 学生从事勤工俭学的劳务、服务收入免交营业税；④ 各级各类学校教学设施（包括教室、实验室、图书馆、学生宿舍、食堂等）的投资免交建筑税；⑤ 学校（财政拨付事业费的单位）免交城镇土地合作税等。国家对校办产业税收的减免部分，属于国家财政性教育经费支出。鉴于勤工俭学和社会服务收入在筹措教育经费中的重要作用，《国家中长期教育改革和发展规划发展纲要（2010—2020年）》中重申："完善财政、税收、金融和土地等优惠政策，鼓励和引导社会力量捐资、出资办学。"这将进一步为学校勤工俭学和社会服务的顺利发展提供有利的条件。

我国学校的勤工俭学活动存在需要进一步加强规范和引导的问题。如学校后勤部门的创收，要坚持"服务育人"的原则，不可误导学生的消费倾向，不得影响校容与教学秩序及增加学生的负担，更不能使私人企业利用校办产业的名义偷税漏税，或者利用职务之便巧立名目乱收费等。此外，教师也不宜利用在业余时间摆摊设点、做买卖等作为创收的手段。

**（四）企事业办学投资**

我国对企事业投资办学一贯采取鼓励支持的政策。目前我国由企业投资举办的学校主要有普通中小学校，各类职业学校，高级技工学校和职工大学。根据有关规定，企业用于举办中小学校的经费属于国家财政性经费支出。地方各级政府必须对企事业办学采取扶持措施。举办有职工子弟学校的企业单位按规定缴纳的教育费附加由当地教育部门根据其办学情况酌情返给办学单位，作为对其所办学校的经费补贴。

**（五）捐资助学**

捐资助学是指各种厂矿企业、经济组织、社会力量及海内外各界人士无偿向教育部门捐献物资或资金，以改善办学条件，或者帮助受教育者完成学业的活动。国家对此持鼓励态度。我国《教育法》第六十条规定："国家鼓励境内、境外社会组织和个人捐资助学。"《国家中长期教育改革和发展规划纲要（2010—2020年）》中也指出："完善捐赠教育激励机制，落实个人教育公益性捐赠支出在所得税税前扣除规定。"自改革开放以来，热心教育，捐资助学的单位、组织、团体及海内外人士越来越多，香港的霍英东、邵逸夫、李嘉诚、包玉刚等爱国人士对祖国的教育给予了大量的捐资，对促进教育的发展起了良好的作用。为了保护捐赠的热情，《教育法》第六十一条又明确规定："国家财政性教育经费、社会组织和个人对教育的捐赠，必须用于教育，不得挪用、克扣。"

捐资使用的具体范围，通常根据捐资者的意愿进行。如我国设立的"希望工程"是中国青少年发展基金会发动社会各界赞助贫困地区失学儿童重返学校的一种社会活动。截至2015年，全国希望工程累计接受捐款118.32亿元，资助学生535万余名，援建希望小学18982所[①]，并在捐助者与被捐助者之间建立了联系，通过被捐助者向捐资者汇报学习情况，使捐助者了解所捐资金的使用情况，也便于捐助者对所捐资金使用情况的监督。

为了表彰捐资者，有些地方还制定了奖励措施，对捐资助学成绩卓著的单位和个人授予荣誉奖状或者荣誉奖章，以鼓励和弘扬捐资助学精神。

**（六）金融、信贷手段的运用**

近几年来，我国开始利用各种教育基金或银行贷款等金融、信贷手段来加速各级各类教育事业的发展。具体有三种方式：一是通过国内银行或者世界银行提供专项贷款，资助特别

---

① 中国青少年发展基金会.中国青少年发展基金会简介[EB/OL].http://www.cydf.org.cn.2015-12-31.

教育项目。二是筹划建立教育项目,如边远贫困地区和少数民族地区义务教育等专项扶助经费、县级以上各级政府设置的人民教育基金等。我国从政策法规上支持这种做法。我国《教育法》第五十七条规定:"国务院及县级以上地方各级人民政府应当设立教育专项资金,重点扶持边远贫困地区、少数民族地区实施义务教育。"三是"建立教育银行,运用金融手段扩大教育资金来源。"我国《教育法》第六十二条规定:"国家鼓励运用金融、信贷手段,支持教育事业的发展。"目前我国通过银行提供专项贷款促进教育事业的发展已卓有成效。建立教育银行的作用在于:① 能够吸纳社会闲置资金支持教育事业;② 可以通过金融手段加强对教育经费的宏观控制,提高其使用效益;③ 便于调剂教育内部的资金余缺,支持一些效益高的项目;④ 做到通过利润分配来支持教育事业。总之,设立教育银行对于发展教育事业极为有利。但教育银行的设置,尚有待完善操作系统。

### 三、教育经费的管理原则

#### (一)健全规章,依法办事

财务行政的一个重要特点是政策性较强,它的事务是大量的、复杂的,需要有既严格又合理的管理制度。教育财务行政,已建立起许多规章制度,但还不系统、不完善,有的还不尽合理,特别是教育财政方面的法规还没建立起来,每年正常的教育经费拨款得不到保证,对我国教育事业的发展带来了一些影响。当前我国改革形势发展也较快,许多旧的教育财务的规章制度已经不再适用,新的规章制度又没有制定出来。因此,要加强教育财务行政工作,必须完善社会主义财政制度,使教育财政活动做到有法可依、有章可循。

#### (二)从实际出发,量入为出

当前,一方面要充分认识教育在社会主义建设中的巨大作用,争取使教育经费有一个较大幅度的增长;另一方面,又要从我国现有的经济实力出发,根据生产的发展所能提供的人力、物力、财力来确定教育事业发展的规模和速度。要把需要与可能、目前和长远结合起来,做到既量力而行,又积极挖潜,广开财路,发展我国的教育事业。

#### (三)面向基层,服务教学

教育财政的活动目的,就是要促进我国教育事业的发展。这一任务的完成,需要通过教育财政的手段,来调动办学单位的积极性。为此,教育财务部门的工作人员要经常深入基层,特别是要深入学校,了解情况,尽力解决学校经费中存在的难题。由于教学是学校的中心工作,为基层服务的一个重要方面,就是要求教育部门的财务人员树立为教学服务的思想,积极为教学提供必要的条件。

#### (四)勤俭办学,讲求效益

勤俭节约是我们的传家宝。尤其在我们国家目前还不富裕,财力不足、教育经费缺乏的情况下,更应该注意勤俭节约,把有限的资金用在教育事业发展最需要的地方。由于我国当前教育投资的效益不高,在教育活动中浪费也比较大,所以讲求办学效益也是当前一个十分紧迫的问题。要继续提倡节约每一分钱的精神,力争少花钱多办事、办好事。

#### (五)经济公开,民主管理

所谓经济公开,是指教育财务部门在安排和使用教育经费时,应将有关教育经费的政策、标准予以说明。基层教育部门教育经费的使用情况,也应定期向所在单位群众公布;所谓民主管理,是指一些较重大的财政政策的变动或制定,要充分听取群众的意见,让群众参与财政政策的制定和对教育经费的安排和使用进行监督。只有这样,才能真正形成民主理财的风气,保证教育经费安排得当、使用合理,充分发挥教育经费在促进教育事业发展中的作用。

## 思 考 题

1. 什么是教育财务行政?
2. 简述教育财务行政的职能。
3. 什么是教育财务行政的预算制度、会计制度、决算制度和审计制度?其基本内容有哪些?
4. 什么是教育经费?
5. 教育经费筹措的规则有哪些?
6. 简述教育经费管理的原则。

# 第九章　教育行政信息及其管理

**内容提要**　本章包括教育行政信息概述和教育行政信息管理两部分。第一部分阐述了教育行政信息的含义、类型及内容,论述了教育行政信息的特征及作用。第二部分论述了教育行政信息处理的程序、要求,教育行政信息沟通的形式、途径及如何有效地利用教育行政信息。

## 第一节　教育行政信息概述

### 一、教育行政信息释义

#### (一) 教育行政信息的含义

教育行政信息是反映教育行政活动和管理对象的特征及其发展、变化情况的各种消息、情报、指令、资料、数据、图纸等的总称。国家进行管理教育的活动,就会不断产生各种信息,既有教育行政活动的信息,也有教育行政活动对象,即各级各类教育活动的信息。教育行政机关通过对教育行政信息的接收、处理和传递,反映和沟通各方面的情况变化,借以控制国家管理教育的活动,实现国家管理教育的职能。

#### (二) 教育行政信息的类型及内容

1. 教育行政信息的类型

教育行政信息依据不同的标准,可分为不同的类型。

从范围来看,有宏观的、中观的和微观的教育行政信息。宏观的教育行政信息指的是国家管理教育的信息。中观的教育行政信息,一是指国家对某一方面教育管理的信息,二是指省、市或地县教育管理的信息。微观的教育行政信息是指教育行政机关和学校内部教育管理的信息。

从来源来看,有通过教育行政部门得到的信息,也有通过学校得来的信息;有本国的信息,也有外国的信息;有本地的信息,也有外地的信息;有本单位的信息,也有外单位的信息。

从方式来看,有通过正式渠道来的正式信息,也有通过市井传闻、道听途说得来的非正式的信息;也有通过书面反映得到的信息,也有通过口头反映得来的信息。

2. 教育行政信息的内容

教育行政信息的内容,大致有如下几方面:

(1) 党和政府的教育方针、政策、计划的制定及其贯彻执行情况。

(2) 教育事业的发展同整个国民经济发展关系的情况。

(3) 各级各类教育的情况,包括幼儿教育、中等教育、高等教育、师范教育、特殊教育、成人教育、职业技术教育、少数民族教育的情况;学龄儿童的入学率及普及义务教育的情况等。

(4) 各级各类学校的情况,包括学校的网点、布局情况;各级各类学校的设置、结构、规模及发展情况;校舍的使用及基本建设情况和学校设备情况;校办工厂、农(林)场情况;学校的教育教学及管理情况;学校的教职工及学生的基本情况。

(5) 教育实验及改革的情况。

**(三) 教育行政信息的特征**

1. 广泛性

教育行政信息存在于教育活动的所有领域,大到国家对教育的管理,小到学校教育的管理,只要有教育活动,就有教育行政信息。

2. 客观性

教育行政信息和一般信息一样,是客观存在的反映,是真实、可靠、符合实际的。至于弄虚作假、谎报的信息,那是另外一个问题。遇到这种情况,要能够去伪存真。

3. 可理解性

和一般信息一样,教育行政信息也是借助语言、文字、符号、姿势、表情等表达的,因此,都是信息传递双方,可互相理解。

4. 发展性

时代总是前进的,教育事业总是发展的,形势总是在不断发展变化的,因而反映教育活动的信息也会不断发展和变化。

5. 服务性

在管理活动中,信息是为提高管理的效能服务的。管理属性重在信息的数量和质量。

## 二、教育行政信息的作用

教育行政信息在教育行政活动中具有十分重要的作用。教育行政是通过决策、指挥、控制、协调、监督等一系列环节进行并实现其职能的,而这些环节的正常运转,都必须依靠信息。例如,教育行政决策中的多个教育决策方案是以教育行政信息为依据,根据科学的原则和程序制定的,教育行政决策又是在多个教育决策方案的基础上"定夺"的。而执行是根据决策的指令信息进行的。在执行中,又会不断产生出新的信息,这些信息反馈到决策中心,管理者据此又可以做出新的决策信息或发出调节的指令信息,以保证教育行政活动的正常进行,完成行政组织的工作任务。由此可见,教育行政过程就是一个由输入到输出,经过反馈到再次输入的过程。这一过程的每一个阶段和环节,都离不开信息。所以,从这个意义上讲,教育行政过程就是信息的管理过程,教育行政工作实际上就是以信息处理为中心的工作。

## 第二节　教育行政信息的管理

### 一、教育行政信息的处理

#### （一）教育行政信息处理的程序

1. 收集

收集信息是教育行政信息管理的基础。收集信息时要尽可能地将该收集的信息汇集起来，使收集到的信息既真实又完整。为此要搞好教育统计工作，通过搞好教育统计，可以全面、及时、准确、系统地收集大量量化数字的统计资料。

2. 加工

信息加工就是采用科学的方法，对收集到的原始信息进行筛选、分类，使之条理化、系统化，使信息能更好地为教育行政活动服务。

3. 传递

信息传递就是把收集到的和经过加工的信息传递到使用者手中。通过信息的传递，才能使信息起到应有的作用，从而形成教育行政的现实活动。

4. 贮存

信息贮存是指对经过加工的暂时不用的信息和已用过的信息加以保存备用，供以后参考。对已贮存的信息，应建立检索系统，以便迅速查询。

#### （二）教育行政信息处理的要求

教育行政信息的处理关系到教育行政活动的质量，关系到教育行政的渠道是否畅通，因此，必须注意提高信息处理的质量。信息处理的要求包括以下几个方面。

1. 及时

信息的时效性很强。特别是现代社会的变化比较快，教育行政又是一个连续运转的过程，时间的延误往往会使信息丧失其应有的价值。因此，要使信息发挥最大的效用，就必须以最快的速度将信息传递给需要信息的部门。

2. 真实

教育行政信息必须如实反映教育各方面的客观情况，做到真实、准确、可靠，否则会导致教育决策等教育行政工作的失误，给教育工作带来损失。

3. 适用

不同的管理部门和管理者需要的信息是不相同的，不同性质的信息其作用也是不同的。因此在信息管理中，要根据信息的性质，将其提供给需要这方面信息的使用者。

4. 经济

信息的经济是指获取信息的花费要经济，信息的使用要能够使管理获得较高的效率和效益。

### 二、教育行政信息的沟通

#### （一）教育行政信息沟通的意义

信息的沟通，指的是信息的交流、联系和传递。教育行政信息的沟通对于教育行政活动的正常运行是很重要的。由于信息不会自动传递,所以必须有信息沟通的渠道。信息沟通的渠道是否合理、畅通,决定了信息的传递是否及时、准确,从而影响教育行政活动效率的高低。很明显,教育行政部门要想对教育活动进行有效的管理,必须建立起高效的信息沟通体系,以便全面、及时、准确地掌握有关教育活动所发生的变化,及时做出相应的决策,并将决策以命令、指示、建议、要求等形式,通过沟通渠道交付有关部门实施。有关部门或单位也把有关情况,通过沟通渠道送交给有关教育行政部门。如果信息沟通渠道发生障碍,有关信息不能及时准确地传送,上级教育行政部门就难以做出正确的决策,下级有关部门也难以采取适当的行动,这样就会给教育管理工作和教育事业带来不利的影响。

（二）教育行政信息沟通的形式

教育行政信息最普遍、最常见的沟通形式是纵向沟通和横向沟通。纵向沟通是上级与下级之间的沟通,它又可分为自上而下的下行沟通和自下而上的上行沟通。横向沟通,也叫平行沟通,是指同级部门和同事之间的信息交流。

（三）教育行政信息沟通的途径

纵向沟通和横向沟通的具体途径是比较多的。现以五个单位或个人之间的信息沟通为例,对沟通途径作一说明。

第一种途径为树形沟通（图9-1）,即甲与乙、丙、丁、戊进行单向沟通,而乙、丙、丁、戊之间没有联系。

第二种途径为星形沟通（图9-2）,即每个单位或个人都可与自己左右相邻的两个单位或个人沟通,而与其他单位或个人之间没有联系。

第三种途径为轮形沟通（图9-3）,即每个单位或个人都可与其他四个单位或个人沟通。这种沟通也称为网形或辐射形沟通。

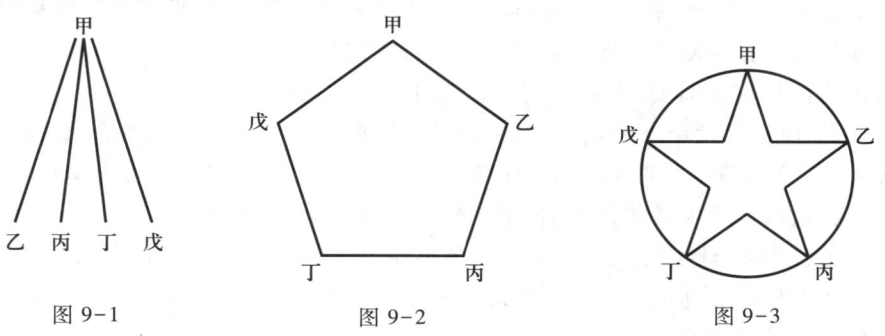

图9-1　　　　　图9-2　　　　　图9-3

这三种信息沟通的途径各有利弊。第一种树形途径速度最快、无误率最高,但满意率最差,因为每个单位或个人的事除甲知道外,其他四个相互之间一概不知。第二种星形途径速度、无误率及满意程度均属中等,因为都只能和两个单位或个人沟通,与另外两个无联系,相互之间的事不是每个单位或个人都知道。第三种轮形途径速度最慢,而且因为每个单位或个人不仅了解自己的情况,也知道别人的情况,相互之间都很了解,所以大家满意,满意率和无误率均高。

根据上述三种沟通途径的利弊,在教育行政活动中,如果机构简单,要求下达命令迅速、准确,一般采用树形沟通途径；如果问题重要而复杂,需要征求多方意见,而时间又允许的话,则采用轮形沟通途径较好；如果要求时效、满意率和无误率都一般的话,采用星形沟通途径较为合适。

由于树形沟通迅速、准确、效率高,所以在教育行政组织的纵向沟通,即上下级沟通中,多采用这种沟通途径。而教育行政部门的横向沟通,一般以商榷和协调为主,不带有命令色彩而具有相互支持的性质,所以一般采用星形沟通。在进行重大咨询和决策时,由于需要大家充分讨论,所以一般以轮形沟通为主。

**(四) 改革教育行政组织的体制,提高信息沟通的有效性**

从我国当前教育行政组织的体制看,要提高行政信息沟通的有效性,必须注意以下几个问题。

1. 大力精简机构,减去不必要的环节

首先,机构、层次多,沟通的速度就会减慢。因为每个层次和部门都要接收和处理信息,层次和部门多,流转的环节就增加,从发出信息到接收信息的距离就会拉长,时间也花得多,行政效率必然就低。其次,层次和部门增加,容易导致信息的损失和曲解。从信息接受者来说,由于各人知识、动机等方面的差异,对信息的传递易受两种干扰:一为"语义干扰"。比如,当某一信息用某一概念表达时,传递人就应在自己的记忆中搜寻这一概念,如果没有这一概念或忘记这一概念,他就不能理解这一信息,也就不能准确无误地将信息传递出去。二为"应用干扰"。这里指传递者由于低估一些对解决当前工作有重要意义的信息而将其置之不理,有时甚至从本单位或个人利害出发,有意无意地歪曲信息内容,或带上主观色彩,使信息变形失真。这种被曲解的信息对教育行政工作危害更大。

2. 要有确定的沟通渠道

要明确不同机构的任务和职权范围,建立严格的岗位责任制,这样,上、下、左、右各部门才能按照预先确定的方式进行沟通,避免遇事谁都有点关系,但谁都不能决定,造成沟通混乱而无头绪的现象。要使每个部门和每个工作人员都能各自负责处理自己分管的信息,遇事该办则办,该断则断,使信息得到迅速、切实、有效的处理。

3. 考虑不同层次的需要,确定不同内容信息的传递范围

一般来说,由于管理层次所遇到的问题不同,因而所需要的信息也不完全一样。最高的管理层次主要是管决策的,遇到的问题比较广泛,它所需要的信息应是带有全局性的。基层管理层次主要是执行各项具体任务的,遇到的多是常见的、定型的、重复的、例行的问题,它所需要的信息属于业务性信息,要求有相当的准确性、相关性和及时性,从而有利于控制各项具体工作朝着预定目标进行。中层管理层次主要是战术性决策,它所需要的信息,应有介于高层与基层两者之间的特性。

**三、教育行政信息的有效利用**

从信息论的理论角度来说,教育行政活动的过程,可以看成是一个输入信息、指令信息、反馈信息和评价信息的循环流动过程。在这一过程中信息的有效利用,要注意四个方面的问题。[①]

**(一) 注意输入信息的广泛性**

教育行政机关要保证其计划与决策的质量,首先必须获取大量的信息。这些信息包括:

---

① 吴益权. 在教育行政管理过程中信息的有效利用. 合肥:安徽教育学院报,1987(1).

上级机关的有关文件,党和国家的领导人对教育工作的指示意见,各种教育工作会议的精神,各地教育实验和教育改革的动态,各级教育行政机关和学校的工作总结报告及各种统计资料,还有国内外政治、经济、科学技术发展的趋势以及它们对教育工作提出的要求,世界教育发展的动向,等等。大量地占有这些信息,可为教育行政机关正确地把握教育工作的发展方向与趋势,估计教育工作的现状,做出教育事业发展的计划与决策提供充分的依据。因此,教育行政机关占有各方面大量的信息,对于其做出正确的计划与决策是非常重要的。

### （二）注意指令信息的方向性

指令信息一般是指用肯定语言对管理对象所下达的通知或指示。它包括计划等决策性文件,以及在计划实施过程中通过获取反馈信息而做出的指导和调整。管理的效能等于方向目标乘上工作效率。方向目标正确了,管理效能就不断提高;方向目标搞错了,管理效能就是负值。而计划决策是教育行政机关管理教育的起始环节,比较集中地体现了教育工作的方向和要达到的目标,因此,要保证教育行政的效能,就必须重视计划决策的方向性。计划决策有了正确方向,教育管理工作及各项教育事业就会沿着正确的方向顺利发展。

### （三）注意反馈信息的可靠性

反馈信息在教育行政活动中有着极重要的意义。如果教育行政机关不及时地、经常地从自己所属的管理层和执行层得到反馈信息,就不能实行有效的控制,也不能保证在实施过程中对计划决策进行及时的调整。因此,从这个意义上来说,没有反馈信息,就没有计划决策的有效贯彻落实,也就没有强有力的高效能的控制。要充分发挥反馈信息在管理中的功能,必须注意它的可靠性。

要使反馈信息具有可靠性,首先要重视通过正式渠道得来的反馈信息,即注意通过教育行政部门与各学校之间固定的信息传递通道得来的反馈信息。这个通道中的信息流通是有层次地、连续不断地进行的,如口头或书面工作汇报、数据报表、有组织的检查活动等。通过这种通道的信息流通,可以使教育行政机关随时了解各学校执行计划和决策和情况,了解执行过程中出现的各种障碍,以随时进行协调与指导。其次,要注意通过非正式通道得来的信息。这些信息很可能反映出某方面的真实情况,可能会提供意想不到的消息,也可能包含很有见地的改进意见。因此,教育行政机关的领导要经常到基层去,与群众交朋友,认真听取群众的意见和各种反映,这对于了解真实情况,确保信息的可靠性具有很重要的意义。

### （四）注意评价信息的准确性

评价信息是管理信息流通中的最后一环。教育行政活动过程是一个周而复始、循环往复、螺旋上升的过程。要使每一过程的循环都在一个新的水平上进行,就要对前一过程进行检查总结。由此而得出的评价信息,可以起到鼓励的积极作用,也可以起到挫伤积极性的消极作用。评价信息起积极作用还是消极作用,关键看信息本身是否准确。准确的肯定评价信息,会起到鼓励作用;准确的否定评价信息,也可以收到使人振作精神的效果。失真的肯定评价信息,会滋长欺上瞒下和报喜不报忧的不良风气;失真的否定评价信息,会引起被评价对象不满而挫伤其积极性。要掌握准确的评价信息,关键是要掌握全面情况,在此基础上进行实事求是地分析,做出恰如其分的总结与评价。

教育行政信息的有效利用除了注重信息本身的因素以外,还要注意利用现代信息的网络技术,以使信息的来源更广泛、更迅速,使信息的处理更快捷、更有效。

## 思 考 题

1. 什么是教育行政信息?
2. 教育行政信息的类型有哪些?
3. 简述教育行政信息的内容。
4. 教育行政信息的特征有哪些?
5. 试述教育行政信息处理的程序及要求。
6. 教育行政信息沟通的形式有哪些?
7. 教育行政信息沟通的具体途径有哪些?
8. 如何提高教育行政信息沟通的有效性?
9. 谈谈你对教育行政信息有效利用的看法。

# 第十章　教育督导与教育评价

**内容提要**　本章论述了有关教育督导与教育评价的基本理论和实践问题,着重论述了教育督导和教育评价的含义、特点、职能、内容与形式、原则与方法,介绍了我国教育督导机构与人员的建设情况,论述了教育督导与教育评价的过程与步骤,阐述了教育评价的模式与标准。

## 第一节　教育督导

### 一、教育督导的含义与职能

#### (一) 教育督导的含义

教育督导是指各级人民政府授权给所属的教育督导机构和督学人员,依据国家的教育方针、政策、法规和督导的原则与要求,按照一定的程序,运用科学的方法,对下级政府的教育工作及教育行政部门和学校的工作,进行有目的、有计划的监督、评估和指导,并向同级和上级政府及教育行政部门反馈有关信息,提出建议,为政府教育决策提供依据的一系列教育管理活动。它与一般的教育指导所不同的是:

(1) 它是各级政府的责任,而不仅仅是教育部门内部的事。

(2) 它拓宽了工作内容和权限,不仅督学,还要督政。

(3) 它必须依照国家有关教育的方针、政策、法律、法规和督导的原则与要求,按照一定的程序,运用科学的方法来进行活动,以保证教育督导工作的权威性、科学性。

(4) 它完整地体现了教育督导的职能:对下监督、指导,对上参谋、反馈。

#### (二) 教育督导的职能

1. 监督职能

监督职能是指由各级人民政府授权的教育督导机构和人员,代表本级政府,对下级政府的教育工作、教育行政部门和学校的工作进行监察和督促,推动其全面贯彻教育方针,全面提高教育质量。这是教育督导的最本质、最核心的职能。如果没有或削弱这一职能,教育督导机构就失去了存在的意义或者没有正常发挥其作用。这是因为,影响教育的因素是复杂的,而领导干部的认识水平、工作能力和思想觉悟又参差不齐,仅仅靠召开会议、下达通知与指令是远远不够的,教育行政部门必须加强监督,才能及时发现和纠正问题,保证教育方针、政策、措施的贯彻执行。而各级教育行政部门的工作是多方面的,其检查和督导下级的职能主要由教育督导来完成。同时,我国目前的法制尚不健全,人们的法制观念比较淡薄,习惯按红头文件办事,虽然制定了一些法规,如义务教育法等,但在执行过程中仍缺乏法律的约束力,出现有法不依、依法不严的现象,因此,必须加强教育督导的监督执法职能。教育督导机构的监督职能是具有不可替代性的,它不能用教育行政部门的内部监督所取代。教育行政部门的内部监督,在很多情况下,容易手下留情,产生赦免现象,有时还容易产生"当局者迷"的现象。教育督导机构及其人员对教育工作实行国家监督,犹如教育钦差,是教育决策者最得力的助手。

2. 评价职能

评价下级政府的教育工作水平、教育行政部门和学校的管理水平与教育质量,也是教育督导的基本职能。教育评价是20世纪初发展起来的一门新兴的教育科学,它不同于以往的教育评比和鉴定,有一套较为完整的理论和检测方法。教育督导引进现代教育评价的理论和方法,把它作为提高教育督导科学性的重要基础和有力手段。教育督导评估已成为教育评估系统的一个重要组成部分,只有对教育的各个方面按照一定时期社会的要求标准,以评价为杠杆进行综合评价后,才能对一个地区、一所学校的教育工作做出较为客观公正的评判,看到成效点,找到不足处,给以正确、实在、有效的工作监督和指导,从而推动教育活动的不断发展。

3. 指导职能

指导是指教育督导机构和人员在了解情况、分析评估的基础上,对下级政府、教育行政部门和学校的工作方向、工作内容和程序以及工作方法给以具体的指教与引导。指导是监督、评估的深化和体现。在现代社会,教育督导机构与人员不能仅仅凭借静止、刻板的权力和法制做工作,更重要的是,通过对下级积极热情和有针对性的具体帮助与指导,发挥其主观能动性,使之积极主动地要求督导,从而提高督导工作的效能。教育督导人员切忌以钦差大臣自居,指手画脚、盛气凌人,而应是基层干部和教职员工的良师益友。

4. 反馈职能

反馈是指一个系统发送的信息,经过检测反射回来,并对信息的再输出发生影响的过程。反馈是控制论中的一个重要概念。从现代教育管理科学的角度来看,科学的决策过程同样离不开监督、反馈系统的支持。教育督导也要强化反馈职能,及时准确地反馈信息,帮助教育决策者科学决策,并在此基础上及时调控和发展,确定新的决策。教育督导人员在信息反馈过程中,起着独特的和不可代替的作用,一方面他们比较超脱,看问题比较客观;另一方面他们不是简单的传声筒,而是遵循一定的程序、原则、途径和方法捕捉、收集信息,其可信度较高。同时督导人员既有行政职权,又有相当高的业务水平;既在领导身边,又在基层巡视;既有理论指导,又有实践经验,充分发挥其反馈职能,能使领导耳聪目明,运筹帷幄,指挥若定。

## 二、教育督导的内容与形式

### (一)教育督导的内容

教育督导的范围很广,结合我国当前教育事业发展的实际情况,教育督导涉及的主要方面有学前教育和县域义务教育。从宏观督导与微观督导来讲,应以宏观督导为重点。在当前及今后一段时期内,常规督导的项目和主要内容包括如下几个方面。

1. 对地方政府教育工作的督导

对地方政府教育工作的督导,包括省、地、县、乡四级政府的教育工作及其教育行政部门的工作,其内容主要有:教育地位的落实、教育投入的增加、办学条件的改善、师资建设、依法治教、教育改革、教育发展水平等。

2. 对县域义务教育均衡发展的督导

2012年1月20日教育部发布的《县域义务教育均衡发展督导评估暂行办法》中有关评估内容和评估标准指出,"对义务教育校际间均衡状况的评估,重点评估县级政府均衡配置教育资源情况。以生均教学及辅助用房面积、生均体育运动场馆面积、生均教学仪器设备值、每百名学生拥有计算机台数、生均图书册数、师生比、生均高于规定学历教师数、生均中级及以上专业技术职务教师数8项指标,分别计算小学、初中差异系数,评估县域内小学、初中校际间均衡状况。"对县级人民政府推进义务教育均衡发展工作评估指标及要求:入学机会、保障机制、教师队伍、质量与管理。

3. 对学前教育的督导评估

为构建以实施素质教育为目标,全面科学地评估学校办学水平的机制,2012年下发的《学前教育督导评估暂行办法》指出,"学前教育督导评估的目的是促进地方人民政府及相关部门切实履行发展学前教育的职责,全面实施学前教育三年行动计划,有效缓解'入园难'问题,满足适龄儿童入园需求,推进学前教育事业加快发展,特制定本办法。"学前教育督导评估的主要内容有:政府职责、经费投入、园所建设、队伍建设、规范管理、发展水平。

4. 对学校专项督导和经常性检查的主要内容

对学校专项督导和经常性检查的工作内容,由教育督导机构根据同级人民政府、教育行政部门或上级督导机构的部署来确定。因此,学校教育工作中的任何一项或若干项,都可以作为其内容,如德育工作、学校常规管理、校长的考核与评估等。目前,教育部在全国范围内开展以落实教育经费投入、加强薄弱学校建设、严格执行课程计划、减轻学生过重课业负担等为主要内容的专项督导检查,其形式以县自查为主,省级组织抽查,教育部也适时进行抽查。

### (二)教育督导的形式

为提高督导工作的效率,更好地完成督导任务,督导人员必须注意全面地了解和恰当地选择教育督导实施的形式,根据实际工作需要,灵活地加以运用。教育督导的形式,按督导实施的范围来分有宏观督导和微观督导;按督导的目的来分有调研性督导、检查性督导和总结性督导;按督导的内容来分有综合督导、专项督导和经常性督导;按督导的对象来分有督政和督学;按督导的时间来分有随访性督导和周期性督导,等等。

## 三、教育督导的机构与人员

### (一)教育督导机构

教育督导机构是指由政府授权,代表本级政府及其教育行政部门,执行教育督导任务的行政监督机构。根据我国的国情和教育体制改革的基本需要,我国教育督导机构分中央、省(自治区、直辖市)、地(市、州、盟)、县(区、旗)四级设置。中央一级设国家教育督导团,各省(自治区、直辖市)设督导室,地(市、州、盟)设督导科(室),县(区、旗)设督导组(室)。均由同级政府授权,受同级政府委托,负责对下级政府的教育工作、对教育行政部门和学校实行行政监督和指导。国家教育督导团在教育部党组领导下行使国务院赋予教育部的教育督导职权。地方县以上教育督导机构的职责按照《教育督导条例》的要求,"国务院教育督导机构承担全国的教育督导实施工作,制定教育督导的基本准则,指导地方教育督导工作。县级以上地方人民政府负责教育督导的机构承担本行政区域的教育督导实施工作。国务院教育督导机构和县级以上地方人民政府负责教育督导的机构在本级人民政府领导下独立行使督导职能。"

### (二)教育督导人员

教育督导人员是实施教育督导工作重任的主体,其素质水平,直接影响着督导工作的质量。

教育督导人员一般由专职督学(在中央分总督学、副总督学和国家督学,在地方分主任督学、副主任督学和督学)、兼职督学和临时督学构成。督学人员的配备和督导队伍的建设应遵循以下原则:① 唯贤是任,因才使用。贤人、能人择优录用,宁缺毋滥。② 结构合理。督学队伍的职级结构、知识结构、技能技巧结构、年龄结构等都要注意合理地搭配。③ 专兼结合。聘请一定数量的有权威的老同志,担任特邀督学或兼职督学,参与教育督导,组成一支以专职督学为骨干的、专兼结合的督导队伍。

教育督导是一项导向性、政策性都很强的工作,世界各国对督导人员的资历均有很严格的要求。我国按照2012年的《教育督导条例》规定,"督学必须具备如下基本条件:① 坚持党的基本路线,热爱社会主义教育事业。② 熟悉教育法律、法规、规章和国家教育方针、政策,具有相应的专业知识和业务能力。③ 坚持原则,办事公道,品行端正,廉洁自律。④ 具有大学本科以上学历,从事教育管理、教学或者教育研究工作10年以上,工作实绩突出。⑤ 具有较强的组织协调能力和表达能力。⑥ 身体健康,能胜任教育督导工作。"为此,我们必须十分重视督学人员的选拔与培训,提高督学人员的素质,重视督导队伍的建设。

《教育督导条例》对督学人员的职权作了明确规定:在具体进行教育督导工作时,督学有权查阅、复制财务账目和与督导事项有关的其他文件、资料;有权要求被督导单位就督导事项有关问题做出说明;有权就督导事项有关问题开展调查;有权向有关人民政府或者主管部门提出对被督导单位或者其相关负责人给予奖惩的建议。

督学人员的职权由政府授予,并受法律的保护和支持,应通过各种渠道大力做好宣传工作,充分保障教育督导人员职权的行使,以提高教育督导工作的权威性。

## 四、教育督导的过程与原则

### (一)教育督导的过程

教育督导过程一般分为三个阶段:督导前的准备阶段、督导组织实施阶段、督导结果处理阶段。三个阶段密切相连,相互作用,又各有相对独立的职能,形成一个连续运行的活动过程。

1. 督导的准备阶段

这一阶段主要解决由谁为督和督什么的问题。具体的工作有:

(1)督导机构与人员的准备,包括成立督导工作的领导机构、创建专兼结合的督导小组,合理地选拔和安排人员,明确各自的任务和分工,把责任落实到人。

(2)督导方案和具体实施计划的准备,这是最核心的准备工作,决定着整个教育督导工作的方向、目的和内容、方法,必须精心设计。包括撰写教育督导方案、设计必要的表格、作好日程安排、下达督导通知等。

（3）督导思想、理论的准备,包括举办督学培训班,组织督学学习有关文件,统一认识,把握方向;熟悉实施方案,掌握督导的标准、程序和方法;阅读被督导单位的有关材料,初步了解和分析被督导单位的基本情况;召开被督导单位负责人会议,使被督导单位明确督导的目的、意义、内容和要求,端正态度,消除顾虑,积极参与和配合督导工作。被督导单位要做好准备工作和接待安排,提供开展督导工作的必要条件。

2. 督导的实施阶段

这一阶段主要解决怎样督导的问题。具体的工作有：

（1）督导组与被督导单位正式见面,一方说明来意,另一方全力配合,落实督导活动的各项安排。

（2）听取被督导单位的自查报告。

（3）根据督导内容,按督学各自的分工,采取查、看、听、谈、访等方式和手段,进行调查,收集督导资料。

（4）分析督导信息,恰当处理督导信息。

（5）科学评估,正确指导,写好督导评估意见书。

3. 督导结果的处理阶段

这一阶段主要解决怎样发挥督导作用的问题。具体的工作有：

（1）写出督导报告,正式印发,向上反映,使督导结果成为奖评学校和考核校长的重要依据,发挥督导评估的导向功能和激励功能,并可在此基础上进行复核督导。

（2）写出督导工作总结,对督导工作进行分析,认真审核本次督导工作的质量,使教育督导评估制度不断臻于完善。

（3）建立督导档案。

### （二）教育督导的原则

1. 导向性原则

坚持导向性原则,就是要在督导指导思想、指标设定、权重分配等方面,引导学校全面贯彻教育方针,深化教育改革,实施素质教育,全面提高教育质量。

2. 依法督导原则

贯彻依法督导原则,就是要求督导人员以党和国家的教育方针、政策、法律和法规作为督导工作的依据,把督导过程作为监督、检查、评估和指导教育法律、法规和有关重大政策贯彻落实的过程。

3. 科学性原则

贯彻科学性原则,就是要求督导人员以科学的精神、态度和方法从事督导工作,制定周密的督导工作计划,运用系统调查和现代的科学方法与手段,以客观事实和确凿的数据为凭据,历史地、全面地、发展地分析被督导单位的成绩、缺点、经验、问题,实事求是地做出客观、公正、有说服力的结论,不搞花架子,不走过场,确保教育督导工作的实效性与科学性。

4. 民主性原则

贯彻民主性原则,就是要求在督导工作中要相信、尊重、依靠督导对象,倾听他们的意见,关心他们的疾苦,为他们服务,从而调动他们的工作积极性,充分发挥他们在督导工作中的作用。

在教育督导工作中,正确运用教育督导方法,是提高教育督导工作质量,加强教育事业管理的需要。面对教育督导工作人少、面大、校多的现实情况,督导工作必须研究一套与之相适应、灵活多样的科学方法。教育评价是现代教育督导工作的重要工具和基本手段,在教育督导工作中借鉴与运用教育评价方法,能确保督导工作的客观性与科学性。

## 第二节 教育评价

### 一、教育评价概述

#### (一) 教育评价的含义

教育评价是依据教育目标和教育理念,在系统收集资料的基础上,对教育过程及其结果进行价值判断的教育活动。教育评价不同于检查评比和做鉴定,它有一套完整的理论和检测方法。教育评价是以一定的价值观为基础,以教育方针和教育政策所确定的教育目标及统一制定的评价标准为依据,采用科学的检测手段,通过定量与定性分析,对全部教育现象进行评量与评定,看其达到教育目标的程度,为教育决策提供反馈信息。

#### (二) 教育评价的分类

教育评价的类型可从多个角度来区分。

1. 从评价主体上划分,有他人评价和自我评价

他人评价包括社会用人单位的评价、同行之间的评价、领导的评价、学生的评价等。在评价过程中,他人评价与自我评价是密切相连的。他人评价必须建立在自我评价的基础上,自我评价又必须以他人评价作为依据,两者结合起来使用。

2. 从评价标准上划分,有相对评价、绝对评价和内差异评价

相对评价是指以一个集体的平均发展水平为标准,对每一个成员所做的评价,它是以正态分布理论为依据的。其主要功能在于激励各成员之间的竞争,并能为各种选拔活动提供依据。绝对评价则是以国家或一个大的地区所建立的评价常模或其他通用的标准,对每个对象所做的评价。绝对评价适用于促进全体成员达到标准的要求,有利于教育目标的全面实现。内差异评价则是以个体过去的发展状况来评价现有的发展水平,或以自己的长处来评价自己其他方面的发展情况。内差异评价有利于受评对象进行自我评价和自我教育。

3. 从评价过程上划分,有形成性评价和终结性评价

形成性评价是在教学的各阶段及各环节中,对学生阶段性的进步给予的评价,以便及时获取近期信息,发现问题,及时加以调控和改进。终结性评价是在一个教育过程完成后,对学生做出鉴定或分等,以便了解教育目标达到的程度和教育效果。

#### (三) 教育评价的功能

1. 选拔功能

所谓选拔功能,是指在选拔人才时,采用评价的方法,可以了解人才的德、才、绩、能等情况,为选择合格人才提供可靠的依据。教育评价的人才选拔功能,主要体现在三个方面:首先,评价对人才的鉴定是多方面多层次的,有利于全面衡量人才质量。21世纪是智力竞争的时代,社会需要的将是智能型、创造型、社会型"三型一体"的新型人才,显然仅用考试不

能满足这一需要。评价能将各种手段综合运用,在分析比较中相互补充,从而克服了考试手段单一的不足,对人才做出较全面、中肯的评价,为选择人才提供了可靠的依据。其次,评价对人才的标准是相对统一和客观的,有利于人才的选拔和培养。再次,评价是对未来人才的预测,有利于创设人才竞争的机制。

2. 管理功能

所谓管理功能,是指评价可以在宏观上加强对学校的监督与管理,通过评价的反馈,获得教育过程和教育结果的信息,为优化管理服务。教育评价的管理功能,主要表现在三个方面:首先,通过教育评价,可使人们明确自己的职责,从而提高工作的效率。其次,通过教育评价,可以协调各种关系,从而加强宏观控制。再次,通过教育评价,可以确定每个人的劳动价值,从而充分调动人的积极性。

3. 教育功能

所谓教育功能,是指评价可以用于指导学校教育、教学工作,调动人的积极性,提高教育质量和效率。教育评价的教育功能主要表现在两个方面:首先,评价能激发学生积极向上的动机,并使之朝着教育目标不断进步。通过肯定评价,激发学生发扬成绩;通过否定评价,帮助学生认识自己的缺点,使之能"知耻而后勇"。同时,教育评价能给教育活动提供反馈信息,为改进教育过程,提高教育效率服务。在教师主导型的评价中,教育评价能为教师改进工作,或为校长改善管理工作提供参考依据。在学生主导型的评价中,学生通过自我评价能了解自己的知识、智能等方面的状况,明确自己的优点和缺点,从而为自我教育提供依据。

## 二、教育评价的对象与内容

教育评价有广义和狭义之分。广义的教育评价以教育的全部领域为对象,它涉及教育的一切方面,教育与社会、教育与经济、教育与政治等,例如评价教育体系、教育目标、教育内容、教育方法、教育管理、课程设置、师资队伍等。

狭义的教育评价是指对学校教育行为与学生发展质量的评价。通常所说的教育评价是指狭义的教育评价。从狭义评价的范围看,教育评价主要包括三个部分:学校评价、教师评价和学生质量评价。

### (一)学校评价

所谓学校评价是以改善学校管理为核心的有关学校办学素质、办学职责、办学效能的全面评价,是对学校各个方面的整体评价。它的内容广泛,涉及学校工作的各个领域,其基本内容有如下八个方面。

1. 学校办学思想的评价

学校办学思想的评价,主要指评价学校是否坚持正确的办学方向,是否全面贯彻教育目标的要求,是否按教育规律办事等。

2. 学校管理水平的评价

学校管理水平的评价,主要是对学校领导班子而言,它通常指如下几个方面:学校管理者的素质、教学管理、人事管理、经费管理、校产管理。学校领导管理效率和管理水平的高低是学校教育质量的关键,因此,它是学校评价的重要内容。学校管理者是指包括校长、书记、教导主任、总务主任以及政教主任和团组织负责人这个整体。

3. 师资质量的评价

师资质量的评价，主要指对教师的知识、能力以及教师集体的结构和效能的评价。这是学校教学工作头等重要的大事，也是学校管理工作的核心内容。

4. 办学基本条件的评价

办学基本条件的评价，主要是指对学校干部队伍的素质、专职教师的学历构成和专业构成、生均公务费、教学用房和场地配备等方面的评价。

5. 思想政治工作的评价

社会主义的学校培养的是德才兼备的接班人，所以思想政治工作的评价是学校评价的一个重要项目、灵魂项目。

6. 教学工作质量的评价

教学工作质量的评价，是对教学过程的全部工作效果的评价。教学过程包括备课、讲课、批改作业、辅导学生、总结评定、教学研究等几个基本环节，还包括对学校所处社会环境的了解，对整个学校集体和班集体的了解以及对每一个学生家庭情况的了解。评价教学工作的质量，应该从这样的全方位评价教学工作的效果。

7. 体育卫生工作的评价

体育卫生工作的评价，主要是指对学校体育卫生条件、体育卫生设施建设、体育活动、卫生运动、健康教育和学生健康效果等方面的评价。

8. 学生全面发展质量的评价

学生全面发展质量的评价包括两个方面：一方面是每个学生的德、智、体、美、劳全面发展的情况，这是主要方面；另一方面是全校学生德、智、体、美、劳全面发展的情况，它是一个集合体。此外，还要考查学生在校三年、五年或六年期间，每年的变化。总之，至少每年要对全校学生进行一次全面质量的评价。

（二）教师评价

所谓教师评价则是以优化教育进程为核心的有关教师素质、教师职责、教师绩效的全面评价。

（1）教师素质是指教师履行职责、完成教育教学任务所必备的条件之总和，是教师的相对稳定的品质。它包括品德素质、文化素质、能力素质、身心素质和仪表素质。

（2）教师职责是指担任教师职务所应履行的责任，具体说，就是根据教学大纲、教学计划和教材，教会学生掌握文化科学的基础知识和基本技能，发展智力，增强体质，向学生进行政治思想道德教育，促使学生在德、智、体、美、劳诸方面健康成长，成为全面发展的社会主义人才。

（3）教师绩效就是教师的工作成果，应从工作数量和工作质量两个大的方面来考察。教师工作数量由教学工作量、教育工作量、兼职工作量和其他工作量构成；教师工作质量由学生质量、社会效应、教育成效、教学成效和教研成果构成。

（三）学生质量评价

所谓学生质量评价则是以促进学生和谐、主动发展为核心的有关学生学习基础、学习活动和学习效果的评价，是教师（或学生自己）依据一定的评价标准，对学生教育情境中身心发展状况所做的价值判断活动。学生质量评价的主要内容有学业成绩评价、学力评价、品德评价和健康评价。

## 三、教育评价模式与标准

### （一）教育评价模式及其意义

教育评价模式是指教育评价活动的构架和式样。所谓构架,就是构成评价活动的要素及各要素的组织规律和形式。它规定了评价的目的、评价的对象是什么,为达到某一目的应当通过什么渠道,收集什么样的信息。所谓模式就是评价活动的模式,它是在构架的基础上,使内容更加具体化的表现形式,它规定了评价活动的程序、方法以及搜集信息的技术等。教育评价模式是保证教育评价成效的客观条件,离开了教育评价的模式,评价就很难达到预想的目的。应当指出:教育评价模式是一种评价理论、评价观点的反映,评价的理论系统规定了评价对象、评价要素,也规定了评价的程序和方法。因此,评价模式是评价理论的具体表现形式,是评价理论和实际评价活动的统一体。

### （二）教育评价的主要模式

根据评价的目的和作用,评价可分为以下几种模式:

1. 行为目标模式

行为目标模式亦称"目标到达度"或"目标定向"评价模式,其创立人是美国的教育评价之父泰勒,这一模式是教育评价领域出现得最早的评价模式。行为目标模式依据预定的教育目标,并以此为准则,通过系统地、有目的地收集资料,判断实际活动是否达到预期目标或者说达到目标的何种程度。在这一模式中,评估是一种试图确定"目标到达度"的活动,是一种为判断教育工具是否成功而收集成果证据的活动。行为目标模式是一种强调评价的判断功能的评价模式,是教育评价中的基本模式,它主要用于学生质量评价活动。

2. 决策模式或决策定向模式

决策模式或决策定向模式亦称 CIPP 模式,其创始人是斯塔费尔比姆。他认为,评价不应当局限于目标体现的程度,而应为决策者提供信息服务。为此斯塔费尔比姆构造了 CIPP 模式,其基本框架是:背景评价(Context)——为计划决策服务;输入评价(Input)——为组织决策服务;过程评价(Process)——为实施决策服务;成果评价(Product)——为再循环决策服务。CIPP 是这四种评价类型的缩写形式,与泰勒模式比较,它并不太多地集中在指导学习的行为上,而更多地指向持续不断地为决策者提供评价上。它克服了行为目标模式的缺陷,比行为目标模式适应面要广。

3. 目标游离模式(目的游离模式)

这一模式是由斯克里文提出的。他认为,实际进行的教育活动除了收到预期的效应外,还会产生各种"非预期效应"或者叫"副效应",这种非预期效应的影响有时是很大的。他进一步认为,根据预定教育目标进行评价往往只注意目标规定的预期效果,非预期效果很难得到反映。因此,为了降低评价活动方案、计划制定者主观意图的影响,不能把方案制订者预定的目的告诉评价者,以利于评价者收集全部的关于方案的成果信息。这是一种强调不受预定活动目的影响,以"自由目的""参与者的实际意图"为准则的评价方法。它与行为目标模式和决策模式的最大区别在于,做出评价结论的依据与准绳不是方案制订者预定的目标,而是活动参与者的意图。

4. 对手模式

对手模式亦称反对模式、抗衡模式,其倡导人为列文,它是受司法工作的启示而产生的。

对手模式是为了揭示方案的正反两方面长短得失,而采取准法律评委会审议形式的一种评价模式。这一模式认为:评价应该让持反对意见者参加,让不同意见的评价者都提供证据,以确保问题正反两方面的意见都提交到决策层。

我国教育评价模式基本上是接受行为目标模式和决策模式的评价观点,并试图在批判吸收的基础上,形成具有中国特色的评价模式。目前这一工作正在摸索、探讨过程之中。

### (三)教育评价标准及其意义

所谓教育评价标准是根据教育目标而设计的,对教育现象进行价值判断的规定和准则。教育评价标准是教育目标的具体体现,是开展教育评价的前提条件,在教育评价工作中具有十分重要的意义。在教育管理活动中,教育目标如果没有评价标准来加以保证,那么它就成为空洞的口号式的目标,教育评价工作也就失去了必要的依托,从而影响教育目标的达成。

### (四)教育评价标准的结构

教育评价标准是进行教育评价的统一尺度,是实施教育评价制度的保证。教育评价标准的内在结构分为内容结构和形式结构。

1. 教育评价的内容结构

教育评价标准从内容上说,由绩效标准、职责标准、素质标准三要素构成。绩效标准是衡量和测定教育成果的标准,它包括效果标准和效率标准。效果标准是根据教育目标制定,考查教育绝对成果的标准,如学生的毕业率、升学率等。效率标准是根据教育投入与产出的比例来考查教育相对成果的标准,它把取得的成果与耗费的人力、物力、财力和时间等因素联系起来加以考查,能够以最少的教育投入取得最多的成果,则效率高。职责标准是衡量评价对象履行职责情况的标准。如教师上课是否有教案、讲述是否具有科学性等,都属于职责标准。素质标准是衡量评价对象履行职责、完成任务所应具备的条件的标准。如一个教师应该有比较渊博的知识,懂得教育科学,掌握教育规律,具有良好的师德修养和个性心理。这是教师应该具备的基本素质,据此制定的标准,就是素质标准。绩效标准、职责标准和素质标准构成教育评价标准的内容结构,三者既具有相对独立性,又具有统一性。它们分别从功能、效益和动力上揭示评价标准的内涵,其核心是绩效标准。在实际设计中,三者是混合编制的。

2. 教育评价标准的形式结构

教育评价标准的形式由标目、标度、标号三要素构成。标目即标准的项目,包括标准的类目、分项、细目和要求,亦称评价的因素,它是标准的主要组成部分。标目一般分成四级:一级标准为类目,二级标准为项目,三级标准为细目,四级标准为要求。前一级是后一级的母标准,后一级是前一级的子标准,后一级标准比前一级标准具体,第四级标准最具体,以便评价人员施测评定。标度表示标准的差异程度和价值大小的计量尺度,包括定量标度、定性标度、模糊标度。标度是评价标准的基础部分,它同评价的实施计量密切相关。标号是表示标目顺序和标度数量的符号,如数字1,2,3等。

### (五)设计教育评价标准的原则

教育评价标准是进行价值判断的重要依据。因此,教育评价的实践工作者需要花大气力对此认真地研究,进行慎重地设计。设计教育评价标准必须遵循一定的原则,主要:

1. 导向性原则

设计的教育评价标准,必须有利于把评价对象引导到正确的办学方向上来,保证学校及其培养的人才符合社会主义国家的要求。

2. 完整性原则

设计的教育评价标准，必须能够全面、系统、本质地反映、再现和涵盖教育及其管理目标，不遗漏地反映目标本质属性的重要标准。同时要求下一级标准也要全面、本质、具体地反映和体现上一级标准。

3. 独立性原则

设计的教育评价标准在同一层级的标准不得出现重复、交叉、互推、矛盾现象，每一标准必须能够独立代表某种评价因素，而不出现逻辑错误。

4. 协调性原则

设计的教育评价标准，其相关的标准之间必须互相衔接、协调一致、和谐相容、不互相矛盾，并具有一定的比例性。比例性反映了标准的量的统一性和配比性。

5. 可测性原则

设计的教育评价标准，其内容要具有可以用操作化的语言概括表达，可以通过一定的测量手段获得信息、取得结论的性质。

6. 简明性原则

设计的教育评价标准，内容要简洁明了，层次要合理清晰，语词要精炼准确，条目要尽量少而精，赋值要便于计量。

（六）**设计教育评价标准的程序**

教育评价标准的设计具有很强的政策性和技术性，必须按照一定的程序进行。一般认为其工作程序为：

1. 确定评价目的

所谓评价的目的，是指某次或某项评价要解决的具体问题。确定评价目的，一般要根据国家的教育方针、政策法规和上级教育行政部门的文件规定和指示精神，结合本地区、本单位的实际情况来进行。

2. 草拟评价标准

编制评价标准一般应成立专门的标准起草小组，小组成员要有代表性和权威性。该小组通过调查研究、理论推演、统计分析，草拟出评价标准方案和编制报告、说明书。

3. 进行科学论证

论证包括：起草小组工作者的自行论证，教育科研工作（最好是教育评价专家）的理论论证，教育实际工作者（一般是优秀教师、模范班主任）的经验论证，教育管理领导者的综合论证。

4. 征求群众意见

发扬民主，主动征询基层群众的意见，能使评价标准更臻完善，切实可行。

5. 组织试行修订

**四、教育评价的过程、原则与方法**

（一）**教育评价的过程**

1. 教育评价过程的环节

教育评价实质上是在一定教育目标指导下，评价者对教育现象进行事实判断和价值判断的过程,事实判断和价值判断构成了教育评价过程的两个基本环节。从操作过程来看,进行事实判断的主要操作活动是教育测量,而进行价值判断的主要操作活动是教育评定。教育测量是基本环节,教育评定是中心环节。

(1) 教育测量。所谓测量就是根据一定法则用数字对事物加以确定。测量的基本特征是数量化。教育测量的主要任务是根据教育目标和教育评价的具体目的,确定收集评价责任的范围和方式,编制测量工具,获取并初步处理测量所获得的资料。教育测量有信度和效度的要求。信度是指测量的可靠性,效度是指测量的有效性。

(2) 教育评定。评定不同于测量,它不是一种纯客观的活动,而是主观需要与客观情况的统一,是定性与定量的结合。评定是指在测量的基础上,对评价对象所做的价值定向和价值分等活动。教育评定活动要求具有准确性、可接受性、指导性和同构性。准确性是指价值判断既符合教育价值观的要求,又符合评定对象的实际;可接受性是指评定的结果应该能为被评定者所接受,并引发他们积极的反应;指导性是指评定不但要提出准确的、可接受的结论,还应为被评定者指明今后努力的方向或提出进一步发展的具体措施;同构性是指评价要由评价者与评价对象共同参与,评价结果是双方相互讨论而确定的。

2. 教育评价的基本程序

从评价者活动的角度来谈,教育评价有一个操作过程,这一过程可以依次分解为如下几个步骤:① 明确评价的目的和评价对象。弄清目的和对象才能明确评价活动的方向和内容。② 选择恰当的评价模式与方法。即选择与评价目的和内容相对应的评价模式和方法。③ 编制相应的评价指标体系。这是评价程序中的关键环节。④ 广泛收集有关信息。评价活动必须采用多种方法,从多角度、多侧面收集素材,使评价的结论有充分的事实依据。⑤ 处理信息、综合评定。即把收集的信息进行加工处理,按指标项目进行分析、判断,得出评价结论。⑥ 分析结果,写出评价报告。即把评价结论、有关情况分析,以及有关建议形成书面材料,送交有关部门。其中,关键程序是编制评价指标体系。以上六个步骤实际上又可以概括为三个阶段,即方案设计阶段、组织实施阶段、鉴定反馈阶段。

**(二) 教育评价的原则**

1. 方向性原则

所谓方向性原则,是指评价要以教育目标为基本标准,评价的每一项要求都应该同教育目标的性质和方向保持一致,而不能为得出结论而评价,更不能以评价者的个人好恶去评价。方向性原则体现了教育评价的根本特点,即"教育评价是实施教育目标的重要途径"。贯彻方向性原则的关键在于,在评价活动中,逐渐地实现由相对评价向绝对评价转化,以绝对评价(到达度评价)为主,以相对评价为辅。即使是进行相对评价也要体现绝对评价的要求,这样才能较好地避免评价的盲目性。

2. 发展性原则

发展性原则是指评价工作必须促进被评价者积极上进,保护其上进心,从而发扬成绩,纠正缺点,建立自信心。教育活动的目的是培养人、促进青少年个性的全面发展。发展性原则是方向性原则的具体化。发展性原则反映了社会主义社会人与人的民主平等关系,体现了教育评价的性质,它是评价者对待被评价者的基本态度和情感,是评价工作能否取得成效的先决条件。坚持发展性原则就必须端正评价的指导思想,由原来那种为找适合教育的儿童而评价,转变到为创设适合儿童发展的教育而评价。

3. 客观性原则

所谓客观性原则,是指对评价对象的真实情况(外表表现和内在动机)要准确把握,把价值判断建立在实事求是的基础上。客观性原则是一切社会认识和评价活动的基本要求。在教育评价活动中尤为重要。如果评价出现了偏差,往往会影响被评价者的身心健康发展。当贯彻发展性原则与贯彻客观性原则矛盾时,应坚持发展性原则。在实践活动中,要坚持客观性原则就必须加强教育测量的研究和运用,避免凭印象办事的经验主义做法。

4. 有效性原则

所谓有效性原则,是指评价的结论必须真正对学生发展和改善教育措施起积极作用。这一原则也是教育评价的性质所决定的。教育评价不是一种独立的活动,而是教育过程的一个有机组成部分,如果它起不到教育作用,也就失去了存在的客观依据。贯彻有效性原则就必须把评价工作同指导工作结合起来,不能仅仅停留在获得评价结论上,而要通过结论的分析,对搞好下一阶段的教育工作提出切实可行的对策。

（三）教育评价的方法

1. 教育评价方法及其特点

教育评价方法是指收集、整理、优化评价信息资料的手段和技术。它是为达到评价目标,根据评价的原则选定的有利于各种评价力量协调工作的一整套活动方式。教育评价方法具有以下特点:① 以现代科学方法为指导。教育评价必须以科学方法为指导,充分运用现代科学的思想、方法、概念以及技术手段,才能提高评价工作的科学性。② 与教育目标密切关联。一方面,教育评价方法的确定必须依据教育目标,方法与目标应当是一致的,不能违背目标。另一方面,要根据教育目标确定评价的目的。③ 定性和定量相结合。所谓定性,就是在教育评价中要确定事物的性质。所谓定量,就是在教育评价中要确定事物的量。任何事物都有质的规定性和量的规定性,教育评价也必须对教育现象的价值在性质上和数量上进行判断。实践证明,采用定性与定量相结合的评价方法能够全面、系统地反映教育现象的本质,可以收到较好的效果。④ 适用于各种教育现象的评价。教育评价方法具有广泛的适用性,同一种评价方法可以用于多种评价。

2. 教育评价的基本方法

教育评价方法可分为收集评价材料的方法和做出评价结论的方法。

（1）收集评价材料的方法。收集评价材料的方法按照获得资料的特点和方式可分为:观察法、访谈法、问卷法、测验法、人物推定法、数学方法等。① 观察法。指评价者根据评价对象和指标内涵的要求,有目的有计划地直接进行自然状态或控制条件下的观察,并获取信息资料的过程。观察法适用于各种评价,主要是以听和说为基本手段。观察法的类型有自然观察法、情境样本法、实验观察法等。② 访谈法。指评价者按照访谈提纲,通过与评价对象面对面谈话或小组座谈,直接收集资料的一种方法。访谈法尤为适合对个案的研究。访谈法的类型有结构性访谈法、无结构性访谈法。③ 问卷法,又叫填表法。指通过对评价对象进行书面调查而获取资料的方法,主要用于范围广大的各种问题进行大面积调查。采用问卷法可以在较短时间内获得较多的资料。问卷法的类型有不定案型问卷法、定案型问卷法、半定案型问卷法。④ 测验法。指通过编制一定的等级量表和标准的试题,用以测定评价对象的方法,主要用于容易量化的评价对象和形成性评价。其优点是有一个比较客观的标准,所取信息数据真实可靠。测验法的类型有直接测验法、间接测验法、标准化测验法。

⑤ 人物推定法。人物推定法由哈芝红创造,它是通过了解评价对象周围较亲近的人的看法,推论出评价对象的形象。这种方法的优点是:结论比较客观。它不是以某一个人的评价为转移,而是群体成员之间的交互评价,从而避免了主试者在评价过程中的情绪影响,具有较大的可信性。⑥ 数学方法。即通过有关的数理统计公式和模糊数学公式对评价对象进行定量分析的方法。它也可以用于模糊的定性分析,使主观的判断客观化。

(2) 做出评价结论的方法。做出评价结论的方法主要有相对评定、绝对评定和个体内差异评定三种。① 相对评定法。是在被评价对象的集合中,选取一个或若干个作为基础,然后把各个评价对象与基准进行比较,或者是用某种方法排成先后顺序。相对评定采用常模参照性测量,因此又叫相互参照评价,这里所指的常模,就是总体的平均值,以此作参照系,将个体与之比较,然后进行价值判断。相对评定法的特点是根据评价对象的整体状况来确定,其标准只适用于所选定对象的集合,而不适用于别的集合。② 绝对评定法。是在被评价对象的集合之外,确定一个标准,这个标准称为客观标准。因此,绝对评定又称为标准参照评定。绝对评定一般只用通过或失败两级表示,凡到达指定标准的为通过,否则就被认为未通过或失败。但也可用好、中、差三级标准或优、良、中、及格、差五级标准。绝对评定的特点是,如果评价是准确的,则评价后,每个被评价者可以明确自己与客观标准的差距,从而激励被评价者积极努力,迎头赶上。③ 个体内差异评定法。是把评价集合中的各个元素的过去和现在相比较,依据个人的标准来评定。个体内差异评定法的优点是照顾了个体的差异,在评价过程中不会给被评价者造成心理上的压力。三种评定方法各有利弊,在实践中要把绝对评定法、相对评定法和个体内差异评定法结合起来使用。

3. 教育评价方法的选择

选择教育评价方法,首先要注意使评价方法具有高信度和高效度。高信度要求评价的结果有一致性或稳定性的特点;高效度要求评价的结果与所评价的目标两者之间的高相关。其次要注意评价方法的全面性和客观性。全面性要求选择评价方法要能适应评价对象的全部,避免因因素的遗漏影响评价的结果;客观性要求评分数值要客观。再次要注意评价方法简便易行,经济实用。评价方法应易为评价人员熟练掌握,评价时力求使文字记录、表格、统计公式易于为评价者和被评价者记忆、理解和解释。同时,教育评价有人、财、物的参与,应做到省人、省时、省钱、省物,以取得最佳效果。

教育评价方法的选用还应与该教育评价形式相互配合。教育评价形式可分为物质评定和精神评定两类。物质评定是指通过工资、奖金、奖品等来进行价值判断;精神评定是指以满足人们精神需要为主的评定,如舆论评定、政治评定等。学校教育评价中常用的精神评定形式为评语和评分。运用语言文字对评价对象进行肯定或否定的判断为评语。评语有助于对评价对象进行全面的、有个性特点的分析,有利于指导评价对象今后更好地发展,不利于被评价者之间进行比较、鉴别和竞赛活动,可比性不大。运用分数(等级)来对评价对象进行评定为评分。评分易于鉴别评价对象之间的高低,能激发评价对象之间的相互竞赛,但易于造成被评价者的心理压力,而且不利于揭示被评价者个性发展的特点,不利于因材施教。各种评价方法和形式的作用各不相同,所以在评价过程中应根据评价的任务和对象不同,来选用恰当的方法和形式,并注意方法和形式的多样化,使之相互补充,把分数评定法、等级评定法、评语评定法结合起来,把下结论、做分析、提措施的方法结合起来。

## 思 考 题

1. 何谓教育督导?
2. 简述教育督导的职能。
3. 教育督导的内容有哪些?
4. 何谓教育督导机构?它应如何设置?为什么?
5. 谈谈督学的任职基本条件及其相互关系。
6. 教育督导过程可分为哪几个阶段?谈谈第二阶段一般应做哪些具体工作?
7. 简论教育督导的基本原则。
8. 何谓教育评价?教育评价可分为哪几类?
9. 简述教育评价的基本功能。
10. 简论教育评价的基本原则。
11. 教育评价过程包括哪几个步骤?
12. 何谓教育评价模式?教育评价的主要模式有哪几种?
13. 何谓教育评价标准?试分析教育评价标准的内容结构。
14. 何谓教育评价方法?其特点是什么?其基本方法有哪些?

# 第三编　微观教育管理论

# 第十一章 学校管理目标

**内容提要** 本章分学校管理目标与学校目标管理两部分。第一部分论述了什么是目标、管理目标与学校管理目标。第二部分对学校目标管理的含义、特点,学校目标的制定、实施、检查、控制与调查、考评与结果的处理进行了较为系统的阐述。

## 第一节 学校管理目标概述

### 一、目标与管理目标

#### (一)什么是目标

目标,就其词义而言,意指人们对某一时空范围内某工作或活动要达到的一种境地或标准。关于目标的含义,多少年来,国内外的许多专家、学者由于其认识的角度、程度及目的的不同,各自提出了不同的看法。概括而言,主要有以下几种观点。

一是"标准或状态"说。比如:"目标是指行动要争取达到某种预想结果的标准。"[1]"目标用来表示对管理对象及其种种数据所渴望达到的境地。"[2]"目标是指在一定环境条件下和一定时间范围内,个人、群体或组织以预测为基础,按一定的价值观,对自身行为所确立并争取达到的最终结果的标准、规格或状态。"[3]

二是"结果或成果说"。比如:"目标是组织各项活动所要实现的最终目的。"[4]"目标是一种期望,是人的各项活动所追求的预期结果在主观上的超前反映。"[5]"目标是指在一定的环境和条件下,在预测的基础上,希望通过所解决的问题去达到的结果。"[6]"目标是围绕方针确定的具体管理要求,是为实现办学目的而规定的在特定时期内应该实现的具体成果。"[7]

三是"需要说"。比如:"目标是外在的,它有时被解释为由动机所引导的被欲求的报酬。"[8]"目标是与一定的需要满足相联系的客观对象在主观上的反映。"[9]

---

[1] 张萍芳.学校管理与系统控制.福州:福建教育出版社,1986:1.
[2] 阿法纳西耶夫.社会主义生产管理理论与实践问题.北京:北京出版社,1981:53.
[3] 张济正.学校管理学导论.上海:华东师范大学出版社,1990:39.
[4] 矫佩民.现代管理学.北京:北京师范大学出版社,1987:42.
[5] 中央教育行政学院.学校管理心理学.北京:教育科学出版社,1986:61.
[6] 谢燮正.决策能力的培养.广州:广东人民出版社,1988:20.
[7] 刘树明,李少华.高等学校目标管理.北京:北京师范大学出版社,1988:49.
[8] 韩延民.管理学新论.北京:新华出版社,1996:75.
[9] 李旷,吴秀娟.教师的工作积极性.济南:山东教育出版社,1983:62.

四是"价值说"。比如:"设立目标,换言之,即设计一个价值系统,是系统工程是否良好的关键。"①

上述的各种观点,虽说只是从不同的角度或侧面论述了目标的基本问题,但对于我们全面、正确地理解和把握目标的实质是有重要作用的。基于这种认识,我们认为目标是指人或组织在一定的时间和空间范围内,在一定的条件下,依据一定的价值观所确立并争取实现的结果或达到的状态。

### (二) 什么是管理目标

管理目标,从词义上理解,即是管理活动的目标。它是指管理活动最终要达到的境地或标准。管理目标作为管理活动的方向目标,它既是管理活动的出发点,也是管理活动的归宿,同时也是衡量管理活动绩效的标准。拥有管理目标的管理者,可以把它作为检查和控制管理活动的标准。拥有管理目标的被管理者,也可以把它作为行动的指南。管理目标除了具有目标的一般含义之外,还应该具有管理的含义,只有将两者统一起来,才能对管理目标有一个完整、全面的认识。因此,管理目标应包括以下基本观点。

1. 管理目标是一种组织目标

人们常说,管理的实质是对人的管理,而人作为管理活动的主导和核心要素,它总是指在一定组织中的人,而不是指孤立的个人。因而管理目标所针对的对象和内容也必须放在某一个具体的组织之中,它才具有针对性和有效性。作为组织中的管理目标,它又是具体的,而不是抽象的,它必须能直接指导组织中的各项具体的管理活动,从而体现出其存在的价值。只是由于各种组织的性质和任务不同,其目标的描述和具体标准也就不完全一样,因而管理目标是具有一定的使用范围和条件的,不能超越组织的边界和职责范围。

2. 管理目标主要是指组织的整体目标

现代管理是以分工和协作为前提,管理的对象尽管纷繁复杂,但管理要取得预定的效果,就必然在分工和协作的基础上,组织和协调各种管理的要素,使其成为一个整体。无组织的群体或独立的个体是不存在具有现代意义上的管理的,因而管理目标的制定一开始就应该着眼于整个组织的活动。以一个组织的局部或部分的管理目标来代替整个组织的管理目标或以管理目标冠之于名,显然是不科学、不全面的。从这个意义上出发,首先要解决的是正确处理好集体目标和个体目标的关系。大量的实践经验表明,如果只强调个人的目标,集体就会涣散无力,名存实亡。如果将整体目标强加给个人,又难以成为名副其实的管理目标。因此,强调集体目标与个体目标的统一,是管理目标能否正确而又可行的重要前提。不过,任何管理活动最终都要通过集体或整体活动才能产生出效益,因此,提高组织整体目标的意识是目前尤为重要的任务。

3. 管理目标是组织在一定时期内要达到的预期结果或成果

这就是说,作为管理目标来说,它是一个有着时间要素的概念,也可以理解为时间要素是管理目标的最基本的组成要素,时间的长短取决于组织的任务、性质、目标责任者的任期等基本条件。管理工作中事实上不存在缺少时间要素的管理目标。确定管理目标的期限,应遵循"先长后短、长短结合"的原则,以长远利益为重,避免短期行为。

管理目标除了应具有以上比较广泛的含义外,还具有以下重要的特性:

---

① 刘树明,李少华.高等学校目标管理.北京:北京师范大学出版社,1988:49.

一是管理目标的主观性与客观性的统一。

直观上讲,管理目标是管理主体"我"从事管理活动所想要达到的境地或标准,反映出人们主观上对管理活动在未来某一时限范围内要达到的一种要求或想法。它是客观事物或者客观事物未来的发展趋势在人的头脑中的反映,是"观念地存在着"的东西。比如某中学年度的升学率指标、某工厂年度的生产利润等,无论是整体的目标还是个体的目标,都是有意识的主观能动行为的结果。但是,马克思说过,人是一切社会关系的总和。任何一个体现组织发展的管理目标也绝不仅仅是个人意愿的表现,也不是任何组织自发形成的结果。任何组织只是整个社会组织中的一个部分,是一个子系统。管理目标的确立必须反映社会对组织的要求,这种要求可能与组织的需要是一致的,也可能与组织的需要相矛盾,因此这就要求组织必须正确、全面地认识社会的要求,及时地调整自己的策略。也就是说,一个组织的管理目标不能仅仅满足于组织本身的需要,而且还要考虑到整个系统甚至社会的利益。一种正确的目标,必然是主观愿望和客观存在的统一。

二是管理目标的超前性和可行性的统一。

管理目标是对未来活动所应达到的一种状态的描述,这就要求管理目标本身在方向上必须是正确和先进的,既要反映时代的精神,又要能正确预测其发展趋势。从某种意义上讲,它必然是具有超前性的。可行性即可达成性或现实性,它是指管理目标一经确定,应能通过组织成员的活动而转化为现实。管理目标来自于现实,又高于现实,但绝不是一种虚无缥缈的东西。西方管理理论中的期望理论告诉我们,人们在确定管理目标对人的行为是否具有激励作用的同时,必然会考虑两种因素,一是管理目标的效价如何,即它的价值或先进性,二是人们通过自己的努力所能获得成功的概率大小。因此,正确的管理目标必须具有可行性和现实性。要做到这一点,组织的管理目标首先必须是具体或定量化的,具体或定量化的管理目标才有可能成为可实现的目标;其次这种目标必须为人即组织成员所接受,只有这样,管理目标才能影响组织及成员的行为,并取得预想的结果。

三是管理目标的原则性和灵活性的统一。

管理目标一旦制定,就应该具有应有的权威性,不可能朝令夕改。因为它属于方向的范畴,体现出整个管理活动过程的方向性,工作中也用它来衡量工作过程和结果,规范组织成员的相互关系及组织成员的行为,这是不可变更的。但是任何管理目标又都是对未来的发展状态的描述,随着管理活动向前发展以及各种偶然因素的影响,管理目标既不可能达到非常的精确,也不可能永远不变,必要的调整和修改甚至重新制定是不可避免的。比如由于组织的环境发生了重大变化、目标责任者发生了改变、政策因素的影响以及其他无法预测到的、无法抗拒的因素的影响,等等,预先所制定的管理目标也就必然会得到调整。这就要求在工作中要保持管理目标的弹性,为其实施留有余地。只有做到管理目标的原则性和灵活性的统一,才能保证组织的管理活动健康、正确、顺利地向前发展,实现预期的目标。

**二、学校管理目标**

**（一）学校管理目标的含义**

学校管理目标,从词义上讲,即是学校管理活动的目标,是指学校组织为完成学校教育任务,从学校实际出发所确定的组织活动的质量规格和标准。它是学校管理活动的预定标准或状态,是学校管理活动的直接目的,也是实现教育目标的重要手段。学校管理目标除了要具有目标、管理目标的基本含义之外,还要具有学校的特点。也就是说,它必须围绕着培养和教育学生这一主题来展开和实施。

学校管理目标不同于学校教育目标。它们是既相互紧密联系,又相互区别的两个概念。学校教育目标是指学校培养人才的规格、标准。它是社会对教育的要求在学校教育中的反映。学校通过具体的教育教学活动来实现这一要求。虽然对学校管理目标有多种不同的认识,但在已出版的有关著作中已有比较明确的论述。比如:"学校管理目标是为实现教育目标而制定的工作目标,它是具体化的教育目标。"①"学校管理目标就是一所学校根据教育目标的要求而制定的学校组织系统的行为指向与规范。"②"学校管理目标就是通过管理者管理职能活动使管理过程各因素达到什么程度,培养出预定数量和质量标准人才的结果。"③"学校管理目标是指为了实现教育目的,学校全体成员根据学校实际情况和一定的价值观念制定并力求达到的行为标准体系。"④以上的观点差别较大,也可能会存在着一些问题,但都基于把学校管理目标作为一个独立的问题进行研究,表明学校管理目标是学校管理活动的标准和状态,是一种为教育目标的实现提供条件的重要措施。因此,我们可以说,学校教育目标是学校工作的最终目标,它是制定学校管理目标的依据,而学校管理目标则是实现学校教育目标的保证,两者是目的和手段的关系。

### (二) 学校管理目标的作用

从管理学、管理心理学的角度来分析,学校管理目标具有如下作用。

1. 导向作用

学校管理目标的导向作用是指学校管理目标能引导组织成员朝着既定方向前进,从而规范人们的行为,控制和调节人的认识、情感和意志,保持学校管理活动的稳定性和完整性。学校管理的过程,也就是学校成员为实现预定目标的活动过程。就管理本身而言,管理的效能等于目标方向与工作效率的乘积。因而,学校管理目标的方向是否正确,从根本上决定了管理的效能。从学校工作的进程来讲,确立学校管理的工作目标,是工作的起点,它具有决定学校管理活动方向的作用。在具体的学校管理活动中,以学校管理目标为依据,规划活动的基本程序,采取相应的措施,推进各项工作。管理活动中的正式组织和非正式组织的根本区别在于正式组织以组织的共同目标为方向结成一个正式的群体,而非正式组织之所以不能像正式组织一样发挥作用,也就在于它缺乏这种共同的目标。行为科学的管理理论认为,人的行为可分为目标导向行为和目标行为。整个目标管理的过程即是目标导向行为和目标行为的循环交替、逐步深入的过程。从这个意义上讲,任何管理过程必须通过目标导向来最终到达目标本身。管理目标的导向作用要求学校管理目标应具有正确性和明确性,让学校成员能清晰地明了目标的实质内涵,自觉地履行自己的职责,以便不断地进取。

2. 激励作用

学校管理目标的激励作用是指学校管理目标具有激发学校成员内在积极性的一种驱动作用。激励即激发和鼓励,从心理学的角度讲,管理目标是激发人们动机的诱因,动机支配

---

① 张萍芳.学校管理与系统控制.福州:福建教育出版社,1986:175.
② 周润智.构建学校管理目标的几个理论问题.沈阳师范学院学报(社科版),1995(3).
③ 卞梧生.学校管理学.哈尔滨:黑龙江科技出版社,1987:35~36.
④ 杨颖秀.学校管理学.北京:人民教育出版社,2003:45.

人们的行为,而行为又总是指向一定的目标,构成一个完整的激励过程。学校管理目标的激励作用主要表现为:一是对被管理者而言,制定切实可行的目标,可以起到吸引、鼓励和推动的作用,从而将学校的整体目标转化为自己的个体目标,并为之做出实际的努力。二是对于管理者而言,卓有成效的管理目标可以提高其管理的自觉性,吸引和推动他们为实现管理目标去从事各项管理活动。处在学校管理各个层次、各个部门的管理人员按科学管理的要求,高效地进行管理工作,在整体目标与个体目标统一的进程中,上下一致,自觉地去争取学校管理工作的最大效益。学校管理目标的最终实现,本身就是学校管理工作的一种激励因素。学校管理目标的激励作用要求在学校管理工作中,注重将学校的整体目标与学校成员的个体目标相统一,真正意义上地使学校成员将整体目标转化为个人的自觉行动。同时,要提高管理目标的价值,提高人们实现目标的可能性,使管理目标的激励作用得到充分的发挥。

3. 控制作用

学校管理目标的控制作用是指学校管理目标是衡量学校成员管理活动过程和结果的标准。控制是有意识、有目的地对被管理者所施加的一种主动影响。一方面,学校管理的控制必须以目标为依据,另一方面,只有加强控制,才能掌握学校管理活动的行动状态,以便采取有力措施保证目标的实现。这种控制作用的特点表现为"控而不死、活而不乱",也即是一种宏观与微观的关系问题。在整体目标不失控的前提下,让下级按照目标的要求指导自己的行动,形成一个充满生机和活力的学校管理系统。学校管理目标的控制作用要求做好如下工作:一是由于目标是控制的标准,也是控制的手段,首先必须把目标制定正确,防止管理目标偏离正确的轨道和以非法手段达成目标的行为发生;二是学校领导人员应该给予学校成员一定的自主管理和自我调节权力,强调学校成员依据整体目标的要求,实现以自我管理、自我控制为主的控制形式;三是要根据不同的控制对象、目的,采取不同的目标控制方法。只有这样,学校管理目标的控制作用才能真正得到充分的发挥。

4. 协调作用

学校管理目标的协调作用是指通过学校管理目标协调学校中组织与组织之间、人与人之间、学校与社会之间、工作与工作之间等的关系。这种作用体现在:一是对于学校领导人员来说,通过制定不同层次、不同性质、不同内容的学校管理目标,可以分清学校管理工作的主次,抓住其主要矛盾,同时还可以主动地协调学校管理工作的各个方面的关系,发挥积极因素的作用,克服消极因素的影响,这对于领导人员所实施的宏观管理尤为重要;二是对于学校组织成员来说,可以根据各自承担目标的不同来协调各自的相互关系,做到职责分明、权责一致,避免各种扯皮、推诿现象;三是对于学校组织本身来讲,由于学校内各级组织之间的差异性和特殊性,可以通过学校管理目标的制定,使它们既明确了学校管理工作的总的要求,又可以明确各部门、各层次的具体目标,彼此相互补充、相互制约、协调一致地进行工作;四是对于一所学校整体来说,学校管理目标对于协调其与教育目标的关系、学校与社会的关系、学校与教育行政部门的关系也都会带来积极的影响。正因如此,通过学校管理目标把学校管理的各项工作有机、有序、有效地统一起来,提高学校管理的效率和效益。

(三) 学校管理目标的类型

由于学校本身具有多因素、多结构、多层次的特点,因而学校管理目标也就具有系统性和综合性的特点。也就是说,学校管理目标可以依据不同的标准划分不同的类型,主要有以下几类。

1. 长期目标、中期目标和短期目标

以时间作为标准,可以把学校管理目标划分为长期目标、中期目标和短期目标。

根据时间作为标准的划分形式是目前较为普遍的一种划分形式,因为学校管理目标总是在一定的时间范围内想要达到或实现的,因而总能够在时间要素问题上对它进行分解。长期目标是一种较高层次的目标,它在目标体系中能长久地发挥作用,具有战略性的特点,如学校的发展规划等。中期目标是指在一定的目标体系中受长期目标所制约的目标,它是实现长期目标的一种中介目标,它来自于长期目标,又为长期目标服务。学校管理中的长期目标和中期目标决定着学校管理的发展方向,所以又统称为学校管理组织的发展目标。短期目标是一种较低层次的目标,是在一定的目标体系中受长期目标和中期目标所制约的一种分解目标,它是实现学校管理的长期目标、中期目标的中介目标。从某种意义上讲,它是实现学校管理目标的基础和保证,如学校的学期计划、学年计划,等等。因此,学校管理目标中的长期目标是制定中、短期管理目标的依据,是一种战略性、全局性和概括性的目标;中短期目标是实现长期目标的基础和保证,具有具体性、战术性和局部性的特点。学校管理工作中往往是长短安排、长远利益与眼前利益相结合,共同构成学校管理目标的时间序列。

2. 定性的目标和定量的目标

以性质作为标准,可以把学校管理目标划分为定性的目标和定量的目标。

任何管理活动都有质和量的要求,作为反映学校管理活动的学校管理目标,或者是对学校管理活动的性质描绘,或者是通过定量化的方式来体现学校管理活动的预期结果,做到质和量的统一。因此,定性的学校管理目标是指那些不能用数字或数据来表示的目标,只能从性质上说明学校管理活动应达到的基本要求。其特点是侧重于质的阐述,如学校管理中的校风建设、校训、服务质量、领导者的基本素质、教师的资格与条件、学生的道德水平,等等。定量的学校管理目标是指那些能够用数字或数据表示的目标,通过对数字或数据的比较分析,得出学校管理活动的基本特征和应达到的基本要求。其特点是从量的角度进行阐述,如学校管理中的升学率指标、合格率指标、毕业生数、在校学生数、教育经费的多少、学校的产值,等等。在学校管理目标的实施过程中,依据目前学校管理的内容、特点以及学校管理的实际水平,往往是将定性的管理目标和定量的管理目标结合起来使用。定性的目标尽可能地做到具体化,定量的目标必须准确、客观、公平、公正、实事求是。

3. 高层目标、中层目标和基层目标

以层次作为标准,可以把学校管理目标划分为高层目标、中层目标和基层目标。

任何管理活动,都是在组织中进行的管理活动,而组织本身的构成是具有层次性的。不同层次的组织,由于其职责权利的不同,因而它们所承担的目标也必然会不一样。高层管理目标是学校决策阶层的具有战略性、综合性、预见性的目标。这种目标的功能是偏重于决策方面的,涉及有关学校发展的重大问题的决策,因而它的范围广、变量大、时间长,具有战略意义。中层管理目标是学校管理的中间层管理目标,它是依据学校管理的高层目标所制定的具有经营性、协调性、指导性的目标。这种目标的功能偏重于经常性的检查、指导、调节等,它的范围相对稍窄,变量相对稍小,时间相对稍短。基层管理目标是依据学校管理的高层目标、中层目标而制定的具有执行性、操作性、基础性的目标。这种目标的功能偏重于执行,因而它对学校管理工作的指导也就较为具体或直接,范围窄、变量小、时间短。在学校管理目标的制定过程中,区分高层目标、中层目标和基层目标是相对的,它要依据目标的内容、性质、范围、条件等因素来确定。

4. 一般管理目标、具体工作管理目标和学校领导工作管理目标

以内容为标准，可以把学校管理目标划分为一般管理目标、具体工作管理目标和学校领导工作管理目标。

不同的工作内容就有不同的工作要求，也就形成了不同的工作目标。一般管理目标也称之为要素管理目标，主要包括对人的管理目标、对物的管理目标、对财的管理目标、对时空的管理目标、对信息的管理目标，等等。具体工作管理目标是指学校某项具体工作在一定的时空范围内应达到的预期结果，比如教学工作管理目标、教育工作管理目标、总务工作管理目标、体育卫生工作管理目标、劳动教育工作管理目标，等等。这些具体工作的管理目标都是学校管理目标的重要组成部分。学校领导工作管理目标是指学校领导人员的管理活动所要达到预期的结果，比如合理的学校领导班子结构、建立和健全学校管理系统、学校管理工作的科学化和民主化、学校领导人员的素质培养和提高等。

学校管理目标的分类可以从一个侧面来认识学校管理目标的基本内容，但在现实性上，并不是仅仅单一地根据以上不变的标准来制定，往往是根据现实的需要和发展的要求，从多个方面提出学校管理的目标，从而构成学校管理目标的体系，因此，片面、孤立地研究某一类型的目标是不全面的。

## 第二节 学校目标管理

**一、关于目标管理**

**（一）含义**

目标管理（Management By Objective，简称 MBO）于 20 世纪 50 年代首先在美国出现，随后流传到日本、西欧等地。实践证明，目标管理是一种现代的、科学有效的管理方法。

虽然人们很早就注意到了在管理活动中的目标问题，但是真正把目标管理作为一种管理理论和思想体系来进行研究的，当属美国纽约大学教授彼得·德鲁克（Peter Drucker）。1954 年，他在《管理的实践》一书中使用了"目标管理"的概念，认为提出目标是管理人员的主要责任，而目标是能增进成果的，成就是由目标引申出来的。在其后的著作中，他又提出了"目标管理和自我控制"的主张，认为目标确立后，在集体努力和自我控制下，可以成功地实现共同的价值观念和目标。总起来说，所谓目标管理，就是上级和下级一起协商，把管理系统的总任务转化为组织的共同目标，然后在此基础上分解成部门目标和个人目标，并把这些目标作为组织经营、评估和奖励每个部门和个人贡献的标准，从而最大限度地调动部门和个人的积极性和创造性，为实现组织的总体目标各负其责，各尽其能。

目标管理以重视人的因素为前提，最广泛地动员全体人员参与管理。其基本程序为：上下一起协商，共同制定出组织的总体目标，进而将目标层层展开，确定上下之间、彼此之间的成果和责任；然后人人为实现目标而努力，进行自我调节和控制；最后通过考评，确定目标的完成程度。

**（二）特点**

目标管理与传统管理方式相比有许多不同的特点，概括起来主要有以下几个特点。

1. 目标管理是一种系统整体的管理方法

目标是组织系统功能的集中体现,是评价管理绩效的根本标准,因而抓住目标也就把握了管理系统的整体。目标管理通过目标制定与分解过程,动员全体人员参与管理活动,既有利于使全体人员明确组织的共同目标,加强整体观念,又有利于明确各部门各人员为实现组织的共同目标所承担的任务以及在组织系统中所处的地位和作用,从而达到系统整体管理的目的。而且,通过完整的目标体系来指导活动和安排的工作,可以做到既能对组织进行统筹安排,又能明确重点并着力突破,从而提高管理的绩效。

2. 目标管理是一种自我管理的方法

目标管理的基本含义是以自我管理为中心,民主气氛浓厚。下级参与了目标的制定,可以做到目标明确、责任明确、奖惩标准明确,有利于自我控制和自我激励;目标指导行动可以减少上级对下级工作的干预,有利于下级充分发挥自主管理的能力和聪明才智,创造性地进行工作,从而发现自己工作的兴趣和价值,享受工作的满足感和成就感。

3. 目标管理是一种重视成果的管理方法

工作成果既是评定目标完成程度的根据,又是人事考核和奖评的主要依据。目标管理是以制定目标为起点,以考核目标完成情况为终结,考核的依据就是工作成果而不是能力表现。这样,既满足了人们对成就感的需要,又有利于人们凭成果说话,克服评定工作中的主观随意性。

4. 目标管理是一种面向未来的管理方法

目标具有指向性,目标管理是领导者引领被领导者共同努力追求未来成果的组织行为。[①] 目标管理是指向未来、关注结果的管理,目标的预期性决定了目标的超前性。目标管理注重人的影响因素,强调组织上下共同协商,共同制定出组织的总目标,因此,在管理过程中,对目标的决策就显得十分重要,它决定着学校未来发展的方向。

(三)理论基础

目标管理理论和方法来源于系统论、控制论和行为科学理论的指导。

系统论最基本的思想就在于把要研究和处理的对象视为系统,从整体上考虑问题,巧妙地分解和综合各种要素,提高系统的整体水平。其基本特征是整体性和最优化。目标管理就是把目标作为一个"系统"看待,在确定整体工作目标的同时,充分注意各部门和各人员目标的确定与落实,从上到下构成一个要素优化、结构整合一致的目标体系,以便通盘考虑,准确、有效、完整地把握完成组织整体工作目标的进程。控制论最基本也是最重要的概念就是反馈。组织的总体目标确立以后,通过层层分解,落实到每个部门和人员,形成目标系统。在目标实施过程中,各部门各人员不断地将自己的组织行为与目标系统进行对照,并且不断地纠偏,自觉控制工作成绩,使自己的组织行为渐进目标。目标管理过程就是这样一种反馈控制过程。总的说来,系统论和控制论是强调以工作为中心。而行为科学理论的实质是以人为中心,人人参与管理,重视激励,强调人的成就感、归属感等社会和心理需要的满足。

值得注意的是,目标管理理论和方法虽然源于系统论、控制论和行为科学理论,但它克服各种理论的极端,吸收了它们的长处。因为系统论和控制论强调以工作为中心,忽视了人的作用,而行为科学又过于强调人,忽视了人与工作的结合。目标管理将以工作为中心和以

---

① 王德清.学校管理学.重庆:西南师范大学出版社,2011:17.

人为中心的管理方法统一起来,既发挥人的主观能动性,又重视科学分工、协作和工作效率;既强调了工作成果,又重视了人的作用;既可保证多层次目标的有机统一,又可充分调动全体成员的积极性,使二者在实现管理目标的过程中得到最佳结合。

## 二、学校目标管理过程

学校目标管理就是指学校领导者和学校成员共同确定学校目标体系,并以目标为中心来推进学校各项工作的组织活动。①

学校实施目标管理,以目标为中心推进学校各项工作有利于落实岗位责任制,加强科学管理,保证学校整体工作目标的实现。

学校目标管理是一种活动过程,学校目标管理过程是由目标的制定与展开、目标的实施和目标的考评等三个阶段所构成的完整的动态过程(如图11-1)。

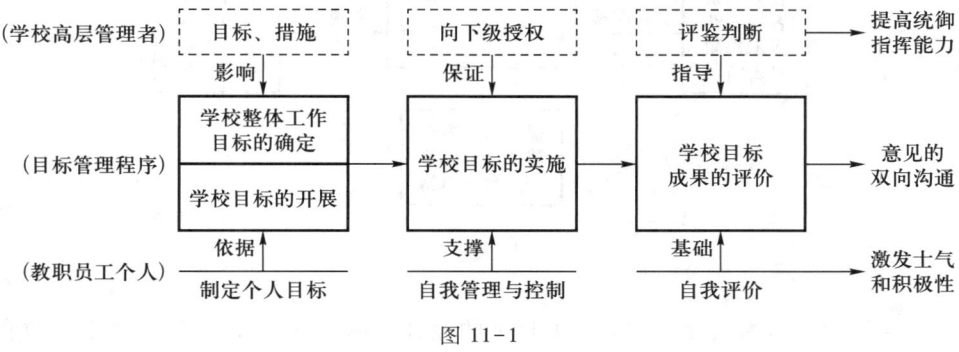

图 11-1

在目标的制定与展开阶段,学校高层管理者要在民主讨论的基础上,正确地提出学校工作整体目标,便于各部门和教职员工的分解落实,各部门和教职员工个人目标的制定要以学校整体工作目标为依据;在目标的实施阶段,学校高层管理者要合理地向下级授权,为学校目标的实施提供组织保证,各部门和教职员工通过自我管理和控制,支撑学校目标的顺利达成;在目标考评阶段,学校高层管理者要在各部门和教职员工自我评价的基础上,对下级工作成绩进行评鉴判断,提供指导。

### (一)目标的制定与展开

1. 目标的制定

(1)学校管理目标制定的依据。学校管理目标的制定,是指学校领导人员依据一定的条件,提出学校管理的目标和方针、建立其指标体系、制定落实措施等的活动过程。学校管理目标制定是否得当,直接关系到目标管理的效果,甚至关系到整个学校管理活动的成败。因此,学校管理目标的制定要注意到以下两点:一是全面与重点相结合。全面是指学校管理目标要从学校整体出发,体现学校的基本任务,全盘考虑,顾全大局,统筹安排。重点是指要突出学校管理工作在某一时空范围内的关键性工作。它要求学校管理目标不能面面俱到,而应突出重点,抓住主要矛盾,使单位的人力、物力、财力集中到关键性和重点性的工作任务上来。二是统一性和灵活性相结合。统一性是针对学校管理目标既存在着整体目标,又存

---

① 石长林.学校目标管理论纲.教学与管理,2014(9).

在着分目标的状态,要求整体目标与分目标协调一致、同步进行。只有两者协调一致地发展,学校管理的整体功能才能得以实现。灵活性是指应从学校自身的实际出发,保持学校管理目标的弹性,使整个学校管理活动能适应环境的变化,及时调整自己的行为,在充分调动积极性的基础上来提高管理的效率和效益。

制定学校管理目标,有多种依据,也可以从多方面进行分析。在制定学校管理目标的过程中,管理目标的制定者必然会受到主客观因素的影响,有时还会受到各种偶然因素的影响。管理目标的形成往往是多种因素相互作用的结果,因而它具有权威性和指导作用。这些依据可如图11-2所示。

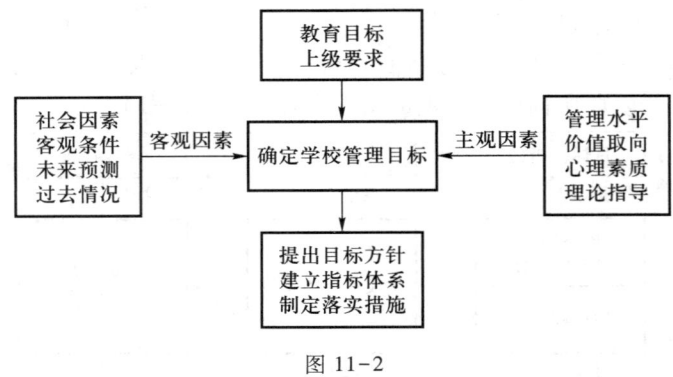

图 11-2

① 教育目标。作为培养人才规格的标准的教育目标,是一定社会需求在学校教育中的反映。作为学校教育的最终目标,它必然是制定学校管理目标的重要依据。因为学校管理目标的制定,要受制约于社会的政治制度、经济状况和科技发展水平,它必须服务于社会政治经济,为社会的发展培养合格的人才。如果背离这一条,学校的教育目标不仅不能实现,学校管理的目标也就失去了存在的意义。

② 上级要求。上级要求包括学校各级主管部门的目标、给下级下达的任务、指令性计划等。学校管理目标的制定离不开上级的要求,只有从这个基本依据出发,结合学校的实际情况,兼顾学校的长远发展规划,把长远利益与当前利益结合起来,把学校管理目标与社会的需求、上级的意愿结合起来,其结果才会是既符合整体利益又适应本单位的发展的,这种学校管理目标才能体现上下一致的精神。

③ 客观因素。客观因素是制约着学校管理目标的外在因素。其中,社会因素包括政治上、经济上、技术上等各方面的因素。客观条件在这里主要是指学校自身的客观条件。管理目标虽然是指向未来的,但要实现它,又必须立足于现实。也就是说,学校管理目标的制定,一定要从学校、各部门以及个人的实际情况出发,实事求是地考虑到学校的办学条件和个人的能力。不同的地区,由于社会发展的不平衡而带来教育发展的不平衡,因而学校的具体情况也就不一样。如学生的生源质量、组织机构等千差万别。这就要求学校管理目标要具有很强的针对性,既保证其先进性,又保证其可行性。未来预测是一种发展趋势预测。学校管理目标要正确地反映未来发展状况,就必须以对学校未来发展的判断为基础,才能做到有理有据。与学校管理目标相关的预测大体上有:社会的发展对人才的需求预测、适龄儿童的分布预测、生源预测、毕业生质量分析预测、教育经费预测、师资预测等。过去的情况主要是针

对学校管理过程中上一阶段工作的基本情况及存在的要解决的基本问题。管理过程是一种连续向前发展的工作过程，因此学校管理目标的制定，要考虑到上一阶段工作的情况。学校管理目标的制定所涉及的客观因素比较复杂，因而必须对这些客观因素进行深入的调查研究和分析，把主观需求与客观条件有机地结合起来，才能确立正确、合理的学校管理目标。

④ 主观因素。主观因素是指制定学校管理目标所涉及的各种内在因素，它包括学校领导人员的管理水平、心理素质、管理的价值取向以及如何运用科学的理论作指导等方面。学校管理目标是一种人们对未来发展状态的主观反映，因而不可避免地带有主观的色彩，管理目标的制定者自身的素质也就会起重要的作用。人们常说，不同的人有不同的管理思想，有不同的管理做法，即使在同一条件下也会体现出不同的管理特点，就说明了这个道理。因此，在制定学校管理目标的时候，必须对目标制定者的素质进行综合分析，明确其长处和短处，扬长避短。此外，制定学校管理目标也要以科学的理论为依据，没有理论的指导，其实践也就不可避免地带有盲目性。因此，在制定学校管理目标的时候，必须研究学校自身发展的规律，弄清学校教育目标与管理目标的关系，掌握一系列科学预测的方法，综合运用教育学、心理学、统计学的基本知识，等等。理论是实践的先导，应该成为制定学校管理目标的指导思想。

（2）制定学校管理目标的步骤。明确了学校管理目标的制定要求，弄清了学校管理目标制定的依据，接下来要解决的问题是通过什么程序来制定学校管理目标。关于制定学校管理目标程序的研究，经历了两个阶段。一是经验管理阶段。在学校管理初期，由于学校规模小，教学内容和学校管理比较单一，缺乏系统的管理理论的指导，因而凭借学校领导人员的经验来判断和制定学校管理目标占有重要的地位。二是科学管理阶段。随着学校管理理论的建立，学校管理工作日趋规范化和科学化，因而运用现代的技术手段，按照科学的程序来制定学校管理目标，逐渐成为主流。它首先要求学校管理目标的制定必须是有领导的自上而下地进行。首先，学校领导人员要在教育方针的基础上，遵循学校管理的发展规律，提出学校管理的整体目标或目标体系。其次，要求自下而上地结合，使学校管理的整体目标与个体目标达成一致。再次，综合学校管理的整体目标和个体目标形成完整的目标系统。这种目标系统必须是协调一致的目标体系，目标的指标应尽可能量化或具体化，目标的程度要具有先进性和可行性，有利于激发学校成员的工作积极性。制定学校管理目标的具体步骤如下。

① 全面分析依据，收集和掌握学校内外信息。有道是"情况明，决心大。"为了有效地制定学校管理目标，必须明确制定学校管理目标的依据。一般说来，作为制定学校管理目标的四个方面的依据有其一致性，国家的教育方针和政策法规以及教育行政管理部门的要求应该符合和反映教育规律，并且都应该同学校的现实状况相符合，但是，在有些时候也可能出现不一致的情况。因此，在制定学校管理目标时，学校管理者必须认真地、全面地分析研究，综合地考察依据。如果是上级的要求过高或过低，就应按照组织原则逐级反映情况，或改变要求的量度，或改变要求的时限，或作某些其他方面的变通；如果是基础工作薄弱，就应及时采取弥补措施；如果是现实条件不够，就应尽力予以充实或改善。反之，只顾依据的一头而不问其他，或者勉强凑合，或者根本不分析依据而只照搬别人的作法，那么所制定的目标必然是消极被动和不可行的，这种学校管理目标实际上是为目标的实施阶段预先埋下了矛盾的因素。

② 群众参与，民主讨论，提出和评价目标方案。制定目标不仅是学校管理者的责任，而且是全体教职员工的分内事。制定目标要发动群众，反复讨论，充分交流信息，这样制定的目标才是切实可行的。学校管理者的责任就是要引导教职员工充分讨论，并且依据一定标

准予以评价,要闻事则喜,不能搞各种形式的一言堂,也不宜立即去做出结论。这一步走得是否踏实,应以教职员工参与讨论的广度和深度以及畅所欲言的程度作为标尺。

③ 比较分析,择优选定。经过民主讨论,有时目标的制定可能比较统一,有时则可能出现多种目标方案。当出现多种目标方案时,学校管理者应将几种方案进行比较研究,然后做出选择。在这个阶段,应特别重视少数教职员工提出的目标方案,如有必要,还可请有关人员磋商论证。学校管理目标不可能将各部门各人员的所有意见都纳入,也不可能照顾到不同意见的各个方面,这里就有一个选择和决策的问题。优柔寡断,议而不决,势必会贻误战机。因此,在经过充分讨论后,为了减少失误,提高效率,学校管理者一方面要发挥决策者的作用,另一方面要发挥学校领导"一班人"的智慧,果断决策,择优选定最佳目标方案。

2. 目标的展开

将学校管理目标从上到下、层层分解落实的过程,称为目标展开。目标展开的要求是:按照整分合原则建立学校管理目标体系;按照激励原则落实目标责任。目标展开的结果应该是下级目标支持上级目标,分目标支持总目标,每个人员或每个部门的目标要和其他人员或其他部门的目标协调一致。作为学校目标管理的重要环节,目标展开的好与坏,直接影响着目标的实施和学校目标管理活动的成效。

目标展开的内容包括:实施目标分解、制定目标对策、落实目标责任和编制目标展开图。

(1) 实施目标分解。学校管理目标确定以后,要在纵向、横向和时序上把它分解为学校各处(室)、年级、班级、教研组和教职员工个人等各层次的分目标和目标最小单位,以便于采取措施实现目标。目标分解的要求是:分目标与总目标要方向一致,内容上下贯通;同一层次的各分目标之间在内容和时间上要协调、平衡,保证学校内各部门及其所属教职员工的工作和行为的同步进行,防止因时差影响学校总体工作目标的实施过程;各部门各人员的分目标要简明扼要,既要有定性的描述,又要有具体的能够检测的量化要求和标准(目标值)以及完成的时限;必须充分考虑完成各分目标所需要的包括权力、人员、经费、物资、信息等在内的条件以及各种限制(影响)因素;必须娴熟地掌握目标分解的基本方法,保证目标分解的正确性和公平合理性。分解的方式有上级提出,再与下级协商和下级、个人提出,上级汇总两种。但不管哪种方式,都要特别强调进行充分的思想交流,使目标分解建立在充分民主和尊重各层次目标执行者意愿的基础上,从而达到既能协调平衡,防止漏洞,又能统一认识,充分调动各部门各教职员工积极性的目的。

(2) 制定目标对策。所谓目标对策,就是实现目标的具体对策和措施。目标对策是实现学校整体工作目标的保证。

制定对策的基本方法和步骤是:首先,按照层次,通过调查研究,分析和掌握学校工作现状;然后,对照目标,找出各部门各人员的实际情况与目标之间存在的差距,并对差距进行归纳、整理与分类,进而找出必须解决的重要问题(问题点);其次,针对问题点查明原因;最后,针对原因研究和制定出切实可行的对策,以便缩短现状与学校管理目标之间的差距,保证学校整体工作目标的最佳达成。

(3) 落实目标责任。落实目标责任就是在目标分解的基础上把各层次目标与具体执行人员的工作责任紧密结合并固定下来。它是目标展开中的一个不可缺少的重要环节。这个环节的基本要求是:应从上到下或从下到上,上下结合,按学校系统层次逐级落实,建立目标责任体系,使学校每个岗位、每个教职员工都明确自己在实现学校总目标过程中应承担的责任;要尽量使责任具体化、定量化、标准化,以便于执行、控制、检查和考评;在划分具体目标责任时,应从学校整体工作目标和各层次目标出发,对各部门和各教职员工目标责任的范围、内容、数量、质量、时间和达到的程度等,做出具体明确的界定。与此同时,还要根据各部门和各教职员工所承担的目标责任,授予相应的支配人、财、物等的权力,并配置实现目标所必需的各种资源。

(4) 编制目标展开图。为了使学校各部门和各教职员工更直观地明确各自的目标和责任,还必须编制学校目标展开图,将学校整体工作目标、层次目标、目标对策、目标责任等方面的主要内容用图表的形式表示出来,公布于众,便于各部门和各教职员工自觉执行。

根据学校目标的不同层次,目标展开图有不同类型,主要有学校整体工作目标展开图、学校职能目标展开图、年级组与教研组目标展开图、各职能部门所属(组)与班级备课组目标展开图等。目标展开图可以采取比较简化的形式,一般指出序号及不同目标项目、对策措施、逐季或月的进度要求、责任者名字及其他注意事项即可(见图 11-3)。

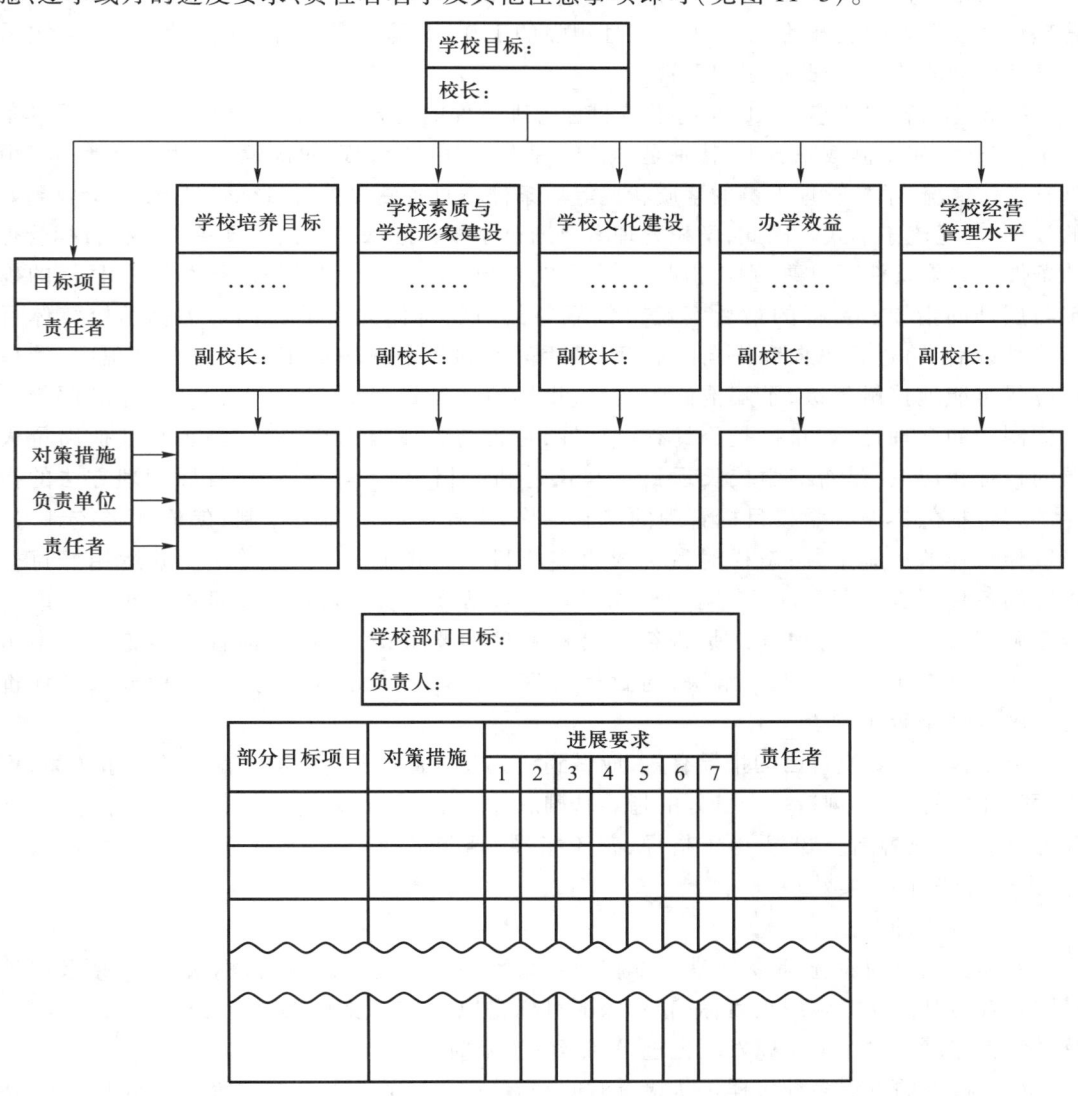

图 11-3

编制目标展开图,可以促进学校全体教职员工同心同德,增强凝聚力;各岗位的教职员工都能了解与自己有关的其他岗位在各个时期着手完成的工作任务,便于横向沟通、协调发展;便于调控,促进对众多目标项目从整体上进行平衡;把学校目标展开图公布于众,张贴到各部门的办公室,能起到督促提醒、鼓舞士气的作用。

### (二) 学校管理目标的实施

学校管理目标的实施,就是把学校目标体系所确定的目标责任、目标进度要求贯彻落实到学校教育、教学、生产、科研和经营活动中,通过有效管理,实现学校整体工作目标的过程。目标实施的质量影响着管理的绩效。学校管理目标的实施是围绕实现目标进行的,主要包括指导、检查、控制和调节等内容。

1. 实施中的指导

指导是学校管理者对各部门各人员在目标实施过程中进行的帮助,它是紧紧围绕目标管理活动的需要而展开的,是一项实践性很强的工作,又是一项富有创造性的工作,它关系着管理活动的效果,因此应引起重视。

指导的内容主要包括:① 推行学校目标管理条件的指导。学校推行目标管理必须具备一定的条件,如全体教职员工,特别是学校管理人员对目标管理的认识与态度、管理的各项基础工作情况、学校管理人员的素质状况等。条件不具备硬要推行目标管理,就不会收到好的效果,甚至流于形式。因此,学校管理者要通过学校诊断来确定是否具备了推行目标管理的条件。如果条件不成熟,则需指明问题所在,提出改进措施,积极创造条件。② 目标的确定与展开的指导。目标的最后实现得依靠各部门和全体人员的共同努力。学校整体目标确立以后,将进行纵向和横向的展开,最后落实到每个教职员工。在这个过程中,管理者应尽可能地接触下级,了解他们的实际,指导他们制定目标,并且依据一定标准评判其目标制定的合理性,如目标是否具有可行性,是否与整体目标相一致,是否与其他岗位人员的目标相协调,是否与学校长远目标和长远利益相矛盾,等等。③ 目标管理方法的指导。它包括怎样做好学校目标管理的基础工作;怎样搞好协调与控制;怎样选择控制点,采取什么样的控制手段;怎样对目标成果实施科学合理的评价;怎样编制并运用好目标管理的各种图表;等等。④ 领导班子指导。它包括领导班子对目标管理的认识和态度是否正确,管理观念和管理方式是否符合目标管理的要求;对学校目标管理实施过程中出现的问题能否正确地处理与解决;对目标管理的组织领导是否有力;对目标成果的评价与实施奖惩是否正确。

学校管理者要使自己的指导有效,应做到:① 与广大教职员工建立良好的共事关系,虚心倾听他们的意见,创造一个良好的指导基础。② 全面、及时地捕捉真实的反馈信息,并能深思熟虑,多谋善断。③ 要勇于指导、善于指导,既能正视矛盾,不放任自流,又能因人而异,讲究方法,讲究实效。

2. 实施中的检查

目标实施中的检查,是为了获取学校组织系统的运行信息,掌握目标状态,以便及时地采取有效的对策和措施纠正目标偏差,保证目标得以实现。及时地检查,既可以发现问题、及时解决、避免损失、又可以发现先进、总结经验、及时推广。

目标检查的方法多种多样。从检查时间来看,有平时的分散检查和阶段的集中检查;从检查内容来看,有专题性检查和全面性检查;从检查范围来看,有归口检查和普遍检查;从检查和被检查者的关系来看,有自检、互检和逐级检查。不同的部门和人员,不同的管理目标,要根据各自的特点,灵活地运用各种检查方法。

有效的目标检查,要有利于推动学校目标管理过程;要有利于指导各部门和每个人员解决目标实施过程中出现的问题,避免因片面追究责任而产生互相埋怨的心理;要以学校工作目标作为检查的依据,克服形式主义和主观随意性,使目标检查规范化。

3. 实施中的控制

控制是在检查基础上进行的一项工作,检查的目的在于发现目标实施过程中存在的问题,找到目标偏差。而控制的作用则在于通过反馈调节,纠正目标偏差,使系统恢复到正常状态,以保证目标的实现。

控制的基本过程是:首先建立明确的控制标准,这个标准就是一系列可考核的目标;然后根据标准衡量目标实施的成效,即通过目标检查的反馈信息,把目标实施的实际结果同标准进行比较,找出存在的偏差,并分析产生偏差的原因;最后纠正实施结果与目标的偏差,即根据产生偏差的原因,有针对性地采取措施,以保证既定目标的实现。

最基本的控制形式有自我控制、逐级控制和关键点控制。自我控制是学校目标管理中最提倡的一种控制形式。它是目标责任者根据其担负的责任,在目标实施中进行自我检查、自我分析,及时把握目标实施进度、质量和存在的问题,自行纠正偏差,以保证目标的实现。它能够极大地调动目标责任者的积极性,有利于提高目标责任者的素质和能力,提高学校组织系统的应变能力。逐级控制是由直接下达目标的主管部门进行分层控制。它有利于各项工作有计划按比例地开展,有利于总体目标的均衡发展、按期实现,有利于各种教育资源的合理配置和使用,也有利于增强各级管理者的责任感,发挥他们的积极性。关键点控制就是抓住目标项目的关键点,实施重点控制。搞好关键点控制的关键是选好关键点。学校目标管理一般要选取对全局有决定意义和重大影响的重点目标、起关键作用的重点对策以及重点部门和人员作为关键点实施控制。这种控制形式,既体现了抓主要矛盾的思想,又能节省学校管理者的时间和精力。

4. 实施中的调节

在目标实施过程中,进行调节的作用是保证各个方面、各个环节均衡与协调的发展,使目标得以顺利实现。

调节的内容包括以下几个方面:① 保持均衡。即从确定和展开目标到实施完成目标,保证在时间关系上的目标进度均衡,防止目标实施过程中出现时紧时松的不均现象;保证在空间关系上各部门目标均衡,防止因某一部门的某项目标发展不正常,而影响其他目标乃至总目标的实现。② 搞好协作。协作是指目标实施中,部门之间和人员之间的协调与配合。搞好协作,无论从学校管理系统的严密性及目标体系的完整性上看,还是从实现目标的复杂性上看,都是非常必要的。为了搞好协作,作为学校管理者,应该胸怀全局,把握整体目标,因事因人制宜,权衡利弊,合理地适时地进行组织;作为各部门人员,应该有全局观念和协作精神,主动地搞好协作配合。③ 修改目标。一般说来,目标一经确定就不应随意修改,否则会打乱目标体系的整体性和稳定性。但是,目标毕竟是一个预计量,当客观环境发生变化时,它就很难完全准确地反映客观实际。因此,当环境条件、内部因素发生了重大变化,致使既定目标无法实现,或者当发现既定目标确实不适当时,就应该实事求是,慎重地对既定目标予以修正。修改目标时理由必须充分,修改后的目标必须切实可行。对于重大目标、长远目标以及与其他部门和人员有牵连的目标的修改,必须进行科学论证,通盘考虑,反复平衡,保证学校总体目标的协调。

### (三) 学校管理目标的考评

目标考评是在目标实施的基础上,对其成果做出客观评价的管理活动。通过目标考评,可以全面总结目标管理的实施情况,发扬成绩,表彰先进,克服缺点,教育后进,为实施下一期目标管理打下基础。有了目标考评,目标管理才能成为一个完整的循环。

1. 考评标准

考评标准实际上就是工作标准,它是评价目标成果的基本依据,分为部门考评标准和个人考评标准。目标考评的内容包括目标项目名称、完成目标的数量、质量和时限要求、与其他相关部门和人员的协作要求、对成果的评价尺度、检查考核的方法以及奖惩的方法等。规定的考评内容既要全面又要突出重点,既要包括目标项目,还要包括未列入目标的一些重要的例行工作。

2. 考评内容

考评内容就是制定目标和考评标准时所规定的内容。学校管理目标的考评内容包括目标项目达成度、协作情况、目标完成的均衡程度以及实现目标的对策与措施的有效性等。

3. 考评方法

目标成果考评的方法很多,在学校管理目标考评过程中,应将种种方法有机地结合起来综合使用,才能做出较准确的评价。

(1) 分项记分,综合评定。这是目标成果考评中最常用的一种方法。其基本步骤是:首先依据考评标准结合目标项目分项记分,然后依据分项得分的多少,并结合协作情况、目标进度的均衡性、对策的有效性、目标的困难程度、个人的努力程度及环境因素的影响等,对部门和个人的目标成果进行综合评价。

(2) 自我评价、群众评价和领导评价相结合。这种方法适宜于对定性目标的记分。一般按评价标准,采取个人自报、群众评议、领导审定的形式,协商确定。

(3) 名次排列考评。这也是目标成果考评中常用的一种辅助性方法。它是在成果评价的基础上,通过群众无记名投票,排列出部门或人的名次,以作奖惩的参考。

4. 结果处理

(1) 总结经验教训。总结是促进学校目标管理更加科学化的重要途径,起着积累经验、吸取教训、进一步明确努力方向的作用。总结是对目标实施过程的回顾,是对各部门、各人员完成目标情况的鉴定。因此,总结要以目标为依据、以检查为基础。还值得注意的是,总结过程也是联系实际学习理论,提高对客观规律的认识过程。所以,在总结过程中不能就事论事,要以事论理,这样才能有所发现、有所前进。

(2) 实施奖惩。奖惩是激励先进、鞭策后进、调动全体教职员工积极性的重要手段。推行目标管理,必须以考评结果作为奖惩的主要依据,只有这样,才符合目标管理的特点和激励先进的精神,也只有这样,才能防止奖惩中的主观性和片面性。

(3) 整理资料与归档。做好整理资料与归档工作对于保证目标管理的连续性、继承性有重要作用。有关个人绩效评价的资料,还可以存入档案,以作为评优晋级的参考。

### 三、学校管理目标与目标管理的关系

学校管理目标和目标管理既有区别又有联系。二者的区别在于：学校管理目标是学校管理工作的方向和预计达成的结果，它是一种静态的表现形式，是学校管理活动的预定标准或状态；目标管理是学校管理工作的运行过程，它是一种动态的表现形式。要实现管理目标就要依靠科学的目标管理，二者的联系表现在以下几个方面：第一，学校管理目标是目标管理的前提，没有管理目标，目标管理就缺乏相应的依据。目标管理是实现管理目标的途径，没有目标管理，管理目标就失去存在的价值。第二，学校管理目标是目标管理的最终结果或目的，缺少了管理目标，目标管理就成了无源之水、无本之木。学校管理目标是衡量目标管理有效程度的标准，缺少了管理目标，目标管理也就无法体现其价值。因此，管理目标和目标管理是相辅相成的统一体，二者缺一不可。为了学校管理工作的有序、高效进行，应在确定合理的管理目标的基础上，实行有效的目标管理。

### 思 考 题

1. 什么是目标、管理目标与学校管理目标？
2. 什么是目标管理？
3. 试述学校目标管理的过程。

# 第十二章　学校管理内容

**内容提要**　本章分学校人事管理、教学管理、德育管理、体育卫生工作管理、总务后勤工作管理几部分。第一部分着重论述了教师的特点及教师管理的原则、学生管理的内容及基本要求。第二部分介绍了教学过程的管理、有关教务的管理及教学质量的管理。第三部分论述了德育管理的任务、内容、组织与方法。第四部分论述了体育卫生工作管理的任务、内容、方法及基本原则。第五部分介绍了总务后勤工作的内容、组织与管理。

## 第一节　学校人事管理

在学校管理中,人的管理最为复杂,也最为关键。其管理的实质也就是对人的管理,因而人的要素是学校管理中的最核心的要素。但是,作为管理对象的人,并不是被动地接受管理,他们具有主观能动性,因而也存在着人的自我管理的形式。学校的人事管理所涉及的范围比较广泛,它与教育行政部门、政府的劳动人事部门及其他相关单位的工作紧密相连。鉴于第二编第七章"教育人事行政"中对此问题作了比较详细的论述,因此,这一节的内容主要是围绕学校管理中的教师管理、学生管理两个内容来展开。

### 一、教师管理

教师是学校教育质量、教学质量的决定性因素,因而教师管理就成为学校管理的重要方面。现代教师管理不仅是指对教师的使用和管理,而且还应包括如何通过建立集体教研、专业发展、梯队建设等方面的制度和措施,为教师的成长发展提供良好的环境条件。[①] 加强教师管理的目的是在于提高教师的积极性,充分发挥教师的作用,完成学校教育的任务。

#### (一) 教师的特点

要做好教师管理工作,首先必须明确教师的特点,并且根据这些特点来制定管理的要求和方法。

1. 教师的劳动特点

教师的劳动是一种崇高的社会劳动。邓小平指出:"一个学校能不能为社会主义建设培养合格的人才,培养德智体全面发展、有社会主义觉悟的有文化的劳动者,关键在教师。"[②]它说明教师的工作关系到一个国家乃至于人类社会的命运。教师通过自己的工作为社会的发展培养高素质的人才。这是社会发展的必要条件。

---

① 吴志宏等.新编教育管理学.上海:华东师范大学出版社,2008:153.
② 邓小平文选.第2卷.北京:人民出版社,1994:108.

教师的劳动是一项艰苦的社会劳动。教师的劳动主要属于脑力劳动范畴,但又不同于一般的脑力劳动。因为教师的劳动对象是具有主观能动性的学生。面对不同的学生,教师的劳动就必须遵循学生的身心发展规律,通过自己广博的知识、良好的品德修养、丰富的教育经验、因材施教的方法、高超的教育艺术来教育学生,这种劳动的艰苦性是可想而知的。同时教师劳动过程的多样化也决定了教师劳动的艰苦性。教师劳动过程并没有一个固定的模式可以遵循,它要依据教育对象和教育内容的要求来确定。因而他们没有时间和空间的界限,也很难计算出教师的劳动工作量。此外,教师所传授的知识的不断更新和广泛性,学生能力培养的复杂性也都影响到教师劳动的艰苦性。

　　教师的劳动是一种创造性的社会劳动。教育教学工作既是一门科学,也是一门艺术,每时每刻都体现出劳动的创造性。教育有法,又无定法,说明教育教学工作在讲求它的固有法则时,又要强调它的变化和创造性,因循守旧是违背教育教学规律的。同一个问题,对于不同的学生来说,解决的办法是不同的;同一名学生,对于不同的问题来说,解决的途径和措施也会千差万别。教师的劳动就要根据不同的对象、不同的问题、不同的环境、不同的条件,因材施教,因人、因地、因时、因事制宜,提出各种不同的解决问题的方案,这就是教师劳动的创造性所在。

　　教师的劳动是一种以个体的劳动方式为主体的社会劳动。从教师的工作来看,教师的劳动往往强调在教师自主性的基础上,以个体的劳动方式为主要特点。即教师在教学计划、教学大纲的统一要求下,通过钻研教材、组织教学、搜集资料、因材施教等活动,圆满地完成自己的工作。这种任务的完成,必须依靠教师个人的才智、个人的努力和有效的教育机制。至于教师的备课、上课、批改作业、辅导答疑、与学生谈心、家访等,尽管涉及许多方面的人和事,但教师个体的主导作用是显而易见的。当然,教师劳动的个体化方式并不否定教师工作中所必须开展的集体活动,如集体备课、观摩教学、教研活动、参观访问,等等。但这些活动的开展要以教师个体的准备和积极参与为前提,以教师个人的自主性和个体的劳动方式为基础。没有个人的研究为基础,也就很难有相互交流、相互切磋的效果。

　　教师的劳动是一项长期性的社会劳动。"十年树木,百年树人"是这种长期性的写照。教师的劳动往往很难立竿见影,学生的成长是日积月累的结果,绝非一朝一夕之功。因此,教师对他们的培养劳动也是一个长期的过程。教师今天的劳动,就是明天社会的物质财富和精神财富。从这一点上也可以看出教师劳动的影响也是长远的。

　　2. 教师的心理特点

　　由于教师的劳动具有崇高性、艰苦性、创造性、个体性和长期性的特点,也就形成了教师的各种心理特征。例如:① 责任心。教育家赞可夫说:"对学生的爱,首先应当表现在教师毫无保留地贡献出自己的精力、才能和知识,以便在对自己学生的教学和教育上,在他们的精神成长上取得最好的成果。"[①]教师把对教育事业的热爱寓于对学生的爱之中,充当学生的良师益友。这种对学生全面负责的精神,是教师良好的职业道德的表现,也是教好学生、培养学生成才的责任心。② 自尊心。教师作为传道、授业、解惑之人,处在为人师表的地位,应该自尊。教师往往很注重自己的威信和荣誉,这是一种高级的自我意识表现,也希望

---

① 赞可夫.和教师的谈话.北京:教育科学出版社,1980:30.

得到学生、社会的尊重。"最稳定的,因而也是最健康的自尊是以别人给他应得的尊敬为基础的。"①说明教师在自尊的同时,更希望得到别人的尊重。因而,尊师重教,也就成为社会的美德。③ 自制心。每一位教师都明白自己的责任有多大,自己的一言一行都会对学生产生影响。因此,教师必须严于律己,以身作则,从我做起,在学生中树立良好形象。教育家加里宁在他的《论共产主义教育与教学》一书中指出:"一个教师必须好好检点自己,他应该感觉到,他的一举一动都处在最严格的监督之下,世界上任何人也没有受着这样的监督。"如果一位教师缺乏自我约束、自我控制的心理,也就很难起到为人师表的作用。

认识到教师的劳动特点和心理特点,就要求在教师管理工作中,充分尊重、信任、关怀教师,并给予教师公正合理的评价,把物质利益和精神动力结合起来,合理安排教师的工作,充分发挥教师的专长,从根本上调动教师的积极性,提高学校管理的质量。

### (二) 教师管理的原则

教师管理的原则是指在教师管理活动中必须遵循的基本要求和活动规范。它是进行教师管理活动的具体指导思想,也是衡量教师管理活动的具体工作标准。教师管理要达到预期的目的,就必须根据教师的特点,结合人事管理的一般规律,贯彻执行以下几条原则。

1. 选贤任能原则

教师管理中的选贤任能原则是指在教师管理工作中,根据德才兼备的标准来选拔和任用教师。

学校教师管理工作与学校其他人事管理工作一样,是一项政策性很强的工作,应该制定严格的标准和要求。由于教师工作的特殊地位和特殊作用,因而应将那些思想素质高、工作责任心和能力强、有较高业务能力的人选拔到教师队伍中来,并合理地安排和使用。这种标准应该体现在:一是教师应具有较高的政治素质,热爱教育事业,热爱学生,敢于奉献和牺牲。只有具有崇高的使命感和责任感的教师,才能以良好的姿态投身到教育工作之中。二是教师必须具有较高的业务素质。教师是教育人的人,应该具有比较广博的知识和扎实的基本功,"要给学生一杯水,教师要有一桶水。"同时,还应懂得教育教学规律,有良好的教育教学机智。三是教师应有较高的道德修养。作为以教书育人为己任的教师来说,为人师表永远是一种自律原则。教育家陶行知先生曾告诉我们:"千教万教教人学真,千学万学学做真人。"这种做人的道理应该是每位教师所必备的。

选贤任能原则要求我们在教师管理工作中,严格把握质量关,真正把那些具有较高素质的教师选拔到教师队伍中来,同时根据不同教师的特点合理安排好工作,发挥每一位教师的作用。

2. 合理结构原则

教师管理中的合理结构原则是指在教师管理工作中,从整体效益出发,合理选择和配备教学人员,既要充分发挥每一位教师的作用,又要提高教师管理的整体效益。

系统原理告诉我们,结构是系统内部各种要素的构成形式,不同的结构决定了不同的功能。学校的教师管理本身是一个系统,它是由具有不同条件的教师通过一定的管理机制结合起来的。因此,研究学校教师管理,应该从整体利益出发,使这种结构趋向合理化。合理结构原则具体来讲,一是要不拘一格地使用具有不同条件的教师。学校教师队伍的建设不

---

① 弗兰克·戈布尔.第三思潮:马斯洛心理学.上海:上海译文出版社,1987:45.

可能千篇一律,用一个模式来衡量。教师之间存在着各种各样的差异,也正是由于这些差异才得以相互联系、彼此依存、互相作用,共同提高,形成一个整体。二是以目标为根据,形成一个教师的整体。任何一个系统都必须制定一个明确的目标,并且以目标为纽带把各种要素相互结合起来。对于教师这个管理集体而言,没有统一的思想、统一的认识、统一的行动为指针,就不可能构成一个结构合理的整体。三是要保持教师队伍的正常流动,在正常的流动中,不断重新有效地配置教师资源,实现结构的合理化。当然,这种流动要有计划性和规范性,有相关的配套制度和措施。总之,教师队伍的合理结构,就是要使教师队伍的数量结构、质量结构、年龄结构、能力结构、专业结构、性格结构、知识结构等趋向合理化。

3. 教育激励原则

教师管理的教育激励原则是指在教师管理工作中以教师为中心,充分发挥管理的教育作用,正确采用各种激励机制,在管理中促进教师思想觉悟的提高。

教育和激励是贯穿于教师管理工作全过程的一种重要的职能和方法,是调动教师积极性的重要手段。教育主要是通过某种手段或形式来提高教师的政治素质、业务素质、思想品德素质等。激励主要是通过物质、精神等各种激励手段来调动教师工作的积极性。教师管理中的教育激励原则具体来讲,一是对于学校领导人员来说,在教育的问题上,尽可能地为教师提供培训提高的机会,用人与育人相结合;在激励的问题上,表扬与批评相结合,运用各种激励手段和机制,调动教师工作的积极性。二是对于教师来说,应加强管理中的自主性和自觉性,通过自我教育、自我管理来提高自己的水平和能力;在与其他教师的关系上,互相学习、取长补短,严于律己、宽以待人,达到共同提高的目的。三是在运用教育激励原则的时候,必须注重教师的需要问题。行为科学告诉我们,满足教师的合理需要无疑会成为调动教师积极性的重要手段和途径。没有需要,也就构成不了激励。满足教师合理的需要,也是贯彻教育激励原则的具体体现。

4. 绩效原则

教师管理中的绩效原则,是指在教师管理工作中重视教师管理的工作成果和工作效率,并且以对学校实际贡献的大小作为衡量、评价和奖惩教师的标准。讲求效率、效益,是任何管理工作的出发点,也是任何管理工作的归宿。教师管理同样也遵循这一要求。绩效的原则具体来讲,一是应该制定科学、公正的评估标准。评估的标准尽可能地将定性和定量相结合,建立一整套综合的评估指标体系。现代意义上的教师管理,必须具有这种评估指标体系。二是实行严格的岗位责任制,引进竞争机制。有了严格的岗位责任制,就能明确教师的岗位职责,管理工作就能做到有的放矢。有了竞争机制,就可促使教师把自己的工作保持在最佳状态。没有竞争,就没有活力,也很难保证择优录用、优才优用,很难进行客观、公正、合理的奖惩。不过,教师的竞争是有特殊性的,它必须以分工和协作为前提,竞争度要适当,使竞争朝着正确的方向发展。三是建立科学的考评制度。对教师的考核要规范化和制度化,严格执行各种制度,做到奖惩合理、赏罚分明。

选贤任能原则、合理结构原则、教育激励原则、绩效原则是教师管理中必须遵循的原则,反映了人们现阶段的认识水平和管理水平。随着学校管理的不断向前发展,人们对教育管理原则的认识也会不断地加深,也更能准确反映教师管理的规律,从而更好地指导教师管理工作。

### (三) 教师管理的内容

教师管理的内容涉及教师管理工作的方方面面,内容很多,而且比较复杂,归纳起来,主要有以下几个方面。

**1. 教师队伍的预测和规划**

教师队伍预测的意义在于通过对教师队伍的历史发展情况和现状的调查分析,为教师未来的发展做出重要的判断。这是教师队伍发展的需要,同时对我国师范教育的发展、教师队伍结构的调整等一系列的工作都具有重要的意义。

教师队伍的预测,应做好以下工作:

(1) 教师队伍的历史发展情况,并根据这种发展情况推断出发展的趋势。

(2) 教师队伍的现状调查。

(3) 与教师队伍的建设和发展相关问题的预测,比如师范教育的状况、教师政策、学校发展的规模和速度、教育经费等。

(4) 制定严格的预测程序,运用科学、可行的预测方法。

教师发展规划是整个教育发展规划的重要组成部分,它是一种有预见地对教师结构、发展规模、速度等问题进行控制的一种方法,通过教师队伍的发展规划建设,实现与教育事业发展相平衡。在教师队伍预测的基础上,对预测年度内教师队伍的发展做出全盘计划,是教师队伍发展规划的主体内容。

**2. 教师的选拔和任用**

教师的选拔和任用主要是按照上级人事制度的有关规定,依据教师的自身条件和需要来进行,使他们各得其所,人尽其才。随着我国经济、科技、文化的蓬勃发展以及教育改革的不断深入,我国中小学师资来源正在由单一化逐步走向多样化和丰富化,开始全面实施教师资格制度,开展面向社会认定教师资格工作,拓宽师资的来源渠道。同时,教师任用的着眼点也在发生变化,主要表现在三个方面:第一,甄选新教师的着眼点由候选人的静态档案材料转向其动态表现。第二,招聘新教师的着眼点由候选人的学科对口转向对候选人的多科要求。第三,招聘新教师的着眼点由单一教学能力转向候选人的教学、科研、组织、人际交往等多重能力。[1] 这些变化将进一步促进教师队伍的动态优化。

**3. 教师的考核与培训**

考核是指有关部门根据一定的标准和程序,对教师的工作情况和工作绩效进行评定的行政行为。目的在于总结经验教训,以便更好地调动教师工作的积极性,提高教师队伍的素质。考核的内容主要是教师的德、能、勤、绩几个方面所达到的标准,《国家中长期教育改革和发展规划纲要(2010—2020年)》提出,将师德表现作为教师考核、聘任(聘用)和评价的首要内容。培训是指为了提高教师的素质和能力所采取的有组织、有计划地对教师进行的培养和训练。岗位培训已是目前世界教育发展的潮流。

**4. 教师的待遇**

教师管理不仅要有高标准、严要求,而且也要明确教师的待遇条件,它包括教师的工资、奖金、福利和工作的基本条件等。

**5. 教师的专业发展**

---

[1] 吴志宏等.新编教育管理学.上海:华东师范大学出版社,2008:155-157.

教师的专业化发展是指教师作为专业人员,在专业思想、专业知识、专业能力等方面不断发展和完善的过程,即是专业新手到专家型教师的过程。① 教师的专业发展一方面取决于教师自我完善、自我成长的意识,另一方面也受到政府和学校为教师专业发展所提供的客观条件的制约。

## 二、学生管理

学生既是受教育者,又是管理的对象,这就决定了他们在整个学校管理工作中占有重要地位。当代的中小学生正处于社会不断变革的新时代,因而也就形成了自主性强、接受新事物快、思维敏锐、敢说敢做等优点,同时也形成了自律性不强、分析问题不够、盲从等不足之处。因此,现代意义上的学生管理工作是一项复杂的社会系统工程,需要全社会共同关心、支持和帮助这项工作,把学生培养成社会真正需要的合格人才。现代学生管理的内容主要包括:学生常规管理和学生组织管理。

### (一)学生常规管理

学生常规管理是指学生从招生入学到毕业离校的日常规范性管理,主要包括以下内容。

1. 招生工作

在我国,中小学生一般都是通过招生工作这一环节被吸收进入学校的。近年来,各地纷纷取消了小升初考试,采取多校划片、对口直升、就近入学的政策直接让学生进入学校学习。高级中学的学生一般要经过升学考试,合格者方能进入学校学习。在这一阶段,学校应了解本地区范围内学生生源的基本情况,按照主管部门的有关规定做好招生工作,并根据招生规模做好学生来校后的各项准备工作。

2. 学籍管理

学籍管理是学校管理工作特别是学校教务行政工作的重要内容,包括接受新生入学、编班、考勤、考核、奖惩、升留级等内容。

3. 生活管理

生活管理包括两个方面的内容,一是校内生活管理,包括学生的学习、饮食、卫生、劳动及其他常规性的管理工作。二是校外生活管理,家庭生活也是学生生活管理的重要内容,应该引起学校的关注,尽可能地做到校内生活与校外生活保持一致,为学生成长提供良好的生活环境。

4. 离校

学生按照学制的要求修业期满,考核合格,即毕业离校。如果未完成学业或考核不合格,则肄业离校或转学、退学、开除离校。不论何种情况离校,都得严格地办理离校手续。

### (二)学生组织管理

组织管理是一项复杂的管理工作,在学生管理中,组织管理的对象并不是单一的,主要包括班级、少先队和共青团。

1. 班级组织管理

班级是学校进行教育教学及管理活动的基本单位,是学生在学校学习和活动的正式组织。自学生进入学校以后,大部分时间都是在班级中度过的,因此,班级管理对学生的成长

---

① 余文森,连榕.教师专业发展.福州:福建教育出版社,2007.

发展具有至关重要的作用。

2. 少先队组织管理

中国少年先锋队,简称"少先队",是中国少年儿童的群众组织,是由中国共产党建立和领导的。少先队活动是学校管理工作中的重要组成部分。少先队的作用是围绕党在各个时期的中心工作,根据少年儿童的特点开展教育、宣传工作及举办各种活动,引导学生好好学习,天天向上。

3. 共青团组织管理

中国共产主义青年团,简称"共青团",是中国共产党领导的一个由信仰共产主义的中国青年组成的群众性组织,是中国共产党的助手和后备军。共青团的学校基层组织在党的领导下进行工作,引导学生积极向上,积极开展各种活动,促进学生的全面发展。

4. 社团管理

学生除了参加正常的学习和生活之外,还可以根据自己的兴趣、爱好、特长和需要参加各种社团活动,一方面提高学生的综合素质和能力,另一方面帮助和引导学生实行自我管理。

（三）学生管理工作的基本要求

学生是学校的基础,学校的一切工作都是围绕着如何培养学生,把学生培养成什么样的人这一中心问题来展开的。因此,学生管理工作好坏和成败,是衡量学校整个教育质量和管理水平的重要标志。要实现这一目的,必须明确以下对学校学生管理工作的基本要求。

1. 要树立正确的学生观

学生观,就是对学生的认识和看法。不同的学生观,就有不同的管理模式。把学生当作被动的客体,其管理的模式必然是命令式、注入式的,有时甚至用高压政策来管理学生,其结果是压制了学生的个性心理的发展。把学生当作独立的个体,以学生为中心,其管理模式必然是启发、诱导和鼓励,其结果是让学生的个性心理得到最大限度的发展。现代意义的学生观,应该是强调学生和谐地全面发展,"像农夫那样劳动,像哲人那样思考",同时树立学生个性发展的主体观。教育管理界"主体性教育管理观"的形成和发展正是这一思想的体现。我国中小学教育整体改革中出现的"愉快教育""希望教育""成功教育""创造教育"等都是将工作的重点放在学生的自主性、积极性、创造性上。当前,中小学教育应由"应试教育"向"素质教育"转轨,面向全体学生,全面提高教育质量,使学生得到主动的、全面的发展无疑是顺应了这种形势发展的要求,以致使它成为当今中小学的办学指导思想。树立正确的学生观,即是对学生赋予了希望,教育和管理也正是以此为开端。

2. 建立和健全学生管理的组织系统,加强学生管理队伍的建设

学生管理的组织系统是指负责学生管理工作的组织体系或者组织机构。目前,我国中小学学生管理的组织系统在行政系统中大致是由校长（书记）领导下的政教处（教育处、学生工作办公室等）、年级组、班主任、辅导员构成。总的要求是学校领导者应根据学生管理工作的需要设置相应的组织机构,配备专职管理人员,授予相应的权力,按一定层次和形式建立机构体系,体现出统一领导、分工协作、整体协调、保证学生管理工作的绩效。学生管理工作队伍建设主要是班主任或辅导员的配备、团队干部的选拔和任用、学生干部的培养以及校外教育基地的教育力量的开发等。学校领导人员要重视这支队伍的建设,不断提高他们的素质水平,保证学生管理工作的顺利进行。

3. 加强学生的自我管理

学生自我管理的目的在于通过学生的自我管理,主动地、有意识地分析自己的言行,提高自觉、自立、自强、自理的能力。作为学校领导和教师来说,应指导学生能进行自我分析、自我评价和自我调节,使学生在认识、情感、意志等方面有所提高。学生的自我管理的基本形式是班级管理。班级是学生成长的基本环境,是学生自我管理的基本舞台。每一个学生在班级中进行着社会角色的学习,学生干部在班级建设中增强了民主的作风。通过班级建设,学生学会了决策、分工、协作、沟通、服从,也学会了自我控制,更学会了如何做人。此外,诸如学生会、社团、团队组织等,也是学生自我管理的实践形式。在这些实践形式中,学生的自我管理意识和能力将会得到较大的提高。

## 第二节　教学管理

教学工作是学校的中心工作,是学校全面贯彻教育方针,培养德、智、体全面发展的社会主义事业的建设者和接班人的主要途径。教学工作的成效,取决于学校对教学工作的科学管理。因而,学校的教学管理工作,也就成为学校管理的中心工作。

教学管理是为了实现教学目标,按照教学规律和特点,对教学过程的全面管理。其任务在于,按照教育方针的要求,依据学校的教学目标及教学计划、教学大纲的有关规定,遵循学校教学管理的客观规律,组织实施教学工作,顺利开展教学活动,不断提高教学工作的效率和质量。具体表现为:

(1) 制定学校教学工作计划,明确教学工作目标,保证学校教学工作有计划、有步骤、协调地运转。

(2) 建立和健全学校教学管理系统,明确职责范围,发挥管理机构及人员的作用。

(3) 加强教师教学质量和学生学习质量的管理。

(4) 组织开展教学研究活动,促进教学工作改革。

(5) 深入教学第一线,加强检查指导,及时总结经验,提高教学质量。

(6) 加强教务行政管理工作。

为了完成学校的教学管理任务,实现教学目标,要求学校领导人员要重视教学管理工作,经常深入到实际教学工作之中研究和指导教学,依据教学大纲和教学计划的要求、教学过程的特点、教学原则及教学规律来管好教学,有效地提高教学管理的效率和质量。在具体的教学管理工作中,应树立正确的教学管理观,科学地安排全部的教学工作,维护良好的教学秩序,制定规范的教学管理制度,来调动教师和学生的积极性,共同完成学校教学管理的任务。学校教学管理工作的主要包括以下几个方面。

### 一、教学过程管理

教学过程是根据一定的社会要求与教学目的和学生身心发展的特点,由教师的教和学生的学所组成的双边活动过程,这个过程是由教师、学生、教学内容和手段等要素构成。教师是教学过程的主导因素,学生是教学过程的主体因素,教学内容和手段是教学过程的客观因素。教师教学的过程是由备课、上课、课外辅导、作业批改、成绩考评五个基本环节所构成。学生学的过程是由课前预习、听课、复习巩固、考查、掌握和运用五个基本环节所构成。

教学过程的管理,也就是如何按照教学过程的规律来决定教学工作的顺序,建立相应的管理制度和方法,通过计划、执行、检查和总结等措施来实现教学目标的活动过程。

### (一)教学过程管理中教师教的过程管理

教学过程管理中教师教的过程管理,即包括:备课管理、上课管理、辅导管理、作业管理、成绩考评管理等内容。

1. 备课管理

备课是上好课的前提,也是提高教学质量的基础。备课管理的要求是做到"四备、三写"。"四备"是:一备教材。要求教师认真钻研教材,弄清本门学科在中小学阶段教学计划中的地位、作用和所要完成的教学任务,以及它们在各年级、各学期、各个单元分别要完成的教学任务。同时,教师必须熟悉和掌握教学内容,明确教学内容的重点和难点,了解教材的知识结构和逻辑体系,阅读有关参考资料,加深对教材的理解。每一次的备课,都力求达到有新的要求、新的深度、新的效果。二备学生。钻研好教材,就是为了把内容教给学生。因此,教师应了解学生的发展特点,分析学生的学习动机、知识基础、智力水平、学习态度和习惯以及学习方法等情况,使得教师的备课有针对性。从实际出发,了解学生,因材施教,是获得最佳教学效果的保证。备学生不等于完全依赖学生的固有特点,教师还必须有计划、有目的地加以引导,以达到教师期望的效果。三备方法。不讲方法的教与学,往往事倍功半。由于教学内容的复杂多样,学生又具有很强的主观能动性,因而教学有法,又无定法。教师在备课选择教法时,要考虑到用什么方法最容易引起学生的注意和兴趣,用什么方法最能容易让学生接受、理解和记忆,用什么方法最能开发学生的智力和潜能,怎样教会学生学习,所用的方法能否解决重点、难点问题,能否把握教学的进度、深度和广度,等等。这些都是教师在备课过程中所要考虑和解决的问题。因此有人认为教学是一种创造性的活动,它既是一门科学,也是一门艺术,是有一定道理的。四备作业。要求教师根据教学要求设计适量、适度的作业,了解知识的容量和做题的时间,有目的地布置作业和指导学生练习。"三写"即根据备课的要求写出学期进度计划、单元计划、课时计划(教案),这是教师在备课基础上对教学内容和方法做出的全面安排。

2. 上课管理

课堂教学是目前我国中小学教学的基本组织形式,是教学工作的中心环节,对提高教学质量水平有决定性作用。上课管理的基本要求:一是每节课的教学目的要明确。教师的教学要紧紧围绕着教学目的,既传授知识,又注重学生能力的培养,达到育人的目的。二是突出教学的重点和难点,做到讲有重点、难点分散、练有目的、学有所获。三是教学方法灵活有效。教师在课堂教学中灵活地运用各种方法,引起学生的注意,提高他们兴趣,既善于讲清基础知识,又善于指导操作练习,善于由简到繁、由具体到抽象、由现象到本质、由低级到高级,掌握好教学的"度"。四是严密地组织好教学,注重课堂教学常规管理,提高教学效果。

3. 辅导管理

辅导是课堂教学的补充,是因材施教的主要途径。集体辅导和个别辅导是辅导的两种基本形式。辅导管理的基本要求:一是要正确地对待辅导工作,不能以增加学生的负担为前提。二是集体辅导要注重抓两头、带中间,面向全体学生,使学生得到全面发展。三是个别辅导要注意学生之间的个别差异,应有针对性地进行辅导。教师的辅导工作要事先进行调查分析,尽可能地做到有的放矢,使学生对课堂的教学内容得到更进一步的理解、掌握、巩固和提高。

4. 作业管理

作业是课堂教学的延续,是学生掌握课堂教学的内容、巩固已学习的成果,并将知识转化为技能的重要工作。它对培养学生独立分析和解决问题的能力有重要的作用。作业管理的基本要求:一是要以教材所规定的练习为主,以其他的资料为辅。二是教师要严格地精选作业题,控制适度的题量。三是要求学生能独立地完成作业。四是对作业应有客观的评价。教师要及时批改,学生要及时完成,并做好作业的统计分析,以便有利于改进教学工作,提高教学质量。

5. 成绩考评管理

成绩考评管理,即是检查教学工作中教师的教学、学生的学习所取得的效果,如考试、测验等。成绩考评管理的基本要求是要制定命题原则和命题的规范,规定考评制度和评阅制度,严格进行质量分析,客观地评价教师的教学和学生的学习。

（二）教学过程管理中学生学的过程管理

教学过程管理中学生学的过程管理包括:课前预习管理、听课管理、复习巩固管理、考查管理、掌握和运用知识的管理等内容。

1. 课前预习管理

预习是学生为了学好新的教学内容所进行的课前准备。有了课前预习,学生就能掌握听课和学习的主动权。课前预习管理的基本要求:一是要教育学生养成课前预习的习惯和自觉性,这样做,有利于学生真正成为学习的主体。二是学生要明确预习的内容、要求和安排,并做好预习记录,以便通过有目的的听课来解决自己存在的问题。三是教师要对学生的预习进行指导,针对不同的学生提出一些不同的要求。

2. 听课管理

课堂教学是学生获取知识的重要途径,它直接影响着学生的学习过程。听课管理的基本要求:一是要让学生做好课堂学习的准备,包括思想上、物质上、时间上的准备。二是要让学生带着预习中未能解决的问题来认真听课,积极思考,比较分析,必要时可以与教师进行沟通,教学相长。三是要让学生做好听课笔记,为以后的复习提供条件。

3. 复习巩固管理

课堂教学不是学生学习过程的完结,学生还必须通过作业、实验等来进一步掌握和巩固课堂教学中传授的知识。复习巩固管理的基本要求:一是要求学生当天所学的内容,当天进行复习,对重点内容要深入理解,并熟读牢记。对难点内容要多思考、多分析比较,力争独立解决。二是先复习,后作业。在复习的基础上,独立地完成作业。三是教师要提出复习的要求。学生通过完成这一任务,达到理解、掌握和巩固的目的。

4. 考查管理

考查对于学生来说,是对自己平时学习质量的检查、考核和总结。考查管理的基本要求:一是教育学生正确地对待多种形式的考查,明确考查是一种手段,不是目的,不能为考查而考查,也不能应付考查。二是要求学生正确地对待考查的结果,把这种结果作为自己今后学习的起点,即不妄自尊大,也不妄自菲薄。三是对学生学习的考查要规范和制度化,避免随意性。

5. 掌握和运用知识的管理

掌握和运用知识的管理即是要求学生不仅能够正确理解和掌握已学过的知识,而且更应该能够将知识转化为自己分析问题和解决问题的能力,真正做到理论联系实际。不仅要学得好,而且要学得有效。

教学过程是教师教的过程和学生学的过程所构成的双边活动过程。教学过程的管理是由教师教的过程管理和学生学的过程管理所构成的双边活动过程管理。尽管它们的含义、内容、形式、要求不同,但它们都严格遵循着计划、执行、检查和总结的基本程序。它们之间是相互联系、相互作用、相互依存而构成一个整体,其目的都是为了实现教学计划,完成教学任务,提高教学质量。

## 二、教学业务管理

教学业务管理是对学校教学业务工作所进行的有计划、有组织的管理活动。教学业务管理是学校教学管理的重要组成部分,它决定着学校教学管理的水平。教学业务管理的基本要求是:

### (一) 制定学校教学业务管理计划

学校教学业务管理计划是学校教学管理计划中的一个部分,是学校教学工作计划在业务管理中的具体体现。教学业务管理计划制定的总的指导思想是,以教学管理计划为根据,围绕着加强教学研究,提高教学质量这个中心来进行。主要内容包括:

(1) 学校教学情况的分析和评价,这是制定教学业务计划的基础。

(2) 学校开展教学研究,改进教学工作,提高教学质量的基本目标和任务要求。

(3) 学校教学工作中教学内容的调整、教学方法的选择以及其他与教学业务有关问题的咨询与指导。

(4) 搜集、整理有关教学的信息,并进行比较分析,总结出带有指导性的结论或建议。

(5) 开展横向联合,卓有成效地与外界进行交流。

(6) 教师的业务进修与培养提高工作。

(7) 指导教师制定教学计划,学习教学大纲及有关文件精神,协助学校领导人员检查、考评、总结学校的教学工作,并研究具体的改进措施。

(8) 指导学生的学习。

学校教学业务的管理计划涉及的面比较广,内容比较复杂,在从整体上把握计划制定的同时,还必须注意到在不同的学年度、不同的学期、不同的教学阶段、不同的教师、不同的教学内容及方法等方面,教学业务工作的重点是不一样的,需要针对学校教学的具体实际情况,结合教学计划的要求来制定。

### (二) 加强学校教学业务管理组织系统的建设

在学校内部,学校教学业务的管理组织系统包括两个方面:一是教学业务的指挥系统,二是教学业务的研究和咨询指导系统。一教学业务的指挥系统主要是在校长领导下的、教务处具体指挥、教研组和教师具体执行的组织系统,其中,教务处具有核心作用。教务处是校长领导下的负责学校教学事务的行政职能机构,显然,教务处代表着学校行使教学的指挥权。因此,加强教学业务的指挥系统建设,关键是要加强教务处的建设。具体要求:一是要明确界定教务处的职责权限,真正实现职责权的统一。二是在教务处的组织建设上,人员配备要合理、精干,形成合理的结构。三是要抓好教务处的日常管理工作即教务行政工作。教务行政工作体现在学生入学编班、教师的配备、学籍管理、教学档案、排课表、教学设备的使用和调配等方面,它是维护正常教学秩序、保证教学质量的重要条件,也是提高教学业务水平的物质前提。教学业务的研究与咨询指导系统主要是在校长领导下的、教研室或教研组负责执行的组织系统,其中,教研室或教研组具有重要地位。教研室(组)是校长领导下的负责学校教学业务的研究机构,其作用在于为校长提供教学研究信息,协助校长指导教学工作。因此,加强教学业务的研究与咨询指导系统的关键是要加强教研室(组)的建设。具体要求:一是选配好教研室(组)的领导人员。要求领导人员不仅教学业务能力强,而且要有一定的组织和管理能力,有奉献精神。二是建立教研室(组)常规工作制度,使听课、评课、教学研究、指导教学等工作能落实到实处。

（三）提高教师的业务水平

提高教学业务水平的关键是提高教师的业务水平。教师在教学过程中起主导作用,这一作用的实现,必须依赖于教师的业务素质。教师的业务素质包括:一是教师所从事的本门学科的知识水平,包括对本门学科知识的深度、广度的掌握程度和教材教法的运用等方面。二是具有比较广博的文化科学知识。这些知识是教师从事本门学科教学的基础,它们之间应相互联系、相互补充而构成为一个知识体系。三是要懂得基本的教育学、心理学知识,并且能够正确地把这些知识运用到本门学科的教学之中。四是有组织教学、管理学生的能力,能够为自己的教学创设一个良好的环境。此外,在学历方面,也应该有明确的要求。学历反映出一个人所受教育的程度。在现阶段,依据《中华人民共和国教师法》的规定,小学教师应当具备中等师范学校毕业及其以上学历;初级中学教师、初级职业学校文化课与专业课教师,应当具备高等师范专科学校或者其他大学专科毕业及其以上学历;高级中学教师、中等职业学校文化课与专业课教师,应当具备高等师范院校本科或者其他大学本科毕业及其以上学历;中等职业学校实习指导教师应当具备的学历,由国务院教育行政部门规定;不具备以上学历的公民,申请获取教师资格,必须通过国家教师资格考试。国家教师资格考试制度由国务院规定。

### 三、教学质量管理

教学质量管理是按照培养目标的要求安排教学活动,并对教学过程的各个阶段和环节进行质量控制的过程。① 学校教学管理的中心任务在于提高教学质量。学校的教育目标主要是通过教学活动来实现,教学质量的好坏,直接关系到学生德智体全面发展的水平。教学质量的管理就是通过各种管理活动,使教学效果达到课程计划、教学大纲和教科书规定的要求,从而保证实现教育目的和培养人才的规格。《国家中长期教育改革和发展规划纲要(2010—2020年)》提出,把提高质量作为教育改革发展的核心任务。树立科学的质量观,把促进人的全面发展、适应社会需要作为衡量教育质量的根本标准。因此,教学质量管理,既是学校教学管理中的核心内容,也是整个学校管理工作中的重要组成部分。搞好教学质量管理工作具有很大的现实意义。

认真做好学校教学质量管理工作,要注意以下问题:

---

① 李冀.教育管理辞典.海口:海南出版社,1997:319.

## （一）树立全面的教学质量管理观

搞好学校教学质量管理,首先是树立正确和全面的教学质量管理观念。没有正确的、全面的教学质量管理观,就不可能获得高质量的结果。正确的、全面的教学质量管理观包括：

### 1. 全面发展的教学质量管理观

全面发展的思想,是马克思主义教育思想的组成部分,是新时期社会对人的培养规格的要求。我国的教育方针明确规定了培养人才的规格和标准是全面发展,因此,在学校的各科教学中要渗透全面发展的精神。在教学过程中,既重视学生的智育,也重视学生的德育、体育、美育和劳动教育;既加强基础知识和基本技能的训练,又发展智力,培养能力,激发创造性;既抓教师的教学质量,又抓学生的学习质量,从整体的角度全面提高教学质量。

### 2. 面向全体学生的教学质量管理观

学校教学应使不同层次水平的学生都得到提高和发展。学校的教学质量与学校的办学效益是一致的,既要讲求让优等学生学习成绩卓著,又要使层次水平较低的学生得到发展。教学工作既要考虑到全面发展的素质标准,也要考虑到整个学校管理工作的投入与产出的效益。只有面向全体学生,培养大批的合格人才,才能得到理想的教学质量,也才能得到真正的办学效益。"应试教育"的结果,只是一部分学生得到发展,不仅产生了消极的教育思想和教育行为,而且也降低了学校的办学效益,误导了人们的行为。只有实行"素质教育"的办学思想才能面向全体学生,让他们在原有的基础上得到提高和发展。

### 3. 全程管理的教学质量管理观

全程的教学质量管理是一种教学的全过程管理。教学过程具有阶段性,每一个阶段也包含若干环节。教学工作中的计划、执行、检查、总结,教师的备课、上课、辅导、作业批改、考查,学生的课前预习、听课、复习巩固、考试、习惯的养成等,每个环节的工作质量,都关系到最终的教学质量。全过程的管理就是要重视教学过程各个环节和各种要素的整体优化,使其所产生的效果越来越显著,确保高标准、高质量。

### 4. 全员管理的教学质量管理观

全员管理的教学质量管理观就是指全校的教职员工和学生都要积极参加到教学质量管理工作中来。提高学校教学质量,不仅仅是教师的事情,也不仅仅是学生的事情,而是全体教师辛勤耕耘、全体学生刻苦努力、广大干部和职工共同努力的结果。因此,教书育人、管理育人、服务育人与学校教学质量是紧密相连的,这应成为学校教学质量管理中的重要活动内容。建立教学质量的全员责任制,做到各在其位、各司其职、各负其责、相互协调,充分调动每个人的工作积极性,无疑会成为提高学校教学质量的根本保证。

## （二）建立和健全教学质量管理制度

制度化的管理,是管理的基本要求。教学质量管理制度是把对教学质量的各种要求条文化和规范化,保证这项工作顺利而有效地开展。学校教学质量管理制度主要包括：

### 1. 教学质量管理的检查制度

学校教学质量管理的检查制度是指检验、考查学校教学工作是否达到一定的质量标准的制度。目前,在中小学常用的检查制度有：① 全面定期的质量检查,如期中和期末考试。② 课堂教学质量的检查,如领导听课、评课、检查教案和作业等。③ 统一测验或考试,即在一个地区或某个区域内用同一试卷和评分标准来检查教学质量。④ 抽样检查。检查制度总的要求是全面检查与单项检查相结合、发现问题与总结经验相结合,保证教学工作的顺利开展,促进教学质量的不断提高。

2. 教学质量管理的分析制度

学校教学质量的分析制度是将质量检查中获得的信息与原来制定的教学工作质量标准、教学效果标准、时间标准相比较,分析影响教学质量的原因,为改进教学工作提供依据。主要内容包括:① 数量统计分析。对学校教学质量所表现出的数字、数据进行数理统计,在统计的变化曲线上来判明教学质量的高低,如分析历年来学校的升学率情况、毕业率情况等。② 因果关系分析。影响学校教学质量的因素很多,如校风、班风、生源质量、办学条件、教师结构、学校环境等,通过分析这些因素与教学质量的关系,找出目前要亟待解决的问题。

3. 教学质量管理的评价制度

学校教学质量的评价制度是指根据教学计划、教学目标的要求,依照一定的评价指标体系,采用适当的方法,对学校的教学质量进行鉴别和价值判断。评价的功能体现在导向、激励和调控等方面,评价的内容涉及教学思想、教学内容、教学方法、教学效果等方面。对于教学质量的评价,首先要认清它的目的。这个目的体现在及时地掌握教学的基本情况,为总结经验教训、改进教学工作、提高教学质量提供依据。其次要制定科学的评价指标体系,客观、公正、全面地评价教学工作质量。

(三)掌握科学的评价方法

(参看第二编第十章第二节"教育评价"。)整个评价过程应该是全员参加的过程。评价的结论对于教师和学生来说,应具有激励作用和教育作用,有利于调动积极性。

## 第三节 德育管理

德育,简言之,是一种育德的活动。德育是教育者根据一定社会和受教育者的需要,遵循品德形成的规律,采用言教、身教等有效手段,通过内化和外化,发展受教育者的思想、政治、法制和道德几方面素质的系统活动过程。① 德育效果的好坏,不仅受到德育内部系统各要素的影响,也受制于德育外部环境。在德育活动中,要发挥德育内部要素和外部因素的作用,始终离不开管理。在某种意义上说,德育管理决定了德育的实效。因此加强学校德育管理具有十分重要的意义。

### 一、德育管理的内容和任务

(一)德育管理的内容

德育管理分为教育行政部门的德育管理和学校内部的德育管理。前者为宏观层次上的德育管理,后者为微观层次上的德育管理。学校德育管理是根据一定的德育目标,通过决策、计划、组织、指导和控制,有效地利用德育的各种要素,从而实现培育人的学校管理活动。② 学校德育管理的内容主要包括德育思想管理、德育目标管理、德育计划管理、德育组织管理、德育环境管理和德育质量管理。

1. 德育思想管理

---

① 鲁洁,王逢贤.德育新论.南京:江苏教育出版社,2002:95.
② 王桂艳.德育与班级管理.北京:北京师范大学出版社,2015:71.

德育思想管理指学校管理者根据德育管理的社会主义方向，通过对全体教育工作者的教育，达到使他们形成对德育和德育管理的正确认识的目的。

德育思想是人们对德育的认识和看法，它是学校教育工作者进行德育工作的指导思想，起着导向的作用。思想是行动的先导，如果思想不正确，行动就很难取得好的效果。大多数教育工作者认识到了德育的重要性和意义，但是有少数教育工作者仍对德育的价值认识不足，甚至还存在一些"误区"，如有些人认为德育是学校基层党组织和共青团组织的事情，以致出现德育和智育分离的现象。因此，为了使德育工作取得实效，必须帮助教育工作者澄清错误的认识，加强德育思想管理。

德育思想管理要求学校教育工作者正确认识德育本身的意义，使他们在德育工作中做到言行一致，始终如一地搞好德育。德育作为一种培养学生思想品德的活动，是按社会期望来设计的，因此，它可以规范人们的行为，起到维护正常的稳定的社会秩序的作用。市场经济是一种法制经济，它要求依法治国。但是，正如市场不是万能的一样，法治也不是无所不涉的，在法制无涉区，更需要道德来规范和约束人们的行为，由此可知德治与法治是并行不悖的。中小学生正处于长知识、长身体，形成正确人生观的关键时期，身心发展具有很大可塑性，是进行德、智、体全面发展教育的大好时机。此外，德育过程不单纯是育德的过程，它需要认知做保障，情感来体现，信念来维持，渗透着各种智力因素和非智力因素，如智中的道德、政治、哲学等方面的知识都是与德分不开的。认识到德育的重要性，最关键的是要把这种认识落实到实际行动中去。对于德育的重要性，许多教育工作者或许也能谈上一大堆道理，但在德育实践中由于受到外来因素的影响或者并未把这种认识内化为自己的信念，出现了一些学校只重智育，把德育视为"软任务"的现象，结果培养出来的学生有的"高分少德"，有的"高分缺德"，有的甚至走上违法的道路。因此，学校教育工作者不能仅仅停留在对德育的正确认识上，而要把它落实在德育实践中。

德育思想管理要求学校管理者认识到德育管理工作的重要性，把学校德育管理工作列为最重要的工作内容，不能只管教学，而把德育管理视为可有可无的事情。德育管理的最终目的是实现学校德育目标和德育管理目标，同时德育管理也可起到教育学校教职员工的作用。

2. 德育目标管理

德育目标管理是指学校管理者组织学校广大教职员工，根据校内的实际情况和社会客观环境共同确立德育目标的活动。

德育目标是学校对受教育者在德育方面所要达到的质量规范的总的设想或规定，具有导向、激励、调控功能，是教育目标的有机组成部分。德育目标的实现有助于教育目标的达成。德育目标是德育评估的标准和依据。

德育目标管理要求高度重视德育目标的制定。德育目标的确立不仅影响到德育内容的选择、德育方法的设定、德育过程的实施，而且也直接决定了德育的实际效果。制定德育目标必须注意目标的层次性。所谓德育目标的层次性是指同一目标在不同层次学校班级的德育过程中，具有高低不同的要求，形成符合学校、班级实际的标准。[1] 这不仅是社会需要的一种反应，因为社会需要不同层次素质的人才；而且这也是学生身心发展规律的反应，因为

---

[1] 萧宗六.学校管理学.(增订本),第 2 版.北京:人民教育出版社,1994.

不同层次的学校与不同年级的学生身心发展的成熟度不一样,对他们德、智、体各方面的要求也应不一样。

德育目标管理要求学校建立一个德育目标体系网络。从纵向上看,德育目标体系包括学校德育目标、班级德育目标、教职员工德育目标;从横向上看,德育目标体系由学校德育目标、家庭德育目标、社会德育目标构成。只有建立纵横交织的德育目标体系网络,做到"德育目标的重担众人挑,人人头上有指标",才可能把德育的各项任务真正落到实处。

德育目标管理还要求在制定德育目标时,必须注意现实性与理想性的统一。德育目标要蕴含现实的因素,但又不能仅仅局限于现有的德育水平,否则,这样的德育目标是没有任何意义的。德育目标要指向未来,但不能要求太高,必须是教育工作者经过一定努力可以达到的。换言之,德育目标的制定必须追求它的价值,讲究可行性。

3. 德育计划管理

德育计划管理是指学校管理者和教育工作者根据德育目标确定德育的任务与内容、实现途径与方法、组织与人员的职责的活动。

德育目标制定之后,就需要将其落实,这就离不开德育计划这一中介环节。德育计划是对德育工作的具体规定和安排。从时间来看,有长期德育计划、中期德育计划与短期德育计划;从德育主体来看,有学校德育组织机构的工作计划与人员工作计划。没有德育计划,学校德育工作就会带有很大的盲目性,德育目标就难如期如愿实现。

德育计划管理要求学校在制定计划时必须从实际出发,不能一步登天。例如对班风较差的班级不要急于提出较高的要求,先可暂时把计划定在"转差"上;对于班风本来就较好的班级,则可把计划定在"求优"上。就学生而言,教师在德育计划的安排上,必须考虑学生的性格、气质、原有的思想品德状况,以便因材施教,因人择法。

德育计划必须具有可操作性、可评估性与衔接性。操作性不强的计划往往容易落空,因此在制定德育计划时必须明确每个时期、每个阶段德育的具体任务与要求、内容、途径与方法、活动项目、工作安排的具体日期与工作的具体负责人员。尽管德育计划较教学计划难操作一些,但如果能够将计划具体化的则尽量具体化,如果不能将计划具体化则不可强行使之具体化,但必须做出明确的定性说明,以便日后检查评估。德育计划还必须具有衔接性,因为学校教育以及学校本身都是一个有机的相互衔接的系统,因此,小学、初中、高中以及高等院校的德育计划不能只顾从学校自身出发,还要具有前瞻性。学校内部各年级的德育计划、各班的德育计划也应做到承前启后,使整个教育系统和学校内部系统的德育计划形成一个相互衔接的连续系统。德育计划如果互不连贯,相互脱节,必然会影响到学校德育和班级德育的实效。

计划靠活动来落实,活动以内容为依托。德育计划最重要的是安排好德育活动和德育内容。德育计划是德育工作管理的常规之一,主要对学校经常开展的和比较固定的德育活动进行安排。例如新生入学时要组织入学教育,让学生了解学校的优良传统,学习《中小学生守则》《小学生日常行为规范(修订)》《中学生日常行为规范(修订)》;对毕业班的学生要进行开学与就业教育,让学生做到"一颗红心,两种准备";要组织学生在"文明礼貌月"活动中开展一系列做好人好事的活动。德育计划下的德育活动必须确定好具体活动日期、活动负责人以及活动的基本要求。德育内容必须序列化。所谓序列化,指德育内容要符合学生的身心发展特征,对不同级次的学校和班级提出不同的要求,做到循序渐进。例如对小学生要进行文明礼貌教育,对中学生要进行合格公民教育,对大学生和研究生要进行社会主义教育和共产主义教育。德育内容序列化的依据主要有两方面:一方面是党和国家对青少年一代的要求,另一方面是学生的年龄心理状况和道德基础,因此在德育内容上要按这两方面的要求安排和选择,避免德育内容安排的倒序现象。德育内容序列化可避免德育内容重复设计,当前中小学生存在德育内容重复的现象实际上就是德育内容未序列化的一个表现和结果。除了德育内容序列化之外,德育内容还要贴近社会实际。在计划经济条件下,由于受到一些"左"的思想影响,德育内容存在"假、大、空"现象,教师只讲现实社会中的"真、善、美",很少讲或不讲"假、丑、恶",导致学生带着纯而又纯的理想型认识走上社会,一旦碰上"假、丑、恶"便不知所措,甚至被污染。在市场经济条件下,社会变得愈来愈复杂,因而必然要求对学生进行实事求是的教育,把社会的真假、善恶、美丑都告诉给学生,培养学生的道德选择能力、明辨是非能力、批判能力和抵制能力。

### 4. 德育组织管理

德育组织管理指通过国家的教育方针、政策法规及学校规章制度对德育组织及其人员的行为加以规范,调动德育人员参与德育和德育管理的积极性,充分发挥德育组织功能的活动。

学校德育组织主要指学校德育组织机构,包括政教处、共青团、少先队、班委会等。学校其他机构(如教务处)也不能忽视德育方面的功能,应相应地加强管理。

德育组织和其他兼有德育功能的组织是由教职员工和学生干部组成的,因此,德育组织的管理说到底是对德育人员的管理。例如班主任工作的管理,要求选拔班主任应有严格的标准,对班主任职责必须有明确的要求和考评。

对德育组织及其人员重点要加强制度管理。制度管理并不仅仅意味着约束和规范德育组织和人员的行为,重要的是激发德育人员参与德育和德育管理的动机,让他们知道德育是一种需要而不仅仅把德育视为一种任务。学校以制度的方式,明确各组织和人员的分工,使他们各负其责,相互配合,形成合力,有利于提高德育工作的效率和德育工作的质量。

### 5. 德育环境管理

德育环境管理指学校管理者通过对学校现有环境进行精心设计、组织和改造,达到环境育德的活动。

德育环境包括德育物质环境和德育精神环境。德育环境对师生的影响是潜移默化的,通常不如课堂教学对学生的影响那么直接和明显,但它的作用却是巨大的,因而不能忽视对德育环境的管理。

首先,要加强德育物质环境的建设与管理。校园的布局建筑、场地、绿化、卫生情况等都是无声的教科书。因此,必须对校园布局进行合理规划,对校舍、教学生活设施内外部进行精心设计,搞好校园绿化、美化工作,抓好学校的保洁工作。

其次,要加强德育精神环境的管理。学校精神环境主要包括校风和传统、学校的舆论倾向、人际关系、教学秩序、规章制度等。对学校德育精神环境的管理也着重从这几个方面入手。要确立具有学校自身特色的校训,促使学生奋发向上,不断进取,促使教师忘我劳动,无私奉献,形成良好的教风和学风;要坚持正确的舆论导向,让歪风邪气无容身之地,引导师生产生健康向上的追求;尊师爱生,建立良好的学校人际关系;要加强蕴藏着教师与学生精神的制度建设,做到依法治校,维护正常的教学秩序。

6. 德育质量管理

德育质量管理指确立德育质量标准，进行德育质量检查和控制、德育质量分析和评估的活动。

德育质量是学校德育工作的落脚点。无论是德育目标的确立，德育课程的组织，德育过程的设计，还是德育方法的选择，都是为了保证德育工作的实效，提高德育质量。德育质量是德育工作的生命力，因此，必须加强学校德育质量管理。

首先，必须树立学校德育质量意识、德育质量观念。在德育实践中，许多德育管理者缺乏质量意识，只管"投入"，不计"产出"，形式上轰轰烈烈，结果是"低效劳动"或"无效劳动"，学生思想品德并未真正得到提高。在市场经济条件下，社会对学生的德育要求不是降低而是提高了。学校如果不注重德育质量，培养的学生就难以保证其合格性，也很难向社会推销自己的产品——学生，反过来，也直接影响学校的声誉和地位。

其次，要明确学校德育质量标准，并对学校德育进行质量控制，积极利用有利因素，排除不良因素的干扰，做好德育质量的检查、分析，并对质量进行客观公正的评估。德育质量管理的重点是要把好两关，即德育标准关和德育控制关。

（二）德育管理的任务

学校德育管理的根本任务就是积极协调好各种德育力量之间的关系，充分利用人、财、物、信息等条件，实现学校德育的总目标。

学校德育管理的任务，具体来说，主要有以下两个方面：

首先，从学校与外部的联系来看，要协调好学校、社会与家庭在学生德育上的关系，形成一股合力，在这个问题上，学校应发挥主导作用。学生作为学习者与受教育者，其大部分时间都花在学校，学校是学生进行德育活动的主要场所。但是学生也有部分时间花在家庭和从事社会活动中，学生的思想品德也受到家人和他人的影响。尤其是随着科学技术的发展和信息化时代的到来，这种影响的程度越来越深。因此，德育不光是学校的事情，也需社会和家庭共同参与，不仅需要他们亲自参与德育实践，而且要亲自参与德育管理，防止那种"台上几十分钟，台下一场空"，校内德育与校外德育相抵消的现象，积极以自身的正面言行感化学生，克服消极因素的不良影响。

其次，从学校内部来看，主要抓好德育队伍建设、德育组织建设和德育制度建设，建立健全学校德育管理体制。学生生活在班集体之中，班主任与学生朝夕相处，不仅是班的教育者，也是班的组织者，对一个班的学生工作全面负责，对学生思想品德的塑造起着至关重要的作用。因此，首先要抓好班主任工作的管理。共青团、少先队、学生会是学校党组织和行政对学生进行德育的重要辅助力量。学生通过参加组织活动，培养自我管理与自我教育的能力，学校领导者和有关德育管理者必须给予必要的指导，保证学生德育活动的顺利开展，取得德育实效。此外，必须要建章立制，以规范组织和人员的行为。

**二、德育管理的组织和方法**

（一）德育管理的组织

从管理学的角度来说，组织有静态与动态两种含义。静态的组织是指某个实体，动态的组织是指为了实现预期目标将所要进行的活动加以分类，并按照分类来确定职权，调配人、财、物的活动过程。这里所讲的德育管理的组织即指后者。学校德育管理的组织主要包括以下几个方面的活动。

1. 建立和完善学校德育组织机构

德育活动的开展首先必须建立学校德育组织机构,明确各组织机构的职责权限,这既是学校管理职能日益分化的必然结果,也是学校开展德育活动的组织保证。

(1) 政教处。它是由于学校管理职能的分化从学校的教导处中分离出来专门负责学生德育活动的管理部门,在德育活动的组织中发挥着越来越重要的作用。政教处的职能主要有:对共青团员、少先队、学生会开展各种教育活动进行指导和帮助;组织和安排学校德育常规活动,布置各学科教师按教学大纲要求,结合教学,对学生进行道德品质教育,做到寓德育于教学之中;帮助年级组、班主任布置学生工作,指导年级组长和班主任制定德育计划,并组织年级组长对班主任工作进行检查与评估;组织班主任做好家访,加强学校与家庭的联系,共同做好学生的思想教育工作;等等。没有设立政教处的学校,其教导处则要负起德育管理的责任。

(2) 学生组织。共青团、少先队、学生会、班委会等学生组织是学校和班级对学生进行德育的重要力量,也是学生进行自我教育、自我管理的重要组织依托。这些学生组织通过自我教育,可以培养学生自主、独立、民主、平等意识,可以锻炼学生的能力,陶冶学生的情操。班级中的共青团员、学生会干部、少先队员、班干部应通过履行团队章程和遵守校纪班规,发挥自身的模范带头作用,影响和教育其他学生及整个班集体,形成良好的班风乃至校风。

2. 组织、选拔和合理分配德育力量

班主任是学校班级德育工作的主导力量,学校领导必须高度重视班主任工作。对班主任的管理需要做的工作有如下几方面[①]:一是要认真选择和配备班主任。班主任的人选,必须要求其思想品德好、业务水平较高、组织能力和工作责任心强、身体健康、精力充沛,这样才能胜任班主任的工作,真正做到以德育德。二是要明确班主任的职责。三是要提高班主任的业务能力和管理水平,做到使用与提高相结合。

教师是对学生进行教育的主体,不仅负有传递科学技术和文化知识的光荣使命,而且也负有教会学生生活、为人处世的责任。教师不仅要做"经师",而且要为"人师"。教师在德育工作中处于十分重要的位置。在教师管理中要着重做好如下两条:一是要注意提高教师思想品德方面的素质,明确教师的职责。教师的一言一行都对学生具有示范的功能,中小学生正处于未成熟的年龄阶段,模仿是其学习的重要途径,所以教师不仅要注重言传,也要注重身教。在教学中,应把德育的任务渗透在知识的讲授过程之中。二是要加强教师育德技能的培养,切实提高能力和水平。传统的道德教育过分注重道德说教,硬性灌输,方法简单,容易造成学生的逆反心理,使德育无法获得实效。提高教师的育德能力是德育取得实效的重要保证。

3. 选择和掌握使用恰当的德育方法和途径

德育方法和途径是实现德育目标的凭借。德育方法主要有说服教育法、榜样示范法、情感陶冶法、自我教育法、实际锻炼法、品德评价法;德育途径有课堂教学、团队活动、社会实践等,它们具有多样性的特征。

德育方法和途径的多样性要求在对其选择时必须考虑不同的德育目标、德育内容和德

---

① 班华.现代德育论.第2版.合肥:安徽人民出版社,2005.

育对象,使用时要注意灵活性、多种方法和途径的结合性。德育方法与途径既要为学生解决知与不知、信与不信的问题,还要解决行与不行的矛盾,将社会要求内化为学生自己的信念,并外化为自身的行为。德育方法和途径的应用是一门科学,也是一种艺术,必须克服机械主义和盲目地照搬别人经验的倾向。

### (二) 德育管理方法

德育管理方法是为了实现德育管理目标,完成德育管理任务所采用的手段。德育管理方法主要有行政措施法、依法管理法、激发鼓励法和思想教育方法。

1. 行政措施法

行政措施法是指德育组织中的领导者和管理者采用命令、指示、决议、通报、通告等行政措施来推行德育管理的方法。它具有垂直性、强制性、权威性等特征,能保证集中统一领导,迅速有效地调节德育组织及其成员的行为,而且这种方法通过贯彻党和国家、各级教育行政部门有关德育工作的方针、政策、指示,可以保证学校的德育方向。

运用这种方法要注意一些基本要求:一是学校行政命令必须与国家有关德育的方针政策保持一致,不相冲突;二是学校行政命令、通知等应事先征询师生的意见,形成统一的认识,这样才能赢得师生的积极配合;三是学校德育领导者和管理者应加强自身修养,形成较高的威信。

2. 依法管理法

依法管理法是指学校德育管理者运用法律法规对德育管理对象施加影响,调控他们的行为以及德育组织内外部关系的一种管理方法。这种方法以国家强制力为后盾,它与行政方法同样具有权威性、强制性等特点,不同的是法治方法较行政方法的约束力更强,而且法规的作用范围更广。法治方法可以调节学校内外部以及学校内部各种德育力量之间的关系,保证学校德育管理的必要秩序和德育管理系统的健康发展。

运用此法的注意事项:① 法规必须符合学校德育规律,否则会给德育工作带来不良后果。② 法规不能脱离我国的实际国情。③ 法规本身必须具有相对的连续性和稳定性。④ 法规的执行依赖于德育群体的认识和能力,必须增强德育管理者和德育管理对象的法律意识,提高他们执法、守法的能力。

3. 激发鼓励法

激发鼓励法是指德育管理者通过对德育管理对象施加外部刺激,制定外在目标等方式,满足他们生理、心理方面的需要,以达到调动其积极性的方法。

运用激励方法应注意如下一些基本要求:① 物质激励和精神激励相结合。片面强调物质激励会导致德育群体行为功利化的倾向,撇开物质而去空谈精神激励也很难取得实际效果。② 内在激励与外在激励相结合。外在激励需要一定的外部刺激和外部条件,一旦刺激消失、条件不存在,激励作用就会下降甚至消失。内在激励是德育队伍基于对德育及德育管理工作的认识,通过自定目标、自定座右铭等方式进行自我激励的活动,这种激励的作用往往更持久。③ 奖励与惩罚相结合。谈到激励,常使人联想到奖励而忽视了惩罚,其实不管是奖励还是惩罚都同样具有激励功能。④ 目标设置与满足需要相结合。目标有激励性,但目标必须满足人们的需要,符合人们需要的目标才易实现。

4. 思想教育方法

思想教育方法亦称教育方法,是指学校德育管理者利用真理和科学的力量,运用精神观念的渗透宣传方式,对德育管理对象的认知、情感和行动施加影响的手段,这是中小学管理中长期使用、经久不衰的方法。教育方法具有启发性、长期性和广泛性的特征,能提高师生员工的德育认识水平,使他们明确德育工作和学习的目的,能激发师生员工的工作和学习热情,增强他们工作与学习的毅力。

运用思想教育方法应注意如下基本要求:① 要将宣传教育与解决德育管理对象的实际问题结合起来,关心师生员工的工作和生活,满足他们的合理需要。② 要将多种教育手段结合起来。说理教育、榜样示范、情感陶冶等手段都有其独特的功能,将它们灵活地结合起来往往比采用单一的手段会取得更理想的效果。

## 第四节 体育卫生工作管理

学校体育管理是指对学校的体育课、课外体育活动、体育队伍、体育设施等进行有效的计划、组织、控制和评价,达到向学生传授体育知识、技术和技能,增强学生体质的活动目的。学校卫生管理指学校管理者运用卫生理论知识、卫生技术和方法,科学地安排学校教学、体育、劳动等活动,营造良好的学校卫生环境,防治疾病,保护学生健康,培养学生良好的卫生习惯所进行的活动。学校体育卫生工作管理是学校工作管理不可或缺的组成部分。加强体育卫生工作管理有助于全面贯彻国家的教育方针,培养德、智、体等方面全面发展的社会主义建设者和接班人。

### 一、体育卫生工作管理的任务

《学校体育工作条例》第三条规定:"学校体育工作的基本任务是:增进学生身心健康,增强学生体质;使学生掌握体育基本知识;培养学生体育运动能力和习惯;提高学生运动技术水平,为国家培养体育后备人才;对学生进行品德教育,增强组织纪律性,培养学生的勇敢、顽强、进取精神。"《学校卫生工作条例》第二条规定:"学校卫生工作的主要任务是:监测学生健康状况;对学生进行健康教育,培养学生良好的卫生习惯;改善学校卫生环境和教学卫生条件;加强对传染病、学生常见病的预防和治疗。"学校体育卫生工作管理从根本上说就是为了实现如上规定的任务,因此学校体育卫生工作管理任务的确定应以《学校体育工作条例》和《学校卫生工作条例》为依据和准绳。

学校体育卫生工作管理的主要任务有以下几方面。

**(一)建立健全学校体育卫生工作管理机构**

学校体育卫生工作相对学校教学工作、德育工作而言,是一项相对独立的工作,必须成立专门的体育卫生管理机构。中小学应建立由学校行政部门、体育教研室(部、组)、校医院(或保健室)、班主任及共青团、少先队等组织的代表参加的学校体育卫生领导小组或体育卫生处,专门负责制定学校体育卫生计划,提出实施计划的具体意见和措施,督促检查体育卫生工作的开展,定期向学校领导汇报。此外,还要建立健全体育教研室、卫生保健组,发挥它们在体育卫生工作中的业务指导和管理功能。同时,学校体育卫生工作涉及学校各部门和人员,学校应成立专门的体育卫生领导班子和相应的管理部门,由校长或副校长做主要负责人,协调学校有关部门、组织及人员的工作,充分发挥他们在体育卫生工作中各自的作用,密切配合,协同一致地搞好体育卫生工作。

### （二）建立健全学校体育卫生工作制度

学校体育卫生工作制度是规范组织和人员行为，开展体育卫生工作的有力手段。建立与健全学校体育卫生工作制度是学校依法管理的保障。

学校体育卫生工作制度应依据国家有关体育卫生工作的方针、政策、法规，结合学校实际情况制定，它主要由学生生活作息制度、教职员工岗位责任制与奖惩制、清洁卫生制度、保健制度组成。

1. 学生生活作息制度

为了确保学生的学习和健康，要根据季节的变化、学生身心状况和教学计划，合理安排学生的课堂学习和课外活动，注意一张一弛，身体与学习两不误。

2. 教职员工岗位责任制与奖惩制

教职员工是学校体育卫生工作的具体组织者与执行者，必须确立相应的岗位责任制，明确各自的工作内容与任务、职责权限、工作途径与方式。与岗位责任制一起配合实施的奖惩制是一种有效激励教职员工工作的制度。奖惩制要求明确奖励与惩罚的标准、方式，做到业绩、过错与奖惩相结合，大功大奖，小功小奖，无功不奖，大错重罚，小错轻罚。

3. 清洁卫生制度

学校环境卫生和学生个人卫生是学校和个人面貌的外在表现，是校园文化的重要组成部分。要建立卫生的清扫制度、检查评比制度、奖惩制度，形成人人讲卫生的良好习惯和风尚。

4. 保健制度

保健工作直接影响到学生的身体健康。学校要高度重视这项工作。保健制度主要包括体格检查制度和疾病防治制度。学校应对学生定期进行健康检查，建立个人身体健康档案；根据不同季节做好疾病预防，发现传染病，必须防止蔓延，对患病的学生，要配合家长帮助学生早日治愈疾病。

### （三）抓好学校体育卫生工作的财、物管理

财、物是学校开展体育卫生工作的物质保证。当前中小学经费短缺现象较严重，体育卫生方面的器材、设施很缺乏，加强财、物管理尤为重要。学校应根据经费的实际情况在学校各项工作中进行合理分配，并对体育卫生经费要严格预算和管理，要加强对物品的购置、使用和报废的管理。

### （四）加强对体育卫生人员的管理

学校要充分调动体育卫生人员的积极性，认真开展体育卫生工作，完成《条例》规定的基本任务。为达此目的，学校应从政治上、生活上、业务上、学习上关心他们，同时要对他们的工作进行监督、检查、考核，以很好地促使其履行职责。

## 二、体育卫生工作管理的基本内容和方法

### （一）体育工作管理的基本内容和方法

1. 体育教学管理

体育教学是教师有目的、有计划、有组织地向学生传授系统的体育知识、体育技能和技巧的基本途径。加强体育教学管理首先要求认真制定体育课教学计划，并从实际出发科学地安排教学进度。教学计划包括学年教学计划、学期教学工作计划、单元教学计划和课时计

划。计划必须明确体育教学任务、教学内容、教学方法以及教学组织形式,并对体育场地和设施进行合理安排。

其次,要对体育课教学严格管理。体育课是学生学习体育知识、体育技能技巧的主渠道。目前,《义务教育体育与健康课程标准》已经对体育与健康的课时进行了规定,1~2年级相当于每周4学时,3~6年级和7~9年级相当于每周3学时,高中1~3年级相当于每周2学时。此外,教师必须领会《学校体育工作条例》的基本精神,认真钻研体育教学大纲和教材,了解学生的生理和心理特点,考虑学校的教学条件和当地的季节气候,服从学校体育工作总的安排,备好课,贯彻施行《国家体育锻炼标准》。同时,学校要切实抓好体育课堂教学的组织与管理,要求体育教师认真上好每堂课,遵循体育教学规律;严格课堂纪律,建立良好的教学秩序;上课要注意学生安全,防止学生发生意外事故,凡技能技巧性的体育动作,教师须先行示范;要根据男女生生理和心理特征分组教学或分班上课,不得体罚学生;教学场地和体育器材要符合教学要求,课前要认真检查;合理地安排学生活动的强度、密度、次数和时间。

再次,制定客观合理的体育课考核项目与标准,对体育课教学质量进行监控,并根据监控、考核结果确定学生体育是否达标,能否毕业,认定教师上课的好坏,并根据教师的表现及教学结果进行合理奖惩。

2. 课外体育活动管理

《学校体育工作条例》规定:普通中小学校、农业中学、职业中学每天应当安排课间操,每周安排3次以上课外体育活动,保证学生每天有1小时体育活动的时间(含体育课)。这是学校对课外体育活动进行管理的重要依据。课外体育活动主要包括以下内容:

(1)"两操"。"两操"指早操和课间操。早操分为课前操和早锻炼。早操的目的在于振奋学生精神,使学生以崭新的精神面貌迎接新一天的学习,形成锻炼身体的良好习惯。早操可以班或组为单位,充分发挥体育积极分子和学生体育骨干队伍的作用。早操活动必须适度,防止过度疲劳。课间操是上午第二、三节课中间安排的20~25分钟的体育活动,其用意是在学生紧张地学习了两节课之后让他们消除疲劳,达到积极休息的目的。课间操是一种有组织的学生体育活动,主要由体育教师负责指挥,各班班主任协助工作,学校负责体育工作的领导或学生会干部进行检查,按照课间操的标准和要求对各班或各组的情况进行评估,相互开展竞争。

(2)运动会。全校性的体育运动会是一种大型的体育性竞赛活动。举行运动会不仅可培养学生的集体主义精神,锻炼学生的意志品质,对学生的智力因素与非智力因素的塑造大有裨益,而且可以培养和发现优秀的体育苗子。要开好运动会,必须做好会前的准备工作和运动会期间的组织工作,学校教务处、政教处、总务处、工会、共青团、少先队等组织要齐心协力,为运动会提供充足的人力、物力、财力,达到运动会应有的目的。

(3)课外体育竞赛。这是指除运动会以外的课外体育竞赛活动。学校可根据自身的实际情况,开展年级间、班级间、小组间的小型体育竞赛活动,以丰富学生的生活,培养学生体育锻炼的兴趣,提高运动技能、技巧,使学生身心得到和谐的发展。开展课外体育竞赛活动应以校内为主,也可适当组织一些校外体育竞赛,如组织学生进行越野赛跑、郊游等。课外体育竞赛活动必须由教师负责与组织,以防意外。

(4)运动训练。运动训练是学校课外体育活动的重要组成部分,是学校利用业余时间,对选拔出来的部分体育基础较好并有一定专长的学生,在体育教师或专门的教练指导下,进行系统的专业训练,提高他们的专项运动技术水平的活动。它对于提高学校运动成绩,推动学校体育运动的开展,为国家输送优秀的体育苗子都有重要意义。运动训练必须注意一些基本要求:学校领导、教师、教练员不仅要关心运动员的体育训练,而且要关心他们的学习、生活、思想,促使他们德、智、体等方面全面发展;要根据学校的实际情况、运动员的身心特点,制定详细的训练计划,做到系统性、严格性与持续性相结合。

(5)体育锻炼小组。体育锻炼小组是学生自发组织的体育组织,这种非正式体育锻炼组织是课外体育活动的主要形式之一。为了使学生养成锻炼身体的良好习惯,推行《国家体育锻炼标准》,在不影响学生正常学习的情况下,学校应该为学生提供锻炼场地和体育设施、器材,确保锻炼时间,要充分发挥学生体育骨干的作用,还可安排辅导力量,由体育教师负责。

3. 体育场馆和设施器材管理

学校体育场馆与设施器材是开展体育活动的物质保证。体育场馆和设施器材缺乏或不足必然影响到学校各项体育工作的正常开展。对学校体育场馆和设施器材的管理着重要做好以下两项工作。

(1)要做好对篮球场、体操房、体育馆、田径场等体育场馆的规划设计、保护与维护工作。学校应严格按照国家标准,把体育场地的建设列入学校的议事日程。规划运动场地要坚持把教学区、宿舍区与运动区适当分开的原则,并考虑学校的整体布局。学校体育场馆必须有专人负责管理,防止对场馆的破坏或挪作他用,保证场馆的有效使用率。要全面检修、维护、保护体育场馆,保证体育场馆的标准化使用,做好防火、防挤、防塌、防盗和安全保卫工作。另外,在不影响学校的各项体育活动正常开展的情况下,还可向社会或社区开放体育场馆,加强学校与社区的联系与交往,提高体育场馆的利用率。

(2)加强体育设施器材的购置和使用的管理。首先,要做好体育设施器材的购置工作。学校应根据实际需要和国家教委颁发的学校体育器材设施配备目录标准配备体育器材设施。购置体育器材设施应坚持质量第一与安全第一的原则,同时又要注意物美价廉、经久耐用。其次,要对购回的器材设施进行登记、保管。凡学校的体育器材设施都要登记编号,分类编制目录。管理部门要设置"固定资产明细账""材料明细账"和"低值易耗品明细账"三本账簿,对体育器材设施实行统一管理。再次,加强对体育器材设施的使用管理。要制定体育设施器材的使用管理制度。体育设施器材的使用有两种情况,一是一次性使用的,二是可多次使用的,要特别加强对后者的管理,要注意两类体育器材设施的发放和保管。

4. 体育骨干队伍

学校体育骨干队伍是学校开展体育活动的中坚力量,包括学校体育管理人员、体育教师和学生体育干部。

体育管理人员是学校体育工作管理的主体,主要指学校兼职或专职的行政领导人员和体育教研部(组、室)的领导人员,负责学校体育工作的决策与计划,对实现学校体育目标,完成体育任务具有重要作用。加强对体育管理人员的管理,要求对他们进行严格选拔。体育管理人员应具有较好的思想素质、领导才能和一定的生理学、心理学、管理学、教育学等方面的知识,更重要的是要熟悉体育与体育管理方面的知识,具备管理体育工作的能力。学校要对体育管理人员实行工作责任制,要求他们明确各自的管理权力与责任范围,做到在其位、负其责。此外,要对体育管理人员进行考核奖惩,做到平庸者让,贤者、能者上,有奖有惩,奖惩结合。

体育教师是学校体育工作计划的执行者和体育课教学的组织者,学生对体育知识的了解熟悉程度、对体育训练的技能技巧的掌握程度主要取决于体育教师的教学与指导。对体育教师的管理的要求是:体育教师的配备符合校情和国家有关规定,防止体育教师不足和浪费现象;体育教师的年龄和性别结构要合理;建立健全体育教师管理制度,关心体育教师的工作与生活。

学生体育干部既是班主任和体育教师的得力助手,又是各年级、各班级、各小组开展体育活动的具体组织者和参与者,因此,必须重视学生体育干部的管理。作为学生体育干部必须具备一般学生干部的组织能力和思想品质,同时必须具有吃苦耐劳的精神和服务同学的意识。学校必须对学生体育干部做到使用与培养相结合,在工作上给予指导,让他们的能力在工作中得到锻炼和提高,并充分发挥他们的作用。

(二)卫生工作管理的基本内容和方法

1. 卫生知识教育的管理

学校卫生知识教育的主要目的是让学生懂得日常生活中的卫生保健常识,养成良好的卫生习惯。对学生进行卫生知识教育的主要途径是课堂教学。教师不仅要讲解人体生理的构造与机能方面的知识、卫生对于身体健康的重要意义,也要讲清卫生的含义,让学生知道卫生不光是不吃不干净的东西和保持校园和衣着的整洁,而且也包括科学地学习、劳动和体育锻炼,避免这些活动对身体的有害影响。卫生知识教育除了系统地讲授外,还可根据学生的生理心理特点,定期出版学校卫生报刊,定期举办墙报,组织卫生知识竞赛活动,组织学生收看电影、电视和参观卫生图片展览、卫生示范单位,邀请校外的卫生专家进行专题知识讲座。总之,学校管理者应把卫生知识教育列为学校卫生工作的重要内容,形式多样地、有目的有计划地开展卫生知识的宣传教育。

2. 活动卫生管理

(1)教学卫生。教学卫生主要包括用脑卫生、用眼卫生、坐姿卫生。近年来,由于片面追求升学率,学生负担越来越重,教学卫生问题显得尤为突出。为了达到教学卫生,学校课程安排、教师的教学与学生的学习都要符合卫生要求。学校要合理编制教学计划,教学内容要适合不同年龄阶段学生的学习能力;要科学地安排作息时间表、课程表、教学进度表;教师要注意考试的方式、频率;要根据学生学习规律和学科特点选择教学方法,安排教学内容;要注意语言使用准确,声音洪亮,语速适中,板书规范,举止端庄,保持教学设备的卫生与安全。学生要注意阅读姿势,脑力劳动与体力劳动相间,选择合适的地点看书。

(2)体育卫生。体育卫生是指学校根据学生发育的特点、性别、健康状况及运动水平对体育锻炼的内容、运动量、运动条件等,提出相应的卫生要求。体育卫生主要包括生理卫生和安全卫生。为达到体育卫生的基本要求必须采取一系列措施。这些措施有:要合理控制学生的活动量,防止超负荷运动;要注意体育场地的卫生;要对体育器材设施进行检查和维修,坚持安全第一的原则,防止伤亡事故;要严肃体育课纪律,保证锻炼安全有序地进行。

(3)劳动卫生。劳动卫生是指学校要合理地组织和安排学生的劳动,以保护学生的健康。劳动卫生管理要求学校劳动技术课必须按国家的有关规定开足开齐,不得随意增减;严格执行教学计划,合理安排劳动强度;要注意选择劳动场所和工种,严禁从事有毒有害和易燃易爆的危险工作;不得安排学生夜间劳动;遵守劳动操作规程,严格劳动纪律,防止意外事故;加强劳动保护,按规定发放劳动保护用品。

(4) 生活卫生。生活卫生包括学生个人卫生、学校饮食卫生和学生宿舍卫生。学校必须对学生的日常生活提出明确的卫生要求,进行必要的卫生指导,必须对影响学生生活的场所严格卫生管理。具体地说,要教育学生培养良好的卫生习惯,如勤换衣、勤洗澡,不吃喝不洁饮食;要加强食堂卫生管理,严禁患传染病的人员在食堂工作,对食堂工作人员要定期进行检查;要严格管理开水房,为学生提供足量的饮用开水;要保持学生寝室的清洁卫生,消灭老鼠和害虫。

3. 环境卫生管理

环境卫生指学校建筑、教育教学设备、体育场地以及校内空地必须符合卫生要求。环境卫生直接影响到校容校貌,学校应有专门的机构或人员负责管理。搞好学校环境卫生要求必须做到:学校建筑、设施要合理规划与布局;卫生工具和设备配置要基本齐全;美化、绿化校园,组织学生参加植树、种花、种草劳动,教育学生爱护花草树木;设立卫生区,实行保洁岗位责任制;组织学生参加卫生劳动,实行轮流值日值周制度。

4. 学生保健管理

学生保健工作主要包括防病和治病两个方面。学校对学生保健工作要坚持预防为主的原则,定期对学生的身体状况进行检查,有疾病,早发现、早治疗;对学校的多发病、常见病(如视力减退、脊椎弯曲、沙眼及神经衰弱等)要采取积极防御措施,并对学生进行卫生教育;在传染病流行或多发季节,学校要减少或停止集会,防止传染病扩散。

### 三、体育卫生工作管理的基本原则

**(一) 科学性原则**

科学性原则指体育卫生工作要按客观规律进行。体育卫生工作是学校教育工作必不可少的重要组成部分,因此体育卫生活动首先要遵循教育规律。体育卫生工作的实践证明,凡是体育卫生工作效果不佳甚至出现负效果都是由于违背科学性原则造成的。青少年的身心发展呈现出一定的阶段性、顺序性,体育卫生工作必须考虑其年龄特征,既不可揠苗助长,也不可滞后,应做到循序渐进,注意体育锻炼的难度和强度。男女生的生理特点不同,体育锻炼的标准和要求也应不一样,做到区别对待。学校要研究多发病、常见病发生发展的规律,采取积极的防治措施。学校卫生工作应坚持预防为主、治疗为辅的原则。此外,体育卫生工作要常抓不懈,体育锻炼需持之以恒。总之,体育卫生工作的开展应坚持科学的实事求是的态度,遵循客观规律,才能取得理想的效果,否则效果将是低下的甚至适得其反。

**(二) 共性与个性相结合的原则**

共性与个性相结合的原则指学校体育卫生工作既要考虑统一要求,又要考虑个别要求。就学校而言,各学校之间在体育卫生工作的条件上存在差距,各学校应在国家统一要求的基础上,根据学校自身的实际条件,力所能及地开展体育卫生工作,教育行政部门对学校的体育卫生工作的评估也应考虑它们的差异。就学生而言,学校在坚持国家体育锻炼和卫生标准的前提下,应针对每个学生的生理和心理状况施以不同的教育,对不同学生提出不同的要求,做到普及与提高相结合。

### (三) 三育并重原则

德、智、体诸方面构成了一个有机的系统，任何一方面对人的发展都是重要的。而且德、智、体诸育是相互影响、相互渗透的，体育是智育和德育的基础。洛克曾说，健康之精神寓于健康之身体，没有健康的身体，也就没有健康的心理。体育不仅可以增强学生的体质，而且也是思想品德教育的一种重要手段，对于培养学生的道德品质，开发学生的非智力因素具有十分重要的作用。学校体育卫生工作，从小的方面讲，涉及学生个人的健康问题；从大的方面而言，它涉及整个民族和一代又一代人的身体素质问题。因此，学校领导者应从战略高度认识到体育卫生工作的重要性，正确处理各育之间的关系，把学校体育卫生工作作为一项重要事情来抓，克服长期以来忽视体育卫生工作的现象。唯有如此，学校体育卫生工作才能得到健康的发展。

### (四) 体育卫生结合原则

学校体育工作与学校卫生工作虽是两项不同的工作，但它们紧密相关，都是为了使学生具有健康的体质。学校体育工作与卫生工作是相辅相成的，只抓体育工作或只抓卫生工作都不可能使学生达到健体强身的目的。因此学校领导应统筹规划，把两项工作作为重要任务来抓，坚持"两手都要硬"，认真制定体育卫生工作计划，充分利用学校人、财、物等资源，实现学校体育卫生工作的目标。

## 第五节 总务后勤工作管理

### 一、总务后勤工作的内容

#### (一) 学校总务后勤工作的任务

学校总务后勤工作是一种服务性工作，其之所以称之为"后勤"，就是相对于"前线"而言的。学校以教育教学工作为中心，教育教学工作是学校工作的"前线"，学校总务后勤工作就是为完成教育教学工作这个中心服务的。因而，学校总务后勤工作的任务，具体可以概括为以下几个方面。

(1) 创造良好的学校环境，使教育教学工作能在有利的条件下进行，以形成校内教育的合力。

(2) 提供、改善并管理教学设备、设施及其他低值易耗的教学用品，为提高教育教学质量提供物质保证。

(3) 规划、管理学校经费，最大限度地发挥有限经费的经济效益。

(4) 改善学校师生生活条件，增进师生健康，促进物质转化为精神，使师生精力充沛、心情愉快地为完成教育教学任务而努力工作和学习。

(5) 建设一支精明能干、善于服务育人的总务工作管理队伍。学校是社会的缩影，学校里的任何工作都会对学生产生这样或者那样的影响，因而学校总务后勤工作人员的素质及工作状况，是学校隐性课程的一部分，同样起着育人的作用。

围绕上述任务，学校总务后勤工作的内容主要包括学校财务管理、学校财产管理、学校师生生活管理和校园环境管理等方面。以下分别述之。

## （二）学校财务管理

中小学校财务管理工作包括如下项目。

### 1. 预算管理

预算在此是指中小学校根据教育事业发展目标和计划而编制的年度财务收支计划。中小学校预算包括收入预算和支出预算。

预算编制的方法有收入预算和支出预算的编制方法之区分。收入预算，应考虑学校维持正常运转和发展的基本需要，参考以前年度的预算执行情况和预算年度的收入增减因素，积极稳妥地逐项测算编制。支出预算，应当根据学校开展教育教学等活动的需要和财力可能，分轻重缓急，按照政府支出分类科目分项测算编制。

### 2. 收入管理

收入是指中小学校开展教学及其他活动依法取得的非偿还性资金。中小学校收入包括财政补助收入、上级补助收入、事业收入、经营收入、附属单位上缴收入及其他收入。财政补助收入，即中小学校从同级财政部门取得的各类财政拨款。上级补助收入是指中小学校从主管部门和上级单位取得的非财政补助收入。事业收入，即中小学校开展教育教学及其辅助活动依法取得的收入。其中：按照国家规定应当上缴国库或者财政专户的资金，不计入事业收入；从财政专户核拨给学校的资金和经核准不上缴国库或者财政专户的资金，计入事业收入。经营收入是指非义务阶段学校在教育教学及其辅助活动之外，开展非独立核算经营活动取得的收入。经营收入是中小学校筹集事业资金的渠道之一。但中小学校开展经营创收必须以不影响学校的正常教育教学秩序及保障中小学生身心健康为前提。附属单位上缴收入，即中小学校附属的独立核算单位按照规定上缴学校的收入。其他收入是指上述各项收入范围以外的收入，如捐赠收入、投资收益、利息收入等。

中小学校进行学校收入管理应遵循以下要求：

（1）中小学校应当将各项收入全部纳入学校预算，统一核算、统一管理。中小学校严禁设立"小金库"，严禁账外设账，严禁公款私存。

（2）中小学校组织收入应当合法合规；各项收费应当严格执行国家规定的收费范围、收费项目和收费标准，使用符合国家规定的合法票据。对按照规定上缴国库或者财政专户的资金，中小学校应当按照国库集中收缴的有关规定及时足额上缴，不得隐瞒、滞留、截留、挪用和坐支。

### 3. 支出管理

支出是指中小学校为开展教育教学及其活动所发生的各项资金耗费和损失。中小学校支出费用的项目主要包括事业支出、经营支出、对附属单位的补助支出、上缴上级支出和其他支出等。事业支出是指中小学校开展教育教学及其辅助活动发生的基本支出和项目支出。基本支出是指中小学校为了保障其正常运转、完成教育教学和其他日常工作任务而发生的人员支出和公用支出。项目支出是指中小学校为了完成特定工作任务和事业发展目标，在基本支出之外所发生的支出。对附属单位的补助支出是指非义务教育阶段学校用财政补助收入之外的收入对附属单位补助发生的支出。其他支出是指上述规定范围以外的各项支出，包括利息支出、捐赠支出等。中小学校可以结合实际，在上述支出分类的基础上，进一步按照教育教学功能细化支出分类。

中小学校进行学校支出管理必须遵循以下要求：

（1）预算内支出的实际项目与数额应与预算方案中所列预算支出相吻合。

（2）非义务教育阶段学校开展非独立核算经营活动,应当以不影响正常教育教学活动为前提。

（3）在开展非独立核算经营活动中,应当加强经济核算,正确归集实际发生的各项费用;不能直接归集的,应当按照规定的比例合理分摊。

（4）经营支出应当与经营收入配比。

（5）从财政部门和主管部门取得的有指定项目和用途的专项资金,应当专款专用、单独核算,并按照规定向财政部门或者主管部门报送资金使用情况;项目完成后,应当报送专项资金支出决算和使用效果的书面报告,并接受财政部门和主管部门的检查、验收。

（6）支出应当严格执行国家有关财务规章制度规定的开支范围和标准;国家财务规章制度中没有统一规定的,由学校结合本校情况,报主管部门和财政部门备案。学校规定违反法律和国家政策的,主管部门和财政部门应当责令改正。

（7）各项支出应按实际发生数额列支,不得虚列虚报,也不得以计划数或者预算数代替。

4. 专用基金管理

专用基金是指中小学校按照规定提取和设置的有专门用途的资金。目前我国中小学校专用基金项目主要包括修购基金、职工福利基金、奖助学基金及其他基金。修购基金是指按照事业收入和经营收入的一定比例提取,并按照规定在相应的购置和修缮科目中列支(各列50%),以及按照其他规定转入,用于学校固定资产维修和购置的资金。其中,义务教育阶段学校不提取修购基金;事业收入和经营收入较少的其他中小学校,可以不提取修购基金。职工福利基金是按照非财政拨款结余的一定比例提取以及按照其他规定提取转入,用于职工集体福利设施、集体福利待遇等的资金。奖助学基金是接受社会捐赠和按照规定从事业收入中提取转入,用于奖励、资助学生的资金。其他基金,即按照其他有关规定,根据事业发展需要提取或者设置的专用资金。

各项专用基金提取的比例和办法,国家有统一规定的,执行国家规定,没有统一规定的,由主管部门会同同级财政部门确定。

5. 负债管理

负债是指中小学校所承担的能以货币计量、需要以资产或者劳务偿还的债务。中小学校的负债包括借入款项、应付及预收款项、应缴款项、代管款项等。应缴款项包括中小学校收取的应当上缴国库或者财政专户的资金、应缴税费,以及其他按照国家有关规定应当上缴的款项。代管款项是指中小学校接受委托代为管理的各类款项。中小学校应当加强代管款项的管理,分项核算,按时结清。

中小学校应当对不同性质的负债分别管理,及时清算并按照规定办理结算,保证各项负债在规定期限内归还。

6. 编制财务报告和进行财务分析

财务报告是反映中小学校一定时期财务状况和事业发展成果的总结性书面文件。中小学校应当定期向主管部门和财政部门以及其他有关的报表使用者提供财务报告。

中小学校报送的年度财务报告包括资产负债表、收入支出表、财政拨款收入支出表、固定资产投资决算报表等主表,有关附表及财务情况说明书等。财务情况说明书,主要说明中小学校收入及其支出、结转、结余及其分配、资产负债变动、对外投资、资产出租出借、资产处置、固定资产投资、财务分析指标、绩效等情况,对本期或者下期财务状况发生重大影响的事项,以及需要说明的其他事项。

进行财务分析对于中小学校改进教育经费的分配和使用方案,提高其使用效率具有重要意义,因而,财务分析是中小学校财务管理工作内容的重要组成部分。中小学校应当按照主管部门的规定和要求,根据学校财务管理的需要,定期编制财务分析报告。财务分析的内容包括中小学校事业发展和预算执行,资产使用管理,收入、支出和专用基金变动,以及财务管理情况、存在的主要问题和改进措施等。财务分析基本指标包括预算收支完成率、人员支出与公用支出分别占事业支出的比率、资产负债率、生均支出增减率等。除以上基本指标外,中小学校还可以根据本校特点增加财务分析指标。

### (三) 学校教学设备管理

教学设备是教学和教学研究中所需要的各种设施、设备、器材等各种物品的统称。学校教学设备的管理目标在于充分利用和发挥各种设施、仪器和物品的功效,为教学服务。

教学设备是学校开展教学活动的物质基础。随着科学技术的进步和社会生产力的发展对年轻一代的培养规格提出了新的要求,学校的教学内容和组织形式也必须适应这一要求而不断发展更新,由此对教学设备的种类、性能、技术等方面所提出的要求也是不断发展的。教学设备的科技含量是教育现代化的重要指标之一。学校教学设备应当随着社会的发展与进步而不断提高其科技含量,促进教育更好地为知识经济社会服务。

不同级类的学校应当配备的教学设备是不同的。按照有关规定,目前我国中小学校应当配备的必需教学设备如下:

1. 小学

(1) 教室及教室内的各种设施、设备。
(2) 教师用的各种挂图、模型等教具。
(3) 音乐课教学乐器、体育课教学场地和器材。
(4) 自然课教学及相应仪器设施。
(5) 图书阅览室和按在校学生数配备的图书。
(6) 课外活动室(或称多功能教室)。

有条件的小学也可设置计算机教室或其他电化教育设备,如闭路电视等。

2. 中学

(1) 教室及室内的各种设施、设备。
(2) 教师用的各种挂图、模型、实验器材。
(3) 音乐、体育等课所需的各种教学设施和设备。
(4) 图书馆活动室和科技小组活动室。
(5) 课外活动室和科技小组活动室。
(6) 教研组办公室。
(7) 物理、化学、生物等课程的实验室。
(8) 电化教育设备和电化教室(多媒体教室)。
(9) 计算机教学教室。

### （四）学校资产管理

资产是指中小学校占有或者使用的、能以货币计量的经济资源。学校资产包括学校所拥有的各种财产、债权和其他权利。我国中小学校中的国有资产属于国家所有，应当按照国有资产的有关规定进行管理。随着科学技术的发展，办学条件水准的提高，以及学校开放性程度的提高，学校的资产管理工作也将复杂化，需要有科学而严格的管理制度来进行管理。

中小学校的资产可以分为流动资产、固定资产、在建工程、无形资产和对外投资等类型。

流动资产是指可以在一年以内变现或者耗用的资产，包括现金、各种存款、零余额账户用款额度、应收及预付款项、存货等。存货是指中小学校在开展教学及其他活动过程中为耗用而储存的资产，包括各类教材、燃料和一些具有低值易耗特点的消耗性物资。流动资产的管理方式和要求有以下几个方面：① 建立、健全现金及各种存款的内部管理制度。② 对应收及暂付款项应当及时清理结算，不得长期挂账。③ 对存货应当进行定期或者不定期的清查盘点，保证账实相符；存货的盘盈、盘亏应及时调整。

固定资产是指使用期限超过一年，单位价值在1000元以上（其中专用设备单位价值在1500元以上），并在使用过程中基本保持原有物质形态的资产。单位价值虽未达到规定标准，但耐用时间在一年以上的大批同类物资，如课桌椅等，作为固定资产管理。中小学校的固定资产一般分为六类：房屋及构筑物；专用设备；通用设备；文物和陈列品；图书、档案；家具、用具、装具及动植物。固定资产有以下管理方式和经营要求：① 中小学校的固定资产明细目录由教育部制定，报财政部备案。② 中小学校应当设置固定资产总账、明细账及固定资产卡片，详细记载固定资产的编码、名称、类别、规格、型号、原值、购置日期、使用部门等信息，完整反映固定资产的情况。③ 中小学校应当对固定资产进行定期或者不定期的清查盘点。年度终了前应当进行一次全面清查盘点，做到账、卡、物相符。对盘盈、盘亏的固定资产，应当及时查明原因，按照规定处理。

无形资产是指不具有实物形态而能为使用者提供某种权利的资产，包括专利权、商标权、著作权、土地使用权、非专利技术、商业信誉以及其他财产权利。中小学校可以转让无形资产，但需经以下程序进行：第一，按照有关规定对无形资产进行评估，确定转让价格；第二，取得的收入按照国家有关规定处理；第三，中小学校取得无形资产而发生的支出计入事业支出。

对外投资是指中小学校依法利用货币资金、实物、无形资产等方式向其他单位的投资。中小学校应当严格控制对外投资。在保证学校正常运转和事业发展的前提下，按照国家有关规定可以对外投资的，应当履行的相关审批程序是：第一，中小学校不得使用财政拨款及其结余进行对外投资，不得从事股票、期货、基金、企业债券等投资，国家另有规定的除外；第二，中小学校以实物、无形资产等非货币性资产对外投资的，应当按照国家有关规定进行资产评估，合理确定资产价值；第三，义务教育阶段学校不得对外投资。

### （五）学校生活管理

学校生活管理主要包括食堂、水电和宿舍等方面的管理。

1. 办好学校食堂

学校食堂能否为师生员工提供卫生、可口并富于营养的膳食服务，直接关系到他们的身体健康、工作学习的情绪乃至积极性的发挥，是后勤管理工作的重要内容之一。

中小学校办食堂有两种情况：一种情况是接受有住宿生的全日制中小学校。这类学校学生除周末回家外,学习日期间在校留宿,他们的膳食需要学校派专人统一管理。鉴于中小学生未成年,缺乏自我管理和计划能力,一般宜采用营养包餐形式供应膳食,即根据中小学生成长发育的生理需求,从热量、蛋白质、各种微量元素等多方面考虑营养平衡进行配餐向学生供应。教师则可采用选菜制。另一种情况是没有学生在校寄宿,学校食堂只需要在学习日向师生供应中餐的学校。我国中小学校中大多数是这种学校。这类学校中比较困难的情况是一些较为偏远的学校,少数单身青年教职员工的早、晚餐问题不太好解决。目前有些有条件的学校采用为单身青年教职员工配备专用煤气灶具的方式解决这一困难,受到青年教职员工的欢迎。

学校膳食供应工作应把卫生、营养放在第一位,防止因在校饮食而发生各种疾病的现象。为此,必须做到对食堂工作人员定期检查身体,不得招患有传染疾病的人员;食堂采购的原材料必须符合卫生标准,不得购进腐败或者受污染的食物供师生食用,避免发生食物中毒或其他事故。其次,要解决好提高膳食质量与降低成本之间的关系。为此,需要对食堂的工作人员进行技术培训,提高烹调技术。同时实行成本核算制度,加强质量和价格的监督,使膳食的质量和成本得到师生的接受和认可。

2. 做好水电供应

水电是现代学校运转的基本能源物质保障。中小学校的水电管理工作主要是计划管理和安全管理。计划管理要求合理制定学校水电使用计划,既要保证教学和生活需要,又要能够最大限度地贯彻节约原则。水电管理工作可以与节约能源的教育结合进行,教育学生了解我国是能源资源比较贫乏的国家,养成节约能源的观念和习惯。安全管理主要是确保水电设施的安全可靠,具体包括宣传和普及安全使用水电设施的知识和应急处理办法;制定必要的规章制度,严格制止违章用电、窃电和擅自使用消防水等现象;定期检查并及时维修和更新水电设施,及时消除安全隐患等。考虑到中小学生的年龄特点,水电设施还应有特别安全措施,以防止中小学生意外人身伤害事故的发生。

3. 做好宿舍管理工作

学校宿舍包括教职员工宿舍和学生宿舍,后者主要存在于招收寄宿生的学校。目前我国私立的中小学校和一部分公办的重点高中招收寄宿制学生。宿舍管理工作具体包括分配管理、治安管理、卫生管理、维修管理等。

(1) 分配管理。在福利分房的制度下,有条件建造教职员工宿舍的中小学校通常采用制定相应制度在校内教职员工中按照一定原则和条件分配住房;没有条件建造的则依靠上级主管部门统一解决,学校负责组织申报住房需求。目前,我国职工住房分配体制已经实行改革,由福利分房转变为货币分房。学校应当采取一定措施帮助有困难实现货币分房的教职员工,以稳定教师队伍。

学生宿舍的分配应实行男女生分楼居住的原则,并将学生按年级和班次编排,便于管理。

(2) 治安管理。治安管理的内容主要包括防火、防盗、防自然灾害、防流氓滋扰校园秩序和聚众闹事等。学校应有专人负责治安工作,学生宿舍需设置宿舍管理员,与此同时,加强对学校师生的安全教育,培养他们对突发事件的应变能力,尽可能减少损失。

(3) 卫生管理。学校卫生管理工作以创造一个舒适、优美、整洁、卫生的生活环境与培养学生良好的个人卫生习惯及爱护公共卫生等文明的社会公德为目标。中小学校的卫生管理工作可以分为宿舍区的卫生管理、教学区的卫生管理和流行病的防治等。宿舍区的卫生管理工作具体包括个人卫生、寝室卫生（主要指学生）和公共场所及周围环境卫生。设在校内的教职员工宿舍区尤其要注重为学生树立文明社区的榜样。学校是人群密集场所，是流行性疾病易于作祟之地。为保障学生在校学习期间身体健康，中小学校要注意做好流行病的防治工作。这一工作主要是在上级有关主管部门及其专业人员的领导和指导下进行，具体包括对流行病防治知识的宣传和防治措施的实施。有地方病流行的地区，还应对中小学生进行地方病防治知识的教育，为提高人口素质打下基础。

（4）维修管理。宿舍应能保证师生的生活安全而舒适，一旦出现门窗破损、房顶漏水等现象，应当及时维修。维修有及时维修、定期维修、突击维修、有计划大修等几种。对于定期维修和有计划大修学校应做出维修计划，并结合安全管理工作，定期对各种建筑和设施进行检修，及时发现问题或隐患，避免发生事故。

### （六）校园环境管理

校园环境由物质环境和精神环境两部分构成。物质环境包括绿化园地、环境卫生、各类建筑、各种师生工作学习和生活的设施；精神环境包括政治气氛、文化氛围、道德情操、教风学风、纪律秩序以及教职员工和学生的行为方式等。这两类环境是相互影响的。总务后勤管理的任务主要是物质环境建设，但是在学校统一部署安排下，通过物质环境的建设，直接或者间接地影响乃至反映精神环境的建设。校园环境管理应能够与环境保证教育结合起来，因而，校园环境建设应成为生态环境的典范。

学校总务和后勤部门的校园管理工作内容具体包括校园绿化管理、校园环境卫生管理和校园文化设施管理几个方面。

#### 1. 校园绿化管理

校园绿化管理包括校园内的树木种植、园林和绿地建设及其养护。绿化校园是改善校园生态环境，对学生进行自然美的陶冶和环境保护意识培养的重要途径。进行校园绿化管理要求对学校的绿化建设做出绿化带规划，根据所处地区的地理气候环境选择适当的花木树种，不断扩大绿地覆盖面，消除裸露地面。有条件的学校，还可适当用植物造景，使校园建设园林化。

校园绿化建设规划要处理好学校楼舍与花草树木及其他景观的关系。一般说来，学校楼舍应是主景，经常化景观主要起烘托作用，突出校园建设的主题，并形成自己的风格。

进行校园绿化可以组织学生种植花草树木，并教育学生爱护学校的一草一木，进而使学生形成爱护公物的观念和习惯。

#### 2. 校园环境卫生管理

校园环境卫生管理是指校园内的道路、绿地、体育场地及所有建筑物户外其他场地空间的卫生维护。校园环境卫生状况体现了学校师生员工的精神文明水平，并直接关系着师生的身体健康。校园环境卫生的基本要求是校园环境整洁卫生，各类建筑干净明亮，无卫生死角、无废物垃圾、无蚊蝇滋生等。

#### 3. 校园文化设施管理

校园文化设施管理是指校园内以启迪和陶冶学生情操为目的而建设的文化小品、宣传设施以及其他各类人文景观。校园文化设施状况对学生思想感情的熏染和知识结构的充实是在潜移默化中实现的，是学校隐性课程的重要内容。因而，校园文化设施的设置要充分考虑学生身心发展的特点,采用为他们所乐意主动接受的内容和方式。

目前有些学校以投资人的名字给学校建筑物命名,有些甚至命名到班级教室。在中小学校中,采用这种做法时应慎重考虑,避免带来负面影响。学校校园建设不可以以经济利益为第一目标。

## 二、总务后勤工作的组织与管理

### (一)学校财务工作的组织与管理

1. 学校财务管理的体制

根据《中小学校财务制度》第五条的规定,中小学校财务管理实行校长负责制。学校的财务活动在校长的领导下,由学校财务部门统一管理。第六条规定,中小学校以校为单位进行会计核算。实行"集中记账,分校核算"的,不改变学校财务管理权。即在一定区域内,由县级财政和教育部门确定的会计核算机构统一办理区域内中小学校的会计核算,学校设置报账员,在校长领导下,管理学校的财务活动,统一在会计核算机构报账。具体采取何种方式,由地方财政和教育部门根据当地实际情况确定。

2. 学校财务管理的要求

学校财务管理首先要依法进行。我国财政部和教育部联合制定了《中小学校财务制度》,并于1997年1月1日起实施。2012年12月21日,财政部会同教育部对《中小学校财务制度》进行了修订,并于2013年1月1日起实施。该文件是规范中小学校财务工作的主要法律性文件,属于教育财政方面的教育行政规章,若有违反可按照违反国家财政法规的行为追究法律责任。中小学校的财务管理工作应严格依照《中小学财务制度》的规定展开,当前尤其应注意对学生收费和开展创收工作的规范性操作,这关系到学校和教师的形象及声誉。学校可以根据国家财政法规和学校具体情况制定学校内部的财务管理规章制度,以规范学校的财务活动。学校财务管理还应遵循勤俭节约的原则,对教育经费的使用要精打细算,使有限的资金发挥最大效益。

3. 学校财务管理的监督

财务监督是贯彻国家财经法规以及学校财务规章制度,维护财经纪律的保证。中小学校实现财务监督的途径主要有三个:一是接受国家有关部门的财务监督;二是建立严密的内部监督制度;三是通过学校内部的财会人员进行专业监督。中小学校的财会人员有权按照《会计法》及其他有关规定行使财务监督权,他们对违反国家财经法规的行为,有权提出意见并向上级主管部门和其他有关部门反映。中小学校财务监督的形式包括事前监督、事中监督和事后监督三种,学校可根据实际情况对不同的经济活动实行不同的监督方式。

4. 财务清算制度

我国对需要进行划转撤并的中小学校,实行财务清算制度。

中小学校进行财务清算的内容和方式:中小学校财务清算,应当在主管部门和财政部门的监督指导下,对学校的财产、债权、债务等进行全面清理,编制财产目录和债权、债务清单,提出财产作价依据和债权、债务处理办法,做好资产的移交、接收、划转和管理工作,并妥善处理各项遗留问题。

中小学校进行财务清算后资产的处理:中小学校财务清算结束后,经主管部门审核并报财政部门批准,其资产分别按照下列办法处理。

（1）因隶属关系改变、成建制划转的中小学校,全部资产无偿移交,并相应划转经费指标。

（2）撤销的中小学校,全部资产由主管部门和财政部门核准处理。

（3）合并的中小学校,全部资产移交接收单位或者新组建单位,合并后多余的资产由主管部门和财政部门核准处理。

（4）分立的中小学校,资产按照有关规定移交分立后的中小学校,并相应划转经费指标。

### （二）学校教学设备管理工作的组织与管理

#### 1. 教学设备管理的组织形式

教学设备是学校的固定资产,由学校注册登记,并设置专门的机构和专职人员进行管理,其使用权也由直接管理部门所有,实行一种责任制性质的管理组织形式,以使教学设备既能在物质形态上得到妥善保管,又使其教学功能得到充分利用。

责任制的关键在于明确岗位职责。教学设备管理工作一般由主管教学的副校长全面负责,领导各项有关教学设备管理工作的展开。管理人员是具体实施管理措施的操作人员,根据所负责管理的项目确定具体的职责。教学设备的计划、决策等工作在校长的领导下和教务管理部门的协助下进行。

学校教务管理部门作为学校教学主管机构,除参与学校教学设备的规划、决策工作外,还要做一些教学设备的情况调查,如了解教学设备的使用情况、教学的效果等,为做好教学设备管理工作提供参考意见。

责任制的管理组织形式是通过一系列规章制度确立的,学校应当制定各项规章制度,明确管理职责。教学设备管理制度通常包括责任制度、维修制度、使用制度、保管制度、库房制度、实验室制度、人员制度等。责任制度要求管理人员明确各种设备事故、故障及损失的责任对象及处理措施;维修制度是关于设备维修的种类、时间(是否定期)及维修规模等方面的规定;使用制度规定了使用手续和对使用人员的要求及注意事项;保管制度明确了各种设备所要求的保存环境;库房制度是关于教学仪器存放方面的规定,存放教学仪器的库房要求安全、清洁、整齐;实验室制度是一种综合性制度,包括管理实验室各方面工作的规定;人员制度是对设备管理人员的配置、工作职责、技术要求、职称等方面的规定。

#### 2. 教学设备管理的手段和形式

教学设备从购进到设置使用的不同环节具有不同的具体管理工作,针对不同的环节,可以采取不同的手段进行管理。

（1）质量管理。质量管理主要体现在设备购置环节。学校在购进教学设备过程中,应当进行市场调查、比较,选购质量较好、价廉物美的教学设备,避免买进伪劣产品,使有限的教育经费遭受损失和浪费。

（2）计划管理。对学校教学设备的购置、更新应有计划地进行。教学设备购置计划的编制要考虑经费可能和教学设备的技术性质、教学需要以及其利用率的大小等因素,按照经济原则、效率原则,科学、合理地编制。

（3）技术管理。教学设备使用过程中的技术管理是一项常规性的工作。学校的大部分教学设备是科学技术产品,要使其在教学使用过程中正常发挥功能,必须在技术上予以保证。技术管理的内容包括各种教学设备的技术资料的保管、分析,设备运行故障及维修的记录,使用和操作人员的基本素质的检查和培训,教学设备的安装、调试及申请报废等内容。

(4)人员管理。教学设备的作用是通过人的使用体现出来的。人在使用教学设备过程中所具有的素质越高,教学设备所发挥的教学效能就越大。人员管理工作具体包括配备教学设备管理人员的编制,对管理人员进行考核、培训以及对设备使用人员的技术培训等内容。教学设备的人员管理和技术管理是相适应的,是一项工作的两个方面,在具体操作过程中需要同时抓。

(5)制度管理。制度是管理工作规范化的保证。为保障教学设备正常运行并高效使用,可以采用人员责任制,工作制,设备的保管、维修、使用等制度作为管理手段。当教学设备的使用取得经济收入时,收入的款项应按财务制度规定加以管理。

(6)环境管理。教学设备的保管、运行都需要一定的环境条件,尤其是较为精密、贵重设备的设置场所要求空气洁净、温度和湿度达到一定指标。只有满足这些条件,才有利于教学设备的正常运行和保养,并延长其使用寿命,提高投资的效益。

**(三)提高总务后勤职工的素质,树立全心全意为师生服务以及勤俭办学的观念意识**

总务后勤工作质量的高低,与其职工素质的状况密切相关,因此,需要考虑总务后勤职工队伍的建设问题,具体可以从以下几个方面着手。

(1)加强总务后勤工作人员的职业道德教育,促使他们热爱本职工作,热爱服务对象。总务后勤工作人员对学生来说,也是教育者,也有教育学生、爱护学生的责任;同时,他们具有的职业道德、工作作风和行为,也会对学生产生榜样的影响力。因此,总务后勤工作人员应有良好的职业道德修养。

(2)加强总务后勤工作人员的职业纪律教育,增强其遵守职业纪律的自觉性和责任感。总务后勤工作时常要与财物打交道,后勤工作人员应能自觉遵守国家财经纪律和学校规章制度,不贪图小利,不侵占公物。

(3)加强总务后勤工作人员的职业技能培训,提高服务质量。优良的服务质量不仅表现在良好的工作作风和服务态度上,还建立于其优秀的职业技能的基础之上。总务后勤工作虽然繁杂,但每项工作都有其一定的专门技能,总务后勤工作人员必须熟练掌握相应技能,才能在特定的岗位上很好地发挥作用。

(4)做好总务后勤工作人员的思想工作。总务后勤工作比较琐碎、繁杂和辛苦,工作人员发生思想问题在所难免。学校领导要关心他们的疾苦,沟通他们与服务对象之间的关系,引导他们牢固树立全心全意为师生服务的思想,克服"服务低人一等"的错误看法,使他们认识到自己既是学校的主人,又是人民的公仆,从而能够心情愉快、没有思想负担地搞好本职工作。

## 思 考 题

1. 教师的特点有哪些?
2. 试述教师管理的内容及原则。
3. 学生管理的内容有哪些?
4. 简述学生管理工作的基本要求。
5. 简述教学过程管理中教师教的过程管理。

6. 简述教学过程管理中学生学的过程管理。
7. 如何搞好教学业务管理?
8. 怎样搞好教学质量管理?
9. 简述德育管理的内容和任务。
10. 试述德育管理的组织与方法。
11. 体育卫生工作管理的任务有哪些?
12. 试述体育卫生工作管理的基本内容与方法。
13. 简述体育卫生工作管理的基本原则。
14. 简述总务后勤工作的内容。
15. 试述总务后勤工作的组织与管理。

# 第十三章 学校管理过程

**内容提要** 本章包括学校管理过程的概念及学校管理过程的基本环节两部分。第一部分论述了学校管理过程的含义、特性、构成要素及学校管理过程的优化。第二部分分别对学校管理过程的计划、执行、检查、总结的基本环节进行了比较系统的阐述。

## 第一节 学校管理过程概述

### 一、学校管理过程的含义

什么是学校管理过程？人们对这一问题的研究途径很多，但从一般管理过程的角度来研究则占有重要的地位。从一般管理过程的角度来研究大体上有以下几种形式：

一是由于受到西方现代管理理论的影响，从管理职能的角度来研究管理过程。对管理职能的研究是古典管理学派研究的核心内容。"科学管理"的创始人泰勒第一次将计划职能与执行职能分开，实行职能组织制。古典组织论的代表人物法约尔在其代表作《工业管理与一般管理》中直接提出了管理的职能是"计划、组织、指挥、协调和控制"，这也是构成管理活动的五种要素。厄威克（L·Urwick）在法约尔、莫尼、雷列和其他早期管理思想家的理论的基础上，提出了一个"综合的概念结构"，即管理过程是由计划、组织和控制三个主要职能所构成，加深了人们对管理职能的认识。而古利克（L·H·Gulick）则在此基础上把管理职能系统化，提出了著名的管理过程的七个步骤，即计划、组织、人事、指挥、协调、报告和预算，也称为POSDCRB过程论。这种从管理职能的角度来研究管理过程，一直延续到现在。我们认为，管理职能与管理过程是两个密不可分的内容。从管理职能的角度来研究管理的过程是有其意义和作用的，但是两者毕竟不是一回事。管理职能是指管理活动的职责和功能作用，表明管理者在管理活动中所处的地位和所能发挥多大的作用。但是它本身并不表明管理活动的内在程序，没有体现过程的特点。而且管理职能必须借助其他职能才能生存和起作用，本身并不能独立地作为过程中的某一个环节或阶段来体现自己存在的价值。

二是由于受到系统理论、控制理论和信息理论的影响，从系统、控制、信息的角度来研究管理过程。系统理论强调研究构成系统的各种要素之间的相互关系，来从整体上把握系统，因而它认为管理过程就是一种系统工程。控制理论强调管理者对被管理者所施加的主动影响。这种影响的结果又反过来影响管理过程和结果，即反馈。因而它认为管理过程就是一种控制与反馈的过程。信息论强调信息是构成组织的基本要素，管理的过程也就是一种信息的输入和输出的过程。尽管目前这种研究还处于初级阶段，但是我们认为，运用这些现代管理的基本理论来研究管理过程，对提高管理过程的科学性、理论性是有重要价值的。

三是从各项具体工作的管理过程的角度来研究一般意义上的管理过程。也就是说，用各项具体工作的管理过程来代替一般意义上的管理过程。很显然，各项具体工作的管理过程与一般意义上的管理过程是特殊性与普遍性、个性与共性的关系。各项具体工作的管理过程是研究一般意义上的管理过程的起点和基础，它代表的只是管理过程的一部分，它本身并不会直接产生和形成带有普遍意义的管理过程。对于组织的领导者来说，从研究具体工作管理过程出发，逐步把它概括形成带有指导意义和普遍意义的基本思想，进一步揭示管理活动的规律，这无疑是符合从具体到抽象、从特殊到普遍的辩证发展的哲学思想的。

从研究一般管理过程的角度出发，人们认为学校管理作为管理科学的一个分支领域，也应遵从一般管理的要求。学校管理过程也应符合一般管理过程的特点，也可以从以上的不同角度来研究什么是学校管理过程，因而也就出现了学校管理过程是学校管理的基本职能运行的体现、学校管理过程是一种整体发展的系统工程、学校管理过程是指学校管理的各项具体工作的管理过程等基本思路和观点。我们认为，学校管理过程是学校领导者组织协调学校管理的各种要素正常运转所表现出的一种持续活动的程序状态，它是学校管理的具体体现。学校管理过程不同于一般意义上的管理过程，尽管它要受到一般意义上的管理过程的基本理论的指导，但相比较而言，这两者的关系仍然是一种个性与共性、特殊性与普遍性的关系。也就是说，在研究学校管理过程问题的时候，应该充分地考虑到一般意义上的管理过程的研究思路和特点，但更重要的是要抓住学校管理过程这种特殊的活动形式，这将有利于揭示学校管理过程的实质。

### 二、学校管理过程的特性

学校管理过程是一种特殊的活动过程，有着自己独特的性质，以区别于一般意义上的管理过程和其他管理过程。这种特性体现在以下三个方面。

#### （一）以育人为中心的目的性

学校管理的根本任务就是要完成学校的教育任务，实现学校的教育目标。教育目标是指培养人才的规格和标准，学校的一切工作，包括学校管理工作都必须围绕着这一目标开展活动。而具体体现学校管理的学校管理过程也必然以育人为中心，来合理协调控制学校管理资源，实现管理的最终目标。所谓管理育人也包含这个道理。学校管理的对象比较复杂，但基本上可以分为两大类：一是对人的管理，二是对物的管理。发展到今天的学校管理，已经从以物的管理为中心转移到了以人的管理为中心，随之诞生了主体性的教育观和主体性的管理观。如果在学校管理过程中偏离以育人为中心的轨道，那么学校管理也就成为盲目的、毫无意义的活动了。在学校管理的各项工作中，教师从事教育教学工作，是为了把学生培养成合格的人才；学生的学习是为了使自己发展成合格的人才。学校领导人员通过管理活动把他们结合起来，形成一个整体，去实现培养和教育人的共同目标。学校管理的这种有效的结合，首先得益于他们之间共同的目的性，即培养、教育人的活动，始终贯彻这一宗旨，是学校管理活动得以存在和发展的基础。学校管理过程的这种以育人为中心的目的性的特点要求我们在学校管理活动中，要始终把握住学校管理的发展方向，树立培养、教育、尊重人的思想，以人为根本，充分调动人的积极性，发扬创造精神，达到育人的目的。

## (二) 以阶段为标志的有序性

学校管理过程是一种持续向前发展的有序过程,因此,应该有起点和终点。从起点到终点,也就构成了一个完整的管理周期。在每一个管理周期中其进程应该是有序的。学校管理是随着学校的发展而发展的,而这种发展又是持续的、分阶段地向前发展的。一个学校管理周期的结束,意味着另一个更高阶段的新的管理周期的开始。由此可知,整个学校管理过程就是一个不断循环往复、呈周期性向前发展的过程。之所以强调学校管理过程是以阶段为标志的有序性的过程,是因为:

第一,学校培养和教育人的工作过程是长期的活动过程,与之相对应的学校管理工作自然也是长期的活动过程。在这个长期的活动过程中,必须按周期分段,一段一段地完成阶段的目标和任务,最终实现育人的总目标。从形式上看,这种分段向前推进、段段相连的格局构成了学校管理过程的活动主线(如图13-1)。①

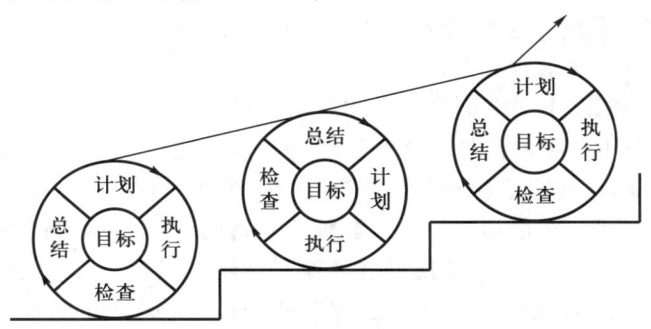

图 13-1　学校管理过程分阶段、呈周期性地向前发展

第二,在学校管理的每一个周期中,其学校管理的活动是有序的。从一般意义上来讲,应该遵从于从计划到总结的活动程序。正如一门课程的教学一样,先必须通过一堂课、一堂课教学,一项实验、一项实验去做,而每堂课、每项实验又必须遵从相应的操作规范和法则,最终完成这门课的教学任务。正因为学校管理活动的有序性的存在,因而正常的学校管理过程是比较稳定的,能够按照自身活动的基本要求有步骤、有阶段地向前进行。而且学校管理活动只有保持相对稳定的工作程序,这种活动过程才能卓有成效。管理活动所追求的也是一种有序的状态。学校管理过程的以阶段为标志的有序性要求我们,在学校管理过程中,既要从整体的角度来把握学校管理活动,又要揭示构成整体的不同的周期和阶段,一步一步地努力实践。在认识到学校管理过程有其客观的程序,讲求工作的顺序性的时候,也要认识到由于学校管理的各项工作的性质、任务、内容的不同,这种顺序或有序性也不是永远不变的。在具体的操作中,由于各种因素的影响,在遵循这种基本的顺序的同时,往往会产生多种程序模式,构成一个充满活力的学校管理过程。

## (三) 以目标为前提的控制性

"控制"一词源自希腊文,原意指"舵手",引申义是为了使在前进的道路上不会迷失方向,需要舵手掌握航向。这也就是说,控制从一开始就是与活动的目的或目标联系在一起的。学校管理过程的最终目的,是为了实现学校管理的预期目标。因此在活动之前,往往都

---

① 张济正.学校管理学导论.上海:华东师范大学出版社,1990:227.

确立了目的或目标,并事先设计出达到目的或目标的行动方案。人们通过学校管理实践,并不一定就能够实现这一愿望,因而就必须通过一定的手段和措施来改变学校的管理行为。从这种意义出发,控制就是发现和纠正在目标实施过程中出现的偏差,以保证管理目标的实现的一种过程。其目的和任务就在于:发现目标实施过程中的偏离情况,寻找出现偏差的原因,提出解决问题的方法并实施于学校管理过程之中,保证学校管理过程沿着目标的方向前进。因此,目标也就成为衡量管理过程的标准,是管理过程得以顺利进行的基础和前提。离开了目标的管理过程,就会缺乏方向性和指向性,也就没有存在的价值。我们在强调以目标为前提的控制性的同时,必须注意以下问题:一是学校管理过程的控制与一般物质生产领域的过程控制既有相似的地方,也存在着不同之处。它们的相似性在于其控制都是指向一定的目标、存在着严密的组织活动程序、有相应的控制手段和方法等。不同之处就在于它们的控制对象不一样,物质生产领域的过程控制强调更多的是"人—物"系统,学校管理过程的控制则强调"人—人"系统。这种控制对象的差异必然会在控制的标准、思想、方法、手段等方面带来不同的特点和要求。有人认为,由于"人—人"系统关系复杂,非控因素较多,因而学校管理过程难以控制。事实上恰恰与之相反,正因为人的要素复杂,具有能动性,也就确定了具有物的要素所不具备的优势。这种能动性可以转化为控制对象的自控能力,他能根据学校管理目标的要求,对自己的行为过程进行自我分析、自我检查,实现自主管理,最终保证学校管理目标的实现。这是其他所有因素所不具备的。二是学校管理过程是可控的,但不是仅仅凭借人的主观意愿行事,要使得这种控制能顺利进行并取得预期效果,就必须以一定的条件为前提。这种条件首先就是过程控制的标准,这种标准是衡量学校管理工作绩效的依据和准绳。标准来自于学校管理的目标,是学校管理目标的具体体现,只是在不同的管理过程阶段,这种目标有不同的体现而已。其次,要具有良好的信息沟通渠道及其他条件。

### 三、学校管理过程的构成要素

学校管理过程的构成要素,是指构成学校管理活动的各种基本要素。如果将学校管理过程看作是学校管理系统运行的客观程序的话,那么,要理解和掌握这个系统的实质,首先必须找出构成这个系统的基本要素,然后再来探讨这些要素之间的相互关系,以从整体上把握这个系统。前面曾提出,学校管理过程是学校领导者组织协调学校管理的各种要素正常运转所表现出的一种持续活动的程序状态,因此可以认为,学校管理过程是由学校管理的主体、学校管理的客体和学校管理的中介三个基本要素所构成。

#### (一)学校管理的主体

学校管理的主体是指在学校管理活动中具有一定决策权并能起主导作用的学校管理者。通常表现为在学校管理活动中享受一定权力、承担一定责任、为他人服务的个人或组织。管理主体是学校管理活动的主导因素,居于支配地位,起决定性的作用。

#### (二)学校管理的客体

学校管理的客体是指学校管理活动的承受者,"是指那些进入管理主体活动领域的人或物,是管理主体影响和作用并使之发生变化的对象"[①]。关于学校管理的客体的基本内

---

① 韩延明.管理学新论.北京:新华出版社,1996:9.

容,大体上有以下几种认识:一是"三因素"说。即学校管理的客体是指管理活动中的人、财、物。二是"四因素"说。即学校管理的客体是指人、财、物、事。三是"五因素"说。即学校管理的客体是指人、财、物、时间、信息。四是"六因素"说。即学校管理的客体是指人、财、物、时间、空间、信息。还有的学者在其著作或文章中也提到过多因素说的观点。我们认为,学校管理的客体应是一个发展的概念,在学校管理的不同的发展时期,这种客体也有形式和内容的变化。过去的管理比较直观和简单,涉及的要素并不复杂,更多的只是停留在对人的管理上。现代管理,特别是自20世纪50年代以来,管理日渐复杂,涉及的因素也越来越多,而且随着社会的进一步向前发展,学校工作的内容也会得到更新,也将给学校管理带来新的变化。鉴于这一认识,我们认为现阶段的学校管理的客体以人、财、物、时间、信息等为宜。① 人:指学校的人力资源,在此是指学校的被管理者。管理的实质是对人的管理。只有管好人,充分调动人的积极性、主动性和创造性,才能推动学校管理的向前发展。② 财:指学校的财力资源,或者说是学校物质资料的价值表现。管理财的指导思想是财尽其用,提高经济效益。因此要合理地划拨、配置和使用经费,低投入、高产出,将聚财、理财、用财、开源节流等相结合。③ 物:指学校的物力资源,包括学校的校舍、设备、场地、物资等。管理物的指导思想是物尽其用,提高其利用率,充分发挥它们的作用,这是办学的物质基础。④ 时间:将时间作为学校管理的要素或资源,是现代管理要求的结果。时间是"反映事物的先后顺序、不同程度的间隔、阶段以及延续的系统。"①在现代社会,随着时间就是金钱、时间就是效率等思想的确立,时间地位也就越来越显著,使其成为现代学校管理的主要资源之一。⑤ 信息:指事物的属性、特征的标志,用符号的形式表明一定的学校管理的消息、情报、资料等。由于信息能给人们带来知识和智慧,从而使它也成为学校管理的重要资源,由于人们越来越重视学校与社会的关系,重视学校与外界频繁的交往,也就越来越重视信息的作用。甚至在现代社会,人们把信息的开发、利用水平作为学校管理是否先进、有效的重要尺度。

人、财、物、时间、信息等作为学校管理的客体,虽然它们可以相对独立地作为五种形式的客体同学校管理的主体发生关系,但在学校管理的实际工作中,它们往往是一个相互联系、相互影响、相互制约的综合系统。其中,人的因素是最活跃、最能动、最积极的因素,也是最重要的管理资源,它处于管理客体中的核心地位,起着主要的或关键性的作用。

**(三)学校管理的中介**

学校管理的中介是持续连接学校管理主体和学校管理客体的方法、措施和手段等。它"是管理主体有目的地对管理客体施加影响的媒体"②。这说明,学校管理的中介联系着学校管理主体和客体,体现出两者应有的关系,也是两者信息和能量交换的桥梁。在现代社会,随着现代科学技术的不断发展,这就为学校管理的中介提供了良好的发展空间,管理的手段、方法、技术日新月异,越来越科学,越来越实用,越来越有效。因此,现代意义上的学校管理已将学校管理的中介的扩展和更新作为衡量学校领导人员管理水平的重要标志。

**四、学校管理过程的优化**

学校管理过程的优化,是指学校管理过程中,学校领导人员组织协调学校管理的各

---

① 董祥智,等.学校管理学.武汉:湖北人民出版社,1996:22.
② 王振中,等.普通管理学.南宁:广西人民出版社,1991:7.

种要素运转所表现出的一种最佳状态。也就是说,学校管理过程在运行中不仅仅是要有效,而且这种有效性应越来越显著。因此,要实现学校管理过程的优化,必须注意以下问题。

**(一)学校管理过程的优化,必须以学校管理过程的结构优化为前提和基础**

系统原理告诉我们,系统是按照一定的结构将系统的要素组合起来而形成的具有特定功能的整体。也就是说,不同的结构形式决定了系统的不同功能,系统的某种特定功能反过来作用于系统的自身结构,成为矛盾的统一体。学校管理过程作为一项整体性的活动,要使它产生最优化的结果,就必须依靠其基本的结构合理化和最优化。而结构又是指组织或系统内部各要素的构成形式,因而结构的优化又必须依靠这种构成结构的要素及其要素的组成形式的优化。因此,在学校管理中,对于学校管理主体来说,一方面,作为学校管理主体的人即学校领导人员,必须具备良好的基本品质和修养,有较高的政治素质、文化素质和能力素质,明确自身的职责权限,掌握和运用有效的领导方式,形成良好的工作作风;另一方面,作为学校管理主体的组织即学校领导班子,应该建立互相容纳、互相信任、互相帮助、互相支持的领导班子结构,依靠自身的力量,搞好领导班子的团结,勇于进取,不断提高管理水平。对于学校管理的客体来说,应充分组织和协调好学校管理的各种资源,真正做到人尽其才、物尽其用、财尽其利,提高管理的效率和效益。由于学校管理的主体与客体是依靠学校管理的中介来联系的,因此良好的学校管理方法、手段,先进的管理技术,规范化和制度化的管理运行机制无疑是具有重要作用的。

**(二)学校管理过程优化应通过构成学校管理过程的各个环节及其相互关系的运行来体现**

学校管理过程的优化不是空洞的,要通过计划、执行、检查、总结等环节所表现出的最佳状态来体现。因此,对于计划来说,就应该做到正确性、明确性、可行性、协调性的统一。计划在全过程中发挥作用。就过程而言,它的活动越接近或越合乎目标要求,其效果就越优化;就计划而言,计划越优化,越能对过程发生积极作用,也就越能促进过程的优化。对于执行来说,就必须以计划为前提,组织落实计划的实施,并在执行过程中加以正确的引导、协调、教育与激励,这是完成计划的保证。对于检查来说,它是保证学校管理过程朝着最优化的方向发展的重要步骤。通过检查,可以判明过程是否偏离了方向,是否朝着预定的方向发展,并且通过强有力的检查手段和方式完成这一过程的任务。对于总结而言,它是对计划的执行情况和执行结果做出全面评价的管理活动,很显然,总结的结论是判断管理是否优化的重要指标。学校管理过程计划、执行、检查和总结,构成了学校管理过程的一定程序,当这种程序具备结构的完整性、活动的连续性和灵活性的时候,学校管理过程的优化就会得到直接的体现。

**(三)学校管理过程的优化,总是与一定的环境条件联系在一起的**

学校对外是一个开放系统,这就使得在学校管理过程中必然与外界环境有着各种各样的关系。在良好的环境条件下所从事的学校管理活动,更能使学校管理过程趋向优化。良好的外界环境条件必须做到:分级管理、分类管理和宏观管理。通过分级管理改变单一的办学体制模式;通过分类管理,使学校成为相对独立的办学实体;通过宏观管理,使学校拥有更多的办学自主权。有了这样一个良好的外在环境,必然会为学校管理过程的优化提供条件。

## 第二节 学校管理过程的基本环节

学校管理过程的基本环节,是学校管理过程的具体体现。明确学校管理过程的特点,合理划分学校管理过程的基本环节,是学习和研究学校管理过程的两个重大问题。学校管理过程的特点渗透在管理过程的各个环节之中,而管理过程的各个环节也应该体现出管理过程的特点,两者紧密地联系在一起。对于学校管理过程的基本环节的划分,大多数人采用了美国工程师戴明提出的 PDCA 循环学说,或者称之为"戴明环"。戴明认为,管理过程是一种不断循环往复、呈周期性向前发展的过程。在第一个周期中,它又是由计划(Plan)、执行(Do)、检查(Check)、处理(Action)四个环节所构成。依据这一观点,学校管理过程的基本环节可以划分为计划、执行、检查、总结。

### 一、计 划

计划,在学校管理过程中,是管理工作的起始环节,是全过程的起点,是管理过程中其他环节的依据。离开计划环节的学校管理过程是很难有步骤、有目的地进行的。

#### (一) 计划的含义和作用

计划,就其词义来讲,计即是指计谋、思想、想法等,划即刻的意思。因而计划其本意就是把人们的思想、想法、计谋刻在什么物体上的活动。从一般意义上讲,计划就是指在学校管理过程的活动中,确定目标并为实现目标而制定方法、步骤的活动。它应包括两个方面的含义:一是学校领导人员对未来的发展所进行的各种运筹、策划活动。这主要是将计划作为一项管理职能来研究。二是学校领导人员根据一定的条件,对学校管理的未来发展所进行的运筹、策划的结果。这实际上就是一种对未来的有目的、有规划的设想。从以上意义出发,计划要满足以下几个方面的要求:

第一,计划要具有鲜明的方向性。学校管理过程中的计划必须依据一定的条件来展开,这种条件就是国家的教育方针、教育政策、教育法规以及能有效地完成教育任务,学校管理过程中的计划不能背离这一方向。

第二,计划要具有严谨的科学性。任何学校管理计划,都要遵循学校的教育规律和学校管理的规律,体现出学校管理的特点,具有实事求是的精神。同时在指标的设立、方法步骤的选择等方面要经过严密的科学论证,在计划抉择时也应遵循严密的计划抉择程序,加强计划环节的规范化和制度化建设,从而体现计划既是管理过程的起点,又是管理过程的归宿。

第三,计划要具有切实的可行性。计划是对未来发展的情况进行的设想,显然也就具有超前性,反映出人们对学校管理过程发展的主观认识。但是任何计划要达到有效的目的,就必须针对现实情况来制定,应该从自身的客观条件出发,有的放矢,在要求计划具有先进性、科学性的同时,也要注重计划是可行的,是人们经过自己的努力可以实现的。这样的计划才有价值。

第四,计划要具有明确的可检性。简单来讲,一份好的学校管理计划,必须说明学校管理人员应该做什么、如何去做以及要做到什么程度,这样才能做到定时、定人、定质、定量、分工明确、责任落实。在具体的计划指标上,尽可能地做到定时化和具体化,避免含糊不清的抽象指标,以便于检查。

第五,计划要具有较强的渗透性。从学校管理过程的程序来看,计划是其起始环节,计划职能是其首要职能。只有进行了计划环节,才能顺利地开展执行、检查、总结等环节的活动。也只有计划职能的作用得到发挥,组织职能、控制职能、协调职能等才能顺利地得以实施。因此,计划的含义及内容必须渗透到其他环节之中,它不仅规定着学校管理过程的发展方向,而且指导着其他环节得以顺利进行。这种相互渗透的特点,形成了学校管理过程的动态的系统。

在学校管理过程中,明确了计划的含义及特点,也就有助于理解和掌握学校管理计划的作用。这种作用体现在:

第一,通过学校管理计划,可以将学校管理工作进行组织和安排,合理配置现有的管理资源,使学校管理活动得以稳步、有序地向前发展。

第二,通过学校管理计划,可以对学校管理工作进行有效的决策。计划和决策是紧密不可分的,有人甚至认为,计划工作基本上是抉择工作,只是在发现有一个可供抉择的行为过程时,才会提出计划问题①。在这个意义上说,计划工作基本上是作决策。

第三,通过学校管理计划,可以选择有效的学校管理方法。学校管理方法是指为完成学校管理任务所采取的措施、途径和手段。方法本身具有目的性、灵活性和选择性的特点,正如"我们不但要提出任务,而且要解决完成任务的方法问题"一样,我们不但要提出计划,而且也要解决完成计划的方法问题。方法的选择与确定,既要考虑到计划的目的和任务,也要考虑到计划的对象、内容和条件。也就是说,计划的方向、对象、内容、条件与方法的选择和灵活运用是紧密联系在一起的。显然,那种随心所欲的选择方法或一味地沿用过时的老办法、抛开计划的要求而蛮干的做法,都不是现代学校管理人员应有的态度。

第四,通过学校管理计划,可以形成检查学校管理工作的标准。正如前面所论述的,计划是学校管理过程的起点,是一种对未来发展状态的描述、设想,因而也就成为学校管理工作要努力实现的目标。学校管理工作是否进行顺利、是否达到了预期的目的,关键看其计划是否能够实现。因此,计划也就成为衡量学校管理工作好坏的标准。这既是计划的鲜明方向性特点所决定的,也是学校管理工作的客观要求。

(二) 计划的制定步骤

学校管理计划的制定步骤,实质上是一种有领导的自上而下、由下而上的"人—人"的双边活动程序,体现出计划制定过程中的程序性。学校管理计划的制定主要包括确立目标和抉择方案两个步骤。

1. 确立目标

计划工作的第一个步骤是为学校管理组织及上属机构、人员确定计划工作目标。它说明要做的工作有哪些,重点应该放在哪里,以及通过一整套的策略、政策、程序、规则、预算和方案所要完成的是一些什么任务。当然,要明确这些,就必须先做一些准备工作。这些准备工作包括对计划的制定所涉及的各种依据、要求、条件进行客观的分析,对计划的制定者把握学校管理发展的判断能力进行初步的探讨,对于一些不确定性的问题能有效地进行展望,等等。对于学校领导人员来讲,应深入地进行调查研究,掌握学校管理的基本情况,通过学习和借鉴,不断地提高自己的判断能力。对于学校组织的其他成员来讲,应该积极、主动地

---

① 哈罗德·孔茨,等.管理学.贵阳:贵州人民出版社,1982:47.

提供学校管理的各方面的情况,上下一致,为计划的制定出谋划策。不过,学校领导人员在确立目标的时候,要考虑到目标的三个问题,即目标的优先次序、目标的时间和目标的结构。要解决目标的重点和非重点的问题,目标的时间长短问题,目标中各个子目标之间、子目标与条件之间的相互关系,使得目标的确立科学、合理和可行。此外,目标的确立还必须以科学的预测为前提。预测本身就是对未来的发展趋势、发展的状态进行判断和推知,因此,它必然会成为目标确立的基础。将来学校发展的规模有多大、速度有多快、需要多少师资和经费、校舍的面积要多少等问题,既是预测要回答的内容,也是学校管理计划不能回避的问题。

2. 抉择方案

计划的抉择方案过程是一种探索和调查可供选择方案的行为过程,这种过程是从多种可行方案中选择合理、满意的行动对策的过程。在学校管理中,由于学校领导人员和其他组织成员积极共同的参与,因而也就会产生实现计划的多种方案的可能性。对于学校领导人员来说,要正确对待各种不同的方案或意见,并对这些方案和意见进行分析、比较、判断,以便做出最好的选择。对那些可行性的意见要慎重地论证,不能盲目选择。学校管理工作中,对于计划方案的形成,不在于发现多少种可行性方案,而在于如何来减少抉择方案的数目,保留几个有成功希望的方案。特别是对那些看起来不太显眼的方案,要引起足够的重视。对于学校组织的其他成员来说,既要积极参与、积极建议,提出自己的设想,也要尽可能地从全局的角度出发,尊重和借鉴他人的意见。在对方案做出抉择时,学校领导人员既不能失去原则,也不能草率行事要以严谨的科学态度和民主的工作作风做出最后的抉择。学校组织的其他成员应以大局为重,服从已经做出的抉择方案,并在思想和行动上作好实施的准备。

为了保证计划制定的过程得以顺利地进行,必须制定严格的政策和策略,对人的思想、思维、行动起指导、约束、规范的作用。同时要制定出具体的措施,明了项目指标、目的、时间、空间、责任者及其主要的管理手段和方法,通过一定的组织机构和组织行为,协调和运用好学校管理的各种资源,使计划得以合理地制定和落实。

计划制定的步骤可以用图 13-2 表示:

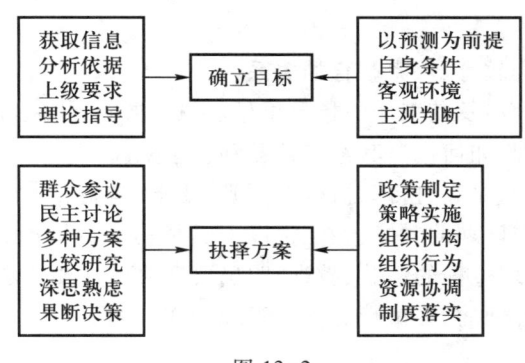

图 13-2

### (三)计划的种类和内容

1. 计划的种类

根据工作的需要,可将要制定的学校管理计划划分为不同的种类,以便能更深入地认识计划的实质。

（1）以时间为标准，可以将计划划分为长期规划和中短期计划。长期规划是一种全局性的、战略性的发展计划，规定着学校及学校管理的发展方向和性质。中短期计划是长期规划在一定时空范围内的具体体现，是具体化了的或分阶段实施的学校管理计划。

（2）以层次为标准，可以将计划划分为整体计划、部门计划和个人计划。整体计划是学校各项管理工作计划的总纲和依据，是一种概括性的、系统性的指导计划。而部门计划和个人计划是学校管理的整体计划的具体化，是实现整体计划的保证。正由于整体计划与部门计划和个人计划的相互衔接、相互配合、相互作用，因而也就构成了一个完整的学校管理计划系统。

（3）以内容为标准，可以将计划划分为常规性的工作计划和专题性的工作计划。常规性的工作计划也称为全面性的计划，如一个学年度、一个学期的学校管理工作的总体计划属于这个范畴。专题性计划是指针对学校管理的某一个领域、某一个问题或方面提出的计划，如教学管理计划、总务管理计划、基本建设计划等。

计划各类的划分是相对的，工作中一般不存在着一种标准下的计划形式，存在的是以完成学校管理任务为前提的多种计划的结合。

2. 计划的内容

一个比较完整的学校管理计划的内容，在其组成结构上大致包括：

（1）学校的组织机构建设。要求建立健全学校组织机构，为计划的制定和实施提供组织保证。

（2）德育管理工作。涉及德育的目标、内容、重点、形式、评价等内容。

（3）教学管理工作。涉及教学计划、大纲、教材、资料、要求以及提高教学质量的措施和方法等内容。

（4）体育保健管理工作的要求、措施等。

（5）课外和校外活动组织安排的内容、方式等。

（6）教师管理工作。涉及教师的资格、条件、任用、任期、考核、培训和提高、待遇等内容。

（7）学校教育与社会教育、家庭教育的关系。

（8）总务后勤工作。涉及其工作的指导思想、目标、要求、措施等。

（9）校办产业的管理，如何提高其经济效益和社会效益等。

（10）学校行政管理的决策、指挥、执行的原则、要求、措施和方法等。

在制定学校管理工作计划的时候，在注重以上具体内容的同时，还必须从基本情况、任务出发，注意总结学校管理过程的经验、教训，明确要解决的主要问题。在时间安排上，突出重点，兼顾一般，制定出合理的、可执行的学校管理工作计划。

## 二、执行

执行，在学校管理过程中，是管理过程的中心环节，它把学校管理的计划变成了实际行动，把对工作的设想逐步转化为现实。

（一）执行的含义和作用

执行是指学校领导人员运用学校管理的各种资源来实施学校管理计划的活动。衡量学校管理过程的优劣，不能仅仅从其计划制定的环节来判断，而主要是看学校管理过程中计划的执行情况。只有通过对执行环节的考查,才是真正意义上的实行对管理过程的管理。相比较而言,执行是计划的后续环节,是计划的执行阶段。在这个阶段中,以计划为依据,变计划为行动,使其从设想状态变为现实状态。同时,执行环节又是检查、总结的先导环节,检查的对象和总结的依据是执行的过程和结果。因而,执行环节在整个学校管理过程中占有重要地位,起着重要的作用。这种作用具体体现在以下方面:

第一,通过学校管理过程中的执行,能具体地落实学校管理计划,统一人们的思想和行动。执行计划,首先要以计划为前提和基础,同时必须依靠全体教职员工统一思想、统一行动,在任务的具体内容、要求、进程安排以及完成任务所需要的基本措施、方法等方面达成共识。

第二,通过学校管理过程中的执行,能合理地组织协调学校管理的资源,真正做到人尽其才、财尽其利、物尽其用、各得其所。学校管理过程中各个要素的作用得以充分的发挥,无疑也就提高了管理的效率和效益。

第三,通过学校管理过程中的执行,可以发现制定的计划可能出现的偏差,或者人们所运用的原则、措施和方法的不合理之处。实践是检验真理的标准,执行是检验计划是否合理、正确、可行的重要途径。而且在执行的过程中,由于环境、条件的改变,计划中的某些指标也会不断地得到补充和修正,执行中所运用的方法、手段和措施也会及时地得到调整。

（二）执行环节的主要内容

执行环节是学校管理过程中更为具体的管理实践活动,也是学校管理过程中时间最长、"人—人"的双边活动最为频繁、各种管理资源相互作用的一个环节。其主要内容如图13-3所示①。

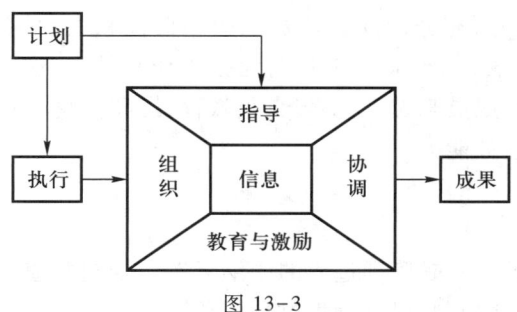

图 13-3

由上图可知,学校管理过程的执行环节是一个以计划为前提,以信息为中心,以组织、指导、协调、教育与激励为内容,以成果为标志的活动。

1. 组织

从管理职能的角度讲,组织是处于计划和执行两个环节的连接点上的,也是执行阶段的第二步工作。它要求按照计划的规定,把任务落实到各级部门和个人,通过协调运用学校管理的各种资源来实现这一任务。因此,组织内容包括两个问题:一是任务的合理分配,二是资源的有效组合。对于学校领导人员来说,应该通过思想动员,说明和分配好任务,积极有效地运用好各种管理资源,取得最好的效果。对于学校组织的其他成员来说,应积极主动地

---

① 张济正.学校管理学导论.上海:华东师范大学出版社,1990:210.

承担任务,把个体目标与组织目标结合起来,形成上下协调一致的"人—人"管理系统。

### 2. 指导

指导是学校领导人员为完成计划任务对下属人员所进行的指挥和帮助。执行环节中的指导,对于保持学校管理的整体工作的动态平衡,转化部门与整体、个人与集体的矛盾,是有积极作用的。对于学校领导人员来说,应该深入学校管理工作的实际,掌握执行环节中的真实情况,加强信息的沟通,敢于指挥、善于指挥;对于下属人员的指导要因人而异,对方向不明者给以指点,对缺少方法者给以启迪,对出现差错者给以批评和教育。对于学校组织的其他成员来说,应该有一个良好的工作和学习态度,既不盲从,也不我行我素,要建立良好的相互信任关系。学校领导人员的指导,重在提高学校组织成员的思想认识,解决重点和难点问题,因人、因事、因时、因地制宜和因势利导,共同完成组织的任务。

### 3. 协调

协调是指学校领导人员使学校管理的各个方面的力量和谐发展的活动。在计划的执行过程中,由于学校所处的环境和条件不断发生变化,学校管理中所存在的各种关系也需要不断地调整。对于学校领导人员来说,应根据情况的变化及时地调整要求和进度安排,进行管理资源的重新配置。对于学校组织的其他成员来说,既要主动地接受调节,又要自觉地进行自我调节。这种协调的基本要求是必须依据计划的规定进行调整,同时采用有效的途径方式,加强彼此的信息沟通,使整个学校管理过程趋于平衡地向前发展。

### 4. 教育与激励

执行环节中的教育,主要是指通过一定的途径或方式,培养提高教职员工的综合素质和业务能力,增强工作的目的性、责任感和创造精神。激励主要是指运用精神或物质奖励的手段,激发教职员工的进取心,充分调动教职员工的积极性和主动性。对于学校领导人员来讲,应该做到用人与育人相结合、思想工作与业务工作相结合,客观、公正地处理好各种关系。对于学校组织的其他成员来说,应加强自我教育,提高自我修养,虚心向他人学习,不断提高自己的思想素质和业务能力。

## 三、检查

检查,在学校管理过程中,是管理过程的中继环节。通过检查,可以及时发现存在的问题,使管理过程得以有效地控制,保证管理过程朝预定的方向发展。

### (一)检查的含义和作用

检查是指学校领导人员对计划的执行情况所进行的监督、考核,并发现和解决问题的管理活动。检查作为学校管理过程的中继环节,其主要任务在于对计划执行情况进行考查,并把考查的结果作为总结环节的重要参考依据,因而在整个学校管理过程中具有特殊的地位和作用。这种作用体现在:

第一,通过检查,可以对计划的科学性、实施计划的有效性进行全面考查。计划制定得是否科学,实施计划是否取得了预期的效果,都有待于对它们进行验证,然后形成正确的评价。检查就是这一工作的重要体现。

第二,检查对学校领导人员来说,具有自身的考核、验证作用。通过检查,可以发现领导人员的决策方案是否正确,提出的措施和方法是否行之有效,从而能测量出领导人员管理水平的高低。所以,检查本身也是对学校领导人员的一种自我约束、自我监督、自我管理的重要手段和途径。

第三,检查对教职员工来说,既具有考核和监督作用,也能调动其工作的积极性。检查本身就是要了解教职员工是否按照计划的要求来从事管理活动,从客观上讲,它规范着教职员工的思想和行为。同时,通过检查,又能增强教职员工的责任心和荣誉感,把外在要求变为自己的自觉行动,调动了教职员工的积极性。

**(二)检查的种类**

检查的种类取决于检查的性质和内容,一般可以按以下方法加以划分。

(1)以时间为标准,可以将检查划分为定期检查和不定期检查。定期检查主要是指期中、期末、学年度、年限等阶段性的集中检查,比较系统和全面,涉及学校管理工作的各个领域。不定期检查主要指平时分散性的检查,比较灵活和及时,往往针对性很强。

(2)以内容为标准,可以将检查划分为专题性检查和全面性检查。专题性检查只是针对某一管理工作所做的考查,比较深入和细致,如教学管理工作检查、教育管理工作检查等。全面性检查则针对全校管理工作而言,比较全面和综合。

(3)以目的为标准,可以将检查划分为调查性检查、研究性检查和总结性检查。

**(三)检查的基本要求**

检查作为贯穿于管理过程的重要环节,有着自己特殊地位和作用。要实现检查的目的,必须遵循以下基本要求。

(1)要有明确的检查标准。由于检查是对计划的执行情况所进行的考查,因此,学校管理工作的计划应该成为检查的依据和标准。检查的目的、检查的对象、检查的方案和步骤方法等都应围绕着计划的要求和指标体系来确立和展开。要注意的是,这种计划必须是具体的、数量化的指标体系,以便进行操作和处理。

(2)检查要以事实、数据为根据,客观公正、实事求是地进行。检查工作要深入实际,进行充分的调查研究和客观的分析,避免以个人的好恶为标准的检查。

(3)检查要综合运用各种检查方式,获取足够的信息,掌握全面的情况。检查的方式多种多样,有自检、互检、专检、汇报、抽样以及其他各种直接或间接的检查方式。一个完整的检查过程,往往是多种检查方式综合运用的结果。如在教学管理中,检查教师的教学质量的好坏可涉及的检查内容有:教师的自评报告材料,有组织的听课、评课记录,教师教学的准备情况,学生的反映,长期以来对教师实行的跟踪调查,等等。只有当这些情况弄清楚后,才能全面、客观、公正地评价教师的教学质量。

(4)检查既要重视结果,也要重视过程。任何管理活动都是过程和结果的统一。对过程的检查评价往往比对结果的检查评价复杂得多。只看结果,不看过程,往往会被一些假象所迷惑,带来管理工作的被动。比如:一所学校的升学率有所提高,能否由此就得出该学校的教学质量也提高了的结论呢?从表面来看,这两者似乎是直接相连的,但是仔细分析这种现象得出的结论却不尽相同。升学率的提高,可能与生源的质量有关,也可能与学校一味地抓重点班、忽视其他同学的发展有关,也可能与学校减少报考的学生基数来提高升学率有关,等等。因此,作为学校领导人员应把检查作为一项经常性的管理工作,深入到实际工作之中,掌握第一手材料,尽可能地进行定性、定量的分析。只有过程和结果并重,这种检查才是有效的检查。

(5)将检查与指导、调节结合起来,提出改进措施。检查本身不是目的,也不是管理活动的终结,而是通过过程和结果的分析,指出存在的不足,研究和采用相应的措施,来解决存在的问题。因此,主观主义、形式主义的检查不仅是无益的,而且是有害的。这就要求学校领导人员把检查作为自己的基本职责和重要方法,在检查中不断提高自己分析问题和解决问题的能力。

### 四、总结

总结,在学校管理过程中,是管理过程的终结环节。总结是建立在检查基础上的一项管理活动,是检查环节的继续。其目的在于总结过去的经验和教训,为今后的工作改进提供条件,使整个学校的管理水平达到一个新的高度。

#### (一) 总结的含义和作用

总结是指学校组织成员对学校管理工作进行整体分析和全面评价的管理活动。它标志着一个学校管理活动周期的结束,又预示着一个新的管理活动周期的开始。通过总结环节,能够把一个管理周期的计划执行情况进行分析研究,做出具有指导意义的结论。总结既要肯定成绩,又要总结教训,还要指出改进的方向。因此,总结环节也是学校管理过程中的一个重要环节,在学校管理过程的进程中起着重要的作用。这种作用体现在以下方面。

(1) 通过学校管理过程的总结环节,可以在两个新旧管理过程中起承上启下的作用。在总结阶段,通过对整个学校管理过程的进程和结果做出全面的评价,得出经验和教训,探讨学校管理工作的规律,为下一个新的学校管理过程的管理周期制定目标和计划提供依据和条件。因而它也是一个承上启下的环节。

(2) 通过学校管理过程中的总结环节,可以起到积累经验的作用。总结来自于实践活动,但又高于一般的实践活动。它是学校管理的理论与实践相结合的产物,体现了学校组织成员从实践到认识、从感性认识到理性认识的飞跃。也正是由于他们的这种认识和实践的发展,推动了学校管理的进步。如果没有总结,那么存在的只是一些分散的活动项目和内容,因为达不到综合发展的目的,所以不利于学校管理的发展。

(3) 通过学校管理过程的总结环节,可以提高学校领导人员的管理水平和教职员工的能力水平,激发学校组织成员的责任心和荣誉感,增强学校的凝聚力。对于学校领导人员来讲,总结是一种创造性的管理活动,它没有现成的或既定的模式可沿用,必须依靠领导人员的自身实践、理论分析、抽象概括来完成,这无疑会对领导人员的作风建设、水平的提高将带来积极的影响。对于教职员工来讲,通过总结,找出自己的不足,以便在今后的工作中加以克服和改正,这也是提高自己的业务能力的途径。此外,通过总结,肯定成绩,积累经验,增强学校领导人员与教职员工的沟通,能使大家团结协作,激发起荣誉感和责任心,增强组织的积极向上的精神。

#### (二) 总结的种类

一般意义上讲,有什么样的计划和检查,也就应该有什么样的总结。总结的种类大致可以划分为以下几种。

(1) 以范围为标准,可以将总结划分为学校工作总结、部门或组织工作总结、个人工作总结三种形式。学校工作总结也就是对学校的总体工作进行全面的评价。部门或组织工作总结是指针对一个部门或组织的工作情况进行全面的评价,如教务处的工作总结、总务处的工作总结等。个人工作总结是指个人的自我鉴定和小结。

（2）以内容为标准，可以将总结划分为全面性总结和专题性总结两大类。全面性总结是对学校管理的一个阶段工作进行的比较全面、系统的评价，如学期总结、学年总结等。专题性总结则是针对某项具体管理工作的过程和结果所做出的判断和评价，如教务工作总结、总务工作总结等。

（3）以时间为标准，可以将总结划分为学年总结、学期总结、某一阶段的工作总结等。

### （三）总结的基本要求

作为具有承上启下地位作用的总结环节，要使它能够充分发挥自己的作用，体现出自己存在的价值，实现自己的目的，必须注意以下问题。

1. 树立正确的指导思想，具有鲜明的目的性

总结不是例行公事，也不是拟一拟、写一写的简单管理活动，而是要从学校管理的实际出发，实事求是地明确要解决的问题，选准要总结的对象，深入实际、深入群众，从群众中来，到群众中去，最终实现总结的目的。

2. 总结要以计划为依据，以检查为基础

一般条件下，总结是针对计划的内容及其执行情况进行评价，保持管理过程的顺序性、完整性和稳定性。同时，要有足够的数据材料，要有典型的人和事，保证总结工作的客观、公正。

3. 总结对于学校组织成员来说应具有教育性和激励性

通过总结，人们能够正确地反省自己的行为，增强搞好工作的信心和决心，不断提高自己的综合素质和能力。同时，通过总结，能克服消极因素，激发积极因素，激励人们向更高的目标前进。

4. 总结与提高相结合

总结不是管理过程的终结，而是向更高管理水平的提高。所以在总结环节要把经验和教训提高到理论高度来分析，探索学校管理的规律，从整体上提高学校管理的水平，使得学校管理过程中的总结对整个学校的管理工作，特别是对下一个新的管理活动的周期起到指导作用。

学校管理过程中的计划、执行、检查和总结四个环节，相互联系、相互作用，构成管理过程的整体。这个整体在运行时应该遵循计划→执行→检查→总结这样一个顺序，但实际工作中它们所体现的形式往往又是多变的，有的环节会重复多次。同时，每一个环节的研究内容虽不相同，但会在其他环节中有所反映和渗透。需要说明的是，无论管理过程是如何进行的，它总是在人们的相互协作、相互作用下来开展的，因此，每个环节的关键问题是如何管理人的问题。

## 思 考 题

1. 什么是学校管理过程？它有何特点？
2. 学校管理过程的构成要素有哪些？应如何理解？
3. 学校管理过程有哪些环节？它们各自的地位、作用如何？它们的相互关系是什么？
4. 如何做到学校管理过程的优化？

# 第四编　教育领导与效能论

# 第十四章　教育领导

**内容提要**　本章包括教育领导概述、教育咨询与决策和教育领导艺术三部分。第一部分论述了教育领导的含义、教育领导班子结构及领导干部。第二部分论述了教育咨询的含义、特性、程序与方法,教育决策的含义、类型、要素及教育决策的原则与程序。第三部分论述了教育领导艺术的含义、特征及教育领导艺术中的"三技"(观念技术、人文技术和操作技术)和"七艺"(用权的艺术、用人的艺术、用财的艺术、用计的艺术、用时的艺术、交往的艺术、演讲的艺术)。

## 第一节　教育领导概述

### 一、教育领导的概念

**（一）领导的含义**

对于"领导"这个概念,人们有许多不同的理解,概括起来,有如下三种说法。

1. 领导活动说

这种看法认为领导是一种活动,是领导者在一定的组织或团体内,统御和指引人们实现一定目标的社会管理活动。

2. 领导影响力说

这种看法认为领导实际上是一种影响力,是领导者通过自身的品德、学识、能力诸条件,对下属产生的一种吸引力,使下属自觉地为组织或团体的目标而工作。

3. 领导要素说

这种看法认为领导是由权力、责任、服务三种要素所组成的统一体。权力分为两种:一是职位权力,这是领导者担任一定的职务而具有的权力。这种权力不因人而异,只要是同一职务,不论何人,其权力都是一样的。二是自然权力,这是由领导者自身所具备的品德、学识、能力所带来的权力。这种权力是因人而异的,担任同一职务的领导者,由于品德、学识和能力不同,其自然权力的大小是不一样的。现代领导观念特别强调自然权力在实现组织目标中的作用。责任是领导为完成自身的任务所承担的义务。服务是指领导者为完成组织的任务,为自己的下属提供的服务活动。权力、责任和服务是现代领导的三个要素。领导者只行使权力不负责任不行,只有权力和责任不为下属服务也不行,强调任何一方,都不能有效地发挥领导作用。

上述三种看法都有可取之处,也有不足的地方。总括上面三种说法,可以把领导定义为:领导是领导者充分行使自己的权力和承担自己应负的责任,并为下属提供优质服务,从而促使下属实现组织目标的过程。

### (二) 教育领导的含义

教育领导,就是教育领导者充分行使自己的权力和承担自己应负的责任,并为下属提供优质服务,从而促使下属组织及成员实现教育目标或教育任务的过程。

教育领导既指对宏观教育的领导活动,也指对微观教育的领导活动。前者指教育方针、教育政策、教育法规的制定,教育发展的预测与教育发展规划的制定,教育经费的分配、使用,教育体制的改革等;后者指教育行政机关及学校的领导。

教育领导在整个教育事业的发展中处于十分重要的地位。一个国家或地区教育的发展,在很大程度上取决于强有力的教育行政领导;一个教育行政机关及学校工作的好坏,也在很大程度上取决于教育行政领导。教育行政领导决定着一个国家教育事业的发展和教育质量的提高,决定着教育行政机关及学校工作效率的高低。

## 二、教育领导班子结构及领导干部

### (一) 教育领导班子结构

1. 教育领导班子结构的含义

所谓结构,是指一个系统内部各要素的排列组合方式。领导班子是一个由若干成员组成的系统,它也应有一定的结构。可见,所谓教育领导班子结构,就是指教育领导成员的排列组合方式。

组建领导班子,必须注意领导班子的合理结构。因为就像物质的结构不同,物质的性质和功能不同一样,领导班子的结构不同,也会产生不同的性质和功能。因此,要组建一个高质量的领导班子,不仅要注意各个领导成员的个体素质,而且还要注意这些领导成员的排列组合。如果对领导成员的组织安排、搭配是合理的,就可以使他们各有其位,各得其所,各负其责,各司其职;动有其规,各谋其政,各献其能,从而发挥"1+1≥2"的巨大整体能量。否则,就会内耗丛生,既耽误了事业,又坑害了个人,使整体能量等于零,甚至出现负值。

2. 教育领导班子结构的内容

(1) 知识结构。知识结构指的是领导班子中各种不同的知识水平成员的配比组合。这里所说的知识,包括书本理论知识和实践经验知识。领导班子应该由不同知识水平和类型的人员组成,一般说来,教育行政领导班子的知识结构,应是一个以马克思主义理论为指导,以一般科学文化知识和专业知识为基础,以管理科学知识为主体的立体结构。为此,每一个领导成员要懂得马克思主义的基本原理,必须掌握一般的文化科学知识,负责某方面业务的干部,还要懂得某方面的业务知识。此外每一个领导成员还要懂得管理科学知识。由于领导者主要是行使领导与管理的职能,因此,掌握领导科学知识对于领导者来说显得尤为重要。一个人的知识总是有限的,对每一个领导者要求他们具备上述三方面的知识是必要的,但并不能要求他们掌握这些知识的水平都一样高。因此,将不同知识水平的人互相搭配起来,一个领导班子的知识就会完善得多。

(2) 专业结构。专业结构是指教育行政领导班子中具有各类专长的成员的配备组合。教育作为一种社会活动,不可能由一种专业的人去单独完成。在教育行政活动中,必须进行一定的分工与综合。教育行政领导班子的成员,应是懂得教育各个领域的内行或专家。在领导班子内,既应有熟悉教育业务的人,也应有善于管理的人;既应有通晓政工人事工作的人,也应有擅长后勤服务工作的人。领导班子应是多种专长的人的有机结合,而不能单打一。

(3) 智能结构。智能结构指的是教育行政领导班子中不同智能类型的人的配备组合。领导班子必须十分讲究智能结构。一个合理的领导班子应由思想家、组织家和实干家三种人组成。思想家是指那些善于运筹策划,有较强的判断力、想象力、综合力,能综观全局,提出决策的人;组织家是指那些善于组织协调,有较强的指挥能力,能够统御队伍,组织活动的人;实干家是指那些善于实施,有较强的实践能力、操作能力与推动能力的人。上述这三种人相当于人们常说的帅才、将才与干才,这三种人的有机配备组合,就构成了领导班子合理的智能结构。

(4) 个性结构。个性结构指的是教育行政领导班子中各种不同个性的人的配备组合。这里所说的个性,指的是领导者的性格、志趣、气质和风度等方面的特点。一个领导者应该有什么样的个性呢?一般说来,自知之明、创新精神、决断魄力、豁达大度等是一个领导者所具备的个性。显然,完全具备这些个性的领导者是很少的。合理的领导班子的素质结构,应该是具备各种不同个性的领导者取长补短,相得益彰。比如,在领导班子中,从性格上讲,既要有活跃、开朗、善于交际的人,也要有沉静、稳重的人;在志趣上,既需要广博的人,也需要专深的人;在气质上,既需要热情豪放、朝气蓬勃的人,也需要稳健老练、善于自制的人;在风度上,既需要潇洒明快的人,也需要谨言慎行的人。领导班子成员的个性,还必须注意协调一致,虽然个性不同,但如果性格不合,志趣不投,情操相悖,风格迥异,同样会削弱领导班子的整体功能。

(5) 年龄结构。年龄结构指的是教育行政领导班子中不同年龄层次成员的配备组合。生理学的研究证明,一个人的年龄与一定的智力有关;随着年龄的增长,人的各种机能都在发生退化。为防止领导班子出现同步老化和干部队伍青黄不接的现象,就要使领导班子保持一个合理的年龄结构。一般说来,合理的领导班子的年龄结构应该是老、中、青三结合,既有阅历较广、经验丰富、深谋远虑、善于观察形势把握方向的老同志;也有精力充沛、思想开阔、反应敏捷的中年同志;还需要有奋发有为、虚心好学、生机勃勃、易于接受新事物的青年同志。一个班子由这样一些年龄层次的同志所组成,就容易发挥领导班子的整体效应。

**(二) 教育领导干部**

1. 领导干部的素质

(1) 领导干部素质的含义。素质如果从字面理解,所谓"素",即本来、原有的意思;所谓质,就是一事物区别于其他事物的内在规定性。素质指事物本来所具有的性质。素质这个概念最先用于生理学上,它是指人的神经系统、脑、感觉器官和运动器官上的先天生理解剖特点,这些特点是人们获得知识、发展自身才能的基础。当前,素质这个概念被广泛地运用于各个领域,它的内涵有所扩大。现在所讲的人的素质,已经不仅仅是指生理学上所说的那些特征了,而是指人在一定的先天禀赋的基础上通过后天的实践活动而形成的人的生存和发展的基本品质。因此,教育领导干部的素质是指教育领导者在先天遗传的基础上,通过后天的实践活动而形成的影响领导者生存和发展的基本品质。

(2) 领导干部素质的基本内容。

① 身心素质。现代教育行政领导者需要健康的身体,旺盛的精力。这是因为领导者要搞好教育事业,需要付出极大的精力。领导者往往是日理万机,遇到特殊情况,还要夜以继日,连续奋战,没有一个健康的体魄,是顶不住的。一个领导者不仅要有健康的身体,而且还应有健康的心理,要做到有怒不形,遇喜不亢,临危不惧,处变不惊,在任何情况下都能保持稳定的情绪。

② 科学知识素质。现代教育行政领导者要做到博学多识,即要做到看得多、听得多、知道得多,因为知识面窄了,常常不能真正深刻地理解事物和处理事物,而知识面宽了,就往往可以举一反三,触类旁通。一个领导者如果不学少识,孤陋寡闻,是搞不好领导工作的。现代教育行政领导者除了应懂得自己的专业知识、教育和心理科学知识外,还应懂得政治学、行政学、法学、决策理论、预测规划理论与技术。

③ 政治思想品德方面的素质。现代教育行政领导干部必须具备良好的政治素质和高尚的思想品德素养,具体表现在以下方面:

第一,有振兴教育事业的强烈的事业心和高度的政治责任感。这种事业心和责任感是建立在领导者对教育事业的战略地位的充分认识基础上的。为此,领导者要具备锐意进取的创新意识,要敢于冒风险,敢于负责任,不怕挫折和失败,只要有益于教育事业发展的,就应该坚持,并为之奋斗到底。现代领导者必须强调这种献身精神。

第二,实事求是的思想品质。教育行政领导作决策、拿主意,要从实际出发,按照客观规律办事。为此,领导者必须做到深入实际,尊重科学,不唯上,不唯书,不拘于成法,不囿于旧见;要说实话,办实事,一就是一,二就是二,不浮夸,不隐瞒。

第三,以身作则,率先垂范。现代领导观念强调领导自身榜样的作用,认为领导就是榜样。孔子曾经说过:"己身正,不令而行;己身不正,虽令不从。"强调领导自身榜样的作用,因为:一是领导者的影响面比一般人大,领导者管理着若干人,他们的一言一行、一举一动,比任何人都有更大的影响力;二是领导者比一般人更使人注意,因为人们深知领导者的言行总是与自己的利害攸关的,所以很自然地观察领导者的言行;三是群众对领导者的要求比一般人的要求高,故领导者只有起表率作用,身体力行,才能使群众信服。

第四,宽容大度,善与人共。办好教育事业,需要调动广大教职员工的积极性。因此,领导者要善于把不同性格、不同爱好的人团结在自己的周围,使之和睦相处,这样能使教职员工将力量集中到实现教育目标上。这既是一种高超的协调人际关系的本领,也是一种高尚的品质和情操。因为一个胸无大志、心胸狭窄、处处为自己打算的人,是不会做到这一点的。

④ 组织管理活动的素质。组织管理活动的素质主要是指领导者所需要的综合素质,这些素质主要包括以下方面:

第一,能统帅全局。这种能力是指领导者必须善于掌握和应用带有全局性的指导规律,从空间上能照顾各部分和各方面,有整体观念,从时间上能照顾整个过程和各发展阶段的变化情况及特点,并能驾驭全局,从大局出发考虑问题。

第二,能当机立断。现代领导观念认为,领导过程就是一个不断决策的过程。决策往往是在一定的条件下进行的,在这一条件下可能是最佳方案,在另一条件下,可能变成最差方案。领导者要善于根据具体情况进行决策,这样才能掌握工作的主动权。领导者要做到当机立断,必须具有很强的预见能力和综合判断能力,要善于倾听广大群众的意见。所谓"谋贵众,断贵独",说的也就是这个道理。

第三,能进行指挥与有效的组织协调。指挥是指领导者能把决策与计划变成全体成员的实际行动,使全体成员能为实现组织目标而自觉完成本职工作。组织协调是指领导者能有效利用组织的人力、物力和财力,能把领导班子建成一个团结战斗的集体;能使组织的各部门充分发挥各自的职责,相互配合、协调运转;能把各方面力量组织起来,充分发挥每个成员的积极性。

2. 领导干部的修养

教育行政领导干部的良好素质不是天生就具有的。虽然遗传因素为人的素质的提高提供了一定的物质前提条件,但它本身并不等于领导者的良好素质,领导者要想获得良好的素质,唯一途径就是要加强修养。所谓修养,指修身养性,陶冶精神,锻炼自己的思想,培养自己的情操,积累知识,提高能力,等等。

领导者要想获得良好的素质,首先要注意学习。科学知识对于人们,就像血液滋补身体一样,是珍贵的精神食粮,可以帮助人们提高自身素质。科学家培根曾经说过,读史使人明智,读诗使人灵秀,数学使人周密,科学使人深刻,伦理学使人庄重,逻辑和修辞使人善辩,凡有所说,皆成性格。他还说,知识就是力量。领导者只有具备了较丰富的知识,才能搞好领导工作。因此,领导者要进行自身修养,提高素质,必须加强学习。

其次,要加强实践锻炼。领导者的才干是在实际工作中锻炼出来的。一个成熟的领导者,需要有一个熟悉工作、积累经验和经受考验的过程。领导者不但要在艰苦的、困难的甚至失败的境遇下锻炼自己,经受挫折和打击,加强自身修养,而且还要在顺利的、成功的、胜利的境遇下锻炼自己,经得起胜利和成功的考验。领导者只有经过这两个方面的考验,才能从理论与实践的结合上逐渐认识到领导工作的规律性,才能发现自己的思维方法和工作中的不足之处,从而提高自己的领导水平。

再次,要经常进行自我反省。领导者对自己的所作所为,应该经常地、反复地进行自我反省、自我检查、自我解剖,养成"吾日三省吾身"的习惯。进行自我反省,主要是看看自己有哪些方面做得不够,这样做,有利于提高领导者的威望,而不是相反。人非圣贤,焉能无过?只有认识和改正自己的不足,才能得到群众的谅解和拥护。与自我反省相联系的,就是领导者要"慎独"。《礼记·中庸》上说:"莫见乎隐,莫见乎微,故君子慎其独也。"意思是说,不要以为没有人看见,不要以为事情很微小,就可以放松对自己的要求,一个品德高尚的人在任何情况下都不能越轨,即使只有自己一个人的时候也要谨慎从事。

## 第二节 教育咨询与决策

教育领导的核心是决策,而科学的决策需要咨询。所以本部分讨论教育领导的咨询与决策问题。

### 一、教育咨询

#### (一)教育咨询概述

1. 教育咨询的含义

咨询是征求意见、寻求解答的意思。教育咨询是教育咨询机构(有时也可指其他咨询机构)接受教育决策部门的委托,其所属研究人员运用科学的研究方法,利用信息系统提供的数据、资料、情报等,对需要决策的问题进行系统研究,提出各种可供选择的预选方案或对教育领导提出的问题做出回答的活动。教育咨询机构中聚集了一批专家、学者,他们运用集体的智慧和科学方法为教育的发展提供科学依据,帮助教育领导作好决策,它是教育领导的"智囊团"和"思想库"。

2. 教育咨询的意义

教育咨询对保证教育决策的科学化、对现代教育的发展有重要意义。这是因为:一方面,现代的教育决策,涉及的领域及知识范围很广,所面临的问题很多,特别是近年来的信息量急剧增大,这些都绝非是教育行政领导者个人和少数人所能掌握的。另一方面,现代教育领导应把主要精力放在考虑教育发展的全局性的战略问题上。这样,领导者不可能就某个具体的问题进行系统、深入的分析,这就要求"谋"与"断"的分离,把"谋"的任务交给专门的教育咨询机构。如果"谋"与"断"集于领导者一身,难免出现差错,造成决策失误,从而给教育事业带来损失。

3. 教育咨询的特性

(1) 独立性。独立性是指必须保持咨询机构组织上的独立性、工作上的自主性。这是因为教育行政决策是一门科学,来不得半点虚假。为了保证决策的科学性,教育行政领导应让专家们对决策问题进行独立研究,根据客观事实得出科学结论,然后交给领导者选择。决不可事先给定一个结论,让专家去论证这个结论的正确性,或在论证过程中做出这样或那样的指示,这种咨询往往是靠不住的。

(2) 自由性。自由性是指要给咨询机构创造出一种自由研究的环境,为研究人员创造一种自由思考的气氛,并创造条件使他们能采用多种途径进行研究和自由地发表自己的意见。因为咨询机构是以独立的科研成果为决策者服务的,应以能提出多少真知灼见的方案作为衡量其工作成败的根本标志。为此,咨询研究人员要尊重科学,敢于直言,行政领导则要允许咨询人员与自己"唱对台戏"。咨询人员如果没有不同看法,或有不同看法而不敢直言,就失去了咨询的作用了。

(3) 科学性。科学性是指咨询机构提出的方案和建议应是科学的。为此,咨询人员应尽可能掌握丰富的资料和全面情况,并对其进行认真分析,对所提出的方案进行科学论证,使所提出的方案建立在科学的基础上,以使教育行政活动符合教育和教育管理的规律,更好地推动教育事业的发展。

### (二) 教育行政咨询的种类

1. 综合咨询

这是一种带有战略性、全局性、综合性的咨询工作,又可称为决策咨询。这种咨询主要是围绕国家、省市、地区制定教育发展的规划而进行的咨询。

2. 专业咨询

这是对教育的各个领域、各类教育事业等方面进行的咨询,如关于义务教育方面的咨询、高等教育方面的咨询、教育实验与改革方面的咨询等。

3. 管理咨询

这是对教育管理各方面进行的咨询,如教育体制改革方面的咨询、教育立法方面的咨询、学校管理体制改革方面的咨询、教育人事制度方面的咨询等。

4. 情报咨询

这是为上述咨询提供信息资料的咨询服务。它可分为事项咨询、数据咨询和文献咨询三种,这三种咨询在其方法上没有严格界限,可灵活交叉运用。

（三）教育行政咨询的程序与方法

1. 教育行政咨询的程序

咨询所要研究的项目大多是一次性工作,委托提出的课题对咨询人员来说,往往是原来知之不多和今后不太可能重复的工作,有了差错再纠正就要花很大的代价。而且就一般意义上来说,正确的咨询程序对于保证咨询的质量有重要作用。因此,咨询应特别注意正确的程序与步骤。

（1）接受委托。委托方向咨询方提出申请后,咨询机构的代表与委托方应就咨询项目的内容、范围等进行初步洽谈。咨询方应弄清委托项目的有关情况,经过初步研究,认为承担该项目有一定把握,便可与委托方进行协商,制定计划,签订合同,明确双方的权利和义务。

（2）进行咨询。首先要组建咨询班子。合同签订后,咨询机构要选择与该咨询课题专业知识有关的咨询人员,建立咨询课题组。委托方也要有人参加课题组的活动,以便随时沟通情况。其次要调查情况与分析问题。课题组应对项目所涉及的问题,广泛查阅、收集、分析有关国内外的文献资料,了解国内外解决类似课题的经验和教训。在此基础上,课题组要选择恰当的咨询方法来研究问题。最后提出解决问题的咨询方案。在这一阶段,咨询方应向委托方提交阶段咨询报告,由双方确认报告的可行性和合理性,委托方可对报告提出质疑。经过反复论证修改后,咨询方向委托方提出最终的咨询报告。这种报告一般提出两个以上的方案,并对其进行分析比较,择其最佳方案,提供给委托方。

（3）建议实施。方案由委托方实施,但课题组成员也应同委托方一起来实施咨询方案。因为课题组成员对方案熟悉并了解方案制订的全过程,在实施过程中能提供充分的指导和帮助,并可随时追踪了解方案执行的情况,以便及时发现问题,查明原因,保证方案的顺利实施。

2. 教育咨询的方法

（1）系统分析法。这个方法就是要把咨询研究的问题当作一个统一的整体,并把这个整体分解为许多小的系统,从而揭示出影响子系统的因素及其相互关系。系统分析的作用是:通过研究和明确有关的要素同目标之间的关系,从而为决策提供较为完整的资料,以使决策者能选择最合理的解决方法。运用系统分析的方法,首先要明确一些基本要素,这些要素包括:目的、替换方案、模型、费用、效果、评价标准。其次,应从实现目标这一目的开始,通过模型预测出各种替换方案的效果和费用,然后依据评价标准进行评价,最后确定各替换方案的优劣顺序。再次,要注意系统分析方法在许多情况下,是无法从一开始就正确了解问题结构的,不能靠一次分析就解决问题,而必须不断地重复由确定目标至开辟新的替换方案的循环过程。最后,系统分析应以一系列的应用数学学科和现代管理活动中广泛运用的方法为基础,如运筹学、评价学等。系统分析的技术基础是现代计算机和信息系统。

（2）预测法。咨询很大程度上是对未来事物进行动态性的研究,它既要研究事物的过去与现状,更重要的是要了解事物的未来,对未来的发展进行预测。因此,在咨询研究中往往要运用预测的方法。预测的方法在教育预测中已作了介绍,这里就不再赘述了。

（四）教育咨询的机构与人员

1. 教育咨询机构及组织形式

经济体制改革,市场经济的确立,使政府机构精简,政府的职能减少,这就必然导致社会中介组织的出现及其职能的扩大。研究社会中介组织之一的咨询组织对保证政府改革的顺利进行有十分重要的意义。

(1)机构。教育咨询机构可有如下类型:① 决策咨询机构。这是为教育行政部门的领导进行宏观决策而设立的咨询研究机构,如教育部的政策法规司、教育发展战略研究中心、规划办公室等。其任务是对全国教育发展过程中带有全局性、战略性、综合性和长远性的问题,有计划地开展调查研究,提出研究报告,供教育部或国务院决策时参考。② 情报咨询服务机构。这是指各级教育行政部门和高等学校设立的资料信息服务中心。其任务是为决策部门提供各种资料和数据。③ 各级学会和研究会。中国教育学会及其所属的研究会、专业委员会是开展教育咨询工作的一个重要方面军。这些学会、研究会由于人才多、学科全、水平高,没有框框,可敞开思想,各抒己见,能更有效地发挥咨询作用,因此,教育行政部门应重视这些学会和研究会在决策咨询中的作用。

(2)组织形式。教育咨询机构可分内部常设研究机构、外部常设研究机构和临时委托机构三种。内部常设机构是指组织内设立的咨询机构,它一般有专职的咨询研究人员,有的还联系一批研究单位或聘请一些专家、学者,作为兼职或客座研究人员,开展咨询工作。外部常设机构是指组织内部名义上设立的咨询机构,其咨询研究人员由本单位以外的专家组成,供本单位进行各方面咨询,其中仅设立少量的专职人员进行组织协调工作。临时委托机构是指可随时就某一专题委托某个专家或研究机构进行咨询。

2. 教育咨询人员

(1)教育咨询人员的个体素质。① 既要精深,更需广博。咨询人员应是专家中的杂家,专才中的通才。咨询研究人员不仅要精通教育方面的知识,在教育理论方面要有较深的造诣,而且还要具备广阔的学术视野。这样,他才能站得高,看得远,才能全面系统地观察问题。② 既有理论,更要有实践。咨询机构是介于理论研究部门和实际工作部门之间的一个中介部门。它的主要任务是用理论及科学方法,解决实践中提出的各种问题从而去指导实践。因此,咨询研究人员单纯具备坚实的理论还是不够的,还须有一定的实践经验,并善于了解和掌握咨询对象的实际情况。③ 既会分析,更善创新。咨询工作的过程,是一个发现问题和解决问题的过程。发现问题不容易,提出解决问题的方案更不容易。这就需要咨询研究人员善于分析问题,从中找到问题的"症结"。不仅如此,更要发挥创新的精神,提出解决问题的思路和方案,而不能墨守成规,照抄照搬现存的经验和模式。④ 既有知识,更具道德。咨询研究人员要具备广博精深的知识这是肯定无疑的,要遵守咨询职业工作的准则,具备较高的职业道德也是必不可少的。咨询人员要遵守的职业工作准则有:

第一,要注意咨询工作的客观性。咨询人员要对自己研究的结论负责,科学地分析问题和解决问题。咨询人员应敢于直言,不看领导者的脸色行事,唯其如此,才能对决策者起到兼听的作用。

第二,要注意咨询工作的严肃性。咨询工作是为别人出主意,为他人谋划。因此,咨询人员一定要树立为人民服务的思想,对工作严肃认真,不能马虎从事,更不能弄虚作假,损害国家和集体的利益。

第三,要注意咨询工作的保密性。在咨询过程中,对于委托机构所提供的文件、数据和资料,未经委托方的同意,咨询方不能向第三者提供和透露。咨询方所提出的方案,在一定时期内也要注意保密。

（2）教育咨询人员的群体素质。① 专业结构。专业结构是指在一个咨询机构内，特别是在综合性的机构内，需要有不同学科的专门人才。在教育咨询机构中，既要有懂教育管理的人才，也要有懂得教育理论的人才；在教育管理的人才中，既要有懂得宏观教育管理的人才，又要有懂得微观教育管理的人才。咨询机构中的不同学科的人才，也要注意有一个合理的比例。② 年龄结构。咨询需要经验，但咨询更需要创新。咨询机构所要研究的问题，一般不是常识问题，而是在实践中提出的新问题。一般来说，老年人阅历丰富，善于分析；年轻人没有框框，勇于探索，敢于创新；中年人则兼有二者之长。所以在咨询机构中，老、中、青咨询人员应兼而有之，并注意有一个合理的比例。这样，咨询人员可以互相取长补短，相得益彰，使咨询工作始终保持活力。③ 职称结构。这是指咨询机构中高、中、初级咨询人员应有一个合理比例。如果咨询机构中咨询人员的知识水平都很低，必然不能胜任咨询工作；如果咨询人员的知识水平都很高，必将造成智力浪费，有时还可能会产生一些副作用。咨询机构中应有能进行战略指导的高级研究人员，也应有能进行战役指导的中级研究人员，还应有能冲锋陷阵的初级研究人员，其比例大致为 1∶2∶4 或 1∶3∶9 为宜。④ 兼容结构。这是指咨询结构应由不同学术流派、不同学术观点的研究人员组成，这样才能使咨询机构中保持活跃的学术空气。为此，要提倡咨询人员互磋互商，每个人既是学生又是先生，这样才能使咨询人员的业务水平和能力得到较快的提高。

## 二、教育决策

### （一）教育决策概述

1. 教育决策的含义

所谓决策，就是对若干个准备行动的方案进行选择，以期优化地达到目标。所谓教育决策，是教育部门的领导为实现教育的目标，通过使用专家智囊，在运用科学方法充分分析的基础上，从若干预选方案中选择满意方案的过程。但是，不能把教育决策仅仅看作是教育部门的领导最后的"拍板"，因为这种看法忽视了决策的全过程。这个全过程包括"拍板"前的调查研究、确定目标、分析评估，及"拍板"后的实验论证、组织实施等过程。

2. 教育决策的特性

（1）求标性。教育决策同其他决策一样，都是为一定的目标服务的。教育目标规定、制约教育决策，教育决策又服务、服从于教育目标，二者是紧密联系的，不为一定的教育目标制约，不为一定的教育目标服务的教育决策是不存在的。

（2）求多性。教育决策就是要从众多的方案中选择最优方案。因此，可供选择的方案应该有一定的数量，若只有一个方案就没有决策可言。

（3）求优性。方案不优化，所做的决策就没有什么价值。因此，决策应在"优"字上做文章，无论是选择方案，还是方案中的指标、时间、人力、财力等因素，都应该从优选择。

（4）求实性。这是指教育决策要符合教育实际，要便于实施和能取得实效。

3. 教育决策的类型

教育决策的类型，可以从不同角度进行如下划分：

从影响范围和规模划分，可分为宏观决策、中观决策和微观决策。宏观决策涉及国家和某一地区教育发展的大事；微观决策是就某一具体问题的决策，或是某一所学校、某一教育行政部门的小型决策;中观决策是介于宏观和微观二者之间的决策。

从层次划分,有战略决策、战役决策和战术决策。它们是教育行政决策中具有从属关系的三个部分,相互依存、相互影响。教育战略决策的目标带有全局性,而战役决策和战术决策则具有局部性和短期性,是为战略目标服务的。

从规律划分,有常规型决策和非常规型决策。常规型决策是指教育行政活动中经常需要解决的一般性问题的决策,它们以相同或基本相同的形式重复,有一定规律可循,比较容易解决。非常规型决策是指无先例可循,具有大量不确定因素的决策。

从目标划分,有多目标决策和单目标决策。

从性质划分,有风险型决策和竞争型决策。风险型决策是指带有风险因素、可靠程度比较差的决策。竞争型决策是指有竞争对手的决策。

按决策具备的条件,可分为确定型决策和非确定型决策。确定型决策是指几个方案中都有一个明确的肯定的结果,通过比较,容易判断。非确定型决策是对未来结果无法进行预测,没有任何客观资料作为依据的决策。

4. 教育决策的要素

(1) 决策者。任何决策都必须由决策者最后拍板定案。教育行政决策者可以是个人,如教育局局长和学校校长,也可以是一个集体,如党委和行政部门集体开会决策。无论是个人或集体,"拍板"人或单位都必须是法定的,而且说话是算数的,否则,就无法做出决策。

(2) 决策信息。信息是决策的先决条件,信息愈丰富可靠,就愈容易解决问题,愈能做出正确决策。

(3) 决策对象。决策对象是指决策所要解决的问题。任何决策都是针对所要解决的问题而做出的,否则,决策就会无的放矢。

(4) 决策目标。决策目标是决策所要达到的结果和目的。任何决策都必须制定目标。目标既要合理,又要明确。所谓合理,是指目标既符合主观愿望,又有实现的可能。所谓明确,是指目标里的各项指标、数据等要具体,易于检验。

(5) 决策方案。决策必须有两个以上的方案可供选择。可供选择的方案愈多,决策的选择性就愈大,决策的结果就愈接近优化。

(二) 教育决策的原则和程序

1. 教育决策的原则

(1) 唯实原则。有效的教育决策必须以事实为基础。只有把所有事实弄清楚,才能制订决策方案,并为选择方案提供条件。决策的目标也要切实可行,而不是高不可攀的。

(2) 动态原则。决策是一个动态过程,不可能"一锤定音"。这不仅因为决策方案的形成是一个发现问题和解决问题的过程,而且很多决策也是在实施过程中不断修正和完善的。

(3) 集思原则。集思广益,多听取意见,从谏如流,这对于做出正确决策是有利的。听不得不同意见,一切自己说了算,这种独断专行的作风,无论对提出方案和选择方案都是有害的。为此,决策者应能正确对待自己,不可凭个人的意气和权力"拍板",也不能以个人的经验爱好、情绪来决断。一旦发现自己的错误,应立即纠正。

(4) 反馈原则。这个原则是指决策付诸实施后,要随时检查、验证、落实,一旦发现决策有与实际情况不相适应的地方,就应采取必要措施进行修正。如果通过实施表明决策正确,就应增强实施决策的信心,并采取必要措施使决策取得更好的效果。

(5)效益原则。在决策过程中,要力求节约人力、物力、财力和时间,同时还要注意决策的经济及社会效益,以使决策取得最大、最好的效果。

2. 教育决策的程序

(1)确定目标。这是决策者首先要解决的问题。所谓目标,是指在一定的环境和条件下,在预测的基础上通过分析而希望达到的结果。决策目标是根据决策者想要解决的问题来确定的。因此,把要解决的问题症结所在及其产生的原因分析清楚,决策目标就容易确定了。为此,要确定目标,首先要发现问题并对其进行分析,一方面要弄清问题的性质、范围、程度以及它的价值或影响等,另一方面要找出问题产生的原因,包括主观与客观原因,主要与次要原因,直接与间接原因等。

其次,要弄清楚问题所处的环境、条件及解决问题的主观和客观因素。单纯的分析问题还不能正确确定决策目标,因为在实践中能解决哪些问题,解决到什么程度,这不仅决定于问题本身的性质和影响,而且还决定于解决问题的主观和客观条件。因而在分析问题的同时还必须分析问题所处的环境条件等。

再次,要对目标进行价值判断。要把目标分解为若干层次的、确定的价值指标。这些指标实现的程度就是衡量达到决策目标的程度。价值指标一般有三类:科学价值、经济价值和社会价值。不同的决策目标,三者可能有所侧重。价值目标还要规定其主次、缓急以及相互矛盾时的取舍原则。

最后,应尽可能使目标量化。目标要规定时间及具体数据,不能太抽象空洞,更不能含糊不清。

(2)拟定方案。拟定方案就是寻找达到目标的有效途径。达到目标的途径往往有好几种,它们对实现目标的作用不尽相同,因此,要开动脑筋拟定各种可能方案。

拟定方案,首先必须注意方案的详尽性。拟定的方案应尽可能把所有的可能性包括进去,因为遗漏了的或许就是最佳方案。另一方面,各个方案应互相排斥,即各个方案必须有原则区别,否则,方案虽多却大同小异,也不易于决策。

其次,要善于抓住对解决问题起关键作用的因素和环节。因为关键因素和环节抓准了,其他方面再进行适当调整,问题就能得到很好的解决。例如解决教育问题,国务院教育研讨小组抓住了教育经费这个问题进行研讨,提出了解决教育经费的具体措施,就抓住了教育问题的关键,这对解决教育问题无疑将起到重大作用。

再次,要注意目标的边界条件。所谓"边界条件",就是指处理问题的极限。这条界限很重要,超出极限就得另行做出决策,达不到最低要求则决策将没有什么价值。边界条件应说明得详细清楚,这样所做出的决策就能更有效,更能解决所必须解决的问题。

(3)方案优选。就是对各种可供选择的方案进行分析和评价,权衡利弊,然后选取其一或综合成一。对方案进行分析和评价,绝不仅仅是进行可行性分析,而是通过分析,找出哪种方案执行起来效果会更好,哪种方案最有助于实现目标。对各种方案进行评价要运用决策分析的方法,这些方法主要包括:

一是决策表法。这种方法是把各种自然状态所分别采取的不同方案列成表格,然后用表中数字对比,选取最佳方案。按照选取方法的不同,决策表法又可分为大中取小法和小中取大法等。

二是差量分析法。不同的活动方案的差别叫差量。差量分析法是在充分测量各种不同活动方案产生的收入与成本因素之间的差别的基础上,从中选择最优方案。差量分析法包括差量收入分析法、差量支出分析法及差量报酬分析法。

三是标准选择法。这种方法是用一些标准同另一些标准作比较,从重要性方面确定它们之间的比例关系,以确定正确的标准。

四是决策树法。这种方法是从决策战略看各种可能行动的方向,并分析各种可能的机会。决定行动方向之点谓之决策点;分析各种可能机会之点称为机会事项。这种方法可以帮助决策者解决某一问题的各项行动方案,对各项行动方案可能出现的事件——设定随机率,对每一组行动与事件计算其效益。它是网络决策方法的一种,即把方案看成是一个母系统,把方案中比较复杂而又相互联系的因素看成是分系统或子系统,先对子系统进行决策,然后对母系统进行累计决策。

3. 组织实施

方案定下来,报经上级有关部门审查批准后,接着就要组织力量,把方案付诸实施。在实施方案的过程中,不仅要注意决策计划的检查落实,还要注意实施中的反馈。实施中遇到新问题、新情况,应及时反馈到决策系统,以便修正目标及检查决策的正确及合理程度。反馈,一要注意广开渠道,如汇报、开座谈会、个别谈话、实地调查、抽样统计等;二要注意防止报喜不报忧、人云亦云随大流等弊病发生;三要注意质和量的统计和分析,准确掌握实施过程中出现的偏差,以利于更好地调整决策目标;四要注意制定一些必要的规章制度,一方面用制度保证决策方案正常地实施,另一方面用制度来保证反馈渠道的畅通,使决策实施中的各种意见能通过各种渠道,及时、准确地反映出来。

## 第三节 教育领导艺术

### 一、教育领导艺术的含义及特征

#### (一)教育领导艺术的含义

"艺术"和一般的技能是有区别的,它常常给人以美的感觉。人们常说文学艺术、音乐舞蹈艺术、绘画艺术,因为这些艺术常给人以美的享受。教育行政领导工作是一种非常复杂的管理活动,它需要一种高超的手段和方法。所谓教育行政领导艺术就是指建立在一定知识、经验基础上的非规范化的给人以美感的领导技能。

#### (二)教育领导艺术的特征

1. 经验性

领导者的阅历、知识和经验与领导艺术都有很大关系。领导艺术并非按照逻辑顺序和规则推论得来的,恰恰相反,它是由经验所提炼、升华而成的。不管领导艺术如何高超、巧妙,总是或多或少地带有经验的痕迹,在一定程度上带有领导者的个性色彩,有着吸引人的、感染人的魅力。

2. 随机性

领导艺术是领导者处理事情的一种变通能力。它不是遵循规范化的程序经办事情,也不是运用数学分析的方法去解决问题,而是依据不同的时间、地点和条件,随机应变地认识事物和处理事物。

3. 多变性

领导艺术是一种生动活泼、丰富多彩、千姿百态的技艺。不同的领导者在处理相同的事情时,也会有不尽相同的解决办法。

4. 创造性

领导艺术是领导者智慧和才华的结晶,来源于领导者生机勃勃的创造力。它并不因循守旧,墨守成规,而是构思新颖,风格独特,常有领导者自己的独到之处。

## 二、教育领导艺术的基本内容

### (一)领导者的"三技"

1. 观念技术

观念技术指的是领导者的战略观念及管理哲学思想。战略观念是指领导者看人、想事、决策要做到胸怀全局、瞻前顾后、统筹安排、分步实施。切忌平时不烧香,临时抱佛脚;头痛医头,脚痛医脚;捡了芝麻,丢了西瓜;顾了眼前,绝了后路。管理哲学思想是多方面的,其中重要的是三点:一是对管理本身所进行的哲学思考。管理是人类活动异化的产物,它的产生,是阻碍人的充分而自由发展的,而实现民主管理,正是淡化管理的异化职能,促进人充分而自由发展的重要工具。二是对管理对象——人进行的哲学思考。人是其自然性和社会性的统一体,传统的管理强调人的社会性方面,而忽视人的自然性方面,这样就不能正确而全面地看待人性,也不利于采取适宜的措施调动人的积极性。三是对某一历史阶段管理特点进行的哲学思考。就社会主义初级阶段而言,教育管理应具有多元性的特点。这表现在,社会主义初级阶段的教育管理既具有现代管理的特性,同时也具有古典管理的特性;既具有西方管理的某些特性,也具有中国传统管理的某些特性;既要反映老一代人的愿望,又要反映年轻一代人的要求。

2. 人文技术

人文技术指的是领导者与人共事处理人际关系的能力。俗话说:"成事有三,天时、地利、人和。"一个领导者欲得人和,就需具备一定的人文技术。关于人文技术下面还有专段阐述,这里就不多讲了。

3. 操作技术

操作技术是指领导者在本行业、本岗位所需具备的专业技能,缺少它,领导者就不能完成本职务范围内的特定任务。如,分管教学工作的校长需具备处理教学事务的专业技能,分管总务工作的校长需具备处理后勤事务的专业技能,等等。

根据美国学者的调查统计,不同层次领导者所需要的观念技术、人文技术及操作技术是不同的。不同层次领导者所需要技术的比例构成如表 14-1 所示。

表 14-1　不同层次的领导者所需三种领导技术的比例分配表

| 技术<br>领导者 | 观念技术/% | 人文技术/% | 操作技术/% |
| --- | --- | --- | --- |
| 高层 | 47 | 35 | 18 |
| 中层 | 31 | 42 | 27 |
| 基层 | 18 | 35 | 47 |

从上表可以看出,基层领导者,由于直接接触实际,就需要较高的操作技术;高层领导者对操作技术的要求则相对要低一些,但对观念技术的要求则要高一些;而人文技术,无论对高层领导者、中层领导者还是基层领导者,由于都要处理上下左右的关系,都是同等重要的。

### (二) 领导者的"七艺"

1. 用权的艺术

大凡领导者手中都有权力,因此,必须讲究用权的艺术。要用权,其一,要有权可用,不可失权;其二,不可集权于一身,独断专行;其三,不可越权,妨碍下属的积极性;其四,不可玩弄权术,争权夺利;其五,不可以权谋私,以势压人;其六,不可得权忘形,领导自居。凡是滥用权力的人,最后总是损国害民,贻误大业,不得人心,自食苦果。

2. 用人的艺术

兴业之道,唯在用人。用人,首先要坚持用德才兼备、任人唯贤、德看主流、才重一技的原则选好人,不可任人唯亲、任人唯顺,任人唯资。其次要真正做到用人之长。俗话说,寸有所长,尺有所短。领导者用人,贵在发现和发挥下属之长。如果只看人所短,则无一人可用;若只看人所长,则无不可用之人。领导者决不可斤斤计较下属之短处,而忽视了去挖掘并有效地使用其长处。

3. 用财的艺术

首先要善于聚财。领导者要想尽各种办法,通过多种渠道聚财。其次要把财用在点子上。所谓用到点子上,是指要把财用到有利于事业的发展上,只要把财用到了点子上,就要舍得用、舍得花。

4. 用计的艺术

这里的用计并不是指领导者用计去算计别人,而是指领导者要善于动脑筋想办法,善于拿主意。领导者考虑问题,要比别人想得深刻、想得全面。此外,领导者还应善于听取别人的意见,吸取其合理部分。

5. 用时的艺术

领导者工作繁忙,更应讲究用时的艺术。首先要讲究开会的艺术。有人做过统计,领导者3/5的时间用在开会上,因此,研究如何开好会对领导者用好时间特别重要。关于开好会,其一要少开会;其二要开短会,会议准时开,控制会议时间,结论当场确认,中途不要退席。其次,要固定群众接待日。这样做,既可直接倾听群众的意见,又可避免群众经常找上门来,打乱自己预定的工作安排。再次,要充分利用剩余时间。如:会议未准时开,等人,会议提前散了,与人谈话提前结束了,等车,车未到,等候客人,客人还未来,等等,这中间的空隙,便是剩余时间。这些时间可用来看报、阅文件、写短信、思考问题等。把这些事情分散在这种零星时间里处理,从而可腾出整段时间去处理其他需时更长的事情。最后,要善于处理事情。领导者可将自己要处理的事情分成A、B、C三类。A类事情最重要,B类次之,C类可缓办。如有人打电话或写信催办C类事,可将它划入B类,如有人亲自来找要办的事情,可把它划入A类。A类事情太多,也可部分地委托别人去办。

6. 交往的艺术

当领导的总是要同上下左右的人打交道。善于交往的领导,其下级总是劲头十足,同级乐于配合,上级大力帮助;不善于交往的领导,下级感到无用武之地,同级离心离德,上级感到头痛。所以,处理好上下和左邻右舍的关系,是做好领导工作的一个十分重要的方面。

善于交往,首先,要注意交往的角色状态。任何交往,双方都处于一定的角色状态。有的学者指出,在交往中有三种角色状态。第一种是父母自我状态,处于这种状态的角色,有时以父母家长式的权威对待别人,易于产生独断专行的作风,习惯用教诲式的口吻;有时则表现为像父母一般对下辈的关心、体察和同情。第二种是成人自我状态。这种状态是指能像成人一样理智地考虑问题和处理问题,表现为以平等的态度待人,常用商量的口吻,决策时较能深思熟虑,办事合乎情理。第三种是儿童自我状态。这种状态是指以小孩子的态度和行为方式表述自己的看法,表现为比较单纯、幼稚,容易冲动,任性,自制力弱,易服从权威和任人摆布。一个人交往中的自我状态不可能也不应当是一种,应在与他人的交往中不断变化,以达到交往的最佳效果。

其次,要注意交往的距离。有人研究指出,交往双方的距离应以一人的身高再加上身高的一半为宜,不宜过近,也不宜过远。而交往双方的心理距离,宜近不宜远。俗话说,人换人,心换心。只有交了心,才能谈上心。

第三,要真诚地对别人感兴趣,要努力地记住别人的名字。要知道,一个跟你交往的人,对他自己的需求、自己的问题,要比对你的需求和问题更感兴趣,所以当别人跟你交往时,你要用心地去注意他的需求和问题。另外记住人家的名字,而且很容易地叫出来,等于给人一个巧妙而有效的赞美。因为许多人对自己的名字看得惊人的重要。

7. 演讲的艺术

领导者要宣传和鼓动群众,就需要演讲艺术。领导者的演讲总的要求要能吸引别人,整个会场要形成一个教育场。怎样做到这一点呢?首先,讲得要有内容,使听众在知识上有收获,在情感上受到熏陶,在思想上受到启迪。其次,要讲得清楚,使听众听得明白。其三,要讲得耐听,使听众爱听。要做到这一点,演讲者在讲话时应做到五个结合:一是书面语言与口头语言相结合。当讲一个概念时,要一句一顿、一板一眼地讲出来,使听众易于记;当分析一个原理时,要用口头语言将最深刻的道理用通俗的语言表达出来,使听众易于明白。二是哲学语言与文学语言相结合,P 当分析一个原理的时候,要用逻辑的力量抓住听众;当举例说明一个道理时,要用文学语言讲得绘声绘色,使人如临其境,如听其声,如见其人。三是普通话与地方话相结合,以普通话为主,偶尔讲一点地方话,听众感到特别亲切,而且地方话表现力也是很丰富的,可增强感染力。四是现代话与古话相结合,讲话中讲一点之乎者也未尝不可,尤其是讲一些典故,更发人深省。五是中国话与外国话相结合。外语水平是衡量现代领导者标准的一个重要尺度,特别是在有外国听众的情况下,讲一点外语会收到很好的效果。

## 思 考 题

1. 什么是领导与教育行政领导?
2. 什么是教育领导班子结构?它包括哪些内容?
3. 简述教育领导干部的素质。
4. 什么是教育咨询?它有哪些特性和种类?

5. 简述教育行政咨询的程序与方法。
6. 教育咨询人员应具备哪些素质?
7. 什么是教育决策?它有哪些特性与种类?
8. 试述教育决策的原则与程序。

# 第十五章 教育领导效能

**内容提要** 本章分教育领导效率与教育领导效益两部分。第一部分论述了教育领导效率的含义,教育领导效率评价的必要性、内容、方法及标准,影响教育领导效率的因素及提高教育领导效率的途径。第二部分论述了教育领导效益的含义和内容,教育效能的含义、评价及提高教育领导效能的必要条件。

## 第一节 教育领导效率

### 一、教育领导效率概述

#### (一) 教育领导效率的含义

效率这个概念最初来自于物理学,特别是力学和电学中对这个概念运用得较普遍。它的本意是:物质运动中所得到的能量和所做的功,与所投入、所消耗的能量或功的比值。很清楚,这里物质运动中的效率测量,是与定量分析联系在一起的。后来人们把效率这个概念引进了社会生活,开始对社会生活的有效性进行评价。这时,效率通常指劳动成果与所消耗的劳动量或人力、物力之间的比率。

教育领导效率,是整个管理效率的一部分。它是指教育管理活动中所投入的人力、物力和财力与所产生的管理效果之间的比率。比率越大,效率越高;反之,效率则低。

教育领导效率是与教育管理目标和决策的具体实施相联系的。因为教育管理活动都是以一定的目标和决策为依据的。为了实现一定的目标和执行某项决策,如果以尽可能少的投入完全地或接近完全地实现目标或决策,那么,就说明这一教育管理活动的效率高。

教育领导效率在一定程度上体现在时率上面。以最短的时间完成管理目标和决策,这就是体现教育领导效率的时率。具体说来它涉及两个方面:一是一个总的管理目标确定以后,如何在短时间内对以什么方案、计划、措施等来实现这一目标做出最佳选择;二是在教育管理目标和决策的实施过程中,对遇到的各种问题如何做出最快的反应,对原来的计划和方案进行修正,提出新的办法。

教育领导效率还反映在教育管理的各个层次和环节之中。从静态教育管理组织结构上讲,领导效率体现在决策机构、执行机构、咨询及反馈机构的各级组织及人员之中;从动态的教育管理运行程序上讲,教育领导效率体现在决策、咨询、监督、执行等各个管理活动环节上。所以,教育领导效率,并不是对某一管理部门和某一管理环节而言,而是对整个教育管理部门和教育管理活动而言的。

### (二) 教育领导效率的意义

教育领导效率在整个教育管理活动中具有十分重要的作用。首先,教育领导效率关系着教育事业的发展。制约教育事业的发展有许多因素,作为管理教育的教育领导活动是最重要的因素之一。教育领导效率高,有利于整个教育活动的运行,从而促进教育事业的发展;反之,是有碍于教育事业发展的。其次,强调教育领导效率,有利于实现教育管理目标。因为管理目标本身就包含着领导效率的要求,强调管理目标中的效率要求,是现代管理的重要标志。管理目标在实施过程中,都有实现目标的时间、质量及效率上的规定,只有达到了上述要求,才算管理目标的最终实现。再次,提高教育领导效率有助于教育体制改革。精简人员,明确职、责、权,是为了提高领导效率;增强领导的素质,分清责任,是为了提高管理效率。围绕提高教育领导效率进行改革,这是教育体制现代化的基本要求。

## 二、教育领导效率的评价

### (一) 评价的必要性与可行性

教育领导效率评价的必要性体现在以下几点。

(1) 评价教育管理组织机构设置的合理性的需要。管理决策要由组织产生和执行,管理组织机构运行最后的结果如何,可以看出教育管理组织设置是否合理。

(2) 评价教育管理程序科学性的需要。教育管理程序是处理教育管理事务活动的步骤和方法。教育管理程序安排得是否妥当、科学,直接影响管理效果。因此,通过对管理效果的分析也可以看出教育管理程序是否科学。

(3) 评价教育领导活动主体素质状况的需要。教育领导者及一般工作人员是教育管理活动的主体。主体素质的状况,是教育管理活动能否取得好效果的关键因素。对教育管理结果进行评价,可以考查出教育管理活动主体的素质状况,发现其长处和不足,以便采取措施,提高教育领导者的素质。

(4) 对教育领导效率进行评价不仅有必要,而且是有可能的。这是因为,首先,教育领导效率是教育管理组织结构、教育管理的主体、教育管理程序、教育管理方法等多种因素的综合体现。因此,对教育领导效率进行评价,可以对教育管理体系内部的各项因素进行评价,分析管理活动结果与这些因素之间的关系,考查管理活动结果与组织活动、主体行为所做出的努力之比是否合理,管理活动的结果与管理目标和决策的方向是否一致。其次,由于教育管理活动效率总是与一定的社会环境有关的,因此,可以通过考查管理活动结果与社会环境的关系,从中看出领导活动效率的高低。

### (二) 教育领导效率评价的内容

教育领导效率包含如下几个方面可比性的成分:

1. 付出的劳动与取得成果之间的关系

付出的劳动越少,花费的经费越省,耗出的时间越短,取得的成果越大,领导效率就越高。

2. 完成工作任务与实现管理目标之间的关系

管理目标和各项决策制定出来以后,通过管理执行过程,目标及决策得到了完整的实现,或者创造性完成,管理效率就高;反之,领导效率就低。

3. 及时解决问题,排除困难的程度

能在教育管理活动中,对各种问题及事件迅速做出反应,及时拿出措施,使这些问题得到圆满解决。事件得到及时处理,这也是领导高效率的重要内容。

4. 在相同情况下,实现管理决策的差别性

教育管理过程中往往有这样的情况,不同的教育管理部门在基本相同的条件下执行同一管理决策,一部门在质量及时间上都达到了要求,另一部门则没有达到要求,这些也应视作其领导效率高低的重要尺度。

### (三) 教育行政效率的评价方法

1. 功能测定法

这种方法主要是对教育管理机关和教育管理人员是否有效地实现管理目标和决策,出色地完成管理任务进行评价。

2. 费用计算法

这种方法主要是对在教育管理过程中所耗费的人力、物力、财力进行计算,看其是否节省,是否能以最少的经费投入获取较大的效果。

3. 标准比较法

用这种方法去评价教育管理活动,看它是否达到各项国家公认的标准要求,是否在其与标准的比较中,获得认可。

4. 因素分析法

教育管理活动要受到自身各种因素和各种环境因素的影响。分析这些因素,并把分析这些因素的结果相加,其总和就是教育领导效率高低的重要尺度。

### (四) 教育领导效率评价的要求

1. 注意评价的标准性

为了正确评价教育领导效率,必须制定各项工作评价标准,并且要明确、具体,以此作为评价依据。

2. 注意评价的全面性

由于领导效率涉及因素很多,评价领导效率也是一项很复杂的工作,因此必须进行全面的调查与分析。既要了解教育管理机关内的反应,也要听取社会群众的意见;既要看动机也要看实际效果;既要纵向分析历史,也要横向进行地区、单位、部门间的比较。

3. 注意评价的可靠性

要对涉及教育领导效率的各种汇报材料进行实事求是的分析,广泛深入调查,取得翔实可靠的材料。

4. 注意评价的特殊性

任何一个教育管理机关和个人,由于地区、部门或单位及层级不同,其职责范围、工作繁简及难易程度也会不同,因而衡量其工作效率的标准也不会一样。在评价中,应对具体工作进行具体分析,这样才能令人心悦诚服,收到实效。

## 三、教育领导效率的提高

### (一) 影响教育领导效率的因素

1. 教育管理组织的结构

教育管理活动是在教育管理组织中进行的。教育管理组织的设置、结构、编制是否合理，对于教育领导效率有直接的影响。如果管理机构的设置不合理，机构的分工不明确，机构的编制不适宜，机构的层次和部门不精简，这些都会对教育领导效率的提高产生负面影响。

2. 教育管理活动的程序

教育管理的各项决策总是在教育领导活动过程中实现的，教育管理程序是否科学，将直接影响教育领导效率。教育管理程序对教育领导效率的影响表现在两方面：一是教育管理程序是否健全对教育领导效果的影响。教育管理活动中的决策、执行、咨询、监督，如缺少任何一个环节，都将影响教育管理的运行。二是教育管理活动各个环节功能的发挥对教育领导效果的影响。如果每一环节的功能得不到正常发挥，也会影响教育管理的运行。

3. 教育管理人员的素质

教育管理人员是教育管理活动的主体，其各方面的素质如何，直接影响领导效率的提高。

4. 教育管理的方法

在教育管理程序中运用什么样的方法，对领导效率影响很大。以往运用的多是经验主义的方法，因而导致的"文山会海"的现象影响了教育领导效率的提高。

（二）提高教育领导效率的途径

1. 组织机构合理化

为便于沟通，根据教育管理活动的需要，精简机构；要减少副职，不设虚职，尽可能减少管理人员；各种组织机构要设置恰当，根据当前需要，要充实咨询机构。

2. 人员素质现代化

教育要现代化，教育人员首先要现代化。教育管理现代化，首先要求教育管理人员现代化。教育管理人员要努力从政治思想、道德修养、专业知识、工作能力诸方面达到现代化、科学化的要求，以主人翁的精神来搞好教育管理工作。

3. 管理规则法制化

在我国的教育法规体系中，还未制定教育行政法规，教育行政活动的随意性比较大，这就必然影响教育领导效率。当前，需要尽快制定出一整套教育行政组织和教育行政人员的法规，建立教育行政程序运行的各种规范，用法律来保障教育领导效率的提高。

4. 管理程序简便化

如果教育管理组织机构重叠，人员过剩，必然会造成教育管理运行程序层次繁多，手续复杂，公文旅行的现象。因此，要提高行政效率，缩短教育管理的运行时间，必须简化运行程序。

5. 管理手段科学化

随着现代科学技术的进步，在教育管理中运用先进的科学技术越来越普遍。现代教育管理涉及的领域广、事务多、信息量大、速度快，如果没有现代化的管理手段，是无法提高教育管理效率的。因此，必须努力提高教育管理的自动化和现代化水平，为提高教育领导效率提供技术条件。

## 第二节 教育领导效益

### 一、教育领导效益概述

#### （一）教育领导效益的含义

教育领导不只是一种对教育活动进行组织、协调、控制的活动，而且还涉及其他有关的社会因素。实现教育管理目标，不只是对人、财、物、事诸因素数量上的要求，每一个教育管理决策和它的实施过程，都包含了丰富的社会因素。因此，我们不能简单地用教育领导效率来评价教育管理活动、评价其目标的实现程度，它只是对教育管理一个方面的评价，要想达到对教育管理的全面衡量，还必须考虑教育领导的效益。

所谓教育领导的效益，就是对教育管理结果的社会评价。它是教育领导结果中的社会因素。在社会主义的教育管理体系中，教育领导效益包括教育决策是否能体现社会主义的教育方针和政策，教育管理的最终结果是否能促进社会主义教育事业的发展等多种丰富的社会内容。

#### （二）教育领导效益的内容

教育领导的效益，主要体现在教育管理目标的实现与教育发展的关系上。社会主义的教育管理效益主要体现在：第一，教育管理目标是否体现社会主义的教育方针、政策；第二，教育领导的运行是否体现民主原则；第三，教育管理干部的言行是否符合人民群众的根本利益；第四，教育管理是否达到了高效率。

很明显，教育领导效益的体现与教育领导效率不同，它不具体地反映在各种技术性的参数上，而是在与社会的各种需要的比较中得到说明。正因为如此，评价教育领导效益，不应仅仅注意在教育管理活动的结果上，而应系统地考察教育管理的全过程；不应仅仅局限在某一点上，而应系统考察教育管理与社会各种因素的比较关系上。具体来说，评价教育领导效益，要注意以下四个方面的问题。

1. 考查教育管理目标和决策本身的正确性

这是教育领导效益是否实现的基础。测定教育领导效益往往注意的是教育管理目标和决策的执行，力图以精简的机构、简便的程序，高效率地实现教育管理目标和决策，而对教育管理目标及决策本身的正确性则很少考虑；而对于评价教育领导效益，更多地应注意教育管理目标及决策的正确性。如果目标与决策是错误的，教育管理活动的效率越高其效益就越糟。

2. 考查教育管理目标与决策执行过程中的方向性偏差

教育管理效率最关心的是教育管理目标与决策执行过程中的时效，即考查是否以最短的时间实现教育目标和决策，而教育领导效益关心的是在执行过程中是否偏离了原来确定的目标方向。在现实的教育管理过程中，往往由于客观上的原因，教育管理目标与决策发生方向偏差的情况，也往往由于主观上的一些原因造成执行走样的情况。所有这些，都会影响教育领导效益。

3. 考查教育管理结果中长远利益与眼前利益的关系

衡量教育管理的长远利益与眼前利益，往往会出现两种情况：一是教育管理结果更有利于长远发展的需要,而不利于或少利于眼前需要;二是教育管理结果更符合眼前需要,而不符合长远发展的需要。教育领导的效益是既要获得眼前利益又要顾及长远利益。在二者不可兼得的情况下,应注意长远利益而舍弃眼前利益。只有兼顾了两种利益,或者在两种利益不能兼顾的情况下注重了长远利益,才能取得教育领导的高效益;否则,就不能算是取得了教育领导的高效益。

4. 考查教育管理结果中全局利益与局部利益的关系

在教育管理过程中,往往会碰到教育管理结果的全局利益和局部利益的抉择。一般来说,只有实现了全局利益,才能体现教育领导的高效益,只顾局部利益而损害全局利益,是不能体现教育领导的社会效益的。

## 二、教育领导效能

### (一) 教育领导效能的含义

教育领导效率与效益的统一就是教育领导效能。因此,教育领导效能包括教育领导效率与效益两个方面,它是效率与效益的乘积,可表示如下:

$$教育领导效能 = 效率 \times 效益$$

这个关系式表明:教育领导效率高而效益不高,领导效能也不高;如果领导效益是负数,领导效率越高,领导效能的负数就越大。

用教育领导效能对教育管理活动进行评价是一种全面的评价方法。它不仅注意教育管理运行中人、财、物、时的节省,而且注重教育行政目标、决策的社会效益。任何一种片面的评价,都会造成教育管理活动对其结果的片面追求。

### (二) 教育领导效能评价的作用

1. 有利于发挥教育管理体系的整体功能

教育领导效能不仅要求教育管理机构精简,实现高效率,而且要求教育管理人员在决策中做到准确无误,在执行决策时做到迅速,不发生方向性偏差。这样,才有利于教育管理的整体功能得到有效发挥。

2. 有利于促进教育管理人员动机与效果保持一致

在教育管理活动中,如果仅有好的动机,但不付诸行动,或虽行动了,却得不到好效果,那就算不上什么好的教育领导效能。相反,如果在执行中缺乏明确动机,那就容易偏离原来的目标,或者虽有高效率,但这种效率只能是盲目的。教育领导效能则要求动机与效果的统一。

3. 有利于克服追求教育管理效果中的片面性

在教育管理活动中,往往出现追求领导效率而忽视领导效益的现象,究其原因,不能不与对教育领导的考查不以效能作为评价的内容有关。只有抓住了效能,才能促进教育管理活动既注重其效率,又注意其效益。

### (三) 提高教育领导效能的必要条件

除了上面已谈到的提高领导效率应注意的几点外,为提高教育领导效能,还应做到以下几点。

1. 发挥教育管理机构的整体功能

教育管理组织机构是一个系统,若要保证教育领导效能得到实现,就要充分发挥决策、执行、咨询、反馈、监督机构的作用。

2. 建立起完整的教育管理程序的体系

在此,特别要注意在教育管理的运行过程中实行民主原则,使人民群众都来关心、支持和监督教育管理工作,使教育管理干部和教师以主人翁的态度参与到教育管理活动中来。

3. 提高教育管理人员的素质

教育管理人员是教育管理活动的主体,他们的素质高低对教育领导效能影响极大。教育管理人员不仅应具备相应的专业知识水平,还应有正确的政治思想、优良的道德品质和工作作风,这样才能从根本上保证教育领导活动的高效能。

## 思 考 题

1. 什么是教育领导效率?如何对它进行评价?
2. 怎样提高教育领导效率?
3. 什么是教育领导效益?如何对它进行评价?
4. 什么是教育领导效能?怎样提高教育领导效能?

# 主要参考文献

1. 卡尔·马克思.资本论.北京:人民出版社,2004.
2. 路甬祥.科学的历史与未来.北京:光明日报,1998.
3. [日]久下荣志郎,李兆田,等译.现代教育行政学.北京:教育科学出版社,1981.
4. 刘付忱,刘树范.教育管理学,国外教育科学概述.北京:教育科学出版社,1987.
5. 林文达.教育行政学.台湾:三民书局,1986.
6. 泰勒.科学管理原理.北京:机械工业出版社,2007.
7. 曾参.大学.海口:南方出版社,2010.
8. 张济正,等.教育行政学通论.上海:华东师范大学出版社,1992.
9. 张复荃.教育行政学在我国的历史回顾.沈阳:教育丛刊,辽宁师院,1983(3).
10. 罗廷光.教育行政.福建:福建教育出版社,2008.
11. 程湘帆.中国教育行政.福建:福建教育出版社,2008.
12. 夏承枫.现代教育行政.上海:中华书局,1932.
13. 张季信.中国教育行政大纲.全国图书馆文献缩微复制中心,2001.
14. 孙绵涛.教育组织行为学.福州:福建教育出版社,2012.
15. 孙绵涛.教育行政学.北京:高等教育出版社,2001.
16. 孙绵涛.教育行政学.武汉:华中师范大学出版社,2002.
17. 孙绵涛.地方教育行政系列研究.武汉:武汉工业大学出版社,1992.
18. 孙绵涛.教育管理原理.辽宁:辽宁大学出版社,2007.
19. 孙绵涛.当代教育管理科学丛书.武汉:武汉工业大学出版社,1992.
20. 孙绵涛.教育政策分析——理论与实务.重庆:重庆大学出版社,2011.
21. 孙绵涛.教育效能论.北京:人民教育出版社,2007.
22. 沈培新.普通教育行政学.安徽:安徽教育出版社,1989.
23. 萧宗六.学校管理学.北京:人民教育出版社,1988.
24. 陈孝彬.教育管理学.北京:北京师范大学出版社,1990.
25. 张济正.学校管理学导论.上海:华东师范大学出版社,1990.
26. 孙灿成.学校管理学概论.北京:人民教育出版社,2000.
27. 萧宗六,贺乐凡.中国教育行政学.北京:人民出版社,1996.
28. 高洪源,刘淑兰.庙算之道:教育管理的理论与方法.北京:中国铁道出版社,1997.
29. 黄志成,程晋宽.教育管理论.上海:上海教育出版社,2001.
30. 杨颖秀.教育管理学.吉林:东北师范大学出版社,2002.

31. 黄崴.教育管理学——概念与原理.广东:广东高等教育出版社,2002.
32. 张新平.教育管理学导论.上海:上海教育出版社,2006.
33. 杨天平.教育管理现象学.重庆:重庆大学出版社,2010.
34. 顾书明.教育管理理论与实践研究.江苏:苏州大学出版社,2012.
35. 曾天山,褚宏启.现代教育管理学.北京:教育科学出版社,2014.
36. 孙绵涛.教育管理学.北京:人民教育出版社.2007.
37. 毛泽东.毛泽东选集.北京:人民出版社,1966.
38. 舒新城.中国近代教育史资料.上册.北京:人民教育出版社,1961.
39. 高叔平.蔡元培哲学论著.石家庄:河北教育出版社,1985.
40. [台湾]司琦.中国国民教育发展史.香港:三友书局,1981.
41. 王铁.中国教育方针的研究.上册.北京:教育科学出版社,1982.
42. 张萍芳.学校管理与系统控制.福州:福建教育出版社,1986.
43. 阿法纳西耶夫.社会主义生产管理理论与实践问题.北京:北京出版社,1981.
44. 张济正.学校管理学导论.上海:华东师范大学出版社,1990.
45. 矫佩民.现代管理学.北京:北京师范大学出版社,1987.
46. 中央教育行政学院.学校管理心理学.北京:教育科学出版社,1986.
47. 谢燮正.决策能力的培养.广州:广东人民出版社,1988.
48. 刘树明,等.高等学校目标管理.北京:北京师范大学出版社,1988.
49. 韩延明.管理学新论.北京:新华出版社,1996.
50. 李旷,等.教师的工作积极性.济南:山东教育出版社,1983.
51. 周润智.构建学校管理目标的几个理论问题.沈阳师范学院学报(社科版),1995(3).
52. 朱颜杰.学校管理论.沈阳:辽宁教育出版社,1988.
53. 卞梧生.学校管理学.哈尔滨:黑龙江科技出版社,1987.
54. 胡百良.任期制和目标管理.北京:中国科技报,1986.
55. 杨颖秀.学校管理学.北京:人民教育出版社,2003.
56. 王德清.学校管理学.重庆:西南师范大学出版社,2011.
57. 石长林.学校目标管理论纲.教学与管理,2014(9).
58. 吴志宏,等.新编教育管理学.上海:华东师范大学出版社,2008.
59. 邓小平.邓小平文选.第2卷.北京:人民出版社,1994.
60. 余文森,连榕.教师专业发展.福州:福建教育出版社,2007.
61. 李冀.教育管理辞典.海口:海南出版社,1997.
62. 鲁洁,王逢贤.德育新论.南京:江苏教育出版社,2002.
63. 王桂艳.德育与班级管理.北京:北京师范大学出版社,2015.
64. 赞可夫.杜殿坤,译.和教师的谈话.北京:教育科学出版社,1980.
65. 弗兰克·戈布尔.第三思潮:马斯洛心理学.上海:上海译文出版社,1987.
66. 萧宗六.学校管理学.(增订本),第2版.北京:人民教育出版社.
67. 班华.现代德育论.第2版.合肥:安徽人民出版社.
68. 董祥智,等.学校管理学.武汉:湖北人民出版社,1996.
69. 王振中等.普通管理学.南宁:广西人民出版社,1991.

70. 哈罗德·孔茨,等.管理学.贵阳:贵州人民出版社,1982.

71. 孙绵涛.教育政策学.北京:中国人民大学出版社,2010.

72. 孙绵涛.激励的两种基本理论.武汉:教育研究与实验,1986(4).

73. 孙绵涛,康翠萍.论教育管理学的研究对象.上海:华东师范大学学报教育科学版,1997(3).

74. 孙绵涛.论教育管理学的学科体系.北京:高等教育研究,1999(1).

75. [美]小詹姆斯,H.唐纳利,等.李柱流,等译.管理学基础——职能、行为模型.北京:中国人民大学出版社,1990.

76. 何钟秀.现代管理学.杭州:浙江教育出版社,1989.

77. 周三多.管理学——原理与方法.上海:复旦大学出版社,1995.

78. 陈子良.管理通论.上海:华东师范大学出版社,1989.

79. 崔绪治,徐原德.现代管理哲学.合肥:安徽人民出版社,1991.

80. 刘云柏.管理哲学导论.天津:南开大学出版社,1988.

81. 肖明,等.管理哲学纲要.北京:红旗出版社,1987.

82. 孙绵涛.行为科学新论.广州:华南理工大学出版社,1992.

83. 何钟秀.管理方式、思想的演变和现代科学管理的原理与原则.见总参谋部政治部宣传部编.现代领导科学与艺术.北京:军事译文出版社,1985.

84. 矫佩良.现代管理学.北京:北京师范学院出版社,1987.

85. 九院校领导学编写组.领导学.沈阳:辽宁人民出版社,1986.

86. 领导科学概论编写组.领导科学概论.上海:上海人民出版社,1985.

87. 董达强,刘怡昌.行政学.北京:中国人民大学出版社,1989.

88. 唐代理.现代行政管理学教程.长沙:湖南科学技术出版社,1985.

89. 夏书章.行政学新论.北京:中国政法大学出版社,1986.

90. 傅士友,朱昌宁,毕鸣.行政管理学导论.昆明:云南教育出版社,1987.

91. 张金锚.行政学典范.北京:三民书局,1986.

92. 张润书.行政学.北京:三民书局,1986.

93. 安文铸.现代教育管理学引论.北京:北京师范大学出版社,1996.

94. 孙培青.中国教育管理史.北京:人民教育出版社,1996.

95. 熊贤君.中国教育管理史.武汉:华中师范大学出版社,1989.

96. 金含芳.教育管理理论的发展.北京:外国教育资料 1992(1)(2)(3).

97. 黄兆龙.现代教育管理哲学.南宁:广西教育出版社,1992.

98. 谢文全.教育行政.台湾:文景出版社,1986.

99. 国立台湾师范大学教育研究所.教育行政.台湾:伟文图书出版社有限公司,1986.

100. [日]名和弘彦.教育行政学.讲座现代教育学.东京:福林出版株式会社,1980.

101. [日]海老原治善.现代日本的教育政策与教育改革.东京:中央林版印刷株式会社,1986.

102. [日]上原贞雄.教育行政学.东京:福林出版株式会社,1991.

103. 袁振国.教育政策学.南京:江苏教育出版社,1996.

104. 黄昆辉,等.中外教育行政制度.台湾:中央文物供应社,1986.

105. 辽宁省教育科学研究社教育科学通讯编辑部.教育评价知识讲座.1991.
106. 刘文岫.普通教育行政概论.北京:中国和平出版社,1987.
107. [美]覆依,米斯格.万家通,等译.教育行政学——理论、研究与实际.台湾:复文图书出版社,1983.
108. 黄兆龙.现代学校管理学新论.北京:中国经济出版社,1994.
109. 卡梧生,等.学校管理学.哈尔滨:黑龙江科技出版社,1987.
110. 黄昌明,王景孟.教育督导概论.济南:山东教育出版社,1990.
111. 向宏业.现代教育督导学.长沙:湖南教育出版社,1995.
112. 翟天山.教育评价学.武汉:武汉工业大学出版社,1992.
113. 洪煜亮.教育督导与教育评价.北京:北京师范大学出版社,1993.
114. 李方.现代教育管理技术.广州:华南理工大学出版社,1995.
115. 李进才.当代中国行政管理.武汉:湖北教育出版社,1992.
116. 曾天山.外国教育管理发展史略.北京:教育科学出版社,1995.
117. 陈桂生.教育原理.上海:华东师范大学出版社,1990.
118. 洪宝书.教育本质与规律.成都:成都科技大学出版社,1992.
119. 秦椿林.体育管理学.北京:北京体育大学出版社,1995.
120. 吴益权.在教育行政管理过程中信息的有效利用.安徽教育学院学报,1987(1).
121. 赵康年.教育行政管理原则浅述.安徽教育学院学报,1987(1).
122. 刘本固.论教育行政的基本原则.东北师范大学学报(教育版),1986(1).
123. 许晓平.浅论国家管理教育的职能.北京:教育研究,1986(5),.
124. 周立.教育行政管理原则初探.北京:教育研究,1986(6).
125. 蒋鸣和.当前教育经费投入若干问题的讨论.上海:教育研究信息,1994(11).
126. Paul Har Ling(1984):New Direction in Educational Leadership,The Falmer press,loadon and philadelphia.
127. Ralph B.Kimbrough, Michael Nunnery(1984):Educational Admimistration:An Introduction,Macmillam Publishing Co,INC,New York.
128. J.K.Hough(1984):Educational Policy:An intenational Survey,Croom Helm London and Sydney.
129. Yin Cheng cheng(1996):School Effectiveness&School-based Management,The Falmer Press,London.
130. Wang Kam-Cheang and Cheng Kai-ming(1995):Educational Leadership and Change,Reong Kong University Press.
131. Yin Chengcheng(1996):The Pursuit of School Effectiveness Digital Press Services Limited
132. Thomas Greenfield&Peter Ribbins(1993):Greenfield on Educational Administration,Routledge,Loudon.
133. T Husen and Maurice Kogan(1984):Educational Research and policy:How do they relate? pergamon press,New York.
134. J.K.Hough(1984):Educational Policy:An Intenational Survey,ST.Martm's Press,New

York.

135. Maurice Kogan(1975):Educational Policy-making:A Study of Interest Groups and parliament.London George Allen&Unwinltd Ruskin House,Museum Street.

136. Jaap schecrence(1996):Effective Schooling:Research,Theory and Practice,Cassell,New York.

137. Clive Dimmock(1993):School-Based Management and School Effectiveness,Routledge,Loudon.

138. Joel L.Burdin(1989):School Leadership,Sage publication,London.

139. Brian J.Caldwell and Jim M.spinks(1988):The Self-Management School,The Falmer Press.

140. Thomas Sergiovanm(1995):Principalship,Allyn and Bacon,london.

141. Roberot G.Owens(1995):Organizational Behavior in Education,Allyn and Bacon,London.

142. Waynek.Hoy&Cecik G.Misckel(1996):Educational Administration:Theory,Research and Practice,McGraw-Hill,Inc,New York.

143. Sun Miantao(1987):On the Motivation of Teacher's Enthusiasm,A paper prepared for the Annual Meeting of the American Educational Research Association,April 20—24,1987,Washington,D.C.

144. Sun Miantao(1985):Administration and Management of Teaching Personnel in Japan,Research Papers for the Foreign Teachers,No,4,Hiroshima,Japan.

# 后 记

经全国高等教育自学考试指导委员会同意,由教育类专业委员会负责高等教育自学考试教育类专业教材的审定工作。

《教育管理原理》自学考试教材由沈阳师范大学孙绵涛教授主编。

参加本教材审稿讨论会并提出修改意见的有北京师范大学高鸿源教授、刘淑兰教授和内蒙古师范大学朱颜杰副教授。

他们付出了辛勤劳动,在此一并深表谢意。

全国高等教育自学考试指导委员会<br>
教育类专业委员会<br>
2017 年 9 月